江苏省现代服务业发展研究报告

2022

主　编　张为付

 南京大学出版社

图书在版编目（CIP）数据

江苏省现代服务业发展研究报告. 2022 / 张为付主编. —南京：南京大学出版社，2023.4
ISBN 978 - 7 - 305 - 26904 - 2

Ⅰ. ①江… Ⅱ. ①张… Ⅲ. ①服务业—经济发展—研究报告—江苏—2022 Ⅳ. ①F726.9

中国国家版本馆 CIP 数据核字（2023）第 070857 号

出版发行 南京大学出版社
社　　址　南京市汉口路 22 号　　邮　　编　210093
出 版 人　金鑫荣

书　　名　**江苏省现代服务业发展研究报告 2022**
主　　编　张为付
责任编辑　王日俊

照　　排　南京开卷文化传媒有限公司
印　　刷　广东虎彩云印刷有限公司
开　　本　880 mm×1230 mm　1/16　印张 23.25　字数 678 千
版　　次　2023 年 4 月第 1 版　　2023 年 4 月第 1 次印刷
ISBN 978 - 7 - 305 - 26904 - 2
定　　价　480.00 元

网　　址：http://www.njupco.com
官方微博：http://weibo.com/njupco
官方微信号：njupress
销售咨询热线：(025)83594756

本书为江苏省发展和改革委员会服务业重大课题、江苏高校优势学科建设工程（PAPD）、江苏高校现代服务业协同创新中心、江苏高校人文社会科学校外研究基地"江苏现代服务业研究院"和江苏省重点培育智库"现代服务业智库"研究成果。

本书出版得到江苏省服务业重大课题专项资金、江苏高校优势学科建设工程（PAPD）、江苏高校现代服务业协同创新中心、江苏高校人文社会科学校外研究基地"江苏现代服务业研究院"和江苏省重点培育智库"现代服务业智库"的资助。

书　　名：江苏省现代服务业发展研究报告（2022）

主　　编：张为付

出版社：南京大学出版社

目 录
Contents

综 合 篇
PART I COMPREHENSIVE REPORT

区 域 篇
PART II AREA REPORT

行 业 篇
PART III INDUSTRY REPORT

集聚区篇
PART VI　CLUSTER REPORT

举　措　篇
PART IV　POLITICAL REPORT

政　策　篇
PART V　POLITICAL REPORT

数 据 篇
PART VII DATA REPORT

综合篇

第一章　江苏省现代服务业发展报告

2021 年,江苏高效统筹疫情防控和经济社会发展工作,以自身发展的确定性应对外部环境的不确定性,充分调动居民、企业、市场的积极性,采取切实有效的措施积极扩大内需,全面释放消费潜力,发挥内需对经济发展的拉动作用,增强内循环的韧性。在"十四五"开局之年,江苏现代服务业在攻坚克难中推动高质量发展迈出坚实步伐,着眼于高质量统筹谋划,锐意改革,创新发展,巩固疫情防控和高质量发展成果,聚焦现代服务业转型升级重点领域,全面增强全省现代服务业综合实力,有效发挥市场主体的主动性和积极性,积极扛起经济大省的责任和担当,奋力书写"争当表率、争做示范、走在前列"的新时代答卷。

一、江苏现代服务业发展的现状分析

2021 年江苏经济总量跃上新台阶,全年实现地区生产总值 116364.2 亿元,迈上 11 万亿元新台阶,比上年增长 8.6%。其中,第一产业增加值 4722.4 亿元,增长 3.1%;第二产业增加值 51775.4 亿元,增长 10.1%;第三产业增加值 59866.4 亿元,增长 7.7%。全年三次产业结构比例为 4.1∶44.5∶51.4。全省人均地区生产总值 137039 元,比上年增长 8.3%。区域经济发展支撑有力,扬子江城市群对全省经济增长的贡献率达 76.9%,沿海经济带对全省经济增长的贡献率达 18.1%。

(一)总体运行保持恢复态势,支柱地位保持稳健

江苏正处于经济转型的关键点,服务经济为主导的产业体系正在逐步形成。2021 年全省服务业增加值 59866.4 亿元,同比增长 7.7%,服务业增加值占 GDP 比重达 51.4%。三次产业增加值比

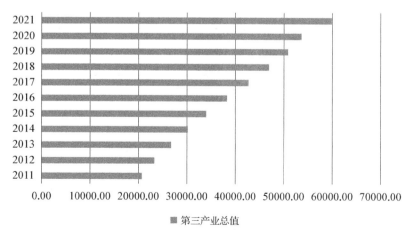

图 1　2011—2021 年江苏省第三产业总值及占地区生产总值比例(单位:亿元,%)
数据来源:《江苏统计年鉴 2022》

例为 4.1∶44.5∶51.4,支柱地位保持稳健,持续深化产业结构"三二一"的标志性转变。2021 年,全省规上服务业同比增长 24.8%,增速高于全国 4.1 个百分点;增速环比回落 0.7 个百分点,环比回落幅度较 1—10 月收窄 0.2 个百分点;两年平均增长 14.8%,高于全国 4.1 个百分点。

(二)服务业集聚发展日益彰显,示范效应不断提升

据数据统计,自 2007 年江苏加快建设现代服务业集聚区以来,截至 2021 年全省共有 178 家现代服务业集聚(示范)区,入区企业约 21.3 万家,其中新增 1.5 万家,吸纳就业人数约 289 万人,实现营业收入约 4.9 万亿元,税收约 1022 亿元。

在省级服务业集聚区的示范带动下,各设区市、县(区)因地制宜出台相关服务业发展的政策和措施,推动本地资源与特色产业相融合,促进现代服务业集聚发展。2020 年全省共有市级现代服务业集聚区 200 余家,与省级现代服务业形成联动发展,成为拉动全省经济的新动能。

(三)固定投资继续保持增长,专项基金引导作用明显

近几年,江苏省服务业资本投入密度持续走高,固定资产投资是经济增长的重要引擎。江苏一直以来重视现代服务业专项资金对全省服务业发展的引导作用,2021 年对现代服务业采取投资补助、贷款贴息等方式,安排专项资金 4.06 亿元,支持无锡小天鹅电器基于供应链协同管理一体化的智慧仓储等两业融合发展项目等 159 个项目,预计可以带动社会投资 277.1 亿元,有力地推动江苏服务业转型升级,增强现代服务业的发展后劲。正是一系列高质量谋划和扎实有力的措施,使得 2021 年江苏服务业投资在困难的情况下保持增长,同比增长 1.5%。分行业看,增速前三位的行业中,信息传输、软件和信息技术服务业同比增长 27.8%,科学研究和技术服务业增长 24.9%,卫生和社会工作增长 18.0%。

表 1 2021 年服务业主要行业固定资产投资比上年增长情况 (单位:%)

行　业	投资额增速
金融业	9.6
信息传输、软件和信息技术服务业	27.8
科学研究和技术服务业	24.9
水利、环境和公共设施管理业	3.4
教育	5.6
卫生和社会工作	18.0

数据来源:《江苏统计年鉴 2022》

(四)服务业重点领域稳步增长,新兴业态蓬勃发展

服务业主要行业保持良好的发展态势。据统计,2021 年交通运输、仓储和邮政业营业收入同比增长 30.9%,两年平均增长 13.8%,住宿和餐饮业、批发和零售业增长较快,增速分别为 11.9% 和 11.1%,银行业运行平稳,人民币存贷款保持稳定增长。2021 年 12 月末,全省金融机构人民币存款余额为 18.94 万亿元,比年初增长 9.8%,两年平均增长 11.3%。2021 年实现软件业务收入 12066.64

亿元,全省拥有软件企业 6633 家,增长 6.9％,同比增长 11.5％,增速比上年同期提高 0.9 个百分点。受疫情影响较大的旅游业,2021 年主要指标呈现恢复性增长趋势。全省实现旅游业总收入 11672.7 亿元,同比增长 41.5％,增速比上年同期提高 83.9 个百分点。

在服务业重点领域平稳增长的同时,新兴业态也迅速发展。2021 年规上高技术服务业营业收入同比增长 18.1％,对全省规上服务业增长贡献率达 32％,其中规上服务业中互联网和相关服务营业收入比上年增长 27.5％,成为新兴服务业中发展较快的行业。相比传统服务业而言,新兴服务业的强势增长有助于优化服务业经济结构,加速产业结构调整,提高城市综合竞争力。

表 2 江苏省 2016—2021 年服务业产业结构情况 （单位:亿元）

行 业	2016 年	2017 年	2018 年	2019 年	2020 年	2021 年
批发和零售业	8447.94	9197.46	10139.27	10836.58	11210.63	13163.42
交通运输、仓储和邮政业	2535.57	2743.41	2964.41	3157.21	3239.92	3466.23
住宿和餐饮业	1203.18	1302.85	1413.43	1540.21	1427.38	1591.03
信息传输、软件和信息技术服务业	1961.21	2172.79	2409.97	2593.53	2998.30	3417.68
金融业	5545.17	6215.65	6846.88	7529.61	8405.79	9163.96
房地产业	5792.01	6907.75	7467.17	8057.76	8944.94	8943.28
租赁和商务服务业	2278.82	2524.68	2800.26	2980.91	2981.48	3356.99
科学研究和技术服务业	1645.10	1822.59	2021.53	2212.91	2320.54	2698.75
水利、环境和公共设施管理业	459.97	509.61	565.21	646.01	669.68	662.92
居民服务、修理和其他服务业	864.39	957.65	1062.17	1121.06	1195.02	1314.04
教育	2103.83	2330.82	2585.24	2908.01	3015.27	3316.34
卫生和社会工作	1344.30	1489.34	1651.91	1842.58	1891.00	2178.19
文化、体育和娱乐业	473.38	524.46	581.71	594.23	601.06	618.76
公共管理、社会保障和社会组织	3328.48	3687.59	4090.10	4616.52	4776.65	5580.74

数据来源:《江苏统计年鉴 2022》

（五）数字赋能稳步推进,科技创新引领不断增强

2021 年,科技创新引领不断增强,产业融合不断深化,数字赋能动力强劲。规上高技术服务业营业收入同比增长 18.1％,对全省规上服务业增长贡献率达 32％。高技术产业投资比上年增长 21.6％,高于全部投资 15.8 个百分点。规上服务业中互联网和相关服务营业收入比上年增长 27.5％。

（六）全国 500 强服务业企业占比保持领先地位

中国企业联合会、中国企业家协会发布了"2021 中国服务业企业 500 强榜单"。榜单以全国各大服务业企业 2020 年度营业收入为依据进行排序,其中,国家电网以 26676.67 亿元营收蝉联榜单第一名,平安保险以 13214.14 亿元位居榜单第二位,工商银行以 12612.81 亿元排在第三位。随着江苏和浙江入围数量的崛起,服务业企业长期集中于北上广的优势正在被打破。根据统计江苏企

业 52 家上榜,占全国 500 强的比重为 10.4%。从区域分布范围来看,无锡 18 家、苏州 17 家、南京 12 家、常州 4 家、盐城 1 家,可以看出 500 强企业主要集中在苏南五市,只有 1 家服务业企业位于苏北,苏中则无服务业企业上榜。

表 3   2021 中国国服务业 500 强企业江苏前十名企业名单

序号	排名	公司名称	当年营业收入(万元)
1	14	苏宁控股集团	58278071
2	90	弘阳集团有限公司	9787913
3	118	南京银行股份有限公司	6964558
4	135	江苏国泰国际集团股份有限公司	5563778
5	146	汇通达网络股份有限公司	4961023
6	149	南京新工投资集团有限责任公司	4848350
7	157	通鼎集团有限公司	4511879
8	179	江苏汇鸿国际集团股份有限公司	3785819
9	181	张家港保税区立信投资有限公司	3692686
10	200	苏州金螳螂企业(集团)有限公司	3192217

(七)服务业国际化程度逐年提高,国际竞争力显著增强

服务业吸引外资总额不断增长,总体结构逐步优化。2021 年,全省新批对外投资项目 726 个,同比增长 3.86%;中方协议对外直接投资额为 66.76 亿美元,同比增长 15.26%。其中,对"一带一路"沿线国家投资项目 191 个,占全省比重 26.31%;协议投资 15.93 亿美元,占全省比重 23.86%。

从行业类别来看,投资主要集中在第二、三产业。其中,制造业中方协议对外投资额占全省对外协议投资额的 35.18%,位居对外协议投资行业之首。商务服务业、软件业、研究与试验发展位列第三产业对外投资的前三位。从地区来看,亚洲地区仍然是江苏省对外投资的重点区域,新批项目数量占到全省新批项目数的一半以上,中方协议投资额超过全省投资总额的 1/3。全省接近四成的协议投资在拉美地区。非洲地区的中方协议投资额位于拉美和亚洲之后,占全省中方协议投资额的 9.41%。

表 4   2021 年江苏服务业按行业分外商直接投资

行业	新设外商投资企业数(家)	实际使用外资金额(亿美元)
批发和零售业	722	26.21
交通运输、仓储和邮政业	41	7.04
住宿和餐饮业	48	0.99
信息传输、软件和信息技术服务业	297	10.55
金融业	43	5.15

续表

行业	新设外商投资企业数(家)	实际使用外资金额(亿美元)
房地产业	174	57.20
租赁和商务服务业	597	30.57
科学研究和技术服务业	1160	41.67
水利、环境和公共设施管理业	7	1.90
居民服务、修理和其他服务业	23	0.54
教育	18	0.02
卫生和社会工作	7	0.16
文化、体育和娱乐业	72	0.0216
公共管理、社会保障和社会组织	1	0.00

数据来源:《江苏统计年鉴2022》

专栏 数字赋能贸易,江苏释放有"服"同享新机遇

中国江苏网

2021-11-09 08:30 中国江苏网官方帐号

中国江苏网讯(记者 刘菁)有关数据显示,2020年,江苏数字经济规模超4万亿元,居全国第二位,占GDP比重超过40%。得益于数字经济的快速发展,我省不断释放提升服务能力、丰富服务形态、拓展服务空间的巨大能量。

11月7日,我省进博会配套活动之一第四届中新合作服务贸易创新论坛在进博会主场举办。记者采访发现,越来越多的企业正和江苏有"服"同享,我省也加速迎来数字赋能服务贸易创新发展机遇期。

数字技术,再造全球产业链价值链

数字技术的创新发展大大提高了跨国服务的可贸易性,也再造了全球产业链价值链。为了打造更好的全球生态系统,现场,飞利浦医疗(苏州)有限公司与伟创力(苏州)电子科技有限公司签约医疗工程设计服务项目。"这次合作实质是全球性合作,但跨境贸易成本降低、本土交流效果提升,这是因为我们两家公司之间的距离才10公里左右。"位于苏州工业园区的飞利浦医疗中国影像基地是飞利浦立足中国、服务全球本土化战略的重要实践,也是飞利浦在长三角地区复苏产业链布局的关键。该公司总经理蒋迎庆说,苏州工业园区处于长三角地理位置,公司方圆400公里内所有配套供应链齐全,且当地高校资源丰富,为企业飞速发展创造了条件。她说,等到签约项目完成相关本地注册资质以后,飞利浦医疗未来申请国产化产品上市,获批的时间、速度、效率都会大大提高,将对企业加深全球化布局起到重要的战略意义。

"我们依托一家中央实验室,服务全球数百上千家半导体产业链企业,帮助他们实现产业优化。"胜科纳米(苏州)股份有限公司董事长兼CEO李晓旻的言语充满自豪。他告诉记者,胜科纳米通过大量海外进口分析仪器,为相关企业专业提供半导体芯片分析测试与研发实验。目前其提供的服务水平几乎达到了整个半导体产业链技术行业领域的最尖端,服务全球客户超过2000家,涵

盖了原材料、设备芯片设计制造、封装等整个产业链上下游企业。"很多年以前,中国企业在分析仪器硬件方面发展相当薄弱,大多数只能给海内外优秀仪器供应商提供应用化场景,而我们这次和赛默飞将围绕最先进的分析仪器联合研发、应用场景升级开发、数据互通等展开新合作,将运用胜科纳米的专业帮助赛默飞实现下一代产品的升级迭代。"

在全国人大常委会委员、全国人大社会建设委员会副主任委员、清华大学公共管理学院院长、国务院原副秘书长江小涓看来,数字技术改变了服务业的性质,让其可贸易且可分工:"在全球技术和产业大范围重组的背景下,以开放链接更多资源和市场,能助力创造更多价值,获得更多利益。"

数字赋能,推动服务贸易形成新格局

去年8月,国务院批复同意在28个地区开展全面深化服务贸易创新发展试点,提出建立完善支持创新的知识产权公共服务体系。南京自贸片区探索建设知识产权产业数字化体系,聚焦知识产权创造、交易、运营,打造以在线特色交易为主,在线公证、维权、服务、融资为辅的一体化平台——知识产权交易融资服务运营平台。

"平台包含了知识产权确权—交易—运营—维权—融资全生命周期的一站式服务,利用数字化手段,让大量'沉睡'的知识产权资产得以'苏醒',成为源源不断的创新能量。"该知识产权交易融资服务运营平台相关负责人介绍,截至今年9月,平台已完成交易1.5万余笔,累计交易金额超过2亿元,20余万件专利转化为"数字资产"。今年5月,该案例成功入选国务院第一批全面深化服务贸易创新发展试点。

论坛上,江小涓展示了一组数据:在服务贸易中,生活贸易非常难以跨境提供,而生产型的服务贸易占主体地位,大概有八九成。其中增长最快、比重提高最明显的是数字化生产型服务贸易,占比接近60%。"这表明生产型的服务贸易比较容易依托数字化形态来提供,这是一个非常稳定的趋势。"

如今,随着数字技术的发展,数字贸易迎来繁荣期。在数字化新风潮中,数字化新产业、新业态、新模式不断涌现。如何加快发展数字贸易,推动服务贸易构建新格局?交通银行党委委员、副行长钱斌提出:"合力打造数字基础设施,发挥长三角全国的带动作用。"他表示,长三角具备良好的数字化基础,在推进数字贸易方面大有可为,为实现《长江三角洲区域一体化发展规划纲要》提出的"2025年全面建立一体化体制机制"的目标,需要进一步推动有为政府和有效市场的良性互动,实现数字驱动的创新共建和民生共享。"结合数字贸易发展趋势,建议长三角区域应进一步发挥全国经济的龙头带动作用,为建设国家级的数字基础设施提供完备的金融支持和数据支持。"

抢抓"时间窗口","江苏服贸"将迎全新机遇

11月5日,商务部发布的数据显示,今年前三季度,我国服务进出口总额37834.3亿元,同比增长11.6%,服务贸易继续保持快速增长态势。其中,进口增速实现了疫情以来的首次转正。"未来10年至15年,我国服务贸易具有巨大发展潜力。"中国(海南)改革发展研究院院长迟福林如是说。

作为开放型经济大省,江苏如何抢抓这一"时间窗口期"?

苏州工业园既是中新合作的重要载体,也是江苏自贸试验区的重要组成,既承载着引领中新合作的重要使命,也承担着以制度创新打造制度型开放新高地的重大任务。"建议在'双区联动'中形成自身高水平开放新优势,并在服务中新合作中加强发展。"迟福林建议,苏州工业园区可以对标新加坡探索开展深层次的制度创新。"新加坡政府的专业性、高效率在全球闻名,苏州工业园区可以加大学习结合新加坡的经验,在招商引资、市场监管等领域建立法定机构性质的执行机构。"

"雄厚的制造业基础是江苏服务贸易发展的优势。"江苏省社科院副研究员蒋昭乙表示,制造业转型升级对于高端生产服务需求巨大,"而这个大市场,最优秀的企业肯定不会放弃,越来越多巨头的进入,必然带动江苏生产类服务业发展的整体水平。"

(八)高质量谋划服务业发展,推进扎实有力的措施

《江苏省"十四五"现代服务业发展规划》(以下称《规划》)围绕推动生产性服务业向专业化和价值链高端延伸,推动生活性服务业向高品质和多样化升级,明确提出构建江苏特色"775"现代服务产业新体系。具体聚焦在优化空间发展格局,以建成社会主义现代化国际大都市为目标,提升南京、苏州、徐州服务业产业能级和国际化水平;创新培育市场主体,强化龙头骨干企业引领作用,打造一批在国际资源配置中占主导地位的世界级现代服务业企业;加快推进服务业数字化发展,推进生产性服务业数字化发展,拓展数字技术应用场景,深化行业应用,推动智能物流、智慧交通、数字金融等领域发展。为了更好地实施《规划》,2021 年 11 月,印发了服务业"331"工程实施方案,即现代服务业高质量发展领军企业培育工程、集聚示范工程及两业融合发展标杆引领工程 3 个实施方案,以期在增强服务业发展的综合实力、提升服务业发展能级、助力制造业转型升级上取得突破。

由于疫情持续冲击叠加原材料价格上涨、生产成本上升等因素,尤其是需求收缩、供给冲击、预期转弱三重压力,中小微企业以及接触性服务业生产经营面临不少困难。为帮助市场主体纾困解难,促进经济平稳健康运行,2022 年 2 月 28 日,《关于进一步帮助市场主体纾困解难着力稳定经济增长的若干政策措施》("苏政 40 条")正式印发,围绕加大财政税费支持力度、强化金融支持、加大对重点行业恢复发展的支持、持续优化提升服务等方面出台"苏政 40 条",旨在帮助广大市场主体纾困解难、提振信心稳定预期。

(九)两业融合发展催生新动力

推动先进制造业与互联网、科技、物流等现代服务业深度融合,是产业规模、发展层次实现新跨越的重要之举,也是江苏产业结构持续优化的重要抓手。江苏在先进制造业和现代服务业融合方面起步较早。2019 年 9 月,为贯彻落实中央深改委第十次会议精神和国家发展改革委相关文件精神,省发展改革委就组织开展了江苏省先进制造业和现代服务业深度融合试点工作,根据各地申报确定了 123 家龙头骨干企业、21 家产业集群和 15 家集聚区域作为首批省级试点单位,支持跨业联动,鼓励先行先试,探索推进两业深度融合发展的创新路径、有效机制和政策举措,并取得了较好的示范带动成效。2021 年省发展改革委下发了《江苏省先进制造业和现代服务业融合发展标杆引领工程实施方案》,作为"十四五"期间江苏省两业融合工作的指导。

江苏作为全国制造业基地,先进制造业发展迅速,同时与先进制造业联系紧密的生产性服务业发展快速,两业深度融合产业基础十分扎实。经过一年的探索与实践,近期出炉的两业融合试点阶段性绩效评价成果显示,江苏两业深度融合渐入佳境,多家试点单位融合成绩优秀。从区域分布来

看,苏州占比 27.5％居全省第一,常州占比 15.7％位居次席,南通占比 11.8％排名第三;从行业领域分布来看,高端装备占比 15.7％居首位,高端纺织 11.8％次之,工程机械、前沿新材料、生物医药和新型医疗器械领域均有 5 家试点单位进入优秀行列。

二、江苏现代服务业发展面临的机遇与挑战

(一)发展机遇

1. 国际经济环境

(1)全球化网络化的新经济环境下,推动数字化智慧化平台化变革

在全球化、数字化的新经济环境下,以平台化、定制化、智能化以及跨界化为核心内容的流通 4.0 正在兴起,全面驱动商贸业变革。从组织变革上,流通革命通过推动批零业态围绕产业链、供应链、服务链建立上下游企业与创业者间的纵深与横向一体化协作关系,平台经济、供应链等组织模式不断涌现。从业态变革上,流通革命通过推动商贸流通与服务消费深度融合,与信息、金融、物流、旅游、文体等产业联动发展,引导有条件的企业利用现有商业设施改造发展消费体验,增强实体店体验式、全程式服务能力,从而促成业态创新与复合业态发展,成为激发消费新动力的重要途径。从技术创新上,大数据、云计算、物联网乃至人工智能等新技术将打破传统商业的封闭界限,成为赋能商贸业主体的重要手段。

(2)全球生产方式和生活方式加快转变,新理念、新模式不断涌现

随着技术的革新发展,新技术群体性突破态势将更加明显,网络信息领域的深度应用将成为常态化。全球生产方式将面临全新变革,生产的社会化更加显著,网络成为新的生产方式,以社交生产为代表的在线生产新形态悄然升起,众包众筹日益兴起,生产的协同化日益盛行。后疫情时期,居民消费心理和消费行为将发生重大变化,消费者将更加注重自身的生活质量,线上消费、云端服务等"宅经济"迅速崛起,无人配送、在线消费、跨境电商等新产业模式将表现出强大的成长潜力,为商贸流量业数字化转型带来重要发展机遇。

(3)创新全球化和网络化趋势已经形成,开放与合作创新日益普遍

受经济全球化、新兴经济体崛起、技术进步速度加快等多种因素影响,技术和人才等创新要素跨国流动的规模和水平不断提高,人工智能、区块链、大数据、物流网、5G 等数字基础设施加快建设,改变了国家和企业的技术创新模式。国家和企业的创新能力提升不再局限于独立的内部研发,而是在更大范围内运用技术和资本等各种手段整合外部创新资源,从而最大限度地提升国家和企业的竞争力和影响力。

2. 国内经济环境

(1)经济发展处于新常态,呈现新的阶段性特征

我国已转向高质量发展阶段,处在转变发展方式、优化经济结构、转换增长动力的攻关期,社会主要矛盾发展变化带来新特征新要求,发展不平衡不充分问题仍然突出。我国制度优势显著,经济长期向好,物质基础雄厚,人力资源丰富,市场空间广阔,社会大局稳定,经济实力、科技实力、综合国力已经跃上新的大台阶,特别是党中央作出全面建设社会主义现代化国家的战略部署,为江苏未

来的发展开辟了新空间,注入了新动力。要胸怀"两个大局",立足新发展阶段,贯彻新发展理念,把江苏未来发展放在全国一盘棋的大格局中来谋划,强化机遇意识和风险意识,系统谋划重大举措和实施路径,更加注重发展支撑和制度保障。

(2)经济增长动力从要素驱动向创新驱动转变,推动以科技创新为核心的全面创新

从经济发展的驱动力看,主要从依靠劳动力、土地、原材料投入推动,加速向创新驱动转变;从市场作用看,主要从发挥市场配置资源的基础性作用,转向市场在资源配置中发挥决定性作用;从动态优势看,主要从依靠传统比较优势向更多发挥综合竞争优势转换;从全球价值链看,主要从国际产业分工中的低端逐渐向中高端提升;从创新角度看,数字产业化和产业数字化将成为商贸流通业发展的主战场。

(3)新格局新需求的经济转型中,消费成为经济增长主动力,服务业正迎来"蝶变"期

随着当前国际经济形势的日益复杂化,以及新冠肺炎疫情带来的复合影响,外贸对经济增长的带动作用受到了明显制约,部分国家贸易保护主义倾向,使得今后较长一段时间内对外贸易都会面临"外需不振,出口下滑"的严峻局面。为此,促进形成强大国内市场,努力满足最终需求,改善消费环境,增强消费能力将是未来中国商贸发展的主要方向。随着中国经济发展步入新常态,供给侧结构改革与消费升级加速推进,以国内大循环为主体、国内国际双循环相互促进的新发展格局逐步形成,国家明确提出"发挥消费对经济增长的基础作用",促销费扩内需成为构建"双循环"的主引擎。同时,品质化消费、体验型消费、个性化消费等新消费诉求,以及以网络技术、大数据云计算为代表的新流通技术快速发展,消费时空、消费渠道加速创新变化。对江苏而言,内需供给和供给侧结构性改革愈发重要,应积极应对,加速商贸流通产业成为融入双循环重要的环节。

(4)国家战略密集出台,加快了商贸流通业转型的良好氛围形成

近年国家密集出台了《关于积极推进供应链创新与应用的指导意见(2017)》《关于进一步做好供应链创新与应用试点工作的通知(2020)》《关于加快发展流通促进商业消费的意见(2019)》《关于进一步落实城乡高效配送专项行动有关工作的通知(2020)》《关于推动农商互联完善农产品供应链的通知(2020)》《关于促进消费扩容提质加快形成强大国内市场的实施意见(2020)》等一系列政策,基本给出商贸流通业转型发展思路和顶层设计,对推动商贸流通创新发展、优化消费环境、促进商业繁荣进行了全面部署。

3. 江苏省内经济环境

(1)坚持创新发展为现代服务业发展提供了广阔的市场空间

当前,江苏经济总体上处于投资驱动向创新驱动转换的关键时期,产业提档升级进程不断加快。江苏长期以来坚持提升创新竞争力,构建自主可控的现代产业体系,夯实了商贸流通业高质量发展的基础。近年来,江苏5G、人工智能、区块链等新一代科学技术发展势头较好,产业数字化进程加快,研发投入持续保持快速增长。2020年,全省规模以上服务业企业研发费用同比增长28.9%,产业转型升级持续推进,产业融合步伐走向深入,为"十四五"实现现代服务业高质量发展育新机。

(2)开放型经济转型发展有利于国际服务业资源加速流入

上一轮江苏开放型经济发展的显著特点,是通过充分发挥自身低端要素优势,以外资经济和外贸的快速发展促进经济腾飞。进入"十四五"时期,江苏开放型经济发展更加注重培育核心竞争力,

即在继续发挥低成本制造优势的基础上,更加注重引人才、引技术,提升整合各类先进要素进行创新活动的能力。这些新变化不仅拓宽了服务业创新资源的流入渠道,促进了要素的自由流动,更增进了现代服务业创新资源的整合能力。

(3)多重国家战略叠加形成商贸流通业转型发展的新契机

江苏是国家重大发展战略的叠加区域,在长三角一体化、江苏沿海地区发展、苏南现代化建设示范区等战略深入实施之际,"一带一路"、长江经济带和苏南自主创新示范区战略又一次在江苏叠加,为江苏服务业的创新发展,更好发挥综合效应,提供了新的历史机遇。江苏省委提出经济发展等六个方面的高质量发展标准,着力推动江苏在高质量发展上走在全国前列。《关于印发绿色商场创建工作实施方案(2020—2022年度)的通知》《关于印发江苏省商务领域信用"红黑名单"管理办法(试行)的通知》《江苏省以新业态新模式引领新型消费加快发展实施意见》等系列政策,为现代服务业营商环境优化做出具体部署。

随着社会复工复产全面有序推进,2022年2月28日江苏出台《关于进一步帮助市场主体纾困解难着力稳定经济增长的若干政策措施》(简称"苏政40条")。在具体内容上,"苏政40条"聚焦问需于企,针对前期梳理汇总市场主体诉求强烈的八方面12个问题,从加大财税支持力度、继续强化金融支持、加大清费减负力度、加大对重点行业恢复发展的支持、着力缓解价格上涨压力、加强外贸企业帮扶、加强政府采购支持、持续优化提升服务八个部分,有针对性地出台了相关帮扶政策。其中,加大财税支持力度部分提出了统筹现有专项资金扶持中小微企业、安排12亿元专项资金对工业企业"智改数转"项目给予贷款贴息和有效投入奖补、实施失业保险援企稳岗"护航行动"等八项实实在在的举措。

(二)面临挑战

1. 数字商业发展倒逼现代服务业新一轮改革

当今世界正在经历一场更大范围、更深层次的科技革命和产业变革,人工智能、大数据、物联网、区块链等现代信息技术不断取得突破,数字经济蓬勃发展,正在重塑国际竞争、制造产业、社会发展、国际贸易、消费结构新格局,盘活了供应链、流通链、生产链、销售链的要素。江苏积极响应数字经济发展要求,积极推动供应链创新与应用、城乡高效配送专项行动、物流标准化试点建设,深化体制机制综合改革,取得了一定的成效。但现代服务业改革的系统化、体系化还不够,改革的力度还不够。如何适应数字经济时代需求,整体推动服务业供给侧、供应链结构性改革,主动对接科技发展趋势和市场需求,主动对接数字商业发展需要,是必须要破解的高质量发展难题,还需要深入思考和创新应对。

2. 产业融合发展有待进一步深入

现代服务业与先进制造业、现代农业融合发展有待进一步深入,支撑引领经济高质量发展的作用还不明显。从范围看,尽管江苏一些行业龙头、骨干企业在融合发展上初见成效,但量大面广的中小企业鲜有突破,装备制造、家电等行业的融合发展起步较早,其他行业则相对滞后;从程度看,一些企业已经开展设计、采购、建造、系统集成等总承包业务,但提供优质、高效整体解决方案的能力还不强,存在核心技术缺乏、品牌影响力弱、服务增值带来的营业收入占比不高等问题;从融合水平看,有关领域融合发展主要是沿袭或模仿发达国家、跨国企业的既定模式,融合的创新性和针对性不够,难以适应新的客户需求和市场形势变化。

3. 服务业新技术、新业态、新模式的涌现速度有待加快

移动电子商务、农村电子商务、跨境电子商务等线上线下融合经济的高速发展,生产与消费方式发生变革,生产消费需求向品质化、个性化、多元化转变,呈现消费市场的消费升级,从而要求生产与消费方式相应变革,这就要求生产向精益制造、个性化制造、准时制造和供给侧进行结构性。而新冠疫情又一次点火电商和"电商+",新型消费迸发出苗壮生命力,涌现出"电商+制造""电商+农业""电商+旅游""电商+文化""电商+直播"等多种跨界融合的新业态新模式。全球诸多国家电子商务成功经验与失败案例告诉我们,电子商务这个新业态的蓬勃发展,离不开新流通、新物流的同步高速发展。消费升级势必要求供给侧改革提质,快速推进构建"互联网+""智能+""智慧+"商贸新格局,再生现代服务业的新发展潜能,加快服务业高质量发展的速度和程度。

4. 国际形势对服务贸易带来新挑战

2008 年金融危机之后全球贸易的增长就一直低于经济增长。中美贸易战爆发带来逆全球化的兴起,全球贸易摩擦范围在 2019 年持续扩大,美国、欧盟、中国和日本等全球四大核心经济体卷入了贸易纷争的旋涡,全球经济整体增速放缓。新冠疫情让我们深刻认识到外贸、外资和对外开放对中国经济发展的重要性。疫情对贸易结构和产业链的影响实质是对分工水平、产业升级以及资源配置效率等方面的影响。新冠疫情直接导致人流和物流的中断,国际贸易再次受到冲击,国际运输等服务贸易势必会受影响。而这个冲击很有可能让以往的生产、生活方式和国际交往方式会产生长期性、根本性的改变,以及导致产业链、供应链的重构和转移。这将对江苏的跨境贸易、对外投资、利用外资的发展带来新挑战。需要对疫情对外贸冲击的长期性作思想准备,需要对稳外贸和稳外资通盘考虑。

三、江苏现代服务业发展的对策建议

在新的发展阶段,江苏坚决践行"争当表率、争做示范、走在前列"新历史使命,坚持稳中求进工作总基调,立足新发展阶段,贯彻新发展理念,构建新发展格局,以推动高质量发展为主题,以深化供给侧结构性改革为主线,以改革创新为根本动力,以满足人民日益增长的美好生活需要为根本目的,以现代服务业"331"工程为突破口,推动生产性服务业向专业化和价值链高端延伸,推动生活性服务业向高品质和多样化升级,坚持稳字当头、稳中求进,以务实的举措推动全省服务业加快复苏和高质量发展,努力构建优质高效、充满活力、竞争力强的服务产业新体系,助力"一中心一基地一枢纽"建设,为推进江苏现代化经济体系建设走在前列、奋力谱写"强富美高"现代化建设新篇章提供强大支撑。

1. 发挥江苏"放管服"先行优势,建立一体化的企业服务平台

一是一体化服务平台是一个系统而综合的工程,需要多方面共同努力而完成。通过政府牵头,健全和完善政务审批服务一体化的企业服务平台——"苏企通"平台,积极改革一般企业投资项目备案和企业登记等事务的办理手续,集成优化"一网通报""一地受理、一次办理"为一体的审批服务办理流程;二是积极推进"放管服"改革进程。推动"多证合一"改革,深化证照分离,深化中小企业名称自主申报改革,推动登记方式多样化,切实降低中小企业的生产经营成本,为企业提供政策直

达、审批服务、诉求服务、利企服务、信用服务等;三是注重对服务创新活动的事中事后监管。进一步释放改革红利,探索建立基于企业应用信息的监管平台,形成负面清单的产业政策导向,完善相关政策体系。

2. 聚焦行业纾困恢复,培育多元发展业态

一是着力激活消费新市场,推进新零售发展。实施国内消费振兴计划和海外消费回流计划,加大创新力度,释放发展新动能。鼓励餐饮住宿等领域进行产品智能化升级,鼓励有条件的企业发展线上销售,采用"社区团购＋集中配送"、无接触配送、"餐饮＋零售"等服务新模式,发展数字餐饮、社区餐饮、健康餐饮、推广"中央厨房＋线下配送"等经营模式。二是加大产业互联网在文旅产业的运用。有序推进互联网平台企业、电商网站开展网络直播,引导互联网娱乐健康发展。整合全省文旅优势资源,完善江苏智慧文旅平台内容功能,构建"一机游江苏、一图览文旅、一键管行业"的智慧文旅体系。完善数字图书馆和生公共文化云平台建设,扩大线上服务覆盖面,推广文化场馆和旅游景区数字化体验产品,丰富游客体验。三是推进幸福产业培育工程。加快衣食住行等实物消费提升品质,促进健康养老、家政托幼、教育培训等服务消费提质扩容,合理增加公共消费,加大政府采购公共服务力度,提高教育、医疗、养老、育幼等公共服务支出效率。

3. 统筹资源要素保障体系,增加政策支撑力度

一是引导资金投入领域。围绕江苏服务业发展的重点领域、重点产业、重点园区、重点项目,增加服务业发展引导资金规模,优化资金投向,强化资金监管。二是建立服务业企业全生命周期的金融服务体系。拓宽投融资渠道,改进政府参与方式,搭建各类融资平台,吸引更多的社会资本参与现代服务业领域的投资建设。鼓励金融机构积极服务和响应国内国际双循环的全面需求,对于出口信贷、出口信用保险给予专业性综合性的跨境金融服务。三是做好生产要素的保障工作。针对服务业领域的重要市场载体,由规划、国土、科技等部门同步做好要素保障,加强服务业企业用地的规划、储备和供应工作,适度扩大服务业发展规划控制范围和预留空间。

4. 大力发展数字化服务业,推动商业模式创新

大力发展数字经济,持续推进实施现代服务业"331"工程。一是政策激励产业数字化进程。由政府和公共事业机构共同推动,在公共服务和基础设施建设方面率先实行数字化转型和升级,完善财政、税收和信贷等方面的优惠政策,鼓励企业特别是中小企业推进数字化智能化转型,为江苏经济发展提供持续动力。二是加快商贸流通企业数字化的场景应用。推动敏捷供应链建设,加快改善信息传送质量以及大规模远程办公的运用,数字化应用和商业模式创新;支持电子商务平台建设,鼓励服务企业利用互联网发展做大做强,不断完善电商生态服务体系建设。三是整合全省文化和旅游资源,推动数字科技与文旅产业深度融合。开发并推广新型优质的数字文旅产品,推广"互联网＋文旅"新业态新模式;推进旅游景区全周期数字化管理,加强旅游监测和大数据分析在相关领域的应用。

5. 打造服务业高地,高质量发展对外贸易

一是推动服务贸易高水平发展。加快中国(江苏)自由贸易试验区、跨境电商综合试验区、服务外包示范城市等高水平国际化高地建设;逐步扩大服务贸易创新发展试点范围,推动服务贸易在改革、开放、创全面深化。二是加快推进跨境电商综合试验区试点。推动数字商务发展,发展新业态,培育新动能,拓展外贸发展新空间;推动服务外包优化升级,健全完善外包服务市场相关政策法规,

积极营造公平有序的市场环境。三是建立高科技服务外包企业认证体系。给予头部企业适当的税收和财政优惠,鼓励引导资本加大对关键技术和关键环节的投入,不断提升外包企业服务的综合竞争力。

6. 以国际一流为标杆打造国家营商环境创新试点城市

优化营商环境是经济高质量发展的应有之意,江苏营商环境的建设目标就是"对标世界银行标准、推动区域协作,努力打造与经济高质量发展相匹配的最优营商环境",努力做到市场机制最活、服务效能最佳、综合成本最低、投资环境最优、企业获得感最强的全球一流营商环境。一是加快形成与国际惯例接轨的体制机制,未来发展的趋势是市场主体应该在规则、机制、规制等方面加强合作和交流,努力由要素合作向规则合作进行转变,多层次提升营商环境系统性竞争力,争取纳入国家营商环境创新试点城市。二是规划建立市场主体的信用评价体系,做好政府服务的叠加效应,做好行政监管的关联效应,做好简政放权的示范效应,消除交易成本带来的不合理限制,着力构建"亲清"新型政商关系。三是鼓励江苏自由贸易试验区南京片区先行先试,着力建设具有国际影响力的自主创新先导区、现代产业示范区和对外开放合作重要平台;激发企业作为市场主体的创新活力,支持大中小企业和相关主体融通创新,发挥好大中小企业和科研院所、金融机构、应用方和需求方等各人才主体作用,形成各得其所、相互协同、相互支撑的良好创新生态系统。

7. 完善人才发展机制,加快人才高地建设

高质量高标准推进省级引智基地、省级专家服务基地建设,积极推动基层柔性引进服务业高层次人才和专家,构建服务业高端专家智力转移和成果转化的人才平台载体;改革完善博士后制度,支持博士后研究人员参与国家重点领域、重大专项、前沿技术和重大科学研究计划;健全和完善以居住证制度为基础的海外高层次人才服务平台,解决海归人才市民待遇问题,为创新创业提供相应的优惠政策和诸多便利;完善人才评价机制,进一步完善高端人才评选表彰办法,积极推进行业协会、学会开展水平评价类认定试点,加强高端人才的认证监管,健全人才多元化评价体系。

依托江苏"高层次创新创业人才引进计划""333 工程""青蓝工程""六大人才高峰"计划,围绕现代服务业重点产业领域和创新方向,重点引进国际水平的科学家、领军人才、工程师和创新团队,加强人才国际交流,千方百计引进顶尖人才。建立以信任为基础的人才使用机制,允许失败、宽容失败,完善科研任务"揭榜挂帅""赛马"制度,实行目标导向的"军令状"制度,鼓励科技领军人才挂帅出征。

8. 加快产业融合创新,推进两业深度融合发展试点

江苏制造业门类齐全,服务业业态众多。产业融合发展是一个双向的过程,既包括制造业向后端延伸的服务化,也包括服务业反向延伸的制造化。具体来看,可加快原材料行业和服务业融合步伐,从研发设计到生产制造各个环节对接下游企业,加快原材料行业从提供原料产品向提供原料和工业服务解决方案转变;推动消费品行业和服务业深度融合,适应消费结构升级趋势和居民多样化、个性化、品质化需求,推动创新设计、市场营销、品牌管理、售后服务等环节变革;提升装备制造业和服务业融合水平,发展系统集成、工程总包、远程维护等服务,拓展增长空间;推进制造业和互联网融合发展,引导电信运营企业、互联网企业等积极转型,发展面向重点行业和区域的工业互联网平台;强化研发设计服务与制造业融合发展,采用新技术、新材料、新工艺、新装备、新模式,通过研发设计增强制造业产品的绿色化、智能化、品牌化水平;推进物流服务与生产制造无缝对接,推动

制造业借助现代供应链开展资源整合和流程优化,实现供需精准匹配,降低实体经济成本,提升制造业运行效率①。

9. 强化标准品牌培育,持续开展服务业质量提升行动

加强重点企业培育,加快发展生产性服务业,继续扩大互联网平台经济优势,打造一批具有国际或区域影响力的平台型交易中心,培育一批特色鲜明、竞争力强的平台经济品牌企业,集聚一批高能级、有活力的市场主体。培育一批"江苏精品"服务品牌,开展省级服务业标准化试点示范和地方标准立项工作。

参考文献

[1] 莫万贵,袁佳,王清.全球服务贸易发展趋势及我国应对浅析[J].清华金融评论,2020(1):49-53.

[2] 董小君,郭晓婧.后疫情时代全球服务业的演变趋势及中国的应对策略[J].改革与战略,2021(2):58-64.

[3] 怀进鹏.打造数字贸易新引擎,服务构建新发展格局[J].中国科技产业,2020(9):6-6.

[4] 陈伟,李柏松,薛志波.服务贸易现状及发展趋势[J].经贸实践,2018(9):83-83.

[5] 李俊,张谋明.全球服务贸易发展:回顾与展望[J].海外投资与出口信贷,2021(1):4-7.

[6] 桑百川,郑伟,谭辉.金砖国家服务贸易发展比较研究[J].经济学家,2014(3):93-100.

[7] 王迎冬,王富祥,黄月月.中美两国服务贸易出口结构及其变动的比较研究[J].齐齐哈尔大学学报(哲学社会科学版),2019,0(10):97-101.被引量:2.

[8] 郭芳.服务贸易:经济增长新动力[J].中国经济周刊,2020(24):58-59.

[9] 柏文喜.后疫情时代的企业发展策略选择.产业创新研究,2020(19):10-12.

[10] 周晶.后疫情时代"一带一路"合作发展研究.学术交流,2020(8):96-104.

[11] 金立刚.面对疫情传统服务业须适时破茧成蝶[J].中国商界,2020(03):34-35.

[12] 司咏梅,张捷.新冠肺炎疫情对内蒙古产业发展的影响及应对措施[J].北方经济,2020(02):22-24.

[13] 杨一帆.应对新冠肺炎疫情冲击养老服务业采取何种长期商业策略[N].第一财经日报,2020-02-27(A11).

[14] 赵根良.新冠肺炎疫情背景下我国人力资源服务企业的挑战、机遇和对策[J].中小企业管理与科技(中旬刊),2020(10):168-169+172.

---

① 洪群联.推动先进制造业现代服务业深度融合.经济日报[N].2022-6-14.

第二章 中国现代服务业发展报告

2021年,面对复杂严峻的国际环境和国内疫情散发等多重考验,在以习近平同志为核心的党中央坚强领导下,各地区各部门认真贯彻落实党中央、国务院决策部署,坚持稳中求进工作总基调,科学统筹疫情防控和经济社会发展,扎实做好"六稳"工作,全面落实"六保"任务,加强宏观政策跨周期调节,加大实体经济支持力度,国民经济持续恢复发展,改革开放创新深入推进,民生保障有力有效,构建新发展格局迈出新步伐,高质量发展取得新成效。服务业继续稳定复苏,转型升级迈上快车道,新动能引领之势愈加清晰,出口带动作用持续增强,中小微企业经营压力明显缓解,实现"十四五"良好开局。

一、中国现代服务业发展现状

(一)总体增势良好,保持稳定复苏

2021年我国服务业增加值同比增长8.2%,占国内生产总值比重为53.3%,对经济增长的贡献率为54.9%,拉动国内生产总值增长4.5个百分点,分别高出第二产业13.9、16.5和1.4个百分点。服务业呈现加快发展态势,产业结构升级对服务贸易的需求明显加大。分季度来看,按照不变价计算,服务业增加值延续了自2020年二季度以来的增长趋势,2021年一至四季度服务业增加值逐季度增加,分别为143162.1、146637.5、149524.1和157800.6亿元,同比增速分别为15.6%、8.3%、5.4%和4.6%,环比增速分别为8.1%、2.4%、2.0%和5.5%。

全年全国服务业生产指数比上年增长13.1%,两年平均增长6.0%。全年第三产业增长较快。分行业看,信息传输、软件和信息技术服务业,住宿和餐饮业,交通运输、仓储和邮政业增加值比上年分别增长17.2%、14.5%、12.1%,保持恢复性增长。服务业景气保持扩张态势。12月份,服务业商务活动指数为52.0%,比上月上升0.9个百分点。其中,电信广播电视及卫星传输服务、货币金融服务、资本市场服务等行业商务活动指数保持在60.0%以上较高景气区间。

(二)新动能乘势而上育先机,推动高质量发展

2021年,信息传输、软件和信息技术服务业,金融业增加值比上年分别增长17.2%和4.8%,合计拉动服务业增加值增长1.9个百分点,两年平均分别增长17.7%和5.3%。在微观层面,1—11月份,规模以上服务业企业营业收入同比增长20.7%,两年平均增长10.8%。10个行业门类均实现盈利。从企业营收来看,规模以上高技术服务业、科技服务业和战略性新兴服务业企业1—11月份营业收入同比分别增长17.6%、18.1%和17.7%,两年平均分别增长14.8%、14.5%和13.1%,分别快于规模以上服务业企业两年平均增速4.0、3.7和2.3个百分点。

（三）数字技术赋能现代服务业，助力消费提质扩容

5G、人工智能、虚拟现实等前沿技术在实践中与更多服务业场景加速融合，新需求新模式新场景不断涌现，助力商品消费提档升级和服务消费提质扩容。数据显示，2021 年，社会消费品零售总额比上年增长 12.5%，两年平均增长 3.9%；实物商品网上零售额比上年增长 12.0%，两年平均增长 13.4%，占同期社会消费品零售总额的比重为 24.5%。快递市场规模加速扩张，行业发展迈上千亿新台阶。2021 年，完成快递业务量 1083 亿件，比上年增长 29.9%，连续 8 年位居世界第一，对全球市场增长的贡献率超 50%。

（四）"两业融合"态势持续深化，新业态新模式不断涌现

近年来我国服务业与制造业之间界限日趋模糊，两者实现融合发展日渐重要。在信息技术的推动下，制造服务化与服务制造化都表现出与互联网高度融合的趋势，在商业模式上也不断呈现出创新趋势，如大规模个性化定制、C2B、云制造等，都是其表现。1—11 月份，工业软件发展迅速，相关产品收入同比增长 20.1%，较 2020 年同期加快 7.6 个百分点，占软件产品收入比重达 9.7%，较 2020 年同期提高 0.6 个百分点。同时，1—11 月份，规模以上供应链管理服务企业营业收入同比增长 46.3%，增速快于规模以上服务业企业 25.6 个百分点。预计在"十四五"时期，在服务业业态创新，包括"互联网＋生活服务""互联网＋社会服务"、共享经济、"服务业＋人工智能"等诸多方面仍有很大的发展空间，创新将成为服务业持续增长的主要动力[①]。

```
┌─────────────────────────────────────────────────────────────────┐
│  专栏　国家发展改革委召开新闻发布会 介绍"两业融合"发展情况           │
│                  发布时间：2021/08/20                              │
│                  来源：国家发改委产业司                            │
│    近日，国家发展改革委召开 8 月份例行新闻发布会，新闻发言人孟玮介绍有关情况，并就先进  │
│  制造业和现代服务业（以下简称"两业"）融合发展工作进展回答记者提问。                    │
│    2019 年底，国家发展改革委等部门印发了《关于推动先进制造业和现代服务业深度融合发展的  │
│  实施意见》，提出先进制造业和现代服务业融合是顺应新一轮科技革命和产业变革，增强制造业核  │
│  心竞争力、培育现代产业体系、实现高质量发展的重要途径。                              │
│    2020 年，国家发展改革委确定了 20 个区域、40 家企业作为第一批"两业融合"试点单位，支持  │
│  其开展先行先试，探索可复制、可推广的业态模式和融合路径。目前正在组织开展第二批"两业融  │
│  合"试点。                                                                        │
│    这些试点区域和企业大胆尝试、积极探索，形成了一批好的经验做法。例如，佛山市南海区积  │
│  极创新试点先导政策机制，出台《佛山西站枢纽新城推进国家先进制造业和现代服务业融合发展试  │
│  点先导区建设行动计划》，设置试点先导区，加快土地整理，引入标杆项目，加大城市赋能，优先打造  │
│  粤港澳大湾区"两业融合"发展高地。景德镇市昌南新区大力发展陶瓷制造与工业文化旅游融合模  │
└─────────────────────────────────────────────────────────────────┘
```

---

① 《经济研究》智库"经济形势分析课题组"，2021 年工业和服务业形势回顾与 2022 年展望，http://ie.cass.cn/academics/economic_trends/202202/t20220211_5393442.html

式,凭借独特的陶瓷文化资源,在传统瓷业中融入现代科技和管理要素,打造世界最高水平"手工制瓷"集聚地,不断升级陶瓷文化旅游产品,建成名坊园、古坊群、国瓷馆、"八大美院"创作基地等陶瓷文化旅游基地,持续扩大景德镇陶瓷历史文化世界影响力。

此外,各试点企业也发挥自身优势,找准突破方向,探索可行模式。例如,双良节能系统股份有限公司探索智慧管理云服务解决方案,实现产品全生命周期管理,促进企业定位从设备产品供应商向全流程服务提供商转变。网易严选贸易有限公司构建高品质制造完整生态圈,形成以互联网为主、以制造为基础、突出商品质价比、融合制造业服务业的新模式。

为及时宣介试点进展和成效,国家发展改革委于2020年底在门户网站开设了专题专栏,面向社会解读"两业融合"相关政策,总结宣传地区和企业推进"两业融合"发展的先进经验和典型做法,持续扩大"两业融合"试点的社会影响力。

(五)服务贸易持续增长,出口竞争力显著提升

据国家统计局数据,2021年我国服务业增加值同比增长8.2%,占国内生产总值比重为53.3%。服务业新动能逐步激发,新业态新模式不断涌现;与此同时,新一代信息技术大大提高了服务的可贸易性,制造业与服务业持续融合,服务供给的质量、效率明显提升,都为服务贸易协调发展奠定了坚实基础。

视听服务、医疗、教育、网上零售等在线提供与线上消费大幅增长,数字支付手段大量运用,为知识密集型服务贸易快速增长拓展了空间。2021年,我国知识密集型服务出口增长18%,其中,个人文化和娱乐服务、知识产权使用费、电信计算机和信息服务出口分别增长35%、26.9%、22.3%,显示出较强的出口竞争力。

受货物贸易和价格因素的影响,全年运输服务出口持续快速增长。2021年,我国运输服务出口8205.5亿元,增速达110.2%,成为服务贸易十二大领域中出口增长最快的领域。运输与知识密集型服务出口共同带动全年服务出口快速增长,增速达31.4%,高于服务进口增速26.6个百分点,推动服务贸易逆差比上年下降69.5%。

(六)服务业500强表现抢眼,新型服务业蓬勃发展

2021年9月25日,中国企业联合会、中国企业家协会连续第十七次向社会发布中国服务业企业500强榜单。2021中国服务业企业500强的营业收入总额达871.79亿元,入围门槛达到60.3亿元。2021中国服务业企业500强呈现出以下特点:一是规模稳步增长。2021中国服务业企业500强的营业收入总额达到43.59万亿元,增长率达5.46%。资产总额达到298.63万亿元,与上年相比增长11.1%,增速较上年提高了7.37个百分点。二是经济效益在走低中分化。2021中国服务业企业500强归属母公司净利润达到3.06万亿元,较上年微增2.19%,平均收入利润率为7.03%,平均总资产利润率为1.02%,平均净资产利润率为8.84%,总资产周转率为0.146次/年,较上年均有不同程度的下降。三是行业结构继续优化。"小巨人"入围彰显活力,2021中国服务业企业500强中,批发贸易、零售、交通运输等传统服务入围数量继续走低,互联网及信息技术服务、金融业、物流及供应链等现代服务显著增加,达到149家,占比增加值29.8%。此外,围绕信息技术和科技研

发等领域,一批"小巨人"企业新晋入榜,增长活力不断显现。四是研发投入持续加大。2021 中国服务业企业 500 强的研发费用为 3342.42 亿元,同比增长 23.34%;平均研发强度 1.23%,排在前 10 名的企业均为互联网及信息技术服务企业。2021 中国服务业企业 500 强拥有专利数共计 259771 件,发明专利数共计 93676 件,分别较上年增长 2.45% 和 5.25%。发明专利数更快增长,表明服务业 500 企业的专利质量正在改善。

(七)纾困措施切实有效,助推经济稳定复苏

2021 年国务院办公厅转发国家发展改革委《关于推动生活性服务业补短板上水平提高人民生活品质的若干意见》(以下简称《意见》)。《意见》围绕促进生活性服务业补短板、上水平,从 9 个方面提出了 30 条任务措施,明确了当前和今后一个时期我国生活性服务业发展的重点任务和实施路径,是各地各部门推动生活性服务业高质量发展的重要指导性文件。健康、养老、育幼、文化、旅游、体育、家政等为代表的生活性服务业市场主体众多,与老百姓日常生活息息相关,动生活性服务业不断扩大供给、优化结构、提高质量,特别是发展价格可承受、质量有保障的普惠性生活性服务,形成多元化、多层次的发展格局,有利于有效扩大内需,形成强大国内市场,实现高质量发展和高品质生活相互促进。

疫情暴发两年多来,我国经济运行受到较大影响,服务业面临的经营困难尤为突出。党中央、国务院高度重视服务业领域助企纾困工作。2022 年 2 月 18 日,国家发展和改革委员会等 14 个部门印发《关于促进服务业领域困难行业恢复发展的若干政策》共 43 项具体政策,政策着力点是支持市场主体渡过难关、恢复发展,保持全年服务业运行稳定,更好发挥服务业作为就业最大"容纳器"的功能。此次政策文件除了提出所有的服务业行业都可以适用的 10 项措施,还专门针对餐饮、零售、旅游、公路水路铁路运输、民航这五个特殊困难的行业,提出了更有针对性的纾困措施。因为这五个行业是聚集性、接触性的行业,受疫情影响相对更大,目前运行仍然比较艰难,迫切需要出台更有针对性、更有力度的纾困措施。此次《服务业政策》共 43 项具体政策,针对性更强,力度更大。

二、中国现代服务业发展存在的问题

(一)复苏的波动大、恢复难

2021 年下半年,疫情散发多发,打乱服务业复苏节奏,复苏难度和不确定性随着疫情反复不断增加,尤其年末奥密克戎变种毒株在国外的传播对国内疫情防控带来较大压力。在此背景下,随着疫情持续越久、反复次数越多,每次疫情结束后服务业复苏难度都将加大,服务业复苏表现出在波动中下降的趋势。2021 年 7、8 月份多地出现疫情后,服务业生产指数同比增速明显下降,由 6 月份的 10.9% 下降至 8 月份的 4.8%,9 月份虽有所恢复但也只略高于 5%。即便考虑去年同期基数影响,疫情多次反复也明显增加了服务业复苏的难度,9 月份以后服务业商务活动指数要明显低于上半年,而服务业生产指数同比增速在进入四季度后更是降至 4% 以下,远低于前三季度水平,表明疫情反复导致短期内服务业复苏难度不断加大。

（二）中国企业生产经营活动持续放缓

疫情的反复、封控政策的不断升级,再加上居家隔离令使得人们消费需求大幅度下降等,造成了劳动力短缺和需求下降。大多企业无法正常开工,同时在经营以及劳动用工等方面都面临着重大影响。很多企业由于规模和资金有限、抗风险能力较弱,正在面临生产经营成本上升、订单不足、回款难等局面。

企业开始采取减员、降薪等措施缓解成本压力。中国国家统计局最新公布的 2022 年国民经济运行数据显示当局密切关注的失业率在五月份升至 6.1%,接近 2020 年 2 月疫情首次暴发时的记录峰值 6.2%。

三、中国现代服务业发展的对策建议

（一）减轻重点服务业企业的运营成本

（1）政府应尽量避免用行政命令方式对服务业企业工资进行约束。工资是供求关系的结果,在疫情期间服务业关停且生存困难的情况下,如果政策对员工的工资进行保护,实际上最终将伤害员工利益。如果服务业企业不能支付停业状态下的工资成本,行政命令强行要求这些企业必须发放全额工资,那么将加速企业选择破产倒闭,而不是尽力维持现状渡过难关。服务业企业和员工之间可以根据停工时间协商一个最低工资水平,保障员工基本的生活开支的同时减轻服务业企业用工成本[①]。

（2）允许服务业企业根据疫情发展延长缴纳五险一金的时间。服务业企业由于受到不可抗力因素影响,店面和营业场所关停。除工资成本外,服务业企业的用工成本中,五险一金也占了很大的比例。这部分成本也成为影响服务业企业生存的重要因素。如果政府出台相关政策,允许线下服务业企业延缓缴纳五险一金的时间,将有助于这些企业减轻资金压力。等到疫情缓解后,这些企业能够重新开工盈利,到时可以再补交五险一金。缓交时间可以定为疫情结束后的半年至一年内。

（3）减免租金和政府补贴相结合,减轻服务业企业的租金成本。服务业企业的租金成本将直接影响其生存。解决这一难题可以通过减免租金和政府补贴两个方式。受疫情影响必须停止营业的服务业企业,如果其承租国有企业房产,可以根据疫情结束时间减免征收房租,减免政策可以持续到政策允许此类企业复工时为止。其他业主和中小型服务业企业与租户之间可以采取协商的方式,鼓励业主为租户减免房租。如协商后不能获得减免的服务业企业,政府可以通过财政补贴的方式帮助这类企业渡过难关。财政补贴的金额可以根据租房合同和银行房租支付流水作为依据,政府全额补贴。

（4）降低疫情期间服务业企业的贷款利率,减轻资金压力。服务业企业在疫情期间无法营业属于不可抗力因素,应在疫情期间给予此类企业原有的银行贷款利率适当优惠,对此类企业在疫情期间的利率水平进行定向降息。利率恢复到正常水平应视疫情结束时间,政策允许开业时为止。

---

① 陆旸,夏杰长.疫情对服务业冲击的影响及对策.中国经济报[N].2020 - 3 - 20.

通过这种方式,帮助服务业企业减轻成本压力。

(二)转换企业运营模式

(1)线下服务业企业可以采取预售方式减轻资金压力。线上服务项目冲击相对较小,甚至还有爆发式增长的趋势。保险公司和线下服务业企业之间可以推出合作项目,采用"打折预售＋担保"的方式让消费者提前预约未来的线下服务业消费。这样可以缓解线下服务业企业在短期内资金压力,同时扩展未来复工后的客户群。例如,预约旅游项目、预约 KTV 和餐饮消费服务等。

(2)酒店、企业和政府之间在疫情期间的合作项目。制造业复工后员工感染的潜在风险是制约企业复工的重要因素。地方政府也同样对复工后人员流动造成的疫情扩散有所顾忌。建议政府、企业和当地酒店行业开展合作,采用政府对酒店补贴和员工统一居住的方式,可以获得多项收益。首先,员工统一住在单位附近的酒店,减少交通和居家感染的风险。其次,政府对酒店进行基本补贴,可以使酒店减少疫情期间的部分损失。

(3)政府应该在疫情得到控制的地区逐步放开服务业管制。服务业虽然具有聚集性特点,服务业延期开工是防范疫情扩散的最佳选择。然而,全国不同省份的疫情扩散风险不同,有些省份新增病例持续减少甚至零增长,对这些地区可以适当放宽限制政策,在做好省级人员流动疫情防控的前提下,可以将省内服务业复工有序放开,避免"一刀切"式的行政命令对疫情较轻的地区服务业造成不必要的冲击。

(三)进一步推动服务创新

(1)加强技术创新和应用,打造一批面向服务领域的关键共性技术平台。推动人工智能、云计算、大数据等新一代信息技术在服务领域深度应用,提升服务业数字化、智能化发展水平,引导传统服务业企业改造升级,增强个性化、多样化、柔性化的服务能力。鼓励业态和模式创新,推动智慧物流、服务外包、医养结合、远程医疗、远程教育等新业态加快发展,引导平台经济、共享经济、体验经济等新模式有序发展,鼓励更多社会主体围绕服务业高质量发展开展创新创业创造。推动数据流动和利用的监管立法,健全知识产权侵权惩罚性赔偿制度,建设国家知识产权服务业集聚发展区。

(2)补齐服务消费短板。激活幸福产业潜在服务消费需求,全面放开养老服务市场,在扩大试点基础上全面建立长期护理保险制度;简化社会办医审批流程,鼓励有实力的社会机构提供以先进医疗技术为特色的医疗服务;加快建立远程医疗服务体系,推动优质资源下沉扩容;支持社会力量兴办托育服务机构。打造中高端服务消费载体,吸引健康体检、整形美容等高端服务消费回流。推动信息服务消费升级、步行街改造提升,支持有条件的地方建设新兴消费体验中心,开展多样化消费体验活动。鼓励企业围绕汽车、家电等产品更新换代和消费升级,完善维修售后等配套服务体系。着力挖掘农村电子商务和旅游消费潜力,优化农村消费市场环境。完善消费者保护机制,打造一批放心企业、放心网站、放心商圈和放心景区。

(3)建设服务标准。瞄准国际标准,推动国际国内服务标准接轨,鼓励社会团体和企业制定高于国家标准或行业标准的团体标准、企业标准。完善商贸旅游、社区服务、物业服务、健康服务、养老服务、休闲娱乐、教育培训、体育健身、家政服务、保安服务等传统服务领域标准,加快电子商务、供应链管理、节能环保、知识产权服务、商务服务、检测认证服务、婴幼儿托育服务、信息技术服务等新兴服务领域标准研制。开展服务标准、服务认证示范,推动企业服务标准自我声明公开和监督制度全面实施。

(4)塑造服务品牌。支持行业协会、第三方机构和地方政府开展服务品牌培育和塑造工作,树立行业标杆和服务典范,选择产业基础良好、市场化程度较高的行业,率先组织培育一批具有国际竞争力的中国服务品牌和具有地方特色的区域服务品牌。研究建立服务品牌培育和评价标准体系,引导服务业企业树立品牌意识,运用品牌培育的标准,健全品牌营运管理体系。加强服务品牌保护力度,依法依规查处侵权假冒服务品牌行为。开展中国服务品牌宣传、推广活动,以"一带一路"建设为重点,推动中国服务"走出去"。

(四)积极深化产业融合

(1)加快发展农村服务业。引导农业生产向生产、服务一体化转型,探索建立农业社会化服务综合平台,推动线上线下有机结合;支持利用农村自然生态、历史遗产、地域人文、乡村美食等资源,发展乡村旅游、健康养老、科普教育、文化创意、农村电商等业态,推动农业"接二连三"。打造工业互联网平台,推动制造业龙头企业技术研发、工业设计、采购分销、生产控制、营运管理、售后服务等环节向专业化、高端化跃升;大力发展服务型制造,鼓励有条件的制造业企业向一体化服务总集成总承包商转变;开展先进制造业与现代服务业融合发展试点。以大型服务平台为基础,以大数据和信息技术为支撑,推动生产、服务、消费深度融合;引导各地服务业集聚区升级发展,丰富服务功能,提升产业能级;推进港口、产业、城市融合发展;深入开展服务业综合改革试点。

(2)以"制造+服务"助力企业转型。搭建数字化研发平台,支持产品研发设计、工艺设计、质量策划全过程管控和一体化应用,打通产品数据链,实现供应商协同研发,工艺设计效率提升20%,有效缩短产品研发周期、提升制造效率。建立全生命周期服务技术体系,推进智能运维技术研究,实现数据采集、预警、远程监视和诊断分析,推动企业向产品全生命周期解决方案提供商转型。

(3)培育多元化融合发展主体,激活企业创新发展活力。通过扶持培育、引资新建、大众创业等多种方式培育多元化的融合发展主体,将扶持与服务落到实处。强化产业链龙头企业和行业骨干企业的引领及支撑效应,从创新应用、经营模式、品牌建设、经典项目等方面为行业内企业的融合实践探索可行路径;加大专精特新企业的扶持和培养力度,充分发挥中小微企业灵活创新的优势,支持企业通过行业协会、企业联盟、协作配套等方式开展业务上的合作与融合;提升平台型企业的资源整合效能,鼓励其拓展服务范围与服务深度;充分发挥高等院校、科研院所等机构的特长优势,促进有利于"两业融合"的产学研一体化实践落地;支持行业协会围绕"两业融合"开展工作。鼓励有条件的先进制造业企业和现代服务业企业响应国家"一带一路"倡议,参与全球竞争与合作,强化技术研发应用、市场咨询研究、经营管理创新、产品全生命周期解决方案,以及配套的法律、融资、风险管理等方面的协同配合,在全球范围内锻炼企业的融合创新能力和协同发展能力。支持先进产品与现代服务的出口,重塑中国制造和中国服务的品牌形象,提升我国经济在全球范围内的综合竞争力与影响力。

(4)加强融合人才体系建设,储备优质人力资本。引进和培养既有融合视野又具有跨行业实践经验的高层次复合型人才;加大行业管理人才与技术创新人才的储备力度;探索基层管理人员和操作型人才的培养模式。以市场为导向,创新订单教育与精准培训机制,鼓励高等院校、职业学校及专业培训机构定向培养"两业融合"发展紧缺的各类人才。推行企业新型学徒制,支持融合型企业培养和储备自身需要的复合型人才。突破现有的人才管理评价制度,探索灵活的人才管理方式。探索建立跨行业、跨地区的技能培训与人才交流合作长效机制。鼓励地方根据自身发展需要优化人才发展战略,制定对接需求的优惠政策。在吸引力较弱、引人留人困难的地区,需要改变传统思路,以实用为目标,多加重视对地方年轻人的培训、培养与扶持。

(五)优化营商环境

(1)深化服务业"放管服"改革,进一步压缩企业开办时间和服务商标注册周期。深化企业简易注销改革,试点进一步压缩公告时间和拓展适用范围。取消企业名称预先核准,开展扩大企业名称自主申报改革试点。推动"非禁即入"普遍落实,全面实施市场准入负面清单制度。制定加快放宽服务业市场准入的意见。坚决查处垄断协议、滥用市场支配地位和滥用行政权力排除限制竞争的行为。对服务业新产业、新业态、新模式,坚持包容审慎监管原则,在质量监控、消费维权、税收征管等方面实施线上线下一体化管理。推进服务市场信用体系建设,建立市场主体信用记录,健全对失信主体的惩戒机制。探索建立涉及民生安全的重点服务领域从业人员守信联合激励和失信联合惩戒制度,完善服务消费领域信用信息共享共用机制。加强服务环境综合治理,强化服务业价格监管,及时查处消费侵权等问题。

(2)健全质量监管。推动服务业企业采用先进质量管理模式方法,公开服务质量信息,实施服务质量承诺,开展第三方认证。制定服务质量监测技术指南等规范,加快构建模型统一、方法一致、结果可比的服务质量监测体系。加强服务质量监测评价技术机构布局建设,服务质量监测评价能力和范围基本覆盖到主要服务行业和公共服务领域,定期通报监测结果,督促引导社会各方提高服务质量水平。加快服务质量监管立法,建立健全服务质量监管协同处置机制,及时依法调查处理重大服务质量安全事件,不断完善服务质量治理体系。

(3)进一步完善有关金融政策,引导金融机构在风险可控、商业可持续的前提下创新机制和产品,按照市场化、商业化原则拓展企业融资渠道。鼓励金融机构积极运用互联网技术,打通企业融资"最后一公里",更好地满足中小企业融资需求。探索通过新技术、新模式,进一步优化中小企业银行账户服务。发展动产融资,依托现有交易市场,合规开展轻资产交易,缓解中小服务业企业融资难题。引导创业投资加大对中小服务业企业的融资支持,支持符合条件的技术先进型服务业企业上市融资,支持科技型企业利用资本市场做大做强。

(4)扩大对外开放。稳步扩大金融业开放,加快电信、教育、医疗、文化等领域开放进程,赋予自贸试验区更大改革自主权。积极引进全球优质服务资源,增强服务业领域国际交流与合作,以"一带一路"建设为重点,引导有条件的企业在全球范围配置资源、拓展市场,推动服务业和制造业协同走出去。大力发展服务贸易,巩固提升旅游、建筑、运输等传统服务贸易,拓展中医药等中国特色服务贸易,培育文化创意、数字服务、信息通讯、现代金融、广告服务等新兴服务贸易,扩大研发设计、节能环保、质量管理等高技术服务进出口。

(5)优化空间布局。围绕京津冀协同发展、粤港澳大湾区建设、推进海南全面深化改革开放、长江三角洲区域一体化发展等国家战略,建设国际型、国家级的现代服务经济中心,形成服务业高质量发展新高地。推动城市群和都市圈公共服务均等化和要素市场一体化,构建城市群和都市圈服务网络,促进服务业联动发展和协同创新,形成区域服务业发展新枢纽。强化中小城市服务功能,打造一批服务业特色小镇,形成服务周边、带动农村的新支点。完善海洋服务基础设施,积极发展海洋物流、海洋旅游、海洋信息服务、海洋工程咨询、涉海金融、涉海商务等,构建具有国际竞争力的海洋服务体系。

参考文献

[1] 李冠霖,任旺兵.用科学发展观推进服务业全面发展[J].宏观经济管理,2004(16).

[2] 王小鲁,樊纲.中国地区差距变动趋势和影响因素[J].经济研究,2004(1).

[3] 刘志彪.现代服务业的发展:决定因素与政策[J].江苏社会科学,2005(6).

[4] 李琪等.新经济环境下我国现代服务业的发展策略[J].生产力研究,2006(8).

[5] 白仲尧,依绍华.服务业与综合国力的关系[J].财贸经济,2011(3).

[6] 李庆杨,吕瑶.论现代服务业的作用及发展对策[J].集团经济研究,2006(8).

[7] 魏作磊.美国第三产业内部结构的演变规律[J].改革,2003(4).

[8] 刘重.论现代服务业的理论内涵与发展环境[J].理论与现代化,2005(6).

[9] 曹静.关于我国第三产业发展的战略思考[J].生产力研究,2006(3).

[10] 李松庆.加快发展我国服务业的战略选择[J].中国第三产业,2002(7).

[11] 邓于君.发达国家现代服务业发展策略及启示[J].环球瞭望,2008(9).

[12] 张楠.日本现代服务业发展经验及对中国的启示[J].现代财经,2011(2).

[13] 葛坚松.美国现代服务业发展经验及其启示[J].江南论坛,2007(3).

[14] 曹邦宇,姚洋洋.美国城市群服务业空间布局研究[J].当代经济管理,2013(8).

[15] 薛莉.现代服务业发展的国际比较[J].全球视域与中国实践,2005(10).

[16] 李秀文.美国服务业集聚实证研究[J].世界经济研究,2008(1).

[17] 李克强.把服务业打造成经济社会可持续发展的新引擎[J].中国产经,2013(5).

[18] 弓龙值.发展吉林省服务业的问题与对策[J].新长征,2001(1).

[19] 服务经济发展与服务经济理论研究课题组.西方服务经济理论回溯[J].财贸经济,2004(4).

[20] Hill, T.P. on Goods and Services [J]. *The Review of Income and Wealth*, 2004(23): 315 − 338.

第三章 以"三新"经济助推江苏
服务业高质量发展

党的十九大以来,随着中国经济新旧动能转换与产业结构转型升级,以"三新"经济为代表的新动能不断发展,积极促进处于新经济稳健发展。"三新"经济是以新产业、新业态、新商业模式为核心内容的经济活动的集合,具有以需求为导向、跨界融合、动态变化等诸多的新产业特征,对于引导企业开展创新活动,激发经济发展动能起到重要作用。

一、江苏"三新"经济发展的表现特征

2021 年江苏"三新"经济表现亮眼,以新产业、新业态、新模式为代表的"三新经济"增加值占GDP 比重不断上升,以科技创新、知识赋能为导向的新经济成为驱动经济增长的新动力和"新引擎"。新旧动能转换,新兴动能发展活跃,正是打开江苏高质量发展大门的"金钥匙"。

(一)数字产业化和产业数字化表现突出

数字经济与实体经济融合发展助推江苏经济结构进一步呈现优存量与扩增量并举的崭新格局。统计数据显示,2021 年全省规上工业中数字产品制造业增加值同比增长 19.7%,比规上工业高 6.9 个百分点;工业机器人、集成电路、传感器、3D 打印设备等数字产品产量分别增长 62.8%、39.1%、25.5%、64.3%。高技术制造业增加值增长 17.1%,增速快于规模以上工业 4.3 个百分点,占规上工业增加值比重达 22.5%,其中规模最大、增长最快的是电子及通信设备制造业,全年实现营收 19163 亿元,增加值同比增速高达 19.6%。

(二)新业态和新模式蓬勃式发展

2021 年,全省新建高标准农田 390 万亩,农作物耕种收综合机械化率超过 83%,高于全国 11 个百分点。属于战略性新兴产业的中药材种植业实现产值 36.0 亿元,比上年增长 12.6%。各类新型农业生产组织继续稳定发展,全省种植和养殖规模户合计 14.5 万个,比上年增长 1.7%。农村产业融合发展成效显著,规模以上农产品加工企业共 6053 家,实现营业收入 13072 亿元,比上年增长 25.1%①。

2021 年,全省新服务企业共 9328 家,实现营业收入 10298 亿元,较上年提高 22.0%。高技术服务业带动全省服务业发展,全年实现营业收入 8018 亿元,同比增长 18.1%,占规上服务业比重达 37.6%,对全省规上服务业增长贡献率达 32%,其中,研发与设计服务、电子商务服务、检验检测服

---

① 2021 年全省"三新"经济实现增加值 28920 亿元,扬子晚报,2022－7－6.

务、科技成果转化服务增长较快,增速分别达到30.1%、25.4%、23.8%、21.6%。以网络购物、"无接触配送"为代表的线上消费快速壮大,2021年限上网上零售额同比增长26.9%。智能手机、智能家用电器和音像器材等商品零售额分别增长25.9%、35.2%。1—11月,规上服务业中互联网和相关服务、软件和信息技术服务业分别增长30.9%、19.2%,其中互联网平台、互联网数据服务增长31%、153.1%,不断适应消费需求的多样化发展,形成高品质供给。

(三)以数字经济为基础的投资力度加大

2021年江苏与数字设备、数字产业紧密相关的行业投资快速增长,电子及通信设备制造、计算机及办公设备制造投资分别增长21.5%、22.3%;信息服务、电子商务服务投资分别增长15.7%、192.1%,成为经济高质量发展的强大动力源。科研投入不断增强。2021年,全省的全社会研究与试验发展(R&D)活动经费支出3448亿元,比上年增长14.7%,研发经费投入规模仅次于广东,位居全国前列;占GDP比重达2.95%,比全国高0.51个百分点。

(四)创新能力显著增强

2021年,全省专利授权量64万件,比上年增长28.4%,其中,发明专利授权量6.9万件,同比增长49.7%;科技进步贡献率达到66.1%,比上年提高1个百分点。全年共签订各类技术合同8.3万项,技术合同成交额达3013.6亿元,比上年增长29%。全年集成实施225项产业前瞻与关键核心技术研发、重大科技成果转化项目,突破了一批产业技术的瓶颈制约。

2021年,全省省级以上众创空间达1075家,当年认定的国家高新技术企业超过1.2万家,国家级企业研发机构达163家,建设国家和省级重点实验室186个,国家级高新技术特色产业基地172个,经国家认定的技术创新中心2家,数量均居全国前列。

二、以"三新"经济助推江苏服务业高质量发展建议

(一)以深化供给侧结构性改革为着力点,推动数字经济与实体经济深度融合

加快建设数字赋能服务业的图谱,壮大实体经济新动能。制定服务业互联网发展行动计划,加快发展优势行业的核心软件,建设全国顶尖的软件企业集聚高地,积极谋划创建服务业互联网数据中心、新型互联网交换中心、"5G+工业互联网"融合应用先导区;推进新型信息技术与服务业全要素的深度融合,提高大数据+、工业互联网、车联网、信息技术应用创新、工业软件、5G等产业链稳定性和竞争力,加大人工智能、AR/VR、工业机器人等前沿产业的高端软件研发和应用,加快服务业企业和设备用云、上云的步伐,不断催生新产业新模式新业态,成为推动服务业转型升级、高质量发展的重要驱动力。

(二)以打造公平有序的营商环境为手段,完善"三新"经济市场运行机制

优化营商环境是新常态下经济高质量发展的应有之意,江苏营商环境的建设目标就是"对标世界银行标准、推动区域协作,努力打造与经济高质量发展相匹配的最优营商环境",努力做

到市场机制最活、服务效能最佳、综合成本最低、投资环境最优、企业获得感最强的国际国内一流营商环境,为"三新"经济发展提供基础保障。但营商环境是多维度的集合体,是一个系统而综合的工程,需要多方面共同努力完成。政府要加快建设"云＋网＋端"为技术代表的新一代信息基础设施的建设,实施数字设施升级、数字创新引领、数字产业融合、数字社会共享、数字监管治理和数字开放合作六大工程,不断催生新业态、新模式;通过政府牵头,建设政务审批服务一体化的政务平台,积极改革一般企业投资项目备案和企业登记等事务的办理手续,集成优化"一网通报""一地受理、一次办理"为一体的审批服务办理流程;积极推进"多证合一"改革,深化证照分离,深化中小企业名称自主申报改革,推动登记方式多样化,切实降低中小企业的生产经营成本,发挥制度和规则的创新示范效应和叠加效应,实现区域内优势互补、合作共赢发展。

（三）以加强"三新"经济载体建设为重点,提升服务业发展可持续性

以 5G、人工智能、区块链等为代表的新技术催生出的新场景,是推动创新应用的新孵化平台,也是推动产业爆发的新生态载体,已成为推动新经济快速增长的强大引擎。从知识转移、技术转移、技术创新的角度看,政府都需要在创新要素的全球流动、开放创新体系建设等方面为企业提供支持服务。服务业企业则需要以高端化和国际化为导向,积极创建国家级机构,广泛引进国际高端资源,开展市场前沿技术研究,打造企业创新驱动发展的标杆,建设一批具有全球影响力的服务业企业。重点企业需要针对重要科技进行主动研发,借助政府在产学研合作机制中的中介作用,积极同大学、研究机构合作,制定联合开发计划,或者与其进行技术转移合作,提升自身技术水平。企业技术能力还体现在创新过程的实现能力,需要企业在创新过程中对企业组织管理方式、信息获取及整合等方面进行优化。企业强化自主研发能力要注重企业在整个开放创新网络的定位,在技术吸收创新的同时提升企业在创新系统中的集成能力和整合能力,加强与国外科技中介服务机构及大型科学仪器设施共享平台的对接,支撑企业自建研发机构。

（四）以构建有机开放的国际合作为方向,增加服务业高质量发展的新动能

高效的国际化合作不仅关系着企业整体竞争力的提高,更关系着新经济发展的综合实力,涉及不同领域、不同行业、不同地域。政府应该逐步建立国际合作交流体系,完善技术转移平台,营造一个有利于国际化合作的良好氛围,有效地推进国际合作进程。目前,除引进国外先进设备等相关资源、建立海外设立研发机构、兼并或收购海外科技型企业等方式外,比较流行的国际化合作方式还有委托研发(研发外包)、技术联盟等。一方面,鼓励具备一定实力的小企业应加大委托研发(研发外包)力度,节省企业内部资源,快速利用外部先进技术和资源;另一方面,引导较强实力的大中型企业应广泛加入通过技术联盟、行业商会等组织,加强技术信息交流。根据发达国家的管理经验,可以发现联盟商会等组织可以增强企业的抗风险能力,并存在明显的技术溢出。在这方面,大中型国企应做好模范带头作用,积极筹建合作联盟,对标国际一流企业,强化自身能力建设,加快培育形成具有全球竞争力的国际一流企业,努力成为"走出去"发展战略主力军,形成企业开展国际化合作的有利环境。

参考文献

［1］毛春梅.创新驱动视角下流通经济对消费升级的支点效应探讨［J］.商业经济研究,2021(06):20－23.

［2］田广,刘虹飞,李洋阔.我国宏观经济内生消费驱动研究［J］.宏观经济管理,2021(02):27－33.

［3］田玲玲,陈链,罗静,等.中国民营经济高质量发展水平时空格局及驱动机制［J］.经济地理,2021,41(01):131－139.

［4］韩永文.促进国民经济发展国内循环和国际循环良性互动［J］.全球化,2021(01):5－15＋134.

［5］吴鑫鑫.新常态背景下企业管理会计的发展逻辑与实施路径研究［J］.中国乡镇企业会计,2019(01):143－144.

［6］康蓉.经济新常态背景下我国企业经济管理的创新路径研究［J］.中小企业管理与科技,2019(34):34－35.

［7］王新杰.新常态经济背景下我国企业经济管理的创新路径研究［J］.财经界,2019,533(12):38.

［8］史真真.消费升级背景下金融科技助力商业银行零售转型的路径探究［J］.经营与管理,2020,431(05):29－32.

区域篇

第一章　苏南现代服务业发展报告

在"十四五"开局之年,江苏着眼于高质量统筹谋划,锐意改革,创新发展,巩固疫情防控和高质量发展成果,聚焦现代服务业转型升级重点领域,全面增强全省现代服务业综合实力。现阶段现代服务业已成为苏南经济发展的主要组成部分之一。在企业越来越依靠服务维持市场地位、产业越来越趋向服务引领制造的新趋势下,生产性服务业加快发展,生活性服务业有效供给不足、质量不高的问题有所改善。数据表明,近几年苏南产业结构调整步伐在加快,三次产业结构从2012年的6.3∶50.2∶43.5调整至2021年的1.4∶45∶53.6,服务业增加值占GDP比重年均提升1个百分点。信息传输软件和信息技术服务业、金融业、租赁和商务服务业等现代服务业增加值占GDP增加值的比重也稳步提升。

一、苏南现代服务业的发展现状

在研究苏南、苏中和苏北地区现代服务业发展状况之前,首先简要分析一下江苏省的现代服务业状况。作为制造业大省,江苏省正处于经济转型的关键点,产业结构调整升级取得重要进展,服务经济为主导的产业体系正在逐步形成。2021年,全省服务业条线和服务业领导小组各成员单位统筹经济社会发展和疫情防控,服务业总体运行保持复苏态势,主要经济指标增长平稳:全省实现服务业增加值59866.4亿元,同比增长7.7%,比上年提升3.9个百分点;全省服务业增加值占GDP比重为51.4%,支柱地位仍然保持稳健。

(一)总量规模持续攀升

江苏省总体上已经实现向"三二一"结构形态的标志性转变,但就区域发展而言,苏南、苏中、苏北仍然存在地区差异。作为经济发展先驱,苏南地区产业结构相对领先,已经实现了向服务型经济转型的第一步。苏中和苏北地区发展相对缓慢,产业升级滞后。从设区市情况看,2021年南京、苏州、无锡、常州四市服务业增加值占GDP比重超过50%,分别达64.1%、51.3%、51.2%和50.4%,均实现了"三二一"转型。

2021年,面对错综复杂的内外部环境,南京市顶住持续加大的经济下行压力,坚定不移地推进转型升级、培育主导产业持续向中高端迈进,全市服务业增加值首次突破万亿元,达到10148.74亿元,服务业对全市经济增长的贡献率达到64.1%,较上年提升8.3个百分点。2021年镇江市第三产业增加值2286.67亿元,增长8.6%,三次产业比例调整为3.3∶48.7∶48.0,全市人均地区生产总值达14.82万元,增长9.2%。2021年,常州市实现第三产业实现增加值4441.78亿元,增长8.8%,三次产业增加值比例调整为1.9∶47.7∶50.4。2021年,苏州市服务业整体延续了稳中有升的良好发展态势,第三产业增加值11655.80亿元,增长8.1%,三次产业结构比例为0.8∶47.9∶51.3。2021年无锡市第三产业实现增加值7162.41亿元,比上年增长7.9%,三次产业比例调整为0.9∶47.9∶51.2。

表1 2021年江苏省13个地级市第三产业增加值及占GDP的比重

地区	服务业增加值(亿元)	服务业增加值占GDP比重(％)
南京市	10148.74	62.0
无锡市	7162.41	51.2
徐州市	3998.08	49.2
常州市	4441.78	50.4
苏州市	11655.80	51.3
南通市	5184.00	47.0
连云港市	1704.03	45.7
淮安市	2237.60	49.2
盐城市	3195.50	48.3
扬州市	3171.87	47.4
镇江市	2286.67	48.0
泰州市	2788.54	46.3
宿迁市	1752.51	47.1

数据来源:《江苏统计年鉴2022》

(二)产业结构不断优化

三大区域加大结构调整力度,产业升级成效明显。苏南三次产业结构由2012年的2.3:51.5:46.2调整为2021年的1.4:45:53.6,三产比重提高7.4个百分点,成为区域经济增长的主要力量,特别是金融、信息、广告、公用事业、咨询服务等新兴服务业发展最快。苏中三次产业结构由2012年的7.0:53.0:40.0调整为2021年的4.7:48.4:46.9,苏北三次产业结构由2012年的12.7:47.5:39.8调整为2021年的9.9:41.9:48.2,苏中、苏北三产比重分别提高6.9个和8.24个百分点。苏中、苏北工业化水平进一步提升,第三产业迅速发展,二、三产业比重差距逐步缩小。

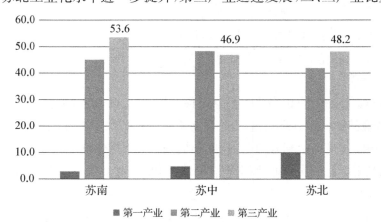

图2 2021年三大区域的三次产业结构情况(单位:％)

数据来源:《江苏统计年鉴2022》

（三）主导产业快速发展，发展韧性逐渐增强

2021年苏南整体服务业产业结构不断优化，在传统服务业保持平稳发展时，现代服务业呈现快速发展态势。2021年，南京市软件和信息技术服务业、金融业、批发零售业、房地产业等服务业重点行业增加值，同比分别增长11％、6.2％、7％、9％，两年平均增速分别为11.9％、6.1％、4.8％、5.2％。科技服务业增长持续稳定，2021全年规上科技服务业、高技术服务业、数字经济核心服务业营业收入同比分别增长15.3％、14.2％、17％。交通运输业实现营收较快增长，南京全市规上交通运输、仓储和邮政业企业实现营业收入同比增长48.7％，对整个规上服务业增长的贡献率达一半以上，有力支撑了南京全市服务业稳定增长。

2021年苏州市规模以上服务业营业收入同比增长21.7％，规模以上高技术服务业营业收入增长23.0％。信息传输、软件和信息技术服务业营业收入同比增长21.0％，其中互联网平台、互联网数据服务营业收入分别增长59.3％和116.4％。交通物流更加顺畅，全市公路水路货运量2.8亿吨，货运周转量366.6亿吨公里，分别比上年增长8.6％和11.6％。苏州港集装箱吞吐量811.5万标箱，比上年增长29.0％，其中太仓港集装箱吞吐量突破700万标箱。1—10月，无锡市规模以上服务业营业收入同比增长22％，其中，科技服务业、物流服务业、文化创意产业等现代服务业营业收入增速均在15％以上，现代服务业营业收入占服务业比重达到55％，较去年底提高0.5个百分点，规模以上服务业营业利润同比增长30.5％。

2019年以来，常州生产性服务业发展已连续三年获省政府督查激励，产业金融、检验检测等六大领域产业优势日益凸显，2021年六大领域实现增加值1477.0亿元，占第三产业增加值的比重达33.3％。一批质检技术国际龙头、优质载体加快在常州集聚，为制造业输送高品质生产服务的能力更强。规模以上软件和信息技术服务企业实现营业收入77.0亿元，比上年增长67.0％。

专栏1 "十四五"期间，镇江现代服务业如何加码布局？"134X""535"
打造长三角现代服务业特色高地

2022－01－11 18：54 朱婕

[今日镇江讯] 2021年是"十四五"开局之年，我市现代服务业发展呈现出量质提升态势。全球最大基因合成供应商金斯瑞与镇江再结缘，新落户镇江新区的项目为年度全市最大规模外资项目；北汽麦格纳技术出口项目，创下我市服务贸易出口最大数额。

这类业态，正是我市现代服务业加码布局的领域之一。近日，我市印发《镇江市"十四五"现代服务业发展规划》。根据规划，我市将构建"134X"空间格局、"535"现代服务产业新体系，推进我市现代服务业在"十四五"时期实现高质量发展，建成长三角现代服务业特色高地。

六大任务应对机遇与挑战

"十三五"时期，全市服务业总体呈现稳定增长、质提效增的良好势头，以服务经济为主的产业结构基本形成。2020年，全市服务业增加值2082亿元，占GDP比重49.3％，年均增长4.9％，服务业增加值占GDP比重首次超过第二产业，"三二一"产业格局基本确立。

"'十四五'时期,全市服务业发展仍然处于重要战略机遇期,但机遇和挑战都有新的发展变化。"市发改委服务业处处长唐艺荣分析,一方面,"一带一路"建设、长江经济带发展等战略交汇叠加,为全市服务业在更高起点、更高层次、更高目标上发展打开了广阔空间;另一方面,生活性服务业需求仍将保持较快增长,"不仅如此,新一代信息技术、云计算、大数据技术广泛应用,对全市服务业的数字化改造、提升和赋能,对各类生产要素的跨区域整合都带来巨大空间。"

挑战也客观存在。就自身发展层面,我市现代服务业存在亟须解决的短板问题。比如部分服务业行业尤其是生产性服务业、新兴行业的主导企业规模偏小,总体实力不高,服务业集聚度仍有待进一步提升,等等。

针对重点领域和关键环节,明确了着力实施服务业载体建设、市场主体培育、产业融合示范、高水平创新驱动、综合改革示范、标准化品牌化提质等六大任务,以此促进服务业"十四五"期间高质量发展,建成长三角现代服务业特色高地。

加快构建"134X"空间格局

近年来,我市现代服务业布局逐步优化,集聚区发展能级和水平得以提升。

唐艺荣介绍,基于此,规划提出,加快构建"中心引领、三区联动、四带辐射、多极增长"的现代服务业高质量发展的"134X"空间格局。

以"中心引领"为例。规划明确,"十四五"期间,我市将着力提升中心城区集聚辐射功能,发展文化旅游、金融服务、科技服务、商贸服务、创意设计、现代物流、总部经济等重点领域,强化服务业核心功能主承载区地位。

"三区联动"包括东部生产性服务业中心、南部镇丹一体化服务业拓展区、西部现代服务业合作示范区之间的联动;"四带辐射"主要是发挥沿江航运物流及旅游休闲发展带、沿312国道现代服务业创新带、沿沪蓉高速线生产性服务业发展带、沿宁杭生态文化旅游发展带的辐射带动作用;"多极增长"是按照"以点带面、提升功能、强化支撑、集中集聚"的原则,加快布局优化、分类指导,比如强化提升丹阳眼镜城、大学科技园、大禹山创意新社区、惠龙港国际物流园、润州区商务金融服务集聚区、西津渡文化产业园、东恒空港高新技术产业园等省级现代服务集聚区功能等。

唐艺荣解释,"134X"空间格局是在"一体、两翼、三带、多片区"的大框架下进行,同时综合考虑资源禀赋、产业特色和环境容量等因素,"最终实现'一体化'和'高质量'发展要求。"

打造"535"现代服务产业新体系

从国际环境、区域环境,及自身发展等多层面来看,在高质量发展阶段,我市服务业面临多重挤压,如何凸显镇江特色优势,成为未来面临的重要课题。

对此,规划提出,以产业强市战略为引领,围绕"四群八链",聚焦生产性服务业和生活性服务业的重点领域,聚焦服务业细分领域的新兴产业,加快构建具有镇江特色、较强区域竞争力的"535"现代服务产业新体系。

唐艺荣解释,第一个"5"是立足产业基础,重点发展现代物流、软件和信息服务、金融服务、科技服务、商务服务等五大生产性服务业,推进先进制造业和现代服务业深度融合;"3"是着力发展文化旅游、健康养老、商贸服务等三大生活性服务业,推进传统商贸、餐饮、家居等行业转型升级,促进文化、旅游、养老等行业向高品质多样化发展;第二个"5"是强化新技术、新业态、新商业模式运用,积极培育服务外包、创意设计、电子商务、检验检测和节能环保等五大新兴产业,推动实现规模化、示范化发展。

这其中,先进制造业和现代服务业深度融合,既可以延伸产业链,也可以填补产业空白,迎来新的发展机遇。为了更好促进我市现代服务业高质量发展,规划坚持问题导向、目标导向和结果导向,提出的六大任务中就包括打造高标准产业融合示范,到2025年,全市培育形成两业融合发展标杆引领典型20家。

根据规划,到2025年,服务业对全市经济增长贡献率超过60%,服务业从业人员占全社会从业人员比重在48%左右。(全媒体记者　朱婕　通讯员　姚秀峰)

(四)产业集聚助推高质量发展

现代服务业集聚区在构建现代化产业体系中持续发挥作用,促进资源整合、要素集聚,对培育城市经济发展新动能、推动服务业高质量发展具有重要意义。2021年,南京还组织对全市服务业集聚区重新评审认定工作,在保留原53家市级服务业集聚区的基础上,新增认定浦口高新区等5家服务业集聚区。预计南京全市58家现代服务业集聚区2021年实现营收总额超过1.4万亿元,同比增长13%左右。江东商贸区、中国(南京)软件谷等年营收千亿级集聚区,以及南京软件园、生物医药谷等年营收百亿级集聚区,对全市服务业发展起到了较强的支撑带动和示范引领作用。服务业集聚区已成为加快服务业发展的重要载体。2021年,常州市生产性服务业集聚区围绕产业对接融合、人才引进培养等推进改革和创新,效果明显。2021年,14家省级重点生产性服务业集聚区营收同比增长24.3%,绿建区、检验检测、创意产业园营收增幅均达到90%以上;上缴税收同比增长75.77%;入驻企业超万家。

(五)重点项目成为服务业发展新动能

2021年,南京市在软件和信息服务、金融和科技服务、文旅健康、现代物流和高端商务商贸、服务业载体及其他等五大领域,梳理形成254个市级服务业重点项目,作为推进服务业产业发展、形成发展新动能的重要抓手,并在服务业监测平台上实行进程监测。2021年,南京市服务业重点建设项目完成投资1263亿元,超额完成年度投资计划。其中,阿里巴巴江苏总部、小米集团华东总部、江北新区科创中心产业园三期、南京仙林智谷等一批产业及载体重大项目,均超额完成年度投资计划。

2021年,镇江市获得各级服务业专项资金扶持项目14个,总金额6363万元,其中6个两业融合项目获得专项资金支持4828万元,在扩大有效投入、优化投资结构、提升产业层次中发挥重要作用,不断增强两业融合发展后劲。江苏恒顺立足先进制造业发展基础,发挥现代服务业引领支持作用,推进智能工厂建设,加快工业互联网创新应用,提升个性化定制水平,着力放大产业优势,推动产业链拓空间、增效益。

(六)"两业融合"逐步深化,发展层次不断提升

2021年,南京市集中力量推进先进制造业和现代服务业"两业融合"发展,累计组织68家企业

申报国家和省级"两业融合"试点,南京生物医药谷"国家新药创新成果转移转化试点示范区"建设、南钢智能工厂和智慧供应链、巨鲨显示一体影像会诊服务平台等一大批具有示范推广意义的"两业融合"先进典型案例,正在加速涌现。在此过程中,南京市坚持以服务制造业高质量发展为导向,突出发展生产性服务业、服务型制造,通过加快培育市场主体"发力点"、畅通产业链供应链"生命线"、搭建集群集聚"承载面"、打造融合发展"生态圈"等路径,推动先进制造业和现代服务业产业融合程度明显加深、产业结构持续优化、发展层次不断提升,生产性服务业对先进制造业的引领和支撑作用显著增强,有利于先进制造业和现代服务业融合发展的新技术、新产业、新业态、新模式不断涌现,活力不断迸发。

2021年,无锡市发展改革委研究确定 31 家单位(其中包括 27 家龙头骨干企业、1 家产业集群和 3 家集聚区域)作为 2021 年无锡市先进制造业和现代服务业深度融合试点单位,推动全市先进制造业和现代服务业相融相长、耦合共生,争取形成一批重要成果,积累"两业"深度融合试点宝贵经验,将无锡打造成为全国"两业"深度融合发展先导区。

近年来,常州市 20 家单位入选江苏省首批两业深度融合发展试点,在全省 2020 年阶段性绩效评价评选出的 51 家排名靠前、工作初见成效的优秀试点单位中,常州优秀试点单位占比 15.7%,位居全省第二。2021 年,常州举办"深融新智造、服务新中轴"现代服务业先进制造业深融发展大会,多维度展示服务业新业态、新模式发展成效,叫响"龙城服务"品牌,35 家服务业和制造业的本土园区或企业达成了合作意向。

专栏 2　加快"两业融合"　迈向产业高端

2022 - 06 - 27　09:20

常州日报　本报记者　何一智　通讯员　张昆

"我们从以往的单一供货模式,转变为'产品＋售后服务',这帮助我们成功拿下多笔大型车企的涂装一体化订单。"6 月 22 日,武进晨光金属涂料副总经理岳丽琴忍不住为企业近年来在"两业融合"中做出的尝试点赞。

现代服务业与先进制造业深度融合,是科技革命、产业变革和消费升级的时代趋势。作为江苏省第二批"先进制造业和现代服务业融合"试点区域,常州经开区近年来紧抓国家、省、市促进"两业融合"发展契机,加快探索发展新路径,产业规模不断壮大、产业结构不断优化、转型升级大步迈进,先进制造业和现代服务业呈现加快融合发展态势。

快人一步,拓宽企业发展"护城河"

触角灵敏的企业早就嗅到了市场暗藏的机遇。作为国内涂料行业龙头企业,兰陵化工集团在"两业融合"概念尚未推广时,已经开始探索让制造业向价值链的高附加值两端延伸之路。

作为工程专业承包一级资质与工程设计甲级资质企业,江苏兰陵钢结构工程有限公司具备年生产能力 10 万吨轻、中、重钢结构、网架结构、压型彩钢板的能力,是中国建筑金属结构协会定点生产企业。兰陵集团下属子公司江苏兰陵涂装工程有限公司是防腐防火保温工程专业承包一级资质企业,1000 多个大型防腐、防火、装饰、保温等涂装施工工程,让其成为行业工程优质样板。"创新涂装＋服务的模式,让企业在市场上早早占得先机。"兰陵集团副总裁陈明铮说。

机遇来自思变。"随着行业高速发展,产品本身的价值趋向饱和。"中车戚墅堰所科技资源开发主管吕梦熙介绍说,近年来中车戚墅堰所围绕轨道交通机械传动系统"两业"深度融合的目标,由轨道交通设备制造商向系统解决方案服务提供商转型,开启了产品＋技术＋服务的创新运作模式,市场占有率逐年提升。

拓宽企业的服务边界,不仅催促企业创新,更有益于产业链上下游企业。吕梦熙说,两业融合还带动产品上下游配套和协同创新能力的提升,筑起更宽产业护城河。在"两业"深度融合这个强劲引擎的带动下,中车戚墅堰所已成长为全球排名前三的轨道交通齿轮传动系统"产品＋技术＋服务"全生命周期解决方案提供者。

产业集聚,放大融合发展优势特色

不久前,江苏省发改委公布第二批江苏省"两业"深度融合试点单位拟入选名单。常州经开区中天钢铁、中车戚研所、晨光金属涂料、雷利电机、顺丰运输(常州)5家区内企业入选,占全市入选数量近三分之一。

入选企业众多,得益于常州经开区制造业门类齐全、产业充分集聚。装备制造业和服务业融合、新能源生产使用和制造业绿色融合、现代物流和制造业融合等多个领域逐步形成融合产业发展特色。

载体平台是产业融合发展的"催化剂"。常州经开区积极推进平台建设,依托轨道交通产业园等园区特色,深入挖掘各类平台的集聚效应。大力引进智能、信息等领域各类研发机构,为企业提供优质计量、标准、检验检测、认证认可等服务,促进企业优化升级。同时,发挥龙头企业的带动作用,促进优质资源在区域间流动共享。"传统制造业转型升级,新一代信息技术是重要推动力量。"常州经开区经济发展局副局长傅熠说。近年来,常州经开区坚持以服务制造业高质量发展为导向,深入推动两业融合发展,积极探索数字赋能、循环利用等融合方式,推动制造业不断向价值链高端攀升。

1—4月,经开区规上服务业营业收入同比增长5.5%,增幅排位全市第2,其中,纳入核算行业营业收入同比增长20.6%,增幅排位全市第一。

要素保障,构建精准扶持政策体系

6月中旬,常州经开区永葆环保、艾肯工业、欣盛半导体、戚墅堰研究所等4家企业代表在常州经开区经济发展局工作人员的指导下,赶赴南京参加江苏省级现代服务业发展专项资金申报答辩。据了解,2021年,常州经开区服务业发展领域共发放1665万元引导资金,进一步提振了企业加快两业融合的信心。

企业需要什么服务,政府便拿出什么服务,构建精准扶持的"政策工具箱",便是常州经开区高效推进两业融合发展的重要保障。根据常州市发改委先后制定出台的《关于推进服务业高质量发展的意见》《关于推进我市生产性服务业高质量发展的若干政策》等"一揽子"政策,常州经开区列出了明确的时间表、路线图,发起现代服务业集聚区、领军企业等6项政策兑现。

人才应与产业发展同频共振。瞄准常州经开区特色产业定位,聚焦产业需求,链式引才,持续开展"常聚龙城智汇经开"双招双引活动,今年将举办成都、长沙、深圳创新创业大赛,不断拓展人才工作的源头活水,打造人才发展新高地,为两业融合发展提供智力支撑。

"常州经开区将继续围绕先进轨道交通装备、功能新材料、绿色家居、智能电力装备等主导产业,开展制造业服务化转型、生产性服务业提升发展,培育一批实力强、影响大的省级服务型制造示范企业、项目和平台,构筑更具活力的产业创新融合生态。"常州经开区经济发展局局长乔强说。

（七）国际化程度和国际竞争力显著提升

服务业"走出去"成为境外投资的主要方式,层次不断提升。近年来,苏南服务业境外投资数量迅猛增长,开放水平不断提升。2021 年,苏州预计完成实际使用外资 69.92 亿美元。从已公布的全省 1—11 月实际使用外资数据来看,苏州市总量位居全省第一,增速位列全省第三,占全省比重 22.6%,较去年同期提升 1.7 个百分点,主要呈现出重点行业增幅显著、外资来源地保持稳定、大项目支撑作用显著等特点。截至目前,全市累计实际使用外资超过 1448 亿美元、位居中国大中城市前列;拥有外资企业 1.7 万余家,156 家世界 500 强企业在苏州投资项目达 400 多个。货物进出口总额达到 25332.0 亿元,比上年增长 13.5%,其中出口 14875.8 亿元,增长 15.0%。服务贸易进出口额 256.1 亿美元,比上年增长 10.8%,完成服务外包接包合同额 138.5 亿美元。

2021 年南京实际使用外资 50.1 亿美元,总量达到历史新高。投资结构优化,十年共引进总投资千万美元以上的大项目 1706 个,LG 新能源、福特研发中心等一批龙头大项目相继增资、投产。外资总部集聚,累计获批省级跨国公司地区总部及功能性机构 52 家。截至 2021 年 12 月,共有 111 家世界 500 强企业在宁投资设立法人企业及分支机构共计 225 家。对外投资拓展深化,十年累计备案对外投资项目的中方协议投资总额超过 145 亿美元。工程企业十年新签工程合同额 345.5 亿美元。

2021 年 1—12 月,无锡市服务外包产业保持稳定增长态势,企业承接服务外包合同额 168.4 亿美元、同比增长 16.3%,执行额 119.2 亿美元,同比增长 8.6%。其中,企业承接离岸外包合同额 108.3 亿美元,同比增长 5.9%,承接离岸外包执行额 79.6 亿美元,同比增长 2.4%;企业承接在岸外包合同额 59.6 亿美元,同比增长 50.5%,承接在岸外包执行额 39.5 亿美元,同比增长 35.0%。无锡市离岸外包执行额、在岸外包增速两项指标居江苏首位,在岸外包执行额仅次于南京、徐州、南通,居江苏第 4 位。

二、苏南现代服务业发展的问题分析

（一）数字经济与现代服务业融合不够深入

一是推动现代服务业与数字经济深度融合的战略引领不足。苏南现已全面实施数字经济强省战略,但具体到产业类的纲领性规划,存在战略高度方面不够突出的问题。这容易导致行动方案不聚焦,重要任务落脚点过多,分散有限资源。二是支撑现代服务业与数字经济深度融合的头雁集群偏弱。在新一轮数字技术驱动的结构大调整时期,转型升级压力剧增。这是由于产业内部结构偏于传统,内生性的创新型业态不足,造成现有企业大多属于市场迁入型和追随型。三是支持现代服务业与数字经济深度融合的企业意愿不强。江苏现代服务业的市场主体大多规模较小、布局分散、服务标准不统一,尤其是生活性服务业中的广大中小微企业受限于人力、资金等条件的约束,数字化转型意愿不足。平台企业缺乏集成式、低成本的数字产品服务,短期内难以支撑现代服务业高覆盖率的数字化改造升级。

（二）消费收缩与供给冲击相互交织

疫情对经济的冲击是显而易见的,导致产品和服务的供给迅速下降,供应链随时中断和消费者收入下降以及消费需求锐减,从而造成经济各项指标短期内快速下滑。但不同行业受疫情影响程度迥异,服务行业受到的影响尤为突出,并且内部不同行业受疫情影响也完全不同。受疫情影响较大的服务业往往属于传统行业和劳动密集型行业、对经营性现金流依赖程度较高的行业,如餐饮业、旅游业、娱乐业、住宿业、交通运输业等,其中的中小微企业和个体工商户受冲击更为显著。一般情况下,这类行业和企业的固定成本占总成本比重较低,而日常经营过程中的人力成本占比较高,因此一旦发生疫情,这类企业会很快陷入困境。

（三）知名企业、品牌企业与上海等地相比较少

苏南知名企业、品牌企业与上海、广东等服务业发展较好的地区相比相对较少,导致现代服务业发展的主体支撑较为薄弱。江苏作为制造业大省,涌现出了一批在国内具有较强品牌效应的知名企业,但其现代服务业领域的规模企业、知名企业和品牌企业相对较少。2015 年,在江苏百强企业中,服务业企业仅有 26 家;而在江苏服务业百强企业中,苏南营业收入超过 200 亿元的仅有 10家,服务业百强企业的平均营业收入不足 150 亿元,与同期全省百强企业的平均营业收入差距明显。从服务业百强企业的名单可以看出,虽然金融、现代服务业等企业的上榜数量有所增加,但传统商贸型企业的比重依旧较大,超过 60%。

（四）传统服务业过剩与现代服务业不足并存

苏南地区与整个国家一样,传统服务业进入过度与现代服务业进入不足同时并存,表现为传统服务企业的低利润甚至大量亏损倒闭,与一些垄断性的现代服务企业获取暴利的现象同时并存。进入过度的是那些与城市和农村的剩余劳动力就业有关的低技能的劳动密集型行业,而进入不足的是那些技术资本密集的现代服务业,如"流通、交通、通信、融通"等,这些行业普遍与政府管制和行政垄断密切联系。

（五）行业垄断、歧视性政策导致现代服务业的发展受到束缚

苏南在我国经济发达地区的竞赛中,以对外开放度最高、参与国际竞争最激烈而著称。但其在现代服务业领域却没有形成与国内领先、国际接轨的服务经济的发展环境。究其原因,一是行业门槛过高,对社会资本的进入限制太多,部分行业垄断行为未能被打破,存在明显壁垒,特别是金融保险、公用事业和信息媒体等行业的市场化进程相对滞后,加之服务质量和价格方面的问题较多,抑制了需求增长。二是行业管理体制存在缺陷,部分行业存在多头管理、行政分割的现象;相关机构、企业的设立和业务扩展面临较多的审批事项与繁琐的审批程序。三是税收体制不合理,在营业税改增值税后,分销服务业由于税率和抵扣等因素,出现实际税负不降反升的问题。同时,在政策执行方面,由于一些地方的配套措施不衔接或没有及时跟进,导致国家和地方出台的部分优惠扶持政策没能执行到位。

（六）区域间服务业资源竞争激烈，产业协同效应难以显现

区域间服务业资源竞争激烈、产业协同效应难以显现，导致现代服务业发展缺乏整体内源性动力。近年来，为吸引服务业投资资源，我国各地服务业同质化竞争激烈，苏南也不例外。在江苏，无论是经济发达的苏南、苏中地区，还是发展相对滞后的苏北地区，都在大力发展现代服务业。但许多邻近地区的结构层次和业态分布都非常接近，区域资源竞争激烈。同时，一些地方政府仍然采用粗放式的发展模式，将"做大规模"作为现代服务业发展的第一要务，在引进新项目时，对项目缺乏系统的规划与引导，对于项目投产后所处价值链环节、发展层级缺乏筛选机制，忽略了新项目与原有项目的内在联系、价值链衔接。一些地区在发展现代服务业时带有很大的盲目性，产业选择追求"高、大"，导致资源利用效率不高，从而使得现代服务业的发展缺乏内源性动力。

三、苏南现代服务业发展的对策建议

后疫情时代，苏南要全面落实"疫情要防住、经济要稳住、发展要安全"重大要求，坚持把稳定经济运行、稳住市场主体作为研究制定各项政策的出发点和落脚点，围绕现代服务业重点领域和关键环节，聚焦经济发展的堵点、产业转型的难点、企业生产经营的痛点，研究出台更有针对性、更具含金量的现代服务业政策措施。

（一）积极营造适合融合发展的生态体系

充分发挥市场主体在推进"两业"融合中的重要作用。进一步放宽现代服务业市场准入，消除不必要的前置审批和资质认定，减少结构性政策，建立平等、规范的市场准入和退出机制。消除"两业"深度融合政策壁垒，支持制造企业在不改变用地主体和规划条件的前提下，利用存量房产、土地资源发展制造业与服务业融合的新业务、新业态。出台"两业"融合科技创新奖励政策，对制造企业、软件企业等联合开发软件和信息技术及推广应用的给予奖励、补贴。

（二）增强政策落地的实效，提升政策的精准度

进一步征求市场主体、企业家的意见建议，提升政策的精准度和有效性，切实把政策"含金量"转化为企业的获得感、满意度。加大宣传解读工作力度，注重开展政策实施后评估，加强政策落实督促检查，及时进行优化完善，确保政策精准落实落地，达到预期效果。强化政策衔接。注重做好省市纵向之间、部门与部门横向之间的政策衔接工作，保持政策的连续性、稳定性和可持续性。同时，研究制定便于操作、易于落实的配套措施，推动政策红利加速释放、高效落地，更好地发挥政策集成效应，助推经济社会高质量发展。

（三）加强要素体系的支撑力度

在实施货币政策过程中配以适当的财政政策，比如对受疫情影响较大的餐饮、住宿、旅游、交通运输行业的中小微企业、个体工商户，鼓励政府性融资担保机构提供融资担保支持，推动金融机构加快放贷过程，不盲目抽贷、压贷、断贷，并将符合条件的融资担保业务纳入国家融资担保基金再担

保合作范围。加大对特殊困难行业的金融支持力度,其中包括引导金融机构对服务业中的旅游、交通运输,加大融资支持力度,并通过增加数据共享、加强银企合作等方式,来精准满足服务业特殊困难行业的资金需求。对于一些聚集性、接触性的服务行业,如居民的批零住餐、交通运输、文化旅游等接触性、聚集性消费有所减少,受疫情影响相对更大,因此对这些行业需要紧密结合行业特点单独出台政策助力其恢复发展。

(四)坚持创新驱动、趋势引领

主动顺应和把握数字经济发展的新趋势新要求,深化数字技术在现代服务业领域的赋能应用。推进现代服务业数字化转型、智能化升级,催生"互联网＋"业态,推动商贸、旅游等传统行业数字化发展,强化人工智能技术与商务服务等的融合应用,打造一批智能交易服务平台,推动智慧金融、智慧商贸、智慧旅游、智慧交通等试点示范应用。继续推进新一代感知、网络、算力等数字基础设施,实现5G、千兆光网、新型城域物联专网等在生活重点场景和区域的深度覆盖。构建苏南服务业数据交易平台,通过鼓励数据密集型行业和领域先行先试、数据交易城市试点、组建重点行业数据综合运营中心,制定行业数据标准,规范行业数据治理,强化对行业数字化转型的数据赋能。按照"场景牵引、以点带面"原则,制定现代服务业与数字经济融合应用场景建设规划,分级分类有序推进应用场景开放。"揭榜挂帅",定期摸排、遴选和发布一批核心场景需求榜单,引导重点行业领域形成一批可复制推广的创新案例。

(五)继续深化产业融合

紧跟全球产业融合趋势,以延伸服务功能、提升价值环节为重点,推动现代服务业与先进制造业、现代农业深度融合,深化服务业细分行业融合渗透,拓展产业间业务关联、链条延伸、技术渗透,提升产业间的关联度和带动力,推进产业融合化发展。加快制造业服务化转型,依托"互联网＋制造"模式,鼓励制造业企业向创意孵化、研发设计、售后服务等产业链两端延伸,引导有条件的制造业企业实现生产全流程的互联网转型。推动服务业制造化,鼓励服务业企业深度嵌入制造业全产业链,提供高端科技研发、现代供应链、产品生命周期管理、现代物流等功能服务,提高服务业对制造业的支撑作用。加快"两业"深度融合试点示范建设,以先进制造业产业集群的龙头企业、智能工厂和生产性服务业领军骨干企业为重点,组织实施一批试点示范项目,建设综合服务功能区和公共服务平台,构建"两业"深度融合的产业生态圈。

(六)深入推动集聚区提档升级工程

深入实施集聚区提档升级工程、高质量发展领军企业培育行动等,增强高质量发展韧性。推动各类现代服务业集聚区突出主业,争创一批省级现代服务业集聚示范区。着力增强现代服务业集聚区要素吸附、龙头企业培育、产业支撑和辐射带动能力,培育形成营收规模达千亿级服务业集聚区;建立分类引导和差异化扶持的政策体系,支持优质企业进入发展快车道,大力培育总部企业、创新型企业,培育现代服务业高质量发展领军企业。支持现代服务业集聚区开展服务业数字化"新基建",重点加大示范载体中数字化平台的扶持力度,培育一批集战略咨询、管理优化、解决方案创新、数字能力建设于一体的综合性平台,围绕资源共享、协同制造、场景共建等方面开发并推广先进适用的数字化解决方案。

参考文献

[1] 叶堂林,李璐,王雪莹.科技推广服务业对区域创新效率的影响——以东部三大城市群为例[J/OL].科技进步与对策:1-10[2022-08-20].

[2] 徐紫嫣,夏杰长.服务业开放、国民收入追赶和跨越中等收入陷阱[J].河海大学学报(哲学社会科学版),2022,24(03):68-76+115.

[3] 詹浩勇,罗宝林.柳州市发展现代服务业的对策研究[J].对外经贸,2022(06):40-44.

[4] 王小娟,李佳颖.西部地区现代服务业空间集聚程度、特征及影响因素研究[J].商业经济研究,2022(12):151-157.

[5] 吴继英,李琪.数字化转型驱动制造业与服务业融合的空间效应[J].统计学报,2022,3(03):42-56.

[6] 袁航,夏杰长.数字基础设施建设对中国服务业结构升级的影响研究[J].经济纵横,2022(06):85-95.

[7] 鄢继尧,赵媛,熊筱燕,许昕.中国家政服务业发展时空演变特征及影响因素[J/OL].世界地理研究:1-15[2022-08-20].

[8] 梁金如.人力资本高级化、人口集聚与服务业结构优化关系研究——基于人口要素流动视角的实证[J].商业经济研究,2022(10):182-185.

[9] 戴翔,杨双至.制造业开放与服务业结构转型[J].经济体制改革,2022(03):25-32.

[10] 陈明,李美云,林小玲.服务业开放对中国包容性增长的影响[J].国际经贸探索,2022,38(05):37-51.

[11] 孙畅,唐菁.中国高端服务业的分布动态、区域差异及空间收敛特征[J].统计与决策,2022,38(10):46-51.

[12] 马楠.民族地区生产性服务业对农业发展溢出效应与特征研究[J].北方民族大学学报,2022(03):59-66.

[13] 周婷.加快新时代健康服务业开放发展[J].上海经济研究,2022(05):30-40+120.

[14] 许玲.新型城镇化与我国服务业发展的动态关系——基于长江经济带的经验分析[J].商业经济研究,2022(09):161-164.

[15] 杜宝贵,陈磊.科技服务业助推中国经济高质量发展的影响因素和优化路径研究——基于GRA模型与CRITIC权重法的综合分析[J].科技管理研究,2022,42(09):91-98.

[16] 周慧蕙,孙岩.金融服务业的空间产业关联——基于江苏和北京的比较分析[J].经营与管理,2022(06):185-192.

[17] 于亚娜,岳金桂.知识密集型服务业集聚的分布特征及其对经济发展的空间溢出效应——以长江三角洲地区为例[J/OL].资源与产业:1-20.

[18] 霍鹏.知识密集型服务业空间集聚的动态演化及驱动因素[J].长江流域资源与环境,2022,31(04):770-780.

[19] 陈基纯.珠三角城市群生产性服务业与制造业时空耦合协调发展研究[J].时代经贸,2022,19(03):108-113.

[20] 王猛.中国服务业规模分布研究:基于县级单元数据[J].大连理工大学学报(社会科学版),2022,43(03):62-73.

第二章　苏中现代服务业发展报告

现阶段,苏中处于加快构建以服务经济为主的现代产业体系、推进产业结构调整走向纵深发展的关键时期。2021年苏中三市深入贯彻落实习近平总书记对江苏工作重要讲话指示精神,严格按照"六稳""六保"工作要求,紧密围绕经济社会发展大局,一方面应对经济下行压力、推进服务业高质量发展,另一方面应对疫情冲击影响、推进服务业复工复产,努力以非常之举应对非常之难,坚决做到"两手抓、两手硬",坚持推项目、育主体、抓集聚、促融合,推动服务经济迈上新台阶,产业发展实现质的飞跃,为经济社会高质量发展提供了有力支撑。但是在苏中经济发展过程中,服务业一直是发展的短板,服务业比重不高,内部结构不合理,高端的生产性服务业还相当落后,无法满足生产发展和人民消费升级的需要等问题仍然比较突出。因此,推动苏中服务业加快发展,对实现产业结构的升级,提升经济发展的容量,推动苏中经济在新常态下持续、健康发展具有重要意义。

一、苏中现代服务业的发展现状

(一)服务业发展提速较快,经济拉动能力明显提高

随着沿江和沿海开发战略的不断实施和地区经济的不断腾飞,为苏中地区的现代服务业发展提供了良好的机遇。苏中三市服务业都呈现出良好的发展态势,发展提速,占GDP比重稳步提升,拉动经济能力提高。表1显示了2011年以来苏中地区各市服务业增加值状况,相比2011年,2021年南通、扬州和泰州服务业名义增加值增加了近2倍,平均每年增长率保持两位数以上。在苏中三市中,南通规模最大,扬州、泰州次之。2021年南通市实现服务业增加值5184亿元,同比增长8.3%,新增规上服务业单位数全省第三,三次产业增加值比例调整为4.4∶48.6∶47.0;2021年扬州市第三产业实现增加值3171.87亿元,增长6.2%,三次产业结构调整为4.7∶47.9∶47.4;2021年泰州市实现服务业增加值2788.5亿元,增长11.8%,增速居全省第1位,比GDP和第二产业增加值增速分别高出1.7和2.5个百分点,对经济增长的贡献率达54.3%,拉动经济增长5.5个百分点。

表1　2015—2021年苏中地区服务业增加值　(单位:亿元)

地　区	2015年	2016年	2017年	2018年	2019年	2020年	2021年
南　通	2815.97	3231.8		4081.35	4352.45	4811.7	5184
扬　州	1762.88	1927.89	2327.02	2569.59	2779.07	2954.88	3171.87
泰　州	1657.93	2000.26	2242.32	2393.57	2314.88	2464.57	2788.5
苏　中	6236.78	7159.95	8281.49	9044.51	9446.45	10231.21	11144.37

资料来源:《江苏统计年鉴2022》

随着服务业占 GDP 比重的提高,服务业的带动作用不断增强,拉动经济能力不断提升。整体来看,苏中地区服务业占 GDP 比重由 2013 年的 41.6% 提升至 2021 年的 46.9%,提高了 5.3 个百分点。具体来看,扬州 2021 年服务业增加值占比 47.4%,居苏中第一位。南通市服务业占 GDP 比重为 47%,比上年下降了 0.9 个百分点,居苏中第二位。泰州服务业增加值占 GDP 比重达到 46.3%,下降 0.1 个百分点,占比排名苏中第三。

表 2　2015—2021 年苏中各市服务业占 GDP 比重　(单位:%)

地　区	2015 年	2016 年	2017 年	2018 年	2019 年	2020 年	2021 年
南　通	45.7	47.6	48.0	48.4	46.4	47.9	47
扬　州	43.4	44.4	45.9	47.0	47.5	48.9	47.4
泰　州	44.7	46.7	47.3	46.9	45.1	46.4	46.3
苏　中	44.7	46.5	47.2	47.6	46.4	47.8	46.9

资料来源:《江苏统计年鉴 2022》

(二)集聚区载体能级优化提升

现代服务业集聚示范区是拉动服务业增长的新引擎,是引领全省服务业高质量发展的经济新高地。2021 年南通市加快集聚区内要素集聚,围绕提升城市能级、加快总部集聚的总体要求,南通研究拟订主城区总部集聚区建设方案,努力推动形成"一基地三中心"的主城区总部发展格局。深入实施"示范带动、重点培育、优化提升"分类管理机制,持续开展滚动评定、季度监测和年度评估,成功推动全市服务业集聚区内新开工亿元以上服务业项目 37 个,新培育营收超千万服务业企业131 家,新投入运营的公共服务平台达 17 个。到 2021 年底,全市 57 家市级服务业集聚区实现营收 4797.9 亿元,纳税 97.1 亿元,同比分别增长 8.6%、7.1%。在全省新一轮现代服务业申报中,扬州双东文化创意服务业集聚区凭借浓郁传统风情、文化创意旅游、非物质遗产、传统技艺展示和开发、会馆经济等特色文化,在全省 105 家拟申报的集聚区中脱颖而出,至此,扬州省级服务业集聚区增至 9 家。近年来,扬州市坚持以省、市级服务业集聚区作为推动服务业转型升级的载体,狠抓平台打造、招商引资、项目建设、企业服务、人才引进和政策落实,服务业集聚区成为全市服务业发展的主阵地。全市 38 家市级服务业集聚区(含 9 家省级集聚区)以占全市 5% 的服务业用地,贡献了20% 的服务业税收和 15% 的营业收入。

> **专栏1　扬州:力促"331"工程落地落实　引领服务业高质量发展**
>
> 版次:22　来源:新华日报　2021 年 12 月 07 日
>
> 近日,江苏省现代服务业"331"工程《实施方案》印发实施。扬州市发展改革委立即行动起来,积极组织市县两级发改部门深入学习文件,并围绕让"331"工程在扬州落地落实、引导扬州服务业"十四五"高质量发展的目标,开展系列工作。
>
> **深入学习工程意义**
>
> 《江苏省"十四五"现代服务业发展规划》明确,重点推进空间格局优化、制造服务创新、服务消费升级等九大任务,以现代服务业"331"工程为突破口,全面增强现代服务业综合实力,大力推进现

代服务业高质量发展。

今年10月召开的扬州市第八次党代会明确"十四五"现代服务业发展路径为:实施"双轮驱动"深化行动,推进现代服务业与先进制造业深度融合,制订落实生产性服务业十年倍增计划,加快生活性服务业向高品质和多样化升级,生产性服务业占服务业增加值比重达60%以上。

"十三五"期间,扬州实现了产业结构从"二三一"到"三二一"的历史性转变,2020年服务业已成为扬州第一产业。但服务业龙头企业少、重点产业弱的质量问题依旧存在,深入实施省现代服务业"331"工程为实现服务业高质量发展提供了优质平台。

全面承接发展目标

夯实产业基础。"十四五"期间,扬州计划培育市级现代服务业高质量发展领军企业100个,争创省级现代服务业高质量发展领军企业10个;建设市级现代服务业集聚区50个左右,争创省级现代服务业高质量发展集聚示范区10个;培育市级两业深度融合试点单位100个以上,争创省级标杆引领典型10个。每年重点支持建设10个行业标准体系试点项目,五年打造10大高质量生活服务品牌。

壮大产业规模。"十四五"期间,全市服务业增加值力争年均增速高于GDP年均增速0.5个百分点左右,服务业增加值突破4000亿元,占GDP比重达到50%以上;服务业投资年均增长5%左右,其中高技术服务业投资比重提高到6%左右,服务业经济增长"稳定器"的作用更加突显。

优化产业结构。"十四五"期间,全市生产性服务业增加值占服务业增加值比重达60%;旅游业增加值占地区生产总值比重达10%;社会消费品零售总额年均增长5%以上,服务业绿色发展、降碳节能的作用更加突显。全市服务业税收收入占全部税收总收入比重超过50%,服务业吸纳就业、富民增收的作用将更加突显。

系统推进工程实施

围绕省现代服务业高质量发展领军企业培育工程,扬州实施百强企业培育计划。积极引导服务业小规模纳税人、个体工商户和产业活动单位,加快成长为规上服务业企业或法人企业,夯实服务业发展根基。完善配套扶持政策,引导服务业企业做大做强,唱响"扬州服务"品牌。"十四五"期间,逐步建立千家现代服务业重点企业库。

围绕省现代服务业高质量发展集聚示范工程,扬州实施现代服务业集聚区提升计划。在现有服务业集聚区发展基础上,通过评估确定运行质态高、企业数量多的集聚区,持续给予资金政策等支持,提升打造一批业态高端复合、产业特色鲜明、配套功能完善的星级集聚区;积极服务"园区二次创业"、乡村振兴和"三个名城"建设,再培育一批产业集聚度高、业态模式新、经济贡献大的现代服务业集聚区。

围绕省两业融合发展标杆引领工程,扬州实施两业融合发展示范工程。推进两业融合相融相长,推动生产性服务业资源向"323+1"先进制造业集群集聚,引导建立面向省级开发园区主导产业的两业融合发展服务平台,打造一批生产性服务业与先进制造业深度融合发展的新型示范载体和标杆企业,通过先进制造业和现代服务业的融合发展助力园区"二次创业"取得新成效。

围绕省服务标准化品牌化提质工程,扬州实施服务标准化品牌化提质工程。推动标准体系建设由社会管理、公共服务领域以及生活性服务业领域,更多地向生产性服务业领域延伸。突出工业互联网、智慧城市、服务贸易等重点领域,积极推进服务业标准化示范项目。支持行业协会、第三方机构和地方政府开展服务品牌培育和塑造工作,树立行业标杆和服务典范,推进服务业品牌区域化、国际化发展。

（三）主导产业引领作用明显提升

2021年南通市高技术服务业投资占比稳居全省前列。生活性服务业加速提质,传统批零住餐等实物性消费供给向高品质转变,文旅、康养等服务性消费持续提升,深入开展"169"扩消费行动,举办网上年货节、汽车博览会、汽车家电下乡双百惠民等系列活动,拉动线上消费超30亿元,持续打响"惠聚南通·美好生活"南通消费名片。生产性服务业加快发展,科技服务、现代物流、服务外包等优势领域的总体规模与竞争实力进一步增强,建成全国首个全场景供应链金融公共服务平台,在新一轮全国服务外包示范城市综合评价中位列全国第12位。2021年扬州市实现社会消费品零售总额1480.92亿元,同比增长7.4%。批发业、零售业销售额分别同比增长19.8%、10.5%,住宿业、餐饮业营业额分别同比增长19.8%、15.5%。线上消费需求持续释放,限额以上批发和零售业单位全年实现零售额18.61亿元,同比增长54.5%,高于限上零售额平均增速38.7个百分点。公路货运周转量增长0.2%,水路货运周转量增长25.4%。快递业务量2.76亿件、业务收入26.32亿元,分别增长29.5%和14.2%。2021年泰州市实现社会消费品零售总额323.85亿元,比上年增长17.9%。按行业分,批发业销售额963.94亿元,增长44.5%;零售业销售额299.92亿元,增长26.8%;住宿业营业额4.04亿元,增长22.0%;餐饮业营业额37.21亿元,增长17.8%。全年实现限额以上社会消费品零售总额111.83亿元,比上年增长34.1%。接待游客236万人次,同比增长30%;实现旅游收入3.24亿美元,同比增长23.4%。铁路完成旅客运输441.77万人次,同比上升35.27%;完成货物运输25.85万吨,同比上升23.91%。

（四）项目引擎持续发力

2021年扬州坚持把招商工作作为推进服务业发展的基础性工作,全年新签约服务业重点项目140个,超额完成年度目标,当年开工率达42.7%。全市新开工服务业重大项目42个、新竣工37个、新达效31个。年度列省现代服务业重点项目18个,数量位列全省第四,均实现当年开工建设,且超额完成年度投资计划。

2021年南通成功推动13个项目列入省服务业重点项目计划,4个服务业项目列入省重大项目计划,项目入围率全省领先。聚焦高质量考核要求,建立高技术服务项目库,精准推动在库高技术服务业项目建设,2021年省、市级重点服务业项目分别完成投资79亿元、451.2亿元,均超出序时进度要求。

2021年泰州聚焦聚力高端商贸、科技金融、现代物流等9个重点领域,着力实施一批强基础、增功能、调结构的重大服务业项目,力争到"十四五"期末基本建成区域性现代服务业高地和区域性消费中心城市。位于泰州港靖江港区的省服务业重点项目深国际物流中心,计划总投资20亿元,将建成国内一流的集环保、智慧、节能、绿色于一体的大型化、专业化码头,大幅提升靖江港区煤炭中转能力,目前已完成PHC管桩沉桩工作。

（五）市场主体培育卓有成效

2021年南通累计认定24家市级现代服务业高质量发展领军企业。修订完善服务业扶持政策,优化资金申报流程,支持市级产业项目引导资金超千万元。持续开展"送服务、解难题、稳增长"

服务业巡诊活动,多次邀请省内专家学者现场解读政策、答疑解难,为企业转型升级提供个性化方案指导。企业家培训成效明显。2021年以来,扬州市规上服务业营业收入增速总体下行,在四季度筑底逐步恢复。1—11月,全市规上服务业共实现营业收入524.18亿元,同比增长20.7%。共新增"四上"企业2666家,其中工业562家,建筑业340家,批零住餐业1339家,房地产开发业119家,服务业306家。2021年,泰州市累计净增规上单位1249家,其中工业383家,建筑业2家,批发零售业643家,住宿餐饮业154家,服务业84家,房地产业净减少17家。

专栏2 泰州市服务业领跑经济增长

来源:新华日报 2022-4-1

2021年,泰州市服务业继续保持平稳较快发展态势,在经济发展中的主体作用进一步增强,实现服务业增加值2788.5亿元,增长11.8%,增速居全省第1位,比GDP和第二产业增加值增速分别高出1.7和2.5个百分点,对经济增长的贡献率达54.3%,拉动经济增长5.5个百分点,现代服务业已成为泰州高质量发展的重要引擎。

"十四五"扎实开局 组织机制优化重塑

2021年是"十四五"开局之年,泰州市委、市政府主要领导高度重视服务业发展,多次提出要求;市第六次党代会提出要促进服务经济提质增能,更好满足产业发展、消费升级需要。泰州市发展改革委紧扣"一轴三极三城",科技新城等市委市政府重大决策部署,发挥好服务业发展牵头部门作用,编制《泰州市"十四五"现代服务业发展规划》,制定《现代服务业高质量发展"228"工程实施方案》,明确每项任务的责任部门和完成时限;构建"五个一"即"一本城市宣传册、一部城市宣传片、一本招商指南、一套政策、一场活动"现代服务业招商机制,重点突破、合力推进的良好态势全面形成。

重点推动泰州市政府调整成立市服务业发展领导小组,召开市服务业发展领导小组会议,制定2021年服务业发展工作要点、服务业高质量发展水平监测评价办法,排出集聚区、重点项目和重点企业三张清单,推动服务业各项工作形成有效抓手。

政策研究创新谋划 深入推进两业融合

新发展形势下,泰州市结合自身发展情况,积极科学谋划新思路,形成《疫情冲击下的服务业亟待政策扶持》《关于加快推进智改数转的调查与思考》《关于加快首店经济发展的调查与思考》等多篇高质量研究成果。对标对表《省先进制造业和现代服务业融合发展标杆引领工程实施方案》,按照"五聚焦、五见效"总体思路,将两业融合列入对全市项目建设"三比一提升"考核,推动15项重点举措落地落实,《深化两业融合赋能产业升级》列入2021年全省发展和改革工作会议交流。

首店经济重点突破 惠企纾困全省率先

精准识别新需求、创造新供给,从而不断发现新的市场机遇,泰州市《创造新供给引领新消费》列入市领导联系重点改革任务。《大力发展首店经济塑造城市服贸功能》列入市委理论学习中心组学习会。在全省率先出台《关于支持市区首店经济发展的若干政策措施》,以15条"真金白银"举措换市场主体轻装上阵、专注前行。泰福里、凤城悦天地开工建设,华润万象城、中骏世界城、万科印象城建成开业,30余个国内外知名品牌首店落户。

针对去年 7 月份周边城市疫情,泰州市按照"顶格优惠＋第一时间"原则,在全省率先出台《关于应对疫情支持服务业企业共渡难关的六条措施》,最大限度挖掘市内降本空间,推动各项政策直达共享、及早发力,有效缓解了服务业企业阶段性经营困难。

接下来,根据泰州市"十四五"现代服务业发展规划的要求,泰州将深入实施生活性服务业品质提升和生产性服务业能级提升两大行动,全面构建"5＋4"现代服务业产业体系,加快培育新消费、新供给、新动能,服务业业态明显优化、实力大幅提升、综合竞争力显著增强,建成品质消费高地、融合发展高地、创新创业高地、优势产业高地。

二、苏中现代服务业发展的问题分析

(一)问题剖析

1. 制造业处于价值链低端,制约生产性服务业发展

制造业和服务业的平衡体同时体现在政策层面和产业发展层面。从政策层面而言,两个产业政策的不兼容问题严重影响了产业结构的调整。尽管政府已经从战略高度强调发展生产性服务业的重要性,并将其上升到实施"扩内需、调结构、稳增长、促就业"战略的主要突破口和关键点高度来推进。然而,一些政府部门尤其是基层政府的领导,也许不少局限在兴办工业园区、招商引资上项目以及围绕产品生产安排政策的思维之中。或者说,刚刚熟悉如何围绕工业制造"抓 GDP"这一中心工作,对于开始重视服务业的发展,至少在政策设计和理念上还难以转变。于是,一方面,一些政府部门开始用"抓生产"的办法来抓服务业,上各类服务业项目;另一方面,面对政策冲突常常左右为难,摇摆不定。例如,对于商业网点布局的用地政策问题。可以说,这是未来相当长一个时期内,发展生产性服务业的最大难点,即"发展生产"与"发展服务业"两类政策的普遍性"不兼容"问题。产业发展角度而言,制造业和服务业的发展是平衡进行、相互带动的,目前苏中制造产业的一些问题影响了服务业的提升。近二三十年,苏中第三产业增长并不慢,但由于第二产业体量太大,增速也很快,从"二三一"调整为"三二一",是一种不同寻常的结构优化。这个不同寻常的优化背后是潜在的两大产业的平衡问题,在全球经济下行,外商投资下降,贸易增速减缓,同时国内经济也步入增速下降的新常态形势下,一方面要保持制造业的规模优势,提升制造业价值链地位,改善制造业供给效率的改革任务,另一方面要全面提高服务业在促进经济增长、吸收就业方面的贡献,加速向服务业型经济转变。这两个方面结构性地结合在一起,要一起抓才能一起发展。

一直以来,苏中传统制造业比重较高,部分高新技术产业缺乏核心技术、处于价值链中低端的行业较多的现实客观存在,产业层次需要进一步提升。苏中传统制造产业占经济总量比重较大,纺织、化工、电力设备制造、机车设备、造船、光电等产业的规模在全国处于领先地位,但是普遍存在着价值转换率偏低、产品附加值不高、不能占据价值链中高端等问题。部分制造业行业出现了结构性产能过剩的现象,库存率急剧上升、产销率快速下降、大面积企业亏损,给苏中经济带来了巨大的发展压力。制造业的产业问题制约了服务业的发展,以及产业结构整体升级。国内外实践表明,服务业特别是生产性服务业均以制造业为依托和根基。但江苏制造业长期精于制造,不善服务,往往处

于产业链中低端。同时,创新转化率低影响了产业升级进程,尽管区域创新能力不断提高,但科技成果转化能力不强,创新投入产出率不高,这些成为制约苏中创新驱动发展的短板,也成为制衡服务业发展,尤其生产性服务发展的重要因素。

2. 传统服务业和现代服务业资源竞争,挤出效应明显

从服务业成长的逻辑上看,只有充分发展基础性服务业之后,才有利于发展所谓的"现代服务业"。尽管基础性服务业与现代服务业可以兼容、不矛盾,但在现实决策时却往往矛盾。一谈到发展现代服务业,我们往往就把零售业、批发业、旅游业、酒店业、餐饮业等纳入"传统服务业"范围。这样的误解导致了在发展服务业时,会认为二者是此消彼长的关系。实际上,传统服务业也可以通过纳入现代服务业要素来提升附加值,比如电子商务、现代物流。近年来,餐饮业也在运用现代管理和科学技术手段,有效实施和运用连锁经营、网络营销、集中采购、统一配送等现代经营方式,现代化程度不断提升。

在传统的割裂的视角下,在资源分配、政策支持以及市场反应方面,传统服务和现代服物业的竞争关系导致了一定的挤出效应。近几年,苏中在政策层面上的确在大力扶持现代服务业的发展,但如果忽略传统服务业和现代服务业之间相辅相成的关系,以及传统服务业向现代服务业发展的轨迹,挤出效应形成,并不利于整个服务业的产业结构升级。比如在债权融资方面,可以看到传统服务业和现代服务业之间的平衡问题,在2011年之后政府对现代服务业的补贴和财务支持力度加大,行业对债权融资依赖度下降,而传统服务业恰恰相反。这种此消彼长的关系,反映了传统服务业和现代服务业资源竞争方面的问题,也是服务业向高端价值链升级过程中遇到的资源问题。

3. 要素配置行政干预较强,供给缺乏市场效率

要素市场的不完善会直接或间接增加现代服务业企业的要素投入成本。历经多年改革开放,市场机制在苏中许多领域已经开始发挥决定性作用。但值得注意的是,虽然产出品的价格已经基本市场化,但是各类投入品市场(要素市场)仍然存在较强的政府干预,要素价格被人为扭曲,市场在配置资源过程中的"决定性作用"尚未充分发挥,包括土地、资本和人力在内的要素市场机制还不完善:

一是土地市场不完整。苏中虽然在土地制度方面不断改革,但仍然存在着土地经营分散、土地资源闲置、农民收入单一等问题。当前,限制土地市场发展的主要障碍在于没有广泛对土地进行确权,尚未建立相应的土地产权市场,这容易导致在土地征用时对于征地补偿、征用标准、征地程序等方面无法遵循土地市场的供求规律和价格决定机制。

二是资本金融市场不健全。苏中资本金融市场发展取得了一定进展,股权交易中心和产权市场在业内有较大影响,但其规模相对偏小,且存在区域内各市各自为政、散而小等一系列问题。整体而言,苏中的资本金融市场的现代化进程较为缓慢,金融资本市场还不够健全,目前尚没有全国性的金融交易市场,这与苏中经济发展不相匹配。

三是劳动力市场不完善。在十四大确立社会主义市场经济地位以后,劳动力市场进入快速发展时期,劳动力流动障碍有所减少。苏中劳动力市场经过多年发展,虽然取得了较大进展,但由于客观上仍然存在着诸如户籍制度限制、就业歧视等一系列障碍,仍然存在着地域分割、行业分割、城乡分割、"同工不同酬"、进城务工人员社会保障不健全等诸多不良现象,导致市场机制尚难以有效在劳动力资源配置中发挥决定性作用。人力市场结构性问题明显,而现代服务业在快速增长的过程中,面临的人才短缺问题相对于制造业更为严重。

4. 开放程度不足,产业融合度低,全要素贡献率不高

目前,包括江苏在内的我国现代服务业效率处于较低水平,全要素生产率对服务业增长的贡献非常小。研究指出,体制、政府规模、外贸依存度、对外开放、人力资本、信息化、财政支出、市场化和工业化都是影响现代服务业效率的重要因素。苏中虽然在市场化、对外开放、工业化等方面都在不断前进,但仍然存在一些弊病,限制了服务业生产效率的提高,概括而言包括市场开放程度、产业融合程度、全要素贡献程度等几个方面。

首先,体制方面有待为企业提供新的市场活力,服务业的对外开放程度尤其需要提高。苏中开放型经济起步较早、发展较快。虽然发展迅速,但也存在着一些问题,突出表现在两大方面:一是开放型经济规模开始下降。2016 年,占出口近七成的八大重点行业中七大行业出口下降。利用外资也受到较大影响。二是开放型经济结构有待改善。在对外贸易方面,存在着服务贸易占比较小、高新技术产品出口比重不高,新兴市场开拓力度不足等问题;在利用外资方面,存在着服务业外商投资比重仍较低、高端制造环节外商投资较少等问题;在开放的区域结构上,仍存在较为明显的差距,并且区域内部的开放程度不高,各行政区之间存在一定的贸易壁垒。

其次,产业融合的程度有待提高,融合行业范围有待拓展。产业融合是现代产业发展的新趋势,并逐渐成为产业发展和经济增长的新动力。事实上,伴随着经济的发展,服务业与制造业的关系表现出较强的产业关联性,而传统意义上的"此消彼长"产业转移关系逐渐弱化。"服务"以技术、知识和人力资本等高级要素大量地投入到制造业生产活动中,与此同时,服务业生产过程中来自制造业的投入逐渐增加。传统意义上的服务业与制造业之间的边界越来越模糊,而更多地表现出一种互相融合的趋势,融合方向可以是正向的,也可以是负向的,或者双向耦合的融合形式。产业融合一方面会促进制造业的升级,通过服务业服务制造业,进而"补强制造业",同时也会提高服务业的生产效率和交易效率,促进服务业,尤其是生产性服务业的发展。目前而言,苏中的制造和服务产业融合集中在低附加值的交通运输等行业,在与发达国家的产业融合程度方面还有一定距离。

第三,全要素生产率需要为现代服务业效率提供动力。全要素生产率,是指在各种生产要素的投入水平既定的条件下,所达到的额外生产效率。比如,一个企业也好,一个国家也好,如果资本、劳动力和其他生产要素投入的增长率都是 5%,如果没有生产率的进步,正常情况下产出或 GDP增长也应该是 5%。如果显示出的产出或 GDP 增长大于 5%,譬如说是 8%,这多出来的 3 个百分点,在统计学意义上表现为一个"残差",在经济学意义上就是全要素生产率对产出或经济增长的贡献。国家之间的总体经济增长差异很大程度上体现在服务业生产率的差异上,服务业全要素生产率可以在很大程度上解释这种增长差异。苏中目前的增长还更多地建立在资本等要素的投入方面,服务业增长模式仍然以粗放型增长为主,今后应转变服务业增长模式,由现在的依靠要素投入转变为依靠生产率提高来促进服务业增长和发展的集约型增长模式。

(二)宏观环境

"十四五"时期是我国全面建成小康社会、实现第一个百年奋斗目标之后,乘势而上开启全面建设社会主义现代化国家新征程、向第二个百年奋斗目标进军的第一个五年。"十四五"开局

之年的宏观经济形势较以往有所不同。在把握新发展阶段、贯彻新发展理念、构建新发展格局的征途上,宏观经济政策应以供给侧结构性改革为主线,以改革创新为根本动力,以满足人民日益增长的美好生活需要为根本目的,统筹发展和安全,为全面建设社会主义现代化国家开好局、起好步。

首先,从世界看,百年一遇的新冠肺炎疫情在全球大爆发,多国同步采取"封城""封国"政策,导致全球总需求骤降,世界经济出现严重衰退。IMF《世界经济展望》预测 2020 年全球经济萎缩3.0%,远超 2008 年金融危机。疫情对全球经济秩序和治理结构造成重大冲击,各国贸易保护主义、民粹主义抬头,全球化进程因此遭遇挑战,国际贸易投资萎缩,可能引起全球产业链、供应链重构,增加了疫后经济复苏的困难。

二是我国经济发展已转向高质量发展的新阶段,需求结构、产业结构、发展动力、技术体系、体制机制等都将发生系统性变革,特别是党中央作出构建新发展格局的战略部署,需要把江苏放在全国经济发展的大局中谋划,以创新驱动、高质量供给引领和创造新需求。以国内大循环为主体、国内国际双循环相互促进的新发展格局加速形成,促进全体人民共同富裕成为为人民谋幸福的着力点,国内消费市场活力进一步激发,需求形式更为多样,对服务质量要求进一步提升,数字化、网络化、智能化发展在服务业新动能转化培育中的战略地位和引擎作用不断凸显。推动产业技术、模式、业态创新,促进服务业与制造业融合互动发展,推动线上服务和线下服务交融互补,全面提升质量效益,不断拓展服务业发展空间,已经成为新形势下稳固国内消费市场、提升国外市场竞争力、推动服务业高质量发展的主旋律。

三是江苏经济发展已进入创新引领加速、质量全面提升的新阶段,深入践行"争当表率、争做示范、走在前列"新使命新要求,必须坚持科技驱动和创新驱动不动摇,努力构建自主可控安全高效的现代产业体系,加快建设具有全球影响力的产业科技创新中心、具有国际竞争力的产业基地、具有世界聚合力的双向开放枢纽。"十三五"期间,规模以上工业企业贡献了全省大部分的 R&D 经费支出,规上企业的科研机构数量也占全省科研机构的 93% 以上,但规上企业 R&D 经费支出占全省的比重呈逐年下降趋势。

三、苏中现代服务业发展的对策建议

(一)总体思路

(1)坚持聚力创新、融合发展。充分发挥创新对现代服务业的驱动作用,营造创新环境,鼓励企业技术创新、模式创新、业态创新,在创新中提升现代服务业供给质量。推动现代服务业与生态农业、先进制造业互动融合,促进服务业不同行业之间协同创新。

(2)坚持市场导向、品牌引领。充分发挥市场在资源配置中的决定性作用,最大限度激发市场主体活力。更好发挥政府引导作用,深化管理创新,建设国内一流的服务业发展营商环境。坚持质量至上、标准引领,充分发挥品牌效应对服务业高质量发展的带动作用,着力塑造扬州"好地方、服务好"的服务业品牌形象。

(3)坚持重点突破、彰显特色。聚焦现代服务业重点领域、关键环节,补齐产业发展短板。依托服务业集聚区和功能性载体,鼓励重点板块发挥比较优势、培育竞争优势,引导城市不同片区和县城、乡村错位发展服务业,加快形成特色彰显、优势互补、功能协调的现代服务业发展新格局。

(4)坚持深化改革、扩大开放。深化服务业重点领域改革,破除制约现代服务业高质量发展的体制机制障碍,推动制度体系与发展环境系统优化。积极融入国内国际双循环新发展格局,推动现代服务业在更大范围、更宽领域、更深层次扩大开放。实施更加主动的国际化发展和区域合作战略,鼓励现代服务业企业面向需求配置资源、拓展市场。

(二)基本路径

一是把握好产业动能转换中的四种关系,既要处理好新兴产业与传统产业之间的互动关系,确保新旧产业的"双轮驱动",又要处理好"动力"与"活力"的关系,即"政府推动、自上而下式"与"市场驱动、自下而上式"的关系,激发全民创业的活力。既要处理好"全球经济形势""科技发展趋势"和"中国经济下行态势"的相互关系,又要处理好区域内"自主发展"与区域外"协调发展"的关系,促进江苏区域经济均衡发展。

二是准确推动江苏三大区域各自的动能转换,苏南、苏中和苏北沿海板块所处发展阶段不一致,经济增长的"动力方式"应有所区别。苏南地区的发展动力在于创新驱动,要以完整的高、轻、新产业体系为支撑,获取区域经济发展的竞争优势和示范效益;苏中地区的发展动力在于融合发展,要紧紧抓住长江经济带建设的有利时机,以深度融入苏南和自身产业的协调发展为方向和抓手;苏北沿海地区的发展动力在于绿色发展,要充分发挥自身资源优势,以"绿色化"亮化后发区域工业化、信息化、城镇化和农业现代化的特色发展之路。三大区域既要把握各自的"动力与活力",又要注意三者之间的均衡协调发展,形成整体合力。

> **专栏3 专家纵论"加快跨江融合,高质量推进苏中区域现代化"**
> **省社科界第十五届学术大会苏中区域专场在泰州举行**
> *交汇点客户端 2021-12-29 17:56*
>
> 12月28日,由省委宣传部、省社科联共同主办,泰州市社科联承办,南通市社科联、扬州市社科联联办的省社科界第十五届学术大会苏中区域专场在泰州举行。与会专家围绕"加快跨江融合,高质量推进苏中区域现代化"主题,聚焦理论热点,开展学术研讨,交流最新成果。
>
> 省社科联党组书记、常务副主席张新科指出,在新发展格局的大坐标下,南北联动、跨江融合,加快省内全域一体化,是江苏实现更高质量、更有效率、更加协调的持续健康发展的路径,是江苏把握新发展格局深度融入"双循环"的破题之道。面对新征程新目标,我们要立足新的时代方位和现实基础,进一步聚焦苏中跨江融合发展中面临的理论和实践问题,深入探讨苏中营商环境建设、产业协同创新发展、南北区域一体化发展、资源要素有序流动、生态环境协同治理等重点难点问题,述学立论、建言献策,为推动高质量发展、建设"强富美高"现代化新江苏注入思想力量和理论支撑。
>
> 泰州市委常委、宣传部部长刘霞在致辞中说,跨江融合发展,高质量推进苏中区域现代化,是省委赋予苏中的新定位、新使命,是苏中几代人的梦想和追寻,是几十年来苏中三市孜孜以求的目标。对苏中三市来说,助力苏中崛起,保持奋斗韧劲,加快跨江融合,需要社会各方面共同参与,尤其需要广大专家学者智慧力量,希望社科理论界积极建言献策、奉献智慧,在协同推进跨江融合路径上

多谋划,在聚焦跨江融合重大问题上多研究,在完善跨江融合体制机制上多思考,共同为苏中经济社会发展作出更多贡献。

江苏苏科创新战略研究院理事长、中国科学院南京地理与湖泊研究所二级研究员陈雯,江苏省社科院区域现代化研究院副院长、二级研究员丁宏,上海福睿智库总监、经济学博士李妍分别作了题为"长三角一体化发展与苏中机遇""以人才现代化建设推进苏中高质量发展""人口变化对长三角产业创新协同的影响及苏中应对"的主旨报告。

陈雯认为,在长三角一体化发展中,苏中地区要寻找创新链中的合适地位,着力提升创新链中的城市功能,多措并举促进产业链融合升级,勇当我国科技和产业创新的开路先锋。在一体化融合发展中,低碳绿色是一个有空间有潜力的方向,要建立相应的发展机制,要有可持续发展的理念和情怀、良好的项目辨识力和实施行动力,以及强大的生态创新、技术研发能力等,紧紧抓住长三角一体化发展的苏中机遇。

关于推进新时代人才发展现代化先行区建设和苏中推进人才现代化建设面临的挑战,丁宏认为,要在人才治理格局上有新提升,在人才投入机制上有新突破,在人才平台建设上有大手笔,在人才引育模式上有新思路,在人才发展制度上有新活力,在人才发展环境上有新举措。比如,坚决贯彻中央"破五唯"要求,分层分类制定评价标准,实行差别化评价,充分发挥龙头企业、行业协会以及第三方评价机构等多元评价主体作用,进一步推进人才评价社会化;满足用人单位高层次人才引进需求和人才成长激励需求,聚焦重大创新平台和新型研发机构建设,在机构性质、编制管理等方面大胆探索,对急需紧缺的高层次人才采取灵活多元的用人机制;推行重大科技攻关项目"揭榜挂帅""赛马制"和首席专家负责制,深化科研经费使用"包干制";推广"虚拟人才制",创新柔性人才引进和使用机制;大力发展人力资源服务业,建立人才服务购买名录和人才服务机构库,鼓励市场主体参与人才服务机构建设,通过跟补奖补等方式,大力培育引进高端人才猎头、风险投资等机构,推进人才服务市场化、社会化,等等。

李妍基于创新驱动产业转型升级的视角,谈了人口变化对长三角产业协同创新的影响及苏中应对。她从"长三角一体化""七普人口数据""最新政策导向""研究技术方法"等几个方面给我们介绍了研究背景及方法。她认为,城市"抢人"大战是存量博弈,但非零和博弈。当前,苏中自身人口变化有利于创新驱动,但在劳动力方面存在不利影响。为了应对变化,要明确都市圈战略、各城市结合产业发展阶段,深入分析不同类型人群的需求特征,制定针对性的人口人才、公共服务、税收住房政策,促进人口增长和人才建设;要找准定位,出台产业、创新政策,调整发力重点,构建产业协同创新格局;要深度参与创新策源,重点聚焦应用转化,多元拓展场景应用,转型升级智慧制造,等等。

(新华日报·交汇点记者　韩宗峰)

(三)对策建议

1. 培育一批具有国际影响力的龙头企业,增加辐射力和影响力

由信息技术创造和改造的新兴业态服务业具有明显的规模报酬递增特性,因此某一领域的互联网企业只有第一没有第二,细分领域的互联网企业只有将自己打造成行业第一,才能生存下去。而知名度和品牌建设对于互联网企业的成长至关重要,因此在对策、建议上,一是通过财政支持、政

府采购、广告投放、帮助树立公众信任等措施促进江苏省相关企业知名度和影响力的快速提升,以此占领国内市场和提升国际市场份额,并进一步通过兼并重组巩固自己的行业地位。二是实施标准化战略。加快制定并发布一批由江苏服务业新业态主导的业态标准,以标准建设促进江苏服务业新业态的品牌建设和影响力的提升。三是政府和相关部门鼓励和引导传统服务业和信息服务业深度合作并分享市场。比如互联网金融与传统银行业的合作,四大商业银行分别与阿里巴巴、百度、腾讯和京东达成全面战略合作协议就是典型案例。

2. 推动数字化改造,为服务业发展积蓄力量

一是鼓励服务业企业数字化改造。鉴于疫情突发性和高扩散性,鼓励企业转向灵活岗位制和灵活工作制。支持数字型企业项目对接和技术扶贫;增加资金扶持生产场景技术开发、情景解决方案的产业实体和基地建设;积极发挥协会作用,群策群力开发灵活工作制。二是加快跨域跨界数字化、应急性服务体系建设。鉴于疫情影响生产服务运行的行业和产业链集中度特点,加快数字化产业组织联盟平台建设,聚焦远程管理、库存管理和产品管理的数字化建设和技术扶持;设立企业疫情扶困基金,对符合扶困标准的企业给予人员流动、资金支持、技术支持、供需对接等多方面帮助。三是加快智能化产业体系建设。加快推进服务业各领域智能化体系建设,提高工业数据、算法和算力等基础能力的规划与发展;增强前沿、变革技术体系建设和攻关。加快推进需求数据分析、设计模拟、数字打样、产品发布、网络预售等业务再造,实现需求提速落地、线下业务线上化、线下业务精准化,对应疫情后需求反弹和增量扩容。

3. 优化发展环境,增强发展活力

服务业是经济成分最活跃的发展领域,有效整合社会资本,切实保护各种经济成分的市场主体地位,对于服务业良性发展至关重要。一是以数字经济助力创新服务业发展的营商环境在数字经济时代,要让数据多跑路,群众少跑腿,甚至一次不用跑,就能享受到便捷高效的服务,引导物联网、5G和区块链技术进入营商环境的建设领域,改造提升营商环境的发展水平。现阶段,数字的应用场景已经为营商环境的优化升级奠定了基础,后疫情时代的特征更强化了相关行业的数字化、智能化的发展方向。在"十四五"期间,苏中在营商环境的相关领域逐步开启人工智能服务,并扩展到公共管理、行政登记、环境保护等行业上来,在疫情常态化背景下,积极构建数字化智能化专业化的营商信息沟通机制。二是实行分类指导培育,加大初创企业和高成长性企业的扶持力度。根据统计,规模越小的企业越更能感受到政府的优惠政策,营业收入越高的企业,其政策满意度得分越低。大企业相对来说在市场已站稳脚跟,其在资金、技术、人才方面已较有优势,政府政策的扶持对其影响力并没有小企业显著。建议政府的服务业扶持政策,改变规模性的偏好,在分类指导培育方面细化方案,特别是要加大对初创企业、具有高成长性的基于互联网技术与商业模式的中小企业的支持力度。

4. 推动两业融合联动发展,积极培育新业态新模式

推动"两业"融合联动发展,首先要优化环境,以制度促融合联动。政府部门要加强引导,发挥市场配置资源的决定性作用,充分调动制造企业的积极性、主动性;要积极营造"两业"联动发展的政策环境,把"两业"联动作为推进制造业产业升级的重点工程,对"两业"联动示范项目给予政策资金支持;要对制造企业出租闲置物流设施,物流企业承租制造企业的仓储、设备等方面给予一定的优惠政策;要理顺管理体制、创新管理机制和方法,规范统计指标体系,推进"两业"联动标准体系和信息化体系建设。其次要育人才,以智力促融合联动。"两业"融合联动发展,人才是关键。政府部

门通过多种形式积极为制造企业和物流企业搭建对接平台,把物流人才培养纳入政府培训计划同步推进,有计划地组织制造业物流管理人员进行供应链管理培训;发挥行业组织、培训机构作用,采取"走出去""请进来"等多种方式,加强物流人才引进、培养,为"两业"融合联动做好智力支持。其三要造流程,以模式促融合联动。政府部门要结合区域产业特点和企业实际,引导企业采用适宜的融合联动模式,分步实施,有序推进。选择一批不同行业、不同区域的重点制造企业和物流企业作为融合联动发展的试点,整合物流业务,实施流程再造;引导试点制造企业与有较强服务能力的物流企业结成供应链合作伙伴,探索联动发展新模式;扶持本地或引进具有国际竞争力的现代物流企业,鼓励通过兼并重组、合资合作,做大做强第三方物流企业;实施两业联动品牌工程,发挥示范带动作用。

5. 增加高端要素供给,引导优质资源向现代服务业有序流动

高端要素是驱动现代服务业发展的重要投入,也是供给侧结构性改革的关键驱动力。服务经济时代,信息、技术、知识等新兴要素对经济发展的驱动作用更加关键,因此,要提升其配置效率,归根结底均需要大力推进高端人力资源和技术资源的开发、引进、培育和激励。一是加大高端技术资源的引进、吸收和转化力度,增强现代服务业自主创新能力。推进政、产、学、研的协同创新,构建良好的科技研发环境,增强服务业的研发力量。鼓励互联网、大数据等新一代信息技术对于服务业的有效渗透。二是加大现代服务业人力资源开发力度。充分利用江苏科教资源丰富的优势,大力推进职业教育、创业教育,针对市场需求指导定制化的人才培养方案,增加服务业劳动力供给与企业需求的匹配度。借助服务型龙头企业在行业内的资源优势、信息优势和品牌优势,鼓励引导其制定本领域本行业技术技能人才规格标准、预警预测技术技能人才需求目录等。适应现代服务业技术密集、知识密集等特征,健全资本、知识、技术、管理等由要素市场决定的报酬机制,实现薪酬与价值对等。三是引进和培育高水平服务业人才。根据现代服务业的发展方向、人才需求、行业特点,推进现代服务业人才引进和培育计划,加大对现代服务业复合型人才和领军型人才的引进和培育力度,提高现代服务业优秀人才的供给量和储备量。

6. 打破市场垄断,放宽市场服务市场主体准入标准

一是以打破垄断为重点推进服务业市场对内开放,生活性服务业领域对社会资本全面开放市场准入;非基本公共服务领域如文化、健康、教育、医疗、养老等对社会资本全面放开市场准入,基本公共服务领域以扩大竞争倒逼品质提升;生产性服务业领域如融资租赁、商务咨询、检验检测、信息技术、研发设计、电子商务、第三方物流、节能环保服务等全面放开市场准入,取消不合理的经营范围限制;进一步放宽融合性服务市场对内对外行业准入。彻底打破服务业的地方保护和市场分割,对本地和外地企业一视同仁;把国有民营平等对待的政策落到实处,清理地方政府对民营服务企业在资质、经验、人员等方面设置的隐形门槛和歧视性政策,建立全国统一开放、竞争有序的市场体系。二是探索进一步放宽服务业对外投资市场准入,由准入管理职能向促进职能、事后管理职能等转变;进一步完善服务业外商投资的法律法规政策体系,清理整顿各项涉及行业许可的规章和规范性文件,规范审批许可行为,避免出现准入后的"弹簧门"和"玻璃门"问题;进一步扩大教育、医疗、电子商务等领域外资准入限制的要求,允许在试点区域内放开在线数据处理与交易处理业务(经营类电子商务)的外资股权比例限制。

7. 创新监管方式,推动多利益相关方协同共治

一是探索柔性监管模式。服务业发展中出现的新业态新模式新经济具有不同于传统行业的特

点与诉求,要加快推动和形成有利于以数字经济为核心的服务业监管体系框架,率先探索柔性监管对新业态、新模式等实行包容审慎监管。二是充分发挥信用体系的约束作用、行业组织的自律作用和消费者组织及社会舆论的监督作用,推动社会共治。为适应服务创新的需要,应探索行政管理手段由许可制向备案制转变。对非经营性互联网信息服务实行备案制度;而备案管理已可满足溯源功能要求,无需采取审批方式,故此,应将 ICP 许可由审批改为备案,进一步减轻服务企业负担。

参考文献

[1] 晁刚令.服务业分类统计核算研究[J].科学发展,2010 年第 10 期.

[2] 江小涓,李辉.服务业与中国经济:相关性和加快增长的潜力[J].经济研究,2004 年第 1 期.

[3] 江波,李江帆.政府规模、劳动-资源密集型产业与生产服务业发展滞后:机理与实证研究[J].中国工业经济,2013 年第 1 期.

[4] 付鑫,张威,李俊.中国服务开放与服务业效率——基于中国地级及以上城市的实证检验[J].经济体制改革,2022(02):107-113.

[5] 张明志,刘红玉,李兆丞.数字经济时代服务业多元扩张与经济高质量发展[J].新疆社会科学,2022(02):44-56.

[6] 于锦荣,钟质文,胡扬鹏."双循环"背景下江西省生产性服务业集聚推动制造业升级研究[J].科技和产业,2022,22(03):89-95.

[7] 陈启斐,吴恒宇,杜运苏.服务贸易、结构变迁与服务业全要素生产率——前向关联效应与后向关联效应[J].南开经济研究,2022(03):121-141.

[8] 太平,钊阳.中国扩大服务业对外开放的行业顺序选择[J].亚太经济,2022(02):111-119.

[9] 仲晓东.基于主成分分析法的江苏省现代服务业竞争力评价研究[J].淮阴师范学院学报(哲学社会科学版),2022,44(02):131-141+215.

[10] 邓丽姝.科技服务业支撑现代产业体系建设的路径创新[J].生产力研究,2022(03):14-20.

[11] 李本庆,周清香,岳宏志.生产性服务业集聚能否助推黄河流域城市高质量发展?[J].经济经纬,2022,39(02):88-98.

[12] 王书柏,朱晓乐.人力资源服务业转型升级:机遇、挑战及动力机制[J].中国人事科学,2022(02):62-73.

[13] 董郁涵,丛海彬,邹德玲.中国知识密集型服务业创新扩散能力评价研究[J].中国发展,2022,22(01):22-29.

[14] 陈基纯.高质量发展背景下粤港澳大湾区现代服务业竞争力动态评价研究[J].广东经济,2022(02):58-63.

[15] 徐圆,张为付.现代服务业与数字经济深度融合的路径[J].群众,2022(04):23-24.

[16] 闫晗,乔均,邱玉琢.生产性服务业发展能促进粮食生产综合技术效率提升吗?——基于 2008—2019 年中国省级面板数据的实证分析[J].南京社会科学,2022(02):18-29.

[17] 李千千.河南省现代服务业高质量发展研究[J].农场经济管理,2022(02):31-33.

[18] 张艳,付鑫.中国服务业开放与中美贸易:特征事实和政策影响[J].世界经济,2022,45(02):3-32.

[19] 张爱玲.我国服务业与居民服务消费协同发展关系研究[J].商业经济研究,2022(03):170-173.

[20] 李丽,张东旭,薛雯卓,张兼芳.数字经济驱动服务业高质量发展机理探析[J].商业经济研究,2022(03):174-176.

第三章 苏北服务业发展报告

2021年是"十四五"规划的开局之年,是全面深化改革的关键之年。面对错综复杂的外部环境和经济下行压力持续加大的严峻形势,苏北五市认真贯彻落实《江苏省"十四五"现代服务业发展规划》等部署要求,以推动生产性服务业向专业化和价值链高端攀升、生活性服务业向高品质和多样化升级为目标,以服务业集聚区、重点项目和龙头企业为抓手,推进现代服务业发展提速、结构优化、业态创新、空间集聚、品牌提档,为全市经济转型升级和持续健康发展提供了有力支撑。

一、苏北现代服务业的发展现状

(一)服务业总量稳步增长,占GDP比重逐年提升

苏北地区经济的快速增长为苏北五市现代服务业的发展提供了基础,服务业规模不断扩大。从表1可以看到,苏北作为一个整体,2021年服务业增加值的11024.67亿元,同比增长了11%,苏北五市中,服务业增加值规模最大的为徐州,其次是盐城和淮安。2021年徐州市服务业增加值实现3998.08亿元,同比增长9.6%,两年平均增长6.2%,三次产业结构为9.2:41.6:49.3。第三产业增加值比重超过二产7.7个百分点。2021年盐城市第三产业实现增加值3195.5亿元,比上年增长8.2%,三次产业增加值比例调整为11.1:40.6:48.3。人均地区生产总值达98593元(按2021年年平均汇率折算约15283美元),比上年增长7.6%。2021年淮安市第三产业增加值2237.60亿元、增长11.6%,三次产业结构比例优化调整为9.3:41.5:49.2。2021年连云港市第三产业增加值1704.03亿元,增长9.5%,第一产业增加值占地区生产总值比重为10.7%,第二产业增加值比重为43.6%,第三产业增加值比重为45.7%。2021年宿迁市实现服务业增加值1752.51亿元,增长9.5%,快于GDP增速0.4个百分点,第三产业增加值比重为47.1%。

表1 苏北地区2016—2021年第三产业增加值 (亿元)

地区	2016年	2017年	2018年	2019年	2020年	2021年
苏 北	8159.42	9178.25	9932.57	11024.67	11639.21	12887.72
徐 州	2751.78	3121.41	3311.82	3582.36	3669.48	3998.08
连云港	1025.02	1147.03	1238.74	1413.44	1518.62	1704.03
淮 安	1455.24	1583.05	1734.44	1867.82	1984.69	2237.60
盐 城	1992.2	2261.8	2477.23	2710.77	2912.79	3195.5
宿 迁	935.52	1065.32	1170.34	1450.29	1553.63	1752.51

资料来源:《江苏统计年鉴2022》

由于服务业规模的快速发展,服务业占GDP的比例不断提高。从表2可以看到,苏北服务业占GDP的比例从2015年的43.8%增加到2021年的48.2%,提高了4.4个百分点,已超越苏中,但是和苏南53.6%的水平还有一定的差距。从苏北五市来看,徐州的服务业比重最高,其次是淮安和盐城,以及宿迁与连云港,这和该地区的经济发展水平是一致的。除了服务业总体发展迅速之外,服务业大部分主要行业也呈较快增长态势,新兴服务业也开始出现明显增长。

表2 2015—2021年苏北地区服务业占GDP比重 (%)

地区	2015年	2016年	2017年	2018年	2019年	2020年	2021年
徐 州	46.2	47.4	47.2	49.0	50.1	50.1	49.3
连云港	42.5	43.1	43.4	44.7	45.0	46.3	45.7
淮 安	45.9	47.7	47.6	48.2	48.2	49.3	49.2
盐 城	42.1	43.5	44.5	45.1	47.5	48.9	48.3
宿 迁	39.4	39.8	40.8	42.5	46.8	47.6	47.1
苏 南	51.2	52.7	52.9	53.2	53.7	54.7	53.6
苏 中	45.0	46.7	47.2	47.6	46.4	47.8	46.9
苏 北	43.8	44.9	45.3	46.5	48	48.8	48.2

资料来源:《江苏统计年鉴2022》

(二)规上服务业企业成为拉动经济增长的主要力量

规模以上服务业共包括10个门类计28个行业,综合反映了全市服务业发展实际。如2021年盐城市规上服务业企业共1182家,实现营业收入772.4亿元,同比增长23.2%,其中净服务收入637.4亿元,同比增长29.4%,实现营业利润46.6亿元,同比增长0.2%。1182家规模以上重点服务业企业中,有754家营业收入实现正增长,收入保持增长的企业较上年同期增加244家,增长面提高20.5个百分点。从营业利润看,1—12月规上服务业企业中,营业利润为负的规模以上重点服务业企业有560家,亏损企业比上年同期减少132家,亏损面降低约11.3个百分点。

2021年淮安市通过市县(区)联动加大对全市规模以上服务业企业的培育,帮助各地建立规上服务业企业培育库。按月对全市837家规上服务业企业进行跟踪推进,1—10月,全市规模以上服务业营业收入同比增长7.3%,列入GDP核算的513家其他非营利性规上服务业营业收入同比增长51.4%。

2021年徐州市规模以上服务业企业营业收入同比增长27.4%,两年平均增长14.7%;其中生产性服务业营业收入增长28.8%,高于服务业增幅1.4个百分点。重点行业中,商务服务业、软件和信息技术服务业、装卸搬运和仓储业、多式联运和运输代理业分别增长50.7%、40%、40.2%、33.3%。

2021年连云港市规上服务业实现较快增长,营业收入701.92亿元,较上年同期增长28.2%,支撑作用显著。全市规模以上服务业现有十大门类营业收入全部实现正增长,全面发展势头强劲。

2021年1—6月,宿迁市规模以上服务业企业实现营业收入229.91亿元,同比增长38.2%,两年平均增长24.2%;增速高于全省3.6个百分点,在全省排名第四位、苏北第二位。

（三）新业态新模式发展势头良好

2021年是"十四五"发展的关键时期，也是苏北产业机构调整的重要时期，五市服务业都在努力调整服务业发展的内部结构，全面提升主导产业能级水平。盐城加快现代服务业和先进制造业深度融合，推动金风科技等4家首批"两业"深度融合试点单位按照试点要求深入开展试点工作。康养产业加快发展，建设康养特色小镇、颐养社区、康养机构等，提升康养服务水平，编排的60个康养产业重点项目前三季度完成投资83.7亿元。长三角（东台）康养基地加快推进，黄海森林公园创成国家森林康养基地，大丰斗龙港康养旅游基地等12家基地被认定为市级康养产业发展示范基地，12家基地2020年累计接待超过960万人次。现代物流转型发展，南洋国际机场航线覆盖国内千万级枢纽机场，开通韩日全货机航线，盐城港"一港四区"全部成为国家一类开放口岸。数字经济快速发展，盐城大数据产业园成为江苏第一个部省市合作共建的国家级大数据产业基地。

2021年，徐州市现代物流、金融服务、科技服务、数字经济、商务服务、服务贸易等营业收入分别增长14.4%、25.3%、19.4%、15.6%、22.1%、15.2%。在《2021中国数字经济城市发展白皮书》中，徐州荣登2021数字经济城市发展百强榜，并获评数字经济发展二线城市。商贸地产、文化旅游、居民服务等生活性服务业品质不断提升，文化、体育和娱乐业增加值增长16.4%、居民服务业增长17.4%。

2021年，连云港市电商网络零售额预计突破700亿元。现有线上企业超9000家，网店约9.2万家，各类电子商务产业园区24个，实现国家级、省级农村电商示范县县域全覆盖。连云港勇夺淘宝直播城市季军，仅次于杭州、广州，淘宝直播新经济超越一线城市。

2021年生态文旅方面，淮安已创成国家全域旅游示范区1家、省级全域旅游示范区4家、国家乡村旅游重点村2家、省乡村旅游重点村4家等多个文旅品牌。2021年前三季度，全市接待境内外游客2443.17万人次，实现旅游业务总收入294.18亿元。现代物流方面，淮安现有省级物流示范园区3家、省级重点物流基地（企业）26家。

2019年至2021年，宿迁网络零售额由430亿元增长到550亿元，以年均17.6%的增速领先全省，电商企业2.46万家，电商产业相关从业人数超过60万人；快递业务量连续9年稳居全国前50强。2021年，宿迁新增跨境电商企业近百户，全市跨境电商实绩企业超300家，京东（宿迁）跨境电商科技产业园项目即将落地，预计年带动跨境出口2亿元以上。

（四）创新驱动服务业高质量发展

2021年连云港市全面推动服务业制度创新、一系列决策部署落地生根。首创中欧班列"保税＋出口"集装箱混拼模式，率先开行过境和出口两类国际班列，实现中亚地区主要站点全覆盖。探索国际班列集装箱"船车直取"零等待，获得全国推广。为解决过境集装箱发运中间环节多、单证流转频繁等长期困扰企业的难题，以中哈物流基地和上合物流园两个标杆示范项目为主抓手，打造多式联运高质量标准化运输体系，各类手续办理由"串联"变为"并联"，开创运抵申报、报关放行等业务100%电子化、一站式办理，中转作业时间、单箱中转成本相比之前分别压缩75%、60%，实现了效率、成本"一升一降"的蜕变。

2021年徐州新增省级以上双创载体20家(其中国家级2家),获批省"双创团队"5个。3家现代服务业集聚区进入省现代服务业高质量发展集聚示范区评审,2家开发园区和16家企业进入省两业融合试点评审。在2021年国家组织服务业综改试点评估中排名前列,徐州获评国家服务业标准化试点城市、服务外包示范城市,圆满完成"十三五"服务业综合改革试点任务目标。

专栏1　构建现代服务业产业新体系　打造"盐城服务"新名片

版次:21　来源:新华日报　2021年12月07日

"十四五"时期,盐城将全面迈入服务经济新时代。近期发布的《盐城市"十四五"现代服务业发展规划》,主要阐明"十四五"时期盐城市现代服务业的发展思路、主要目标、重点任务和政策取向,为今后五年盐城服务经济发展描绘愿景蓝图,是编制全市服务业细分领域专项规划的重要依据,将推动盐城服务业进一步高质量发展。

"五大发展原则"引领方向

今后五年,盐城市以创新引领活力发展、跨界融合协同发展、优势突破特色发展、消费升级品质发展、深化改革开放发展为基本原则,明确打造"江苏东部沿海服务业发展新高地、长三角北翼特色服务发展新增长极、中国环黄(渤)海服务经济开放新枢纽"的发展目标,纵深推进盐城服务业的高质量发展。

规划明确,到2025年,盐城市服务业规模质效将进一步提升,增加值总量规模达到4300亿元左右,服务业增加值年均增速高于GDP增速。生产性服务业增加值占服务业增加值比重每年提高1个百分点以上。服务业对经济发展的贡献率保持在50%以上,服务业从业人员占全部从业人员的比重达到45%左右,贡献份额进一步提高。载体建设方面,未来五年盐城将培育营业收入超百亿元集聚区10家,力争省级服务业集聚区总数继续保持全省前列。强化主体培育,盐城将以名企培育为着力点,深入开展名企、名品、名家"三位一体"培育,到2025年,全市营业收入超50亿元的企业达到10家,省级现代服务业龙头企业达到20家。加快新一轮服务业开放步伐,到2025年服务贸易进出口额占对外贸易总额的比重达9%以上。

"十四个重点领域"齐聚发力

"十四五"时期,盐城聚焦汽车服务、数字服务、节能环保服务等八个生产性领域,延伸各领域服务链条,大力推动各领域服务业向高端水平不断攀升。延伸汽车服务产业链条、创塑汽车检验检测服务品牌、加快推进重要平台载体建设。加快数字服务基础升级、大力发展大数据服务、工业互联网应用服务、人工智能服务等。大力发展节能服务业、重点发展环保服务业、聚力发展资源循环利用服务、全面提升技术创新能力。大力发展工业设计、高端发展设计咨询。推进物流大通道互联互通、发展现代物流新业态新模式、打造专业物流平台、深化发展智慧物流。提升人力资源服务水平、大力发展总部经济、积极发展会展经济。加快构建全价值链科创服务体系、引导企业提升研发创新能力、加强高层次研发平台建设。完善金融服务体系、大力发展特色金融、加强金融载体建设。

同时,盐城聚焦健康养老、旅游休闲、现代商贸等六大领域,推动服务业进一步升级。优化康养产业发展布局、多样化发展康养产业、全面提升康养服务品质、完善康养配套服务资源。加快构建全域旅游发展格局、积极推进旅游融合发展、打造重点旅游载体、优化提升旅游配套服务水平。推进消费商圈优化升级、创新发展现代商贸新业态新模式、大力发展电子商务。打造独具盐城特色的

文化产业体系、壮大文化产业服务主体、实施园区载体提质工程。积极培育发展家庭服务新业态新模式、着力发展员工制家政服务企业、提升家庭服务能力水平。推进体育休闲赛事场所建设、培育体育赛事知名品牌、发展特色体育运动产业。

"一核两轴三带多点"新格局

盐城市以新一轮国土空间规划编制为契机,聚焦中心城区首位度提升、板块廊道特色发展、全域一体化发展,构建"一核两轴三带多点"的盐城现代服务业发展总体空间格局。一核引领是指以市区为核心,充分发挥市区产业基础好、消费潜力足、保障要素全等优势,大力发展现代金融、商务服务、科技研发、高端商贸、文化创意等服务业,积极培育总部经济、楼宇经济,繁荣发展都市经济、新兴产业,打造服务功能最齐全、服务业态等级最高、辐射带动能力最强区域。两轴带动是指围绕增强城市辐射带动能力,推动高端产业、高端功能、高端要素联动发展,将盐阜盐丰都市型服务业发展轴、蟒蛇河—新洋港生态型服务业发展轴打造成为创新节点功能溢出、生活服务共享的主要联系通道。三带联动是指以全域一体化发展、城乡融合发展为引导,发挥海洋、河流、交通等串联作用,加强沿线服务业要素空间集成、个性引导,重点打造沿海现代服务业发展带、沿 204 国道—串场河服务业发展带、沿西部湖荡—淮河服务业发展带等现代服务业特色发展带。多点发展包括围绕县域经济高质量发展,突出地方资源禀赋、产业特色、发展导向,加速推动东台市、建湖县、射阳县、阜宁县、滨海县、响水县等县(市)服务业特色化、差异化发展,打造错位协同、百花齐放的县域服务业发展新格局。

未来五年,盐城市将以规划为引领,不断多方发力、多措并举,聚力打造"盐城服务"新名片,为盐城服务业进一步高质量发展不断注入新的生机与活力。

(五)服务业集聚区和重点企业示范和拉动效应明显

2021 年,盐城市规上服务业前百强企业实现营业收入 463.18 亿元,同比增长 33.3%,营收总量占规上营收的 64.1%,占比高出上年同期 3.2 个百分点,拉动全市规上营收增长 18.4 个百分点。

截至 2021 年底,连云港市级服务业集聚区 29 家,其中省级现代服务业集聚区 6 家。2020 年,省级现代服务业集聚区实现营业收入 290.35 亿元,税收 9.7 亿元,驻区企业 4180 家,从业人员 49127 人。"一带一路"国际商务中心和上合组织(连云港)国际物流园进一步壮大港口物流及跨境运输、贸易等服务功能,为"一带一路"跨境运输提供产业支撑。

2021 年淮安市积极培育各类服务业集聚区和龙头骨干企业。目前全市共有省级现代服务业集聚区 6 家、省级生产性服务业集聚示范区 2 家、省级生产性服务业领军企业 4 家、省级互联网平台经济重点企业 1 家,在省政府办公厅的 2020 年督查激励通报中被列为生产性服务业发展成效明显的设区市。

2021 年宿迁市持续实施"服务业投资提速计划",以有效投入带动服务业快速发展,促进服务业总量扩张。全市列入投资提速计划的 380 亿元 141 个重点项目均超过投资进度,完成率达 103.8%。服务业发展主体不断壮大。持续实施"服务业重点企业登高计划",支持鼓励小微企业进规模,规模企业登台阶。列入全市现代服务业十大领域重点企业登高计划中的 114 个企业,有 110 个企业超过或完成年度计划进展。

专栏2 连云港:提升集聚融合效应 推动服务业高质量发展

版次:23 来源:新华日报 2021年12月07日

近年来,连云港市把建设现代服务业集聚区作为服务业发展的重要抓手和工作着力点,商务服务业、科技服务、现代物流、创意产业、产品交易市场、软件与信息服务业等多种形态的现代服务业集聚区建设进一步加快,促进新型服务业态在空间上相对集中,推动了服务业集中、集聚、集约发展,为先进制造业基地的建设提供了有效支撑,为提升和完善城市功能提供了重要载体,也为经济社会发展注入了新的活力,正在形成全市经济发展的重要增长极。

提档升级 打造示范

截至目前,连云港市级服务业集聚区29家,其中省级现代服务业集聚区6家。2020年,省级现代服务业集聚区实现营业收入290.35亿元,税收9.7亿元,驻区企业4180家,从业人员49127人。

省级现代服务业集聚区建设呈现出良好发展态势,示范作用不断增强。"一带一路"国际商务中心和上合组织(连云港)国际物流园进一步壮大港口物流及跨境运输、贸易等服务功能,为"一带一路"跨境运输提供产业支撑。连云港现代科技服务产业园以集聚区的科技服务,实现对连云港高新区制造业的科技融合,形成智能制造与生产服务之间的良性发展;东海水晶集聚区以水晶特色产业集群为引领,推进电子商务和特色产业融合发展、数字经济和智能制造互促发展、国内电商和跨境电商协同发展,成为全球最大的水晶集散中心、品牌中心、价值发现中心、国际合作研发中心;杰瑞科技文化创意产业园打造了全市电商、文化创意及科技研发的产业高地;连云港汽车产业服务集聚区以汽车文化、服务、线上线下汽车交易为主,为全市汽车产业提供信息及其延伸服务。产业的积聚、服务功能的增强,促进了产业间的协同愈加紧密。例如,通过"一带一路"(连云港)国际商务中心的跨境贸易服务进口的水晶原矿,在东海水晶集聚区进行设计加工后,通过杰瑞科技文化创意产业园以文化创意的包装及电商服务完成销售服务。集聚区之间产业链的各端协同服务不断加强。

规划引领 招商引智

强化规划引领,科学指导建设。结合连云港市服务业发展规划,进一步完善各园区的发展规划。选择确定一批有一定基础、符合区域定位、发展前景看好的现代服务业集聚区加以重点培育,形成以功能定业态、以业态聚资源、以资源促招商的近期、中期、远期专项规划体系。强化各园区规划与经济社会发展规划、土地利用总体规划、城市总体规划等的衔接协调。促进各县区根据自身特色和定位,实现各区域间的错位发展和区域内产业的配套互补。坚持项目带动,加大有效招商引智。充分发挥重点项目对服务业投资的拉动作用,建立健全重点项目建设推进机制,通过政府引导、定向招商等方式,加快规划、引进和推进一批投资大、带动强、效益好的大项目。编制和完善招商引资项目库,明确招商重点领域、准入条件和支持政策,加大招商力度,坚持高标准择商选资。强化服务业集聚效应,积极配合开发主体做好业态培育和引进,着力建设符合集聚区主体功能,与集聚区内产业发展内容相关,服务于集聚区内部的公共服务平台。不断完善配套政策和提升软硬件环境建设,创造吸引和留住企业、人才的良好氛围。制定集聚区人才发展专项计划,加大对服务业高端人才和团队的引进;发挥我市职业教育和培训的资源优势,创新"订单式"培养模式,加大现代服务业人才的实训力度,加速形成一批适应现代服务业需求的技能型、专业型人才;完善人才激励政策,对作出特殊贡献的服务业专业人才(团队)在个人所得税返还、职称申报、住房等方面予以奖励或优惠。围绕优势产业,培育特色集聚区。充分发挥该市作为"一带一路"建设的交汇点、国家级区域性物流枢纽城市、国家级重点海港、山海一体知名旅游城市的优势,突出发展现代港口物流、休闲旅游、商贸流通支柱性服务业产业;提升发展金融、商务会展、科技服务、电子商务等重点产业。充分发挥自身优势,形成独具连云港特色的产业发展模式,大力提升全市现代服务业发展能级,实现产业集聚、功能集中、土地集约、去同质化发展。面向石油化工、装备制造、新医药等特色产业集群需求,推进龙头企业主辅分离工作,通过高质量的服务业集聚区,聚拢小而散的服务业企业,形成行业无缝化对接,提高服务业企业运行效率。发展现代物流、交通运输、仓储配送、投资服务、技术服务、科技研发、信息咨询、工业设计、检测检验、安装装饰、广告营销、售后服务等生产性服务业经济实体。

完善政策　强化考核

下一步,连云港市将强化组织领导,健全推进机制。一是针对服务业集聚区内中小企业融资难、配套缺的现状,进一步加大政策扶持力度,重点支持服务业集聚区内融资、担保、科技研发、检验检测等公共服务平台建设。进一步提升财政资金的"杠杆"作用,认真梳理各领域(行业)的优惠政策,整合各领域的财政扶持资金,形成政策资金集聚效应。注重用地保障。鼓励各级政府将实施规划和旧城改造中收购储备的存量土地,优先用于发展各类现代服务业项目;鼓励用地单位充分利用工业厂房、仓储用房、传统商业街区等存量房产和土地资源兴办信息服务、研发设计、文化创意等现代服务业。二是强化考核,建立健全工作机制。建立市县(区)相关联席会议制度,统一整合市县(区)两级资源,统筹解决服务业集聚区规划编制与实施、政策制定与落实、重点项目建设、公共设施配套、公共服务平台配套、龙头企业引进等重大问题。同时,将服务业集聚区纳入绩效考核办法和重大事项督查推进,进一步完善服务业集聚区统计体系,推动连云港市现代服务业高质量发展。

(六)加快推进服务业重大项目建设

2021年,盐城市在建5000万元以上服务业项目240个,计划总投资2550.4亿元,年度计划投资619.3亿元,目前累计完成投资593.8亿元,城北现代物流园、西伏河科创走廊、伍佑古镇开发等重点项目加快推进。

物流业是连云港服务业三大主要产业之一。沿海港口形成了"连云、徐圩、赣榆、灌河"共同构成的"一港四区"格局,拥有30万吨级航道、码头和万吨级以上泊位70个。2019年港口累计完成集装箱运量478万标箱,海河联运量完成1000万吨,其中海河联运集装箱完成3.3万标箱,同比增长34%。连云港新亚欧大陆桥多式联运示范项目顺利获批全国首批"国家多式联运示范工程"。连淮扬镇铁路的全线贯通、连云港新机场的开工建设、市域列车的开通运营以及基本形成的"两纵一横"高速公路网,使得连云港大陆桥陆海联运优势进一步显现,为港城物流业乃至服务业的发展增添了强劲动能。

2021年1—10月,淮安市200个项目完成投资476.18亿元,占年度计划投资的83.33%,超额完成既定序时。全市新招引亿元以上服务业项目148个,提前完成全年新招引131个亿元以上服务业项目的目标任务。

宿迁市服务业重点项目投资起到了巨大的支撑作用,2021 年宿迁市现代服务业投资项目 45 个,年度计划投资 164.0 亿元,1—12 月份完成投资 172.0 亿元,占年度计划的 104.9％。

二、苏北现代服务业发展的问题分析

随着苏北经济的发展与进步,服务业也获得了较快发展,在经济结构中的地位和比重不断上升,逐渐成为经济增长新的动力源。黄繁华、洪银兴(2007)对江苏现代服务业的发展进行了多方面评估,认为苏北服务业相对发展水平指标相当靠后,服务业人均消费量指标与其他区域有较大差距,单位工业产值服务消耗量的差别十分明显。苏北服务业在快速发展过程中,既存在规模上的问题,也存在结构上和质量上的问题。由于有效供给与有效需求均存在不足,使江苏的服务业处于低水平均衡状态。

(一)部分集聚区布局不合理,集聚功能难以发挥

一方面大多数现代服务业集聚区存在规模小、产业链不完整,配套不完善,难以称得上真正的集聚区。部分现代服务业集聚区由于土地紧缺、区域分割导致集聚区布局不合理。这些问题导致集聚区的功能和优势得不到发挥,无法将金融、设计、科研等其他相关的配套产业融入集聚区之中,呈现出资源整合困难的局面。另一方面目前大多数服务业集聚区在规划和建设过程中存在着重平面规划、轻产业规划的情况。由于缺乏产业规划的导向作用,许多集聚区在建设过程中产业规模往往无法预测。这就造成了集聚区产业方向不够明确,自然招商引资思路也无法清晰,进而不能对整个集聚区进行科学定位,造成集聚区内产业链条被割断,无法打造服务平台,影响现代服务业与其他相关产业的融合发展。

(二)服务业的供给相对低端化

从供给角度看,作为中间使用的生产性服务业在第三产业中所占比重较小。如果从产业价值链的角度来看供给结构,我们会发现处于产业链下游的服务行业所占比重过大,处于产业链上游的行业所占比重较小。2016 年,苏北处于产业链下游的货物运输及仓储和邮政快递服务、批发零售业两大类行业分别占第三产业的比重仍然位于前列,而处于产业链上游的商务服务、研发设计与其他技术服务、信息服务三大类行业在服务业的比重则较低。竞争力和创新能力较弱是供给结构相对低端化的重要形式。江苏服务业的创新发展水平总体上处于较低阶段,尤其是研发、设计、营销、供应链管理等生产性服务方面,向制造业输送技术、知识密集型生产要素方面发挥的作用有限。服务业的竞争力除了创新能力以外,规模也是一个重要因素。在江苏的服务业中,具有核心竞争力的服务业大企业集团较少,品牌建设能力较低,服务业市场化、社会化、国际化水平总体不高。在"互联网＋"和智能化生产的大背景下,基础性服务业的水平决定了经济整体创新能力的提升。

(三)服务贸易发展面临挑战

首先,疫情对服务贸易的影响还在持续。当前,全球新冠疫情还在起伏反复,国内疫情多点散

发,跨国人员流动和商务活动受到了很多限制,这对跨境旅行、建筑、会展等涉及自然人移动的服务贸易冲击较大。其次,服务贸易面临外需收缩的风险。世界经济复苏脆弱乏力,近期国际货币基金组织、世界银行等纷纷下调全球经济增长的预期,世贸组织预计2022年全球贸易约增长3%,低于2021年4.7%的预期。主要经济体需求低迷,对苏北跨境运输、服务外包等带来不利影响。企业经营压力加大。一些服务贸易企业面临订单不足、成本上升等挑战,经营预期不稳,特别是中小企业抗风险能力相对较弱,面临较大的生存压力。

(四)服务业难以迅速适应数字经济带来的模式与业态的变化

互联网、大数据、云计算等新技术的普及对企业的运营模式、组织结构、资源配置方式带来了革命性的影响,O2O(Online To Offline)、OTT(Over The Top)、OTA(Online Travel Agent,在线旅游)等新的商业模式层出不穷,并逐渐成气候。以"互联网+"为代表新业态加速对服务业企业的全面渗透,并作为最基本要素和重要支撑,产生全方位影响。互联网为企业植入新的基因,构筑新的模式,改变了竞争规则,重构产业价值,新兴产业被催生,很多传统的、固化的商业模式被颠覆,竞争规则改变,不少传统服务业企业都产生"狼来了"的危机感。一是大多数中小企业由于自身资金有限、生存压力大,对于投资大、周期长、见效慢的数字化转型升级,往往望而却步;二是中小企业自身技术水平不高,难以满足企业数字化平台的开发、部署、运营和维护需求,加之目前市场上的数字化升级改造服务大多是提供通用型解决方案,也无法满足中小企业个性化、一体化需求。

(五)人才瓶颈问题较为突出,中高端人才吸引政策支持力度有待提高

当前服务业竞争激烈,要求人才所具备的技能越来越多元化以及专业化的趋势。近些年来,苏北现代服务业已进入快速发展阶段,对人才的需求已从劳动密集型服务业往知识密集型服务业方向发展。但苏北现代服务业的发展对于人才的需求还存在服务业人才总量不足,难以满足发展需求;专业人才引进难度较大,现代物流、金融保险、科技研发、信息软件、电子商务等领域表现尤为明显,对中高端服务业人才的支持政策体系尚不健全,在人才开发、人才奖励、保障条件等方面还有较大改进空间。服务业人才开发不平衡的现象可以说是服务业产业发展过程中必然会存在的现象和问题,最终会影响同一地区不同行业或不同地区服务业发展的不平衡,且随着后期的发展,这种不平衡会逐步加剧,甚至会造成地方发展巨大差距和社会不稳定的情况出现,因而控制人才开发不平衡是必要的。与当下服务业呈现科技化、信息化和与互联网紧密结合等特点相应的,服务业人才需求方面也发生了一定的变化。当下服务业发展的人才应该是综合型人才。这种人才不仅是懂得服务业,还需懂得诸如信息技术、相关的科技知识及互联网知识等,因而当下人才需要多方面锻炼以使自己具有相关的知识而成为综合型人才。其次,当下服务业发展的人才应该具有较强的学习能力。较强的学习能力表现在快速学习和快速更新自身知识系统的能力。无论是互联网的发展,还是信息科技的发展,其生命周期较短,更新速度快,要实现服务业的发展,需要掌握最先进的相关技术,这就需要人才方面的储备。

三、苏北服务业发展的对策建议

（一）宏观环境

"十四五"时期,世界百年未有之大变局加速演变,全球进入动荡变革期,我国内外部环境发生深刻复杂变化。苏北仍然处于重要战略机遇期,时代方位、发展坐标发生了深刻变革,需要辩证认识和准确把握。

从全国范围看,我国进入高质量发展阶段,处在转变发展方式、优化经济结构、转换增长动力的攻关期。国家"十四五"规划提出加快构建以国内大循环为主体,国内国际双循环相互促进的新发展格局。当前我国具备制度优势显著、治理效能提升、经济长期向好、物质基础丰厚、人力资源丰富、市场空间广阔、发展韧性强劲、社会大局稳定等多方面优势和条件。"一带一路"、长三角一体化、长江经济带、淮河生态经济带等多项国家战略交汇叠加,为苏北发挥资源禀赋优势带来新机遇。

从江苏范围看,经过改革开放以来的接续奋斗,江苏已经成为我国发展基础最好、创新能力最强、开放程度最高的地区之一,"强富美高"新江苏建设取得重大阶段性成果。省委、省政府提出重点以产业创新、基础设施、区域市场、绿色发展、公共服务和省内全域"六个一体化"作为推进长三角区域一体化发展的具体路径,为苏北接轨以上海为龙头的长三角地区提供了机遇。

江苏已步入发达地区行列,人们可以追求更高的生活水平。自改革开放以来,苏南地区经过快速工业化,形成了完整工业化体系,而整个大苏北地区没有赶上这一波全球工业体系分工,形成了目前工业化体系相对落后的局面。而恰恰是这样一个发展状态为苏北地区走生态经济道路提供了较好基础。可以说,大苏北地区是一个天然的生态公园,有河流纵横,湖泊相连,海岸相伴。京杭运河、通榆河、泰东河、淮河入海水道、黄河故道、新沂河纵横其间,有洪泽湖、骆马湖、高邮湖三大湖泊湿地体系,这些自然生态资源为江苏全省推进区域协调可持续发展提供了必要条件。加强规划统筹,借助运河连通长江、淮河两大河流,以及洪泽湖、骆马湖、高邮湖等三大湖泊的生态优势,实现各大功能区的有机连接,构建由生态区和经济区相辅相成、发展带与生态带交相辉映的网络化空间,将有助于形成大中小城市、特色镇协调发展的网络化新型城镇化体系。总之,从目前来看,大苏北地区走生态可持续发展之路是必然选择。

（二）对策建议

1. 积极推动集聚区提档升级,发挥示范带动效应

发挥现代服务业集聚区在资源集聚、产业培育、创新提升等领域的牵引作用,加快推动苏北现有服务业集聚区提档升级,新增培育一批现代服务业高质量发展集聚示范区,努力增强服务业集聚区之间协同效应,提升苏北五市服务业发展能级。一是顺应全省服务业集聚区新一轮发展导向,加快推进现有省、市级服务业集聚区提档升级,重点推动现有服务业集聚区由规模扩张向质量提升转变。二是加强集聚区之间协同发展。推动集聚区之间功能整合提升,以县(市、区)为主体,对空间相近、产业关联的集聚区以及集聚区周边资源进行优化整合,实行统一机构管理、统一规划建设、统一参评考核,放大集群效应。支持同类型服务业集聚区之间信息、技术、资本、人才等实现交流共

享,引导同类集聚区共建研发设计、信息服务、金融服务、专业技术服务、展示交易、中介服务等公共平台。三是支持集聚区内企业打破业务、业态壁垒,实现上下游业务和横向业务协同发展,形成大企业带动中小企业、核心企业带动周边企业、优势业务带动辅助业务、主营板块带动外延板块的协同发展态势和良性生态循环。

2. 重视重大项目推进建设,增强可持续发展的支撑力

坚持"项目为王",持续加强服务业重大项目招引,优化投资结构,以项目做强产业,以项目提升层次,以项目培育特色全面增强苏北现代服务业发展支撑力。一是加大项目招引力度。制定各市服务业招商线路图,盯紧产业链、供应链和服务链关键环节,创新开展委托招商、代理招商、网络招商等各类新型招商方式,加快引进一批产业链龙头、高端、补链项目。二是提高境内外招商活动频次。组织开展现代服务业专题招商推介活动,主攻日韩、欧美、港台等区域以及上海、深圳、苏州、南京等重点城市,加大重点领域招商选资力度。三是加强项目建设管理。建立各地区的现代服务业项目库,各年度根据工作计划和项目实施情况,形成储备一批、启动一批、竣工一批的项目滚动实施机制。四是强化要素保障。对于列入重大项目名录的项目,在土地、资金、政策等方面给予保障,积极争取将一批重特大项目列入省重大项目建设清单。

3. 发挥市场主体积极性,营造良好的市场氛围

突出市场导向,强化企业发展主体地位,培育壮大各类服务业市场主体,积极扶持服务业"名企名家",全面激发现代服务业发展内在活力。一是培育集聚领军企业。大力实施龙头企业培育计划,培育壮大一批具有全行业影响力的龙头型、旗舰型企业。推动企业评优活动走向纵深,充分发挥星级企业的引领带动作用,引导服务业企业比学赶超、进位争先、提质发展。二是聚焦重点企业培育。建立完善服务业重点领域龙头企业培育库,支持入库企业争创省级现代服务业高质量发展领军企业。引导龙头企业将有实力的中小企业纳入供应链,构建上下游供应关系稳定、质量标准统一、多方共赢的供应体系。三是发挥市服务业专项资金引导作用。支持中小企业在细分领域成长为"单打冠军""独角兽"。四是弘扬现代企业家精神。尊重企业家创新创造,加强现代企业家队伍建设,打造新时代品牌。加快建立优秀企业家后备人才库,实施青年企业家接力计划,重点培育一批具有地域情结、全球视野的新生代企业家队伍。建立企业家培训制度,组织优秀企业家赴境外、国内知名高校及标杆企业培训学习,拓宽企业家队伍全球化视野。加快完善国企市场化经营机制,培育职业经理人队伍,积极推行国有企业经营管理人才市场化选聘。

4. 推进产业融合发展,拓展服务业发展新业态新模式

紧跟全球产业融合发展新趋势,加快推进三次产业联合互动及服务业内部融合发展,推动构建交叉渗透、相融相长、耦合共生的产业生态系统。一是推动先进制造业和现代服务业深度融合。突出全生命周期和全产业链条,深化业务关联、链条延伸、技术渗透,打造一批两业深度融合的优势产业链条、新型产业集群、融合示范载体和产业生态圈。提升制造业服务化水平,以汽车、钢铁、新能源、电子信息四大主导产业为重点,鼓励制造企业向研发设计、售后服务等产业链两端延伸,加快突破工业设计、个性化定制、智能制造、全生命周期管理等业务,推动制造企业从产品制造商向系统解决方案提供商转变。拓展服务业制造化能力,鼓励服务业企业发挥大数据、技术、渠道、创意等要素优势,通过委托制造、品牌授权等方式向制造环节拓展。鼓励先进制造业企业与生产性服务业企业合作建立基于比较优势的两业融合发展产业联盟。二是推进服务业和农业融合。坚持以农业为基

本依托,立足延长产业链、提升价值链、完善利益链,促进增产增效增值增收,大力推动农业和服务业融合发展。聚焦规模优势产业,突出集群成链,建立线上线下、生产消费高效衔接的新型农产品供应链。大力发展农村金融、农产品物流、农产品质量安全监督、农机租赁、农业技术培训等为农服务,积极发展创意农业、定制农业、会展农业、共享农田等"互联网+"新业态。大力发展休闲观光农业,推进农业与观光休闲旅游、科普教育、文化等产业深度融合,培育发展生态休闲型、都市科普型、特色农庄型等新型业态。

5. 以人才创新为动力,打造服务业智力高地

苏北具有优良的科教和人才资源,这对于发展和提升现代服务业的竞争力具有十分重要的作用。为此,一是要引导省内高校和科研院所主动对接企业技术需求,加快形成以项目为纽带,以利益共享和风险共担为内涵的技术创新战略联盟,扩大创新成果向现实生产力快速转化的渠道,努力把科教优势转化为创新优势和竞争优势;二是要坚持人才优先发展战略,尤其是要强化高层次人才智力的支撑作用,通过深入实施现代服务业高层次人才引培工程,继续推进境内外现代服务业培训计划、现代服务业双创团队引进计划、服务业科技企业家培育计划等,吸引更多海内外高端人才能够带项目、带技术、带团队入驻服务业企业,以智力高地建设带动产业高地和创新高地建设。

6. 加快数字经济赋能服务业步伐,推动服务业高质量发展

当前面临疫情防控,发展数字经济融合赋能实体经济是稳经济的关键。一要夯实数字基础为服务业高质量发展提供基础支撑。要从战略高度认识"新基建"的必要性和紧迫性,做好顶层设计和统筹规划,持续加大对5G、新一代互联网、物联网等重点领域的投资力度,加快推进人工智能、算力中心、大数据中心的建设,有序推进数字赋能交通、物流等传统基础设施智能升级,为数字经济高质量发展提供产业设施和技术基础,打好经济高质量发展的数字基建赋能大底座,为数字经济赋能服务业高质量发展动力变革提供基础支撑。二要创新数字技术为高质量发展提供创新体系。要以改革创新为根本动力,围绕重点领域,集中优势资源,建立完备的以数字技术为核心的创新体系。统筹数字经济专项资金,重点支持数字经济领域核心技术攻关、相关项目建设等,营造良好的创新环境。充分挖掘各地区科教资源潜力,强化数字经济高端人才培养,加大基础研发力度,加快突破关键数字经济核心技术,不断推动自主创新,提高数字经济创新水平,为数字经济赋能苏北服务业高质量发展效率变革提供核心技术支撑,充分发挥新消费在新发展格局中的创新作用,加快推动线下服务消费"触网",促进服务消费模式创新,同时借助多条高铁开通的有利契机,通过"网络+"将旅游、体育、文化、农业等要素结合在一起,推动相关行业快速复苏。

参考文献

[1] 姚战琪.我国服务业进口对居民人均消费支出的影响研究[J].学术论坛,2022,45(01):98-11.

[2] 冯居易,魏修建.信息服务业与制造业互动融合的研究——基于数字经济背景的实证分析[J].技术经济与管理研究,2022(01):94-98.

[3] 王岚.服务经济全球化背景下面向现代服务业的人才培养研究述评[J].中国职业技术教育,2022(03):84-96.

[4] 吴凤娇,陈蓉.全球价值链下两岸生产性服务业分工地位与依赖关系研究[J].亚太经济,2022(01):142-149.

[5] 韩民春,袁瀚坤.服务业对外开放、人民币实际汇率和出口企业加成率[J].国际贸易问题,2022(01):75-92.

[6] 周昕.中国在全球价值链中的服务业比较优势:核算与比较[J].上海对外经贸大学学报,2022,29(01):77-95.

[7] 崔宏桥,吴焕文,朱玉.服务业高质量发展评价指标体系构建与实践[J].税务与经济,2022(01):85-91.

[8] 杨玲.外国生产性服务业开放对中国制造强国建设的影响研究[J].首都经济贸易大学学报,2022,24(01):32-52.

[9] 朱兰,王勇.要素禀赋如何影响企业转型升级模式?——基于制造业与服务业企业的差异分析[J].当代经济科学,2022,44(01):55-66.

[10] 曹建海,王高翔.推进我国制造业与服务业融合发展[J].中国发展观察,2021(24):43-45+70.

[11] 梁栋.价值链视角下我国生产性服务业发展现状及对策研究[J].现代商业,2021(35):60-65.

[12] 孟佩,徐宏毅,湛雅琪.服务业外资产业政策如何影响服务业生产率:外资水平的中介作用[J].武汉理工大学学报(信息与管理工程版),2021,43(06):555-561.

[13] 王硕,殷凤.集聚效应对服务业FDI区位选择的影响:基于产业维度的再分解与测度[J].世界经济研究,2021(12):103-115+134.

[14] 叶林伟,谢长青,张洪宵,徐轲.变挤出为互补:生产性服务业聚集对产业结构空间溢出效应的实证分析——以广东省21个地级市为例[J].经营与管理,2022(01):177-182.

[15] 张诗琦,鲍健波.供给侧改革背景下天津市服务业发展现状及对策研究[J].河北企业,2021(12):28-36.

[16] 孙绪晓.生产性服务业FDI对制造业影响研究综述[J].对外经贸,2021(11):6-10.

[17] 王倍.江苏生产性服务业与制造业协同发展研究——基于2017年江苏投入产出表[J].商业经济,2021(12):40-44.

[18] 仝文涛,张月友.生产性服务业开放政策能否有效提升中国制造业服务化?[J].商业研究,2021(06):34-43.

[19] 李帅娜.数字化与服务业工资差距:推波助澜还是雪中送炭?——基于CFPS与行业匹配数据的分析[J].产业经济研究,2021(06):1-14+28.

行业篇

第一章　江苏省软件与信息技术服务业发展报告

　　信息技术革命正以传统产业难以比拟的增量效应、乘数效应和技术外溢效应,不断向其他领域的产品和服务渗透,信息技术领域已成为提升国家科技创新实力、推动经济社会发展和提高整体竞争力最重要的动力引擎。"十二五"对战略性新兴产业新一代信息技术领域进行了全面评价分析,"十三五"对新一轮科技革命与产业变革更加重视,"十四五"提出到2025年,全省软件和信息技术服务业规模力争达到1.6万亿元,软件和信息技术服务业高质量发展水平处于全国最前列。

　　软件与信息技术服务业是指利用计算机、通信网络等技术对信息进行生产、收集、处理、加工、存储、运输、检索和利用,并提供信息服务的业务活动。高端软件和新兴信息服务产业是国家战略性新兴产业,为此,国家出台《国务院关于印发进一步鼓励软件产业和集成电路产业发展若干政策的通知》《国务院关于加快培育和发展战略性新兴产业的决定》和《软件和信息技术服务业十二五发展规划》等政策,从税收、研究经费、进出口优惠、人才培养、知识产权保护、市场开发和投融资等方面给予了较为全面的政策支持。其业务形态主要但不限于:信息技术咨询、信息技术系统集成、软硬件开发、信息技术外包(ITO)和业务流程外包(BPO)。软件和信息技术服务业是关系国民经济和社会发展全局的基础性、战略性、先导性产业,具有技术更新快、产品附加值高、应用领域广、渗透能力强、资源消耗低、人力资源利用充分等突出特点,对经济社会发展具有重要的支撑和引领作用。发展和提升软件和信息技术服务业,对于推动信息化和工业化深度融合,培育和发展战略性新兴产业,建设创新型国家,加快经济发展方式转变和产业结构调整,提高国家信息安全保障能力和国际竞争力具有重要意义。

　　2020年新冠疫情全面暴发以来,我国许多实体工业发展速度减缓,对软件与信息技术服务业的依赖性增强,学生网课、网上贸易、网络交流等需求变得越来越频繁,继而近两年我国对软件与信息服务业的重视程度不断提升。江苏作为进行信息技术革命较早的省份,同时也是全国的经济大省,对软件与信息技术发展的要求较高且十分重视软件与信息技术发展,在新冠疫情爆发后,省内也加快了软件与信息技术业建设。

一、江苏省软件与信息技术服务业发展现状

(一)产业规模不断增大,业务收入同比上升

　　江苏省工信厅公布的月报统计显示,2021年江苏软件和信息技术服务业平稳增长,累计完成软件业务收入11386亿元,同比增长16.1%。总的来说,江苏省软件与信息技术服务业收入持续上升。

　　其中,软件产品收入达2944.4亿元;信息技术服务收入6687.2亿元,占全省软件业务收入总量的58.7%,软件产业服务化趋势日益明显;另外,信息安全收入146.5亿元;嵌入式系统软件收入

1608.1亿元。从数据可以看出,软件与信息技术服务业收入中占比最多的是信息技术服务业,超过收入的一半,这与新冠疫情的爆发密切相关,信息技术服务业包括软件开发、集成电路设计、运行维护服务、信息处理和存储支持、信息技术咨询、数字内容服务等,疫情期间,软件开发与运行维护需求激增。

全行业实现利润总额583.9亿元,同比下降1.39%,研发经费207亿元,同比增长17.7%,从业人员工资总额739亿,同比增长7.9%。细分业务领域取得较快增长的有:云服务收入191亿元,同比增长36.2%;大数据服务收入177亿元,同比增长29.6%;基础软件收入130亿元,同比增长18.5%;工控安全收入11.7亿元,同比增长15.9%;电子商务平台技术服务收入855亿元,同比增长15.7%。

上半年,软件业务收入总量排前3位的市为南京、无锡、苏州。苏南地区的城市形成聚集效应,苏北地区的城市发展速度较为迅速,发展空间较为广阔。

表1 2014—2021年全国及江苏软件与信息技术服务业业务收入与增速情况

全国	2014年	2015年	2016年	2017年	2018年	2019年	2020年	2021年
主营业务收入(亿元)	37235	43249	48511	55037	63061	71768	81616	94994
增速(%)	21.73	16.15	12.17	13.45	14.48	15.4	13.3	11.7
江苏	2014	2015	2016	2017	2018	2019	2020	2021
主营业务收入(亿元)	6439	7062	8324	8936	9892	9930	10800	11386
增速	24.4	9.68	17.87	7.35	10.7	3.8	8.7	16.1
占比	17.29	16.3	17.2	16.24	15.69	13.84	13.24	11.9

数据来源:中国工信厅及江苏省工信厅

根据中国工信厅的数据显示,2014—2021年期间,全国的软件与信息技术服务业收入不断增加,江苏省的软件与信息技术服务业收入也逐年增加,且在疫情后,首次突破一万亿元。2020年实现软件与信息技术服务产业总收入1.08万亿元,并在2021年超过1.2万亿元,实现了较快增长,2021年的同比增速超过10%,疫情给了软件与信息技术服务业发展机遇。根据表1可以看出全国软件与信息技术服务主营业务收入逐年增加,收入增速在2014—2016年呈现下降趋势,2016—2017年呈现上升趋势,2017—2021年呈现上升趋势;江苏省软件与信息技术服务业收入在2014—2021年逐年增加,增速呈现先下降、后上升、再下降、再上升的趋势。虽然江苏省软件与信息技术服务业增速有升有降,但总体呈上升趋势。

(二)产业结构

1.综合实力增强

根据江苏省统计年鉴初步核算,2021年全年实现地区生产总值116364.2亿元,迈上11万亿元新台阶,比上年增长8.6%。其中,第一产业增加值4722.4亿元,增长3.1%;第二产业增加值51775.4亿元,增长10.1%;第三产业增加值59866.4亿元,增长7.7%。全年三次产业结构比例为4.1∶44.5∶51.4。全省人均地区生产总值137039元,比上年增长8.3%。

新兴动能持续壮大。全年工业战略性新兴产业、高新技术产业产值分别占规上工业比重达39.8%、47.5%,分别比上年提高3个、1个百分点。规上高技术服务业营业收入同比增长18.1%,

对全省规上服务业增长贡献率达32%。高技术产业投资比上年增长21.6%,高于全部投资15.8个百分点。数字赋能动力强劲。规上工业中数字产品制造业增加值比上年增长19.7%,高于规上工业6.9个百分点。规上服务业中互联网和相关服务营业收入比上年增长27.5%。

2.软件与信息技术服务业具体分析

软件产品收入达2944.4亿元,增长速度是软件产品收入、信息技术服务收入、嵌入式系统软件收入中最快的,为支撑传统安全与工业领域的自主可控发展发挥重要作用。信息技术服务收入6687.2亿元,占全省软件业务收入总量的58.7%,软件产业服务化趋势日益明显。嵌入式系统软件收入1608.1亿元,发展速度较为平稳,为产品与装备数字化改造等带来关键技术。

表2 全国及江苏省2021年软件业务收入 (单位:亿元)

指标名称	全国	江苏省
软件业务收入	94994	11386
其中,1.软件产品收入	24433	2944
2.信息技术服务收入	60312	6687
3.嵌入式系统软件收入	8425	1608

数据来源:中国工信厅及江苏省工信厅

（三）产业成果

1.江苏省成果

2022年2月23日,国家发改委网站发布通知,公布了2021年(第28批)新认定及全部国家企业技术中心名单,江苏共有6家企业技术中心新入选第28批国家企业技术中心名单。其中,江阴天江药业有限公司技术中心、昆山联滔电子有限公司技术中心、通光集团有限公司技术中心、亿嘉和科技股份有限公司技术中心、中天钢铁集团有限公司技术中心上榜国家企业技术中心名单,江苏天士力帝益药业有限公司技术中心入选分中心名单。至此,江苏共拥有114家国家企业技术中心,15家分中心。新增的六个国家企业技术中心来自不同的城市,其中苏南占据4家,苏北占据1家,苏中占据1家。江苏省各地都在进行软件与信息技术服务业变革,软件与信息技术服务业不断进行技术创新,并以技术创新为支撑促进企业和行业的发展。

表3 江苏新增国家企业技术中心名单

企业	技术中心	所在城市
江阴天江药业有限公司	江阴天江药业有限公司技术中心	江阴
昆山联滔电子有限公司	昆山联滔电子有限公司技术中心	昆山
通光集团有限公司	通光集团有限公司技术中心	南通
亿嘉和科技股份有限公司	亿嘉和科技股份有限公司技术中心	南京
中天钢铁集团有限公司	中天钢铁集团有限公司技术中心	常州
江苏天士力帝益药业有限公司	江苏天士力帝益药业有限公司技术中心	淮安市

数据来源:国家发改委网站

江苏省作为数字经济大省、创新名省,区位条件优越,产业基础雄厚,近年来高度重视 IPv6 创新发展,在 IPv6 网络和应用基础设施方面取得了良好的发展效果,重点网站 IPv6 支持度、活跃用户数、流量占比等指标数据均位居全国前列。数据显示,2021 年全球 IPv6 部署保持良好势头,全球 IPv6 用户数量稳步提升,全球网站 IPv6 支持度上升到 19.4%,大型 CDN 和云服务商已基本支持 IPv6。我国 IPv6 尤其迅速,截至 11 月,IPv6 地址拥有量达到 60058 块,位居世界第一;IPv6 活跃用户数达到 5.86 亿,占互联网网民总数的 57.91%。这其中,江苏的 IPv6 表现尤其亮眼。据江苏省委网信办副主任王万军在峰会上介绍,江苏全面贯彻落实中央 IPv6 规模部署目标任务,加强顶层设计、综合协调和整体推进,2018 年,江苏发布了《江苏省推进 IPv6 规模部署行动计划》,出台了《IPv6 升级改造实施指南》,推动互联网发展建设进入全面演进升级的新发展阶段。截至 2021 年 11 月底,全省 IPv6 活跃用户数达到 1.13 亿户,移动网络 IPv6 流量占比达到 26%,固定网络 IPv6 流量规模较 2020 年提升 132%,获得 IPv6 地址的固定终端占比超过 70%,指标数据均位居全国前列,IPv6 流量大幅度增加的主要原因是由于新冠疫情的爆发,实现员工居家办公、学生居家上网课的新形势,IPv6 在此基础上提高了一倍以上。

产业规模稳步增长,江苏省 2022 年上半年软件与信息技术服务业收入已达到 6101.9 亿元,预计到年底可以超过一万亿,同时在不断进行转型升级,向服务型转变较为明显。

江苏省软件与信息技术服务业的创新能力不断增强,截止到 2021 年底,全省省级软件企业技术中心共有 157 家,其中评级为优秀的共有 17 家,评级为良好的共有 115 家,评级为合格的共有 12 家,评级为不合格的共有 13 家,良好及良好以上的企业占据 84%,说明江苏省研发中心的创新能力较强。

发展环境不断优化,大学生"互联网+"创业大赛、江苏省互联网风云人物、江苏省科技成果转化项目、中国创新创业大赛、"挑战杯"全国大学生课外学术科技作品竞赛、创青春中国青年创新创业大赛等比赛接连举办,形成了全省发展软件与信息技术服务业的浪潮。

科技创新能力持续增强。截至 2021 年底,江苏省有效发明专利量 349035 件,其中,大专院校有效发明专利量 72711 件,占比 20.83%;科研机构有效发明专利量 12233 件,占比 3.50%;企业有效发明专利量 251626 件,占比 72.09%;机关团体有效发明专利量 3509 件,占比 1.01%;个人有效发明专利量 8956 件,占比 2.57%。全省万人发明专利拥有量 41.17 件,每万人口高价值发明专利拥有量 13.99 件。2022 年上半年,全省共登记技术合同 34683 项,同比增长 40.28%,成交额为 1570.33 亿元,同比增长 14.24%。全省技术交易持续活跃,输出技术合同 34365 项,成交额为 1157.98 亿元;吸纳技术合同 32997 项,成交额 1687.18 亿元,技术交易总量保持良好增长态势。江苏省科技厅数据显示,至 2021 年年底,全省省级以上众创空间超 1000 家,其中国家级 277 家。2020 年,江苏省共有 60 个项目获得国家科技奖,获奖数量在全国 31 个省市中排名第一。

高新技术产业发展速度不断提升。2021 年,全社会研发投入超 3400 亿元、是 2012 年的 2.6 倍以上;全省研发人员超过 90 万人,其中"两院"院士 117 人、数量居全国省份第一;万人发明专利拥有量达 41 件,较 2012 年增长 6 倍多,是全国平均水平的 2 倍;科技进步贡献率达 66.1%,高新技术产业产值占规模以上工业产值比重达 47.5%;累计支持 35 名顶尖科学家领衔实施前沿重大基础研究项目,获国家科学技术奖通用项目 439 项;累计实施 1000 多项产业前瞻及关键核心技术研发项目,突破了一批关键技术瓶颈。

新冠疫情全面暴发后,江苏省软件与信息技术服务业迎来了发展机遇,为了可以查到确诊病例的形成轨迹,保障人民群众生命健康安全,创建了健康码、形成码、城市通等软件。疫情时期,健康码、行程码是人们的"必备武器"。在2021年夏天江苏有居民拿虚假健康码造成严重的疫情传播事故后,健康码与行程码进行了创新,由原来的静止不动变为实时数据。面对千变万化的疫情,江苏省充分利用大数据与人工智能来辅助和提速抗击疫情,保障了全省人民的生命安全。

2. 特色城市成果

(1)南京市"我的南京"App为抗击疫情添砖加瓦

在本次疫情战中,江苏省软件与信息技术服务业用人工智能手段为抗击疫情贡献科技力量,其中较为典型的是南京市。南京市利用"我的南京"App对疫情防控做出卓越贡献。"我的南京"App中有一个特别的模块"清宁疫捷"医学观察协同信息系统模块,该模块由图灵人工智能研究院开发,共有4个信息填报入口和登录入口,分别对应"隔离人员""隔离场所"和"社区端""区级管理"端的信息采集与显示。这些不同的信息端口,从大数据层面打通了相关人员、隔离点与社区间的数据共享,实现了推送、流转、审核与统计分析的全链条管理。系统与公安、交通、卫健系统等的后台数据进行了交换,可以进行一体化的人员监管,进一步提高了防控效率。同时,图灵人工智能研究院还研发了"南京市商务局生活物资保障指挥平台",其孵化企业还开发了"精诊新冠AI三维全定量分析系统",为新冠肺炎的影像诊断、临床诊断及临床分型提供了量化依据。目前,该系统已广泛应用在抗疫一线临床科室。

(2)无锡市被授予"中国软件特色名城"称号

继江苏省南京市、苏州市被评为工业软件方向的中国软件特色名城后,江苏省无锡市是第三个被授予"中国软件特色名城"称号的城市。中国工信部认为无锡市在物联网和平台型软件领域形成了鲜明的特色与优势。2021年1—10月,无锡市软件产业实现业务收入1261.5亿元,同比增长21.7%,逐步形成了以物联网和平台型软件为代表的特色优势产业。2021年,无锡市软件业务收入过亿元的企业有156家,境内外上市软件企业16家,国家鼓励重点软件企业15家,朗星科技、华云数据位列全国百强名单。无锡市不仅有龙头企业,还有一些具有强劲发展势头的企业不断涌出,比如金融科技业排名第一的感知集团等。

(3)常州创意产业园发展势头强劲

"十三五"以来,常州市加速引导软件服务业等与先进制造业"两业"深度融合发展,先行先试、改革创新。2017年之前,常州创意产业园以文创与游戏产业为主,2017年后进行转型,转向软件及关联服务业,并在2020年新冠疫情爆发后,将研发重心偏向医疗软件,进一步解决了疫情带来的不便,促进常州市软件与信息技术服务业蓬勃发展。

3. 特色产业成果

(1)龙头效应仍是长期趋势,集聚发展具有显著成效

根据2021年工信部以及电子商务大会等的数据信息可知,江苏省软件与信息技术服务业企业多聚集于南京、苏州、无锡。江苏省全国互联网百强企业几乎都在南京,南京作为省会城市,具有龙头效应,这与政策支持、高效众多、人才众多有关;苏州工业园区的科技创新企业数量较多,且苏州地理位置靠近上海,受到了上海的辐射效应;无锡是近些年来发展较为迅速的一个城市,于2020年获得"中国软件特色名城"称号。南京、无锡、苏州、常州等苏南城市形成一个软件圈,具有专业服务特色和优势。

（2）规模以上科技服务业发展迅速

2021 年，江苏科技服务业总收入 11335 亿元，比上年增长 9.8%，技术合同成交额突破 3000 亿元，国家级孵化器数量及在孵企业数均保持全国第一，知识产权服务机构数量超过 4000 家。规模以上科学研究和技术服务业营业收入比上年增长 26%，两年平均增速高达 20.2%，平均增速位列 10 个现代服务业细分行业之首，拉动全省规上服务业营业收入增长 3.4 个百分点。规模以上科技服务业大幅度增加，对拉动江苏省软件与信息技术服务业有着重要作用。

（3）疫情防控信息化建设不断加强

疫情暴发以来，各地都提倡利用信息化建设来加强疫情防控，加快通过信息化建设实现人口系统与核酸检测、疫苗接种、风险排查等的有效对接，并且提出要进一步提升系统的承载能力，使检验机构能够及时、准确、全面上传检测结果，相关政府人员能及时对接，防控疫情。

（四）主要企业

根据工信部网站的数据显示，在 2021 年发布的中国软件业务收入百强企业中，江苏共有 10 家企业入选，比去年新增 1 家，比 2018 年新增 2 家。其中，南瑞集团位居江苏省第一，全国第十一，对比起去年的全国第十七名有了较大进步，但对比起 2018 年的第七名呈退步趋势。南瑞是江苏省内科技创新比较突出的集团，通过不断的自我创新与自我突破，取得了具有知识产权的杰出成果。

表 4　2021 年江苏软件收入全国百强名单

企业名称	2021 年全国百强排名	所在城市
南瑞集团有限公司	第 11 名	南京
江苏省通信服务有限公司	第 29 名	南京
熊猫电子集团有限公司	第 36 名	南京
国电南京自动化股份有限公司	第 63 名	南京
南京联创科技集团股份有限公司	第 76 名	南京
江苏润和科技投资集团有限公司	第 79 名	南京
浩鲸云计算科技股份有限公司	第 83 名	南京
江苏金智集团有限公司	第 91 名	南京
朗新科技股份有限公司	第 94 名	无锡
无锡华云数据技术服务有限公司	第 95 名	无锡

数据来源：中国工业与信息化部

江苏省科学技术厅公布了江苏省 2021 年度技术先进型服务企业名单，根据名单显示，共有 84 家企业被认定为江苏技术先进型服务企业，其中，15 家企业在南京市，12 家企业在无锡，2 家企业在徐州，3 家企业在常州，6 家企业在南通，44 家企业在苏州。在这 84 个企业中，位居前 10 的是虹亚（南京）多媒体科技有限公司、南京富士通南大软件技术有限公司、世纪新讯科技（南京）有限公司、江苏海隆软件技术有限公司、南京华盛智能物联网有限责任公司、升智信息科技（南京）有限公司、南京蓝洋智能科技有限公司、江苏原力数字科技股份有限公司、南京联迪信息系统股份有限公司、南京睿晖数据技术有限公司，值得一提的是江苏省排名前十的十个企业都在省会城市南京。南京作为省会城市,起到了强有力的辐射作用。南京、苏州、无锡是全省经济最发达的三个地区,也是拥有技术先进型服务企业最多的三个城市,软件与信息技术服务业给地区经济发展有正向影响,所以应大力发展软件与信息技术服务业,使其成为拉动 GDP 发展的支柱性产业。

表 5 江苏省 2021 年技术先进型服务企业

序号	企业名称	所在城市
1	虹亚(南京)多媒体科技有限公司	南京
2	南京富士通南大软件技术有限公司	南京
3	世纪新讯科技(南京)有限公司	南京
4	江苏海隆软件技术有限公司	南京
5	南京华盛智能物联网有限责任公司	南京
6	升智信息科技(南京)有限公司	南京
7	南京蓝洋智能科技有限公司	南京
8	江苏原力数字科技股份有限公司	南京
9	南京联迪信息系统股份有限公司	南京
10	南京睿晖数据技术有限公司	南京

根据 2021 年 12 月 1 日江苏省电子商务大会公布的数据,中国互联网百强企业中江苏省占据17 家,南京的企业表现突出,总计有 13 家企业入选,苏州共有 3 家企业入选,无锡共有 1 家企业入选,南京在百强前十中占据三席。南京的互联网企业发展进程要远远大于其他城市,且江苏省互联网企业多在苏南地区,苏北城市中没有一家互联网企业进入全国百强名单。苏南与苏北的互联网产业发展存在很大差距,其他城市与省会城市南京也存在较大差距,江苏省互联网企业发展不平衡。

表 6 江苏省互联网企业百强名单

企业	百强排名	所在城市
满帮	第 3 名	南京
汇达通	第 6 名	南京
华能智链	第 7 名	南京
艾佳生活	第 19 名	南京
聚烯堂	第 27 名	南京
好享家	第 35 名	南京
新康众	第 38 名	南京
买卖宝	第 45 名	宜兴
众能联合	第 54 名	南京
福佑卡车	第 61 名	南京
蜂云网络	第 63 名	南京

企业	百强排名	所在城市
焦点科技	第68名	南京
贝登医疗	第71名	南京
五城共聚	第78名	南京
万千紧固件	第86名	苏州
淘钉钉	第90名	苏州
工电宝	第100名	苏州

数据来源：江苏省电子商务大会

二、江苏省软件与信息技术服务业存在的问题

（一）江苏省软件与信息技术服务业面临的形势

1. 受到江苏省政府的高度重视

软件是信息技术之魂、网络安全之盾，其借助"软件定义"全面进入社会生活的各个领域，特别是在新冠疫情全面爆发后，其作用日益彰显。软件与信息技术服务业的发展不仅可以满足人们日常生活的需要，还可以推动经济社会转型发展。2021年《江苏省"十四五"软件和信息技术服务业发展规划》中对江苏省软件与信息技术服务业发展提出要求，力争到2025年，江苏省软件与信息技术服务业规模达到1.6万亿元，软件与信息技术服务水平位居全国前列。该报告指出要从四个方面推动高质量发展并聚焦九大任务培育产业增长新动能。四大任务涉及规模、企业实力、创新能力、载体等四个方面，就规模而言，要促进规模稳步增长，优化产业结构，到2023年，产业规模至少要达到1.6万亿元；就企业而言，要增强企业实力，加强集群成效，到2025年，围绕高端软件、重点行业应用软件等领域培育10家百亿元级头雁型软件企业，30家国家重点软件企业，300家省级重点软件企业，建成1个国家级软件产业集群；就创新而言，要提升创新能力，健全自主体系，到2025年，骨干软件企业研发投入比例超7%，江苏省软件技术中心达到200家，建成2个关键软件协同攻关和体验推广中心，部署实施20项关键软件研发攻关项目，打造一批江苏软件品牌产品；就载体建设而言，要做到载体建设有力，发展前景清晰，到2025年，江苏省创建至少1家中国软件名园、培育5家江苏软件名园，打造"名城-名园-名企"引领高质量发展的现代软件产业体系。九大任务如下：一是强化核心技术能力。提升"软件定义"创新能力，加快技术创新成果转化，打造高水平产业创新平台；二是健全产业链供应链。加快产业链补链强链延链，完善产品应用推广体系，推进产业集群化发展；三是健全企业提督培育机制，打造骨干企业雁阵群；四是优化园区载体建设支持产业载体发展，完善公共服务能力，集聚软件产业人才；五是多层次强化人才培养，精细化部署人才引进；六是创建自主开源生态。提升企业开源积极性，完善开源软件发展环境；七是提升软件行业素养。加快软件标准化建设，重视软件知识产权保护，推动软件产品价值评估；八是数字长三角一体化。加快新型数字基础设施互通，促进各类资源有效联动，打造高水平创新合作平台；九是打造国

际化竞争力。融入全球产业分工,积极对接国际资源。

2.以"模式创新＋生态建设"为核心深化产业变革

软件与信息技术服务业进入了快速发展、用户增加、需求增加的爆发期,加快向智能化、生态化、创新化方向转变。大数据时代下先进的计算机技术、人工智能技术、虚拟现实技术等快速发展与融合,对重塑软件的技术架构、计算模式、开发模式、产品形态与商业模式有着重要的作用,新产品、新业务、新技术日益成熟,进入了质变期。技术创新以开源、众包等为主,产业之间的竞争不仅局限于单一产品、单一技术、单一模式,而是向多元化进行转变,多技术、集成化、融合化、生态系统成为竞争的主流,软件与信息技术服务企业依托云计算等平台,加强对技术、产品、服务等核心要素的整合,对业务进行重构、优化流程与服务,成功实现转型升级。加强对云计算、大数据、区块链、5G、物联网等新一代信息技术的软件研发和推广应用,紧跟自动驾驶、元宇宙等发展趋势,布局软件产业新赛道。要优化提升软件创业空间、软件园区等管理和建设水平,创新发展模式,加大人才培养和激励力度,强化要素保障,吸引政产学研等各方力量协力优化软件业生态。

3.应用场景不断增加,发展前景广阔

软件与信息技术服务业不断变革的同时会加强与金融、物流、文化、旅游等行业的融合,并且在行业融合的过程中创造出更多新产品、新服务、新模式、新业务,形成新业态与经济增长点,对各个行业各个英语的转型与升级有着重要作用。应用场景的增加还将引起多维度多层次多方向的居民消费、民生服务、社会治理的变革,同时带来分享经济、平台经济、算法经济等众多新型网络经济模式。应用场景增加的同时,行业划分也更加经济,政府通过推出各细分领域的相关政策,加快行业发展与转型,软件厂商根据新划分的细分行业制定新计划,形成了政务性质软件、能源管控类软件、金融业软件、教育业软件等针对具体的细分行业制度的软件。江苏省软件与信息技术服务业发展前景广阔,根据"十四五"规划,未来将从不同方面来加强软件与信息技术服务业建设,一方面要稳固上游,通过人才选拔、人才培育等方法来加强软件创新实力;一方面既要攻坚中游,提升应用软件、嵌入式软件的软件水平,又要保证下游的供给,优化下游生产与服务水平,提高发展效率。在疫情期间,实体经济受到了较为严重的影响,未来数字经济与实体经济会逐步进行融合,现阶段江苏省已进入以制造业为核心的实体经济转型的关键时期,数字经济会加速实体经济的发展,使之进入到低碳、高质量、高效率的发展阶段,软件与信息技术服务业也会融入实体经济中,各行各业的发展与进步都离不开软件与信息技术服务业。同时,"新基建"也加快了软件与信息技术服务业在各领域的渗透,"新基建"包括5G基站建设、特高压、城际高速铁路和城市轨道交通、新能源汽车充电桩、大数据中心、人工智能、工业互联网等领域,这些领域都涉及软件与信息技术服务业的投入,软件与信息技术服务业是"新基建"的支柱,软件与信息技术服务业的合作不仅有利于"新基建"的发展,同时也扩大了软件与信息技术服务业的发展领域,软件与信息技术服务业的发展前景也较为辽阔。

（二）存在的问题

1.江苏软件与信息技术服务业存在"大而不强"的问题

软件产业是信息产业的核心,是引领新一轮科技革命和产业变革的关键力量,也是我国急需打破的由发达国家垄断的产业之一。据统计数据显示,2021年江苏省软件与信息技术服务业收入达到万亿级,产业规模在全国位居前列,但同时大而不强、"有高原无高峰"等问题也困扰着江苏软件

行业的进一步壮大。江苏省十三个市发展较为均衡,虽然苏南地区的发展速度要快于苏北地区,但总体来说发展较为均衡,最主要的是江苏省境内缺乏领先的软件与信息技术服务企业。近些年来,南瑞集团有限公司、江苏省通信服务有限公司、熊猫电子集团有限公司、国电南京自动化股份有限公司、南京联创科技集团股份有限公司、江苏润和科技投资集团有限公司、浩鲸云计算科技股份有限公司、江苏金智集团有限公司、朗新科技股份有限公司、无锡华云数据技术服务有限公司等公司发展较好,发展速度较快,在全国位列百强。但根据 2021 年数据显示,江苏省排名最靠前的是南瑞集团,在全国位居第十一位。江苏省没有一家企业进入到全国百强中,且作为全国经济较为发达的长三角地带的省份,全国百强软件与信息技术服务业企业中只占据 10%,与江苏的经济发展状况不匹配。江苏省内的软件与信息技术服务业存在产业规模大、收入多但发展势头不足的问题,没有像北京、上海、广州等省市一样,拥有类似华为等顶尖的软件与信息技术服务企业,无法利用龙头企业对其他企业进行辐射,发展较好的企业难以带动发展较差的企业发展进步,给产业发展带来较大麻烦。而江苏省的软件与信息技术服务业发展不强的主要原因在于缺乏创新性。这一问题不仅体现在江苏省内软件与信息技术服务业中,还体现在全国各地的软件与信息技术服务业中,给江苏省乃至全国该行业的发展都造成了影响。据中国软件行业协会的研究显示,中国在嵌入式软件、核心工业软件、支撑软件、平台软件等方面对国外的依赖度较高,欧美等发达国家在很多领域运用上占据着绝对垄断的市场地位。比如,国内使用最多的前五大软件开发工具由美国微软公司、捷克JetBrains 公司和开源社区提供,而测试软件则基本被惠普、IBM、Segue、Compuware 等美国企业垄断,占据了 90% 以上市场份额。我国软件与信息服务业普遍存在着创新力不足的问题,江苏省软件与信息服务业发展速度虽然很快,且规模较大,但仍存在着创新力不足的问题。软件与信息服务业发展的关键在于创新,缺少创新,依附于国外的高新科技产业,相当于被人握住了发展命脉。我国软件与信息技术服务业起源较晚,很多新兴技术都从国外引进,缺乏自主的创新力,与此同时,外国政府与企业都对我国软件与信息技术服务业进行了抑制,导致江苏省乃至我国软件与信息技术服务业缺乏创新机会,导致了该产业在世界上较为落后的情形。

2. 疫情后软件与信息服务业需求增加,供给速度较慢

2020 年的新冠疫情不仅给世界经济造成严重影响,也影响着各个行业的发展。根据统计分析,虽然受疫情影响较为明显,但软件企业充分发挥自身的技术优势,一方面开展远程办公的方式,保证线上业务不停止,另一方面配合地方政府的要求,在做好办公场地的防疫措施后,有计划地实现部分岗位复工。在新冠疫情特殊时期,尽管限制人员流动在很大程度上影响了各个行业的正常发展,却让包括远程办公、在线教育等技术与行业需求迎来了爆发式增长。软件与信息技术服务业成为抗疫神器,其发展体现在五个方面:部分行业将产生新秩序,为专注于某一细分领域深入耕耘的中小企业带来错位发展机遇;医疗信息化将被赋予更高的期望,软件与信息技术服务业为医疗信息化带来发展的动力;大数据等技术将得到进一步发展。在这次疫情期间,没有大数据技术,防控部门就无法及时了解大多数疑似感染人员的活动路径,也就无法得知高风险地区;办公电子化进程将大幅度加快。无论是政府机关还是企事业单位,都将加快办公系统的全面电子化普及,精简办公流程,最大限度降低人为因素的影响,OA 系统将进一步完善功能;国内软件产业将空前团结。受疫情的影响,中国的软件产业一定时期内在国际上将遭受一些非议,并产生一定的负面效应。但这也将有利于中国的软件企业协同合作、抱团发展,更关注中国的国情和国计民生需求,以切实解决

自身发展过程中的实际问题为出发点,形成独有特色与产业优势,参与国际市场竞争。疫情给软件与信息技术服务业带来机遇的同时,也带来了需求不足的问题。疫情时期,人类的生产生活都需要依靠互联网,居家办公、上网课、线上采购都离不开计算机与互联网,江苏频发的疫情对软件与信息技术服务的需求更大,但现阶段江苏的软件与信息技术服务企业较少,无法应对人们日益增长的需求,给人们的日常生活、工作、学习等都带来了不小的麻烦,若该问题不能得到解决,会引起人们生活的混乱,使城市生活活动速度变缓,学生学习进度落后,无法正常生活。根据数据显示,2021年上半年中国软件和信息技术服务业企业数量40020家,其中软件和信息技术服务业企业数量最多的是江苏省,有6573家,尽管已位列全国之首,但江苏省内软件与信息技术服务业企业的数量仍无法与人们的需求相匹配。近两年,疫情并没有放缓速度,各地都有突如其来的疫情,江苏有许多城市都因为新冠疫情停工、暂停线下授课等,需求不足的问题长期存在,且需求不足的问题日益严重,需要引起重视。

3. 软件与信息技术服务业专业人才不足

对于软件产业而言,人才不仅是产业发展的第一资源,更是构成软件产业健康发展生态的关键要素。随着"互联网＋"的推进,新一代信息技术和软件产业呈现出融合发展态势,企业对信息技术和软件人才的需求较为旺盛。为响应软件人才需求,激发江苏"软实力",早在2008年,江苏便组织省内重点软件企业、软件学院及有关政府部门,成立江苏软件产业人才发展基金会,构筑软件产业人才工作服务体系。成立11年来,基金会的公益活动始终紧紧抓住服务江苏软件产业发展这条主线,为江苏省众多软件企业培养和引进了多层次、综合性、高素质的人才,为江苏省软件产业的高速发展打下了坚实的基础。但据省工信厅软件与信息服务业处的一份统计显示,与软件业先进国家和地区相比,江苏业界仍缺乏高端人才。江苏软件企业难以吸引稀缺的复合型、创新型领军人才,培养出的人才往往流失到省外、国外。江苏虽然是教育大省,但是软件专业人才仍然不足。特别是当前发展较快的移动互联网、云计算、大数据等领域,高端人才缺口较大。根据2020年中国江苏网的数据显示,南京重点产业人才紧缺程度呈上升趋势,最缺的是计算机科学与技术、机械设计制造等专业技术类人才,在样本企业的需求专业中,排名前五的是计算机科学与技术、机械设计制造及其自动化、电子信息工程、电气工程及其自动化、工商管理,企业偏向于招聘理工科类背景和商科类专业背景的人才。并且,由于疫情突发,对软件与信息技术服务业的人才需求不断上升,软件与信息技术服务业人才稀缺问题恶化,疫情期间,无论是上网买菜、健康申报、学生复课、员工复工,都离不开软件与信息技术服务业。软件人才需求产生如此大的缺口,说明我国在软件人才方面培养存在问题。而这一问题突出表现在三个方面:学科壁垒和专业藩篱不利于软件人才的特色培养;产业隔阂和校企边界不利于软件人才的工程教育;组织闭锁和激励缺乏不利于软件专业的师资队伍建设。江苏省内教产脱节的问题较为严重。另外,江苏省内软件人才培养偏重应用,对底层阶层技术关注不足的结构性问题也十分突出。新一轮科技革命带来的计算力增强,使大学教给学生的知识滞后于实际科技发展需求,成为无法避免、不可逆转的新常态。比如,智能制造是新科技革命带给制造业领域的显著变化,也是"新工科"将来发力的重点。智能制造涉及机械、机电、计算机、信息、网络、软件、艺术等多学科领域,是一个跨界融合的"新工科"专业。许多高校仅凭自身专业知识、专业能力,难以构建起较为全面、科学和成熟的智能制造专业。

4. 软件与信息技术服务业成本控制存在问题

软件与信息技术服务业自身在成本控制过程中存在一些问题。首先,存在缺乏对外部市场行情综合定位的问题。近些年来,我国经济不断发展,全球价值链嵌入程度的不断加深与疫情的瞬息万变,都给经济带来了不小的影响,所以面临发展如此迅速的市场,只有对这个行业有充分的了解,才可以及时有效地采取措施。当下我国第三产业不断发展,软件与信息技术服务业已成为新型的、具有前瞻性、战略性的产业,发展速度不断加快,企业间的竞争也不断加剧,若对该行业的外部市场不够了解,也会给该行业的发展带来很大麻烦;其次,软件与信息技术服务业存在着成本管理方法的缺陷。在对当下软件企业进行研究后可以发现,在企业进行成本管理时存在很多方法上的缺陷,一方面,软件企业人力成本整体效果不佳,企业人力资源流动性较大给企业成本管理带来诸多问题,每个软件项目要经历调研、开发、测试等全过程,一个项目的完成不能仅依靠个人,更需要团队合作,若软件企业无法调动每位成员的积极性,团队缺乏凝聚力,会造成项目实践过程,项目成本较大等问题,影响了软件的正常研发。另一方面,软件与信息技术服务业在招聘人才时片面要求专业性,而缺乏人力成本管理方面的重视,导致企业人力资源的流动性较大,企业不仅失去了人才,还会导致公司技术的泄漏,技术是软件与信息技术服务业的命门,技术泄漏会给企业带来严重的问题,使企业缺乏竞争力,最终被市场淘汰;最后,存在成本管理人员素质较低的问题。许多软件与信息技术服务业在进行人才招聘时,只关注应聘者的专业能力,而缺乏对素质的考察,使得那些有能力却没素质的人进入到企业内,造成公司整体员工素质较低的问题,降低了人力成本管理的效果。且现阶段大多企业采用的是事后控制原则,缺乏全面思考,企业每一次的投入都需要成本,从而导致成本总体投入较高。同时,一些小型企业存在着任人唯亲的现象,这些人缺乏专业知识与素质,给企业的发展带来严重问题。

5. 软件与信息技术服务业存在进入壁垒

软件与信息技术服务行业本身不存在进入的障碍,但由于下游医疗健康、政务行业等固有的特点和复杂性,形成的进入壁垒表现为:行业经验壁垒、技术壁垒、人才壁垒等。技术实力与研发能力存在壁垒,软件与信息技术服务行业下游的医疗健康、政务行业信息化建设等领域呈现知识密集的特点,核心技术涉及人工智能、数据分析与数据融合等多个技术领域,信息技术的升级迭代以及客户需求的快速增长,使得行业技术壁垒较高。产品成熟度、系统完善性、开发效率、系统可扩展性与技术服务水平是客户购买的重要考虑因素,使得拥有全面成熟的产品体系和领先技术的服务厂商具有明显的竞争优势,这对潜在的市场进入者形成较高的进入壁垒;存在行业经验壁垒,软件与信息技术服务行业下游医疗健康、政务行业等行业除了具备相应的技术实力外,还需要深刻理解客户所在行业的政策标准、业务规则、业务流程以及行业信息化建设及技术演变过程和未来的发展趋势。没有较长时间的行业信息化服务经验的积淀,很难形成有效的行业竞争力;存在客户资源与迁移壁垒。在软件与信息技术服务行业下游医疗健康、政务行业信息化建设过程中,服务厂商一般能够全面深入地了解客户的组织结构、业务流程、管理需求和使用习惯等信息,从而针对客户个性化的需求进行针对性研发。此外,行业客户对于信息系统服务厂商的依赖程度较高,更换服务厂商不仅需要付出较高的关键信息迁移成本,且新厂商难以在短期内全面了解既有系统的技术特点。因此,在产品得到客户认可后,客户通常会与服务厂商长期合作,以规避更换服务厂商所造成的不确定性与潜在风险。这一特点有利于市场先行者的业务持续发展,而对潜在的市场进入者形成了较高的进入壁垒。

三、江苏省软件与信息技术服务业发展的对策建议

（一）采用股权激励机制，鼓励创新

股权激励机制是一种长期的激励机制，是对那些在企业工作了一定年限或对企业有杰出贡献的人的激励。通过给予股权的方式激发员工的创新活力，可以通过业绩股票、股票期权、虚拟股票、股票增值权、限制性股票、延期支付、账面价值增值权等方式获取激励，激发员工的创新活力，促进软件与信息技术服务业的发展。江苏省内软件与信息技术服务业可以借鉴北京的中科创达软件股份有限公司的做法，给员工适当激励，为企业注入活力。中科创达到目前为止共推出三期股权激励，分别是 2016 年、2017 年与 2020 年。这几次股权激励所处背景不同，所选用的模式也各有异同。第一次采用限制性股票与股票增值权相结合的方式，第二次采用限制性股票，而最近 2020 年的一次采用的是股票期权模式，三次均为定向发行。2016 年与 2017 年的股权激励方案到现在均达到了预先设置的各项指标，完成了各自行权，为公司发展增添了动力，第三次股权激励目前已达到一期行权条件。

在进行股权激励时要注意到以下几点：适当延长激励期限、构建多元化业绩指标体系、完善公司内部控制制度。目前，江苏省大部分的软件与信息技术服务公司的均股权激励时间较短，这种现象虽然与市场环境不断变化有关，但也反映出了该行业股权激励运用方面的整体浮躁性以及功利性。这种方式缺乏长远目光，只关注眼前利益。因此，江苏省内的软件与信息技术服务公司应当适度延长其激励期到至少五年以上，这个五年的激励时限具有"激励性"与"福利性"。与此同时，加强与公司相关中长期阶段战略的联系与匹配，从而更好地实现公司发展目标，使股权激励更具针对性；建立公司与个人层面的业绩指标体系，就建立公司层面业绩指标体系而言，可探索选用研发投入占比、新产品市场占有率等能够体现企业竞争力的指标，就完善个人层面的业绩指标体系而言，公司领导人应关注不同岗位的差异，在此基础上设立更适用更惊喜的考核标准，比如对研发人员的考核应该聚焦于其创新能力，有没有研发出最新最迎合市场需求的产品，就管理人员而言，应该考核他们有没有对管理制度进行创新；完善公司内部内部控制制度主要体现在改善公司治理环境，公司需要在相关法律指导下，根据公司内部的实际情况对各个职业提出明确的要求，另外，要保证部门之间的独立性，对在职人员的职权进行排查，严禁公司成员具有多种身份，促进董事会成员之间形成相互制约、相互平衡的形式，为公司未来的发展奠定良好基础。

（二）扩大供给，有效应对疫情后需求

对于疫情时期软件与信息技术服务业严重不足的问题，应针对该问题，加强软件与信息技术服务业企业的建设，通过新建企业、扩大企业业务、企业之间进行合作等方式来增加供给。江苏省现阶段有 7000 多家软件与信息技术服务企业，虽然这个数量已在全国位居首列，但对比起需求量来说仍显不足，需要增加软件与信息技术服务业企业数量。疫情期间大学生创业人数大幅度减少，江苏省政府应出台相关的创业政策，鼓励大学生创业，并且将重心放在软件与信息技术服务业上，对进行创业的大学生，特别是软件与信息技术服务业领域创业的学生进行资金、政策支持，鼓励大学

生将所学知识转化为实际需要,解决大学生就业难问题的同时,可以解决江苏省内软件与信息技术服务业供给不足的问题。除了鼓励创业外,也可以通过扩大现有企业的业务范围来解决供给与需求不匹配的难题。现阶段,软件和信息技术服务业包括软件开发、集成电路设计、信息系统集成和物联网技术服务、运行维护服务、信息处理和存储支持服务、信息技术咨询服务、数字内容服务和其他信息技术服务等行业,可以根据实际需要开发新行业,比如疫情期间各行各业都需要线上办公,软件与信息技术服务业应该扩大业务范围,建立不同行业需要的线上办公软件。为了各行各业的人都能高效办公,扩大平台业务是必须的,每个软件与信息技术服务业企业应该把公司的顶尖人才聚集起来,成立专项研究组,根据不同需求研发不同产品,对有杰出贡献的员工进行奖励,激发员工的创新热情,并且定期对每个项目组的表现进行评价,找出他们在进行研发时存在的问题,及时解决这些问题,扩大业务范围,满足多样化需求。在新建企业、扩大企业业务时,也要注重企业间的合作,若只是单个企业进行创新,缺乏同行之间的交流,缺少对市场的了解,就无法针对性地满足民众需求,无法解决实际问题。政府应该定期召集不同的软件与信息技术服务业企业举办交流会,各个企业负责人就最近市场情况、需求情况、创新进度等进行交流,并让行业"领头羊"分享成功经验,发展较为落后的企业通过听取经验来找寻自身存在的问题并实时掌握行业方向。多方合作不仅不会抑制自身企业的发展,相反能加快企业自身的发展速度,形成软件与信息技术服务业百花齐放的局面,加快江苏省该行业的发展速度,使得江苏省内所有产业都均衡发展,同时促进省内经济发展,增添百姓生活福祉。

(三)加强软件与信息服务业人才的职业教育

职业教育是我国教育体系的重要组成部分,是国民经济和社会发展的重要基础,推进职业教育改革是实施科教兴国战略,促进经济和社会可持续发展,提高国际竞争力的重要途径,也是经济结构调整、产业升级、提高劳动者素质、拓宽就业渠道的重要举措。承载行业人才培养和人才选拔职能的工业和信息化部教育与考试中心,根据国家信息化发展的要求和软件信息服务业的特点,以全国信息技术人才培养工程为依托,探索了一条行业教育的可行之路,对信息技术人才的培养具有借鉴意义。

培养工程经过两期建设,一期建设主要以培训信息技术专业人才为主,随着信息化和工业化的深度融合,结合行业发展的人才需求状况,培养工程二期升级为工业和信息化人才培养工程。根据新型工业化的特点,从以信息技术人才培养为重点,扩展到复合型和跨专业人才的培养。关注信息技术服务于工业领域相关课程的研发,为大工业、大市场培养新一代产业大军。培养工程经过十余年的发展,建立了标准的考试认证体系、科学的课程体系、规范的培训体系、高效的服务体系,依托行业开展职业教育的模式和运行机制逐步形成,行业教育的优势得到充分体现。

首先要整合社会资源,对专业人才进行规范化培训。在对该领域的人才进行培训时,要与高校、职业院校、研究院、企业等单位进行合作,在高校培养人才,通过系统化教育与培训掌握专业知识,并与职业院校、企业合作,在接受专业知识后到企业进行实践,理论知识与实践相结合,巩固知识的同时加强对知识的理解。在进行课程设置时,应根据实际情况设计课程,科技与信息技术服务业是具有前瞻性、先导性、战略性的产业,因此课程的设置也应符合该要求,应设计高层次的计算机应用课程,如计算机程序开发、企业网安全高级技术、企业网综合管理、局域网组建、Linux 服务器操作系统、网络设备与网络技术、SQL Server、网络综合布线技术、CAD 绘图等。学生通过学习高难度、专业性极高的课程来提升自己的专业能力,毕业后能投身软件、信息技术服务业,为江苏省乃至全国的软件与信息技术服务业奉献自己的一份力量。

其次要以用立考,建立标准的考试认证体系。在校学习知识与实践活动对于人才的培养是必不可少的,但建立标准的考试认证体系是检验学生学习成果最有效、快速、公正的方法。为了确保人才不被埋没,应通过国家职业资格考试、信息技术水平考试、职业能力测评这三项来进行检验。职业水平测试是职称考试也是专业技术水平考试,借此考试可以为考试人员找到合适的职业岗位。信息技术水平考试不仅局限于计算机专业,该考试将目光放置大学所有专业,高校在校生要进行计算机等级测试,学生至少获得计算机一级证书才可以毕业,有些要求严格的院校要求学生拿到计算机二级证书。同时,用人单位在进行招聘时,对员工的计算机能力也较为重视,要求员工通过计算机等级考试。职业能力测试是用人单位针对招聘岗位设立的专业性考试,用来检验应聘人员的专业能力。

最后要规范管理,建立高效的服务体系。要建立健全教育考试的工作制度与信息管理系统。不同的培训基地应根据自身特点与其他培训机构进行合作来填补教育系统中存在的漏洞,并且应由一线的专家团队进行课程的设定,制定适合学生、适合产业发展的课程。除此之外,要对行业所缺人才进行研究探讨,培养行业所需要的、所缺乏的人才,提高人才培养的技术手段与测评方式,搭建良好的平台,为学生踏入社会建立良好依托,让学生能够在软件与信息技术服务业自由驰骋,大展身手,通过教育培训途径来储备优秀人才,发展壮大软件与信息技术服务业。

(四) 对软件与信息技术服务业进行成本控制

面对软件信息企业做好成本控制工作的重要意义,以及当下企业在进行成本控制过程当中存在的诸多问题,必须要采取行之有效的对策,才能提高成本控制的效果。具体来说,可以采取以下有效对策:第一,要充分了解市场行情,制定出科学合理的成本控制战略和计划。由于所有的企业都是在整个市场经济的环境当中生存和发展的,因此软件信息企业在做好成本控制工作的过程中必须要综合考虑到整个外部环境。无论是政治经济还是法律社会环境,要充分了解企业在整个社会大背景过程当中存在的位置,或者是需要达到的目标,才能够结合目标和位置制定出科学合理的成本控制方案,并且帮助企业不断调整经营策略,以适应社会市场经济发展的需求。所以,软件信息服务企业要遵循市场竞争中的一系列法律法规,并且能够及时地掌握到政府对于该行业所存在的一些优惠政策或者成本控制的相关要求,这样才能保证软件信息服务企业制定的成本控制方案符合实际需求。因此企业必须要加强创新,并且能够对市场外部环境准确的定位和把关,才能真正提高自身的成本控制效果和方法;第二,要加强成本管理,采取行之有效的对策。为了真正做好成本管理工作,软件信息服务企业必须要利用有限的资源来实现核心竞争力的增强,可以通过自身培养或是外部招聘等方式,来吸引更加高端的技术人才以及成本管理人才,做好人力资源管理工作,提高企业员工的工作积极性和工作效率。一方面,可以采取资金奖励的方法,帮助企业员工们发挥自己的聪明才智进行科学研究同时缩减成本;另一方面,也可以采取一些奖励等方式,通过精神鼓励、住房或者餐饮补贴等来凝聚人心,提高工作效率,避免企业内部人力资源管理出现失误,增强企业的核心竞争力,有效控制成本,提高工作效率;第三,要注重人才的引进和成本的管理工作。为了提高市场竞争力以及企业的核心竞争力,企业的管理离不开人员的主观能动性,因此,必须要注重人才的引进,无论是产品的研发生产还是销售都需要做好人员管理工作。只有保证企业的员工们能够提高工作技术和工作效率,严格按照相关标准来进行工作,才能够不断缩减企业的资金投入以及相关的能源支出,起到节约成本和能源的作用,进一步降低企业的经营成本,维护软件信息企业的经济利益。

（五）以更优营商环境推动软件信息业高质量发展

"营商环境"一词源于世界银行"Doing Business"项目调查,对各经济体在不同时期的商业监管环境进行比较,并每年发布《营商环境报告》（DB Report）。但世界银行并未明确给出有关营商环境的概念,只是在报告中提及与营商环境有关的因素:企业在创业阶段、获得场地、获得融资、日常运营、在安全的商业环境中运营这几个阶段企业经营的便利度等。近些年,中国的理论和企业及政府实践工作者对营商环境有着比较强的敏感性和回应性,并试图对这一概念本土化,以推动中国治理体系现代化和经济的高质量发展。百度百科将其定义为市场主体在准入、生产经营、退出等过程中涉及的政务环境、市场环境、法治环境、人文环境等有关外部因素和条件的总和。营商环境与经济的发展有着十分密切的联系,一个地区营商环境的好坏会直接影响到这个地区经济的发展,这已是共识。营商环境是发展的基础,企业的壮大,创新创业的活跃,一刻也离不开良好的营商环境。营商环境好,企业才能留得住人才、发展得好,招商引资才能有吸引力,各个方面的积极性和创造性才能充分涌流。同时,经济发展越好的地区,对于营商环境的建设问题将会越发重视。江苏省近些年十分注重营商环境建设,通过建设良好的营商环境来促进软件与信息技术服务业的发展迫在眉睫,应具体从以下几个方面实施:一是政策制定应从普惠式扶持向精准化转变。要聚焦新一代信息技术创新型企业,着重扶持软件产品型和云服务型企业。在"卡脖子"的基础软件、工业软件等领域,对龙头企业和原创技术企业提供税收优惠和要素保障等支持,以开放场景、开放数据促进软件升级应用,营造良好营商环境,实现软件业产品化、特色化;二是产业发展应结合国产化软件替代及数字化转型重构两大要素。要加强软件行业标准建设,提升其应用推广能力、软件能力成熟度,保护知识产权,支持原创软件创新,鼓励产业资本支持软件业,强化软件业和其他产业深度融合。推进以软件为代表的信息化、数字化产业和工业、农业以及服务业的深度融合,实现传统产业的数字化、智能化发展;三是要精准把握技术发展态势,增强相关的生态建设。应加强对云计算、大数据、区块链、5G、物联网等新一代信息技术的软件研发能力和推广应用,紧跟自动驾驶、元宇宙等的发展趋势,布局软件产业新赛道。要优化提升软件创业空间、软件园区等的管理和建设水平,创新发展模式、加大人才培养和激励、增强要素保障和丰富生态资源,吸引政产学研等各方力量,协力优化软件生态。

参考文献

[1] 付奇.江苏发布软件和信息技术服务业"十四五"规划[N].江苏经济报,2021-09-02(A01).

[2] 工信部发布《"十四五"软件和信息技术服务业发展规划》,强调安全可控、安全服务保障[J].自动化博览,2022,39(01):6.

[3] 林勤花.软件测试方向人才培养"1+X"融合研究——以四川信息职业技术学院为例[J].电脑知识与技

术,2022,18(09):126-127+130.

　　[4]毛生良.软件和信息技术服务企业存货内部控制研究[J].当代会计,2021(09):12-14.

　　[5]解雪婷.山西省软件及信息技术服务行业员工整体薪酬体系设计[D].太原理工大学,2016.

　　[6]王则仁,刘志雄.环境不确定性对软件与信息技术服务企业创新绩效的影响——创新注意力的中介作用和政府补助的调节作用[J].科技进步与对策,2021,38(15):82-89.

　　[7]肖明霞.江苏省软件与信息技术服务业发展研究[J].市场周刊,2020,33(11):63-65.

　　[8]朱小迪.我国软件与信息技术服务企业股权激励实施效果研究[D].贵州财经大学,2022.

第二章 江苏省服务外包业发展报告

随着数字经济时代的到来,将使得服务外包服务外包产业发生重大变化。近年来服务外包产业迅速发展,在规模和质量方面均得到大幅度的提升,不少企业依托现代信息技术将生产经营中的非核心环节外包给专业的服务提供商完成,这在客观上起到了降低企业成本、提升价值链地位、优化资源配置的作用,也提升了企业的竞争力。国际服务外包在促进当代经济的发展中发挥了重要作用,这主要体现在促进服务资源的优化配置,加速全球价值链的分解、重构与优化,促进全球产业生态体系的形成,同时优化全球创新链布局,推动创新全球化。但与此同时,世界正经历着百年未有之大变局,新冠疫情使得变局加速变化,国际形势日趋复杂,贸易保护主义不断抬头,对服务外包产业的发展提出了新的挑战,也带来了新的发展机遇。由于服务外包具有科技含量高、国际化程度高、增长空间大、产业带动力强、吸纳大学生就业空间广阔、资源消耗低和环境友好性强等显著特征,因而我国应当大力承接离岸服务外包业务,努力转变对外贸易增长的发展方式,扩大知识密集型服务产品的出口,从而进一步优化外商投资的产业结构,提高利用外资的质量和水平。

一、江苏省服务外包业发展现状

自我国经济从高速发展向高质量发展转变以来,政府不断出台新的方针政,以促进经济结构优化和产业升级。近年来数字经济的快速发展,使得服务贸易在经济发展中的地位越来越突出。国际服务外包的承接对于国内服务业技术水平的提升、传统服务业的转型、现代服务业的发展都将起到重要的作用,并能以此推动国内服务业的全面转型和优化升级。

近年来,江苏省不断优化产业结构。2021 年江苏省第一产业增加值 4722.4 亿元,增长 3.1%;第二产业增加值 51775.4 亿元,增长 10.1%;第三产业增加值 59866.4 亿元,增长 7.7%。一、二、三产业的增加值占全省 GDP 的比重依次为 4.1%、44.5%和 51.4%。第三产业继续领跑全省经济,保持了良好的发展势头。同时,江苏省服务外包业也取得了较为良好的发展成绩。据统计,2021 年1—12 月,全省服务外包业务合同额 810.1 亿美元,同比增长 11.9%;其中,离岸业务合同额 387.37亿美元,增长 10.6%,在岸业务合同额 420.6 亿美元,增长 13.8%。全省服务外包业务执行额 616.4亿美元,增长 10.8%;其中,离岸业务执行额 301.7 亿美元,增长 9.8%,在岸业务执行额 313.3 亿美元,增长 12.7%。截至 2021 年底,全省系统登记外包从业人数 252.5 万人,同比增长 9.0%。2021年江苏离岸服务外包业务执行额占全国近 1/4,占长三角地区近 1/2,连续 13 年居全国首位。当前,江苏省还需要通过积极承接国际服务外包的方式,来进一步强化省内服务外包产业的持续发展与结构升级,从而推动省内产业结构优化升级与省内经济健康的稳步发展。

（一）江苏省服务外包业的现状分析

1. 南京服务贸易创新发展领跑全省

为进一步优化全市开放型经济发展体制机制,凸显高质量发展特征,着力打造长三角制度型开放高地、新型国际贸易枢纽,南京市政府办公厅关于印发《南京市"十四五"开放型经济发展规划》。根据规划,到2035年时,南京市开放型发展体制机制进一步优化,基本建立与国际高标准规则相适应的开放型经济管理新模式,建成高水平的开放型经济强市。外贸方面,积极推动外贸优进优出,货物贸易进出口总额年均增长5%,进出口额占全省比重进一步提升。服务贸易进出口规模保持全省前列,服务贸易结构进一步优化;外资方面,促进利用外资稳中提质,年均利用外资50亿美元,累计突破250亿美元。提升外资规模占全国、全省比重,位居全国副省级城市和GDP超万亿城市前列;对外经济合作方面,着力推动形成"产业结构新、资源配置优、国际合作强"的走出去新发展格局,对外承包工程完成营业额保持全省第一,对外投资保持全省前列,境外园区建设走在全国、全省前列;开发区方面,积极推进经开区创新提升、争先进位,争取1—2家省级经开区进入国家级经开区。

江苏自贸试验区南京片区获批建设以来,坚持高标准谋划推进,利用外资规模稳步提升。"十三五"期间,全市累计实际使用外资196.2亿美元,比"十二五"增长6.9%。2021年,南京市服务外包执行额为196亿美元,比上年增长7.7%。目前,南京市共有江北新区、玄武区、鼓楼区、雨花台区、江宁经济技术开发区等5个国家级服务外包示范区,秦淮区、建邺区2个省级服务外包示范区。2021年,江宁区完成服务外包执行额45.9亿美元,其中离岸执行额19.3亿美元,均排名全市第一;2021年,玄武区完成服务外包执行额278699万美元,同比增长6.5%,其离岸执行额完成105186万美元,同比增长6.3%;2021年,雨花台区服务外包总执行额目标为37.5亿美元,其服务外包离岸执行额目标为7.18亿美元;2021年,建邺区服务外包执行额11.0亿美元,离岸执行额2.7亿美元。

2. 基础设施不断完善,承接外包的领域不断扩大

江苏省地处长江经济带的龙头地带和长三角的核心区域,省内经济发达、人口密布、城镇化发展处于较高水平,交通便利且公铁水空运输方式齐全,具有发展服务外包业独特的区位优势。在政府财政的大力支持下,2021年度江苏省完成交通基础设施建设投资1780亿元,同比增长7.7%,再创历史新高,顺利实现"十四五"和现代化新征程的良好开局。2021年的主要建设成果包括:苏锡常南部高速、宜长高速江苏段、五峰山长江大桥南北公路接线和宁合高速扩容工程建成通车,全省高速公路通车里程突破5000公里。连云港花果山机场建成运营、南京禄口机场入境航班专用航站区建成投运。南通通州湾新出海口吕四"2+2"码头开港。建成内河航道56公里,万吨级以上泊位12个。建成普通国省道302公里。完成新改建农村公路2937公里,改造桥梁979座。

国际物流供应链保持稳定畅通。先后开通海安至越南河内、南京至荷兰蒂尔堡、南京至老挝万象等6条国际物流新通道,打造自贸区班列、徐工班列、跨境电商班列等特色班列,国际货运班列全年开行1800列,同比增长29%,进出口货值达到255.5亿元人民币,同比增长67.7%。全省港口累计完成外贸集装箱吞吐量786万标箱,同比增长12.6%;外贸吞吐量5亿吨,同比增长8%。运输结构调整成效凸显。太仓港疏港铁路专用线和南京港龙潭港区、徐州港顺堤河作业区铁路专用线

投入运营。累计开辟 94 条内河集装箱航线，完成内河集装箱运输量 91 万标箱、同比增长 41.9%。开通南京-大阪国际货邮航线和淮安机场首条国际全货运航线，全省高峰时运营 20 余条国际全货机航线、25 条"客改货"航线。完成机场货邮吞吐量 65.3 万吨。

江苏省企业"走出去"承接国际外包项目的步伐逐步加快，承接所涉及的领域也越来越多样，其中承接机场、港口、公路和铁路等建设的项目逐渐增多，对外投资和承接项目的领域逐渐扩展到矿产资源开发、新能源(太阳能、风能等)开发、房地产开发、农业项目开发、工业及生活垃圾发电、污水与污染处理、服装与印染行业、工业装备制造业等多个领域。

3. 国际服务外包承接地主要集中在苏南地区

江苏省在服务外包产业的发展方面一直处于全国领先地位，离岸业务执行额约占全国 1/4，约占长三角地区 1/2，连续 12 年居全国首位，对全国服务外包的发展起到重要支撑作用。但与区域经济发展不平衡相对应，江苏省在服务外包产业中也存在发展不平衡的现象，从南到北服务外包产业的发展呈现出下降趋势。苏南是发展较快且发展规模较大的地区。目前全国共有 31 个国家级服务外包示范城市，江苏省则有南京、无锡、苏州、南通、镇江五市为国家级示范城市，为全国示范城市最多的省份。2021 年，五市全部实现服务外包离岸执行额正增长，其中，南京市在 2021 年度中国服务外包示范城市评比中以 74.32 分的综合得分仅次于上海，排名全国第二。2021 年 1—9 月，南京市实现数字贸易总额 569.42 亿元，同比增长 18.87%。无锡市 2021 全年企业承接服务外包合同额达 168.4 亿美元，同比增长 16.3%，执行额达 119.2 亿美元，同比增长 8.6%，位列全国前列。苏州、南通、镇江在全国地级示范城市服务外包离岸执行额排名中同样位居前列。而江苏其余城市则占比较小，中部北部地区与苏南之间呈现出极大的发展不平衡。这种情况的发生一定程度上是由于苏南地区的制造业中外商直接投资金额总量较大、产业分布相对集中，经济基础较好，且交通方便、劳动力储备较丰富，为国际服务外包的发展奠定了坚实的基础。然而，苏北地区经济较为落后，缺乏相对完善的基础设施和人力资源。故而后面的发展中应不断完善苏北基础设施建设以及人才引进政策。

4. 数字化技术助推全省外包业务量质齐升

发展数字经济是把握新一轮科技革命和产业变革新机遇的战略选择。数字经济健康发展，有利于推动构建新发展格局，而数字经济的发展，离不开数字技术的支撑。在 2020 年，江苏省印发《关于推动服务外包加快转型升级的实施意见》，明确了推动服务外包转型升级的总体要求、目标任务和政策举措，并把"大力推进数字化转型升级"作为主要任务之一提出。同年，江苏离岸 ITO 业务执行额达 146.7 亿美元，占全省离岸外包执行额超一半，同比增长 13.3%。其中，以云计算、人工智能等为代表的新一代信息技术离岸业务执行额近 2 亿美元，同比增长 71.3%；离岸 KPO 业务执行额 104.5 亿美元，同比增长 12.0%，其中生物医药领域离岸执行额 24.8 亿美元，同比增长 20.1%。数字技术和工业生产交汇领域的工业设计离岸外包执行额 29.3 亿美元，同比增长 33.7%，年净增量近 8 亿美元；BPO 业务离岸执行额约占全省离岸外包执行额 10%，其内部业务结构呈调整升级趋势：以营销服务和呼叫中心服务为代表的相对低端的业务运营服务离岸执行额，占 BPO 业务总比重从 2019 年底的 80% 下降到 62.3%，而数字化程度和附加值更高的维修维护服务离岸执行额占比则从 13.6% 上升到 30.6%。

5. 投资结构持续优化,为服务外包行业发展提供宝贵机遇

随着经济体制深化改革和省内经济的不断发展,江苏省一二三产业呈现出以下特征:第一产业投资占比逐渐下降,第二产业投资占比在小幅度震荡减少,而第三产业的投资占比迅速上升。自党的十九大以来,江苏省进一步深入推进供给侧结构性改革,把发展先进制造业和现代服务业作为调结构、转方式、促升级的工作重点内容,优化全省的投资结构,努力推动省内经济实现高质量的增长。2021年,江苏省第一产业、第二产业、第三产业的投资结构已经整体呈现二三产业协调发展且第三产业占比逐步提高的良好态势。

服务外包行业在第三产业中属于新兴服务产业的代表,目前,全省投资结构不断优化,服务外包行业的发展迎来了新的宝贵的机遇。与以往相比,服务外包行业可以获得更多的发展资金和政策鼓励,这对于进一步扩大省内服务外包行业的发展规模,拓展服务外包行业涉及的行业领域,完善服务外包行业的产业结构,具有重要的意义。

6. 高新技术产业蓬勃发展,为服务外包发展奠定基础

在当今时代,高新技术产业是我国家具有先导性和战略性的重要产业,加快发展高新技术产业,对于推动产业转型升级,构建现代化产业格局具有重要意义。2021年,江苏省工业战略性新兴产业产值增速快于规模以上工业产值增速3.4个百分点,占规模以上工业产值比重达39.8%,较2020年提高3个百分点,其中新能源汽车、新能源、新材料等产业增长较快,同比增速分别高达43.4%、33.2%和33.1%。高技术制造业增加值增长17.1%,增速快于规模以上工业4.3百分点,占规上工业增加值比重达22.5%,其中规模最大、增长最快的是电子及通信设备制造业,全年实现营收19163亿元,增加值同比增速高达19.6%。2022年上半年虽然受到疫情冲击,但全省高新技术产业仍保持稳定发展,1—6月全省高新技术产业产值同比增长9.5%,而其中新能源产业产值同比增长43.7%。数字经济相关产业发展较快,电子专用材料、集成电路、半导体器件专用设备、智能车载设备细分行业产值同比分别增长60%、28%、23%、12%。

服务外包行业由于是以互联网信息技术作为支撑的新型服务行业,高新技术产业的为其发展奠定了坚实基础。省内高新技术产业的蓬勃发展为服务外包行业提供一定的技术和设备支持,也有利于发展处于外包价值链较高端的知识流程外包和商业流程外包,提高省内服务外包的业务水平和优化省内服务外包的业务结构,进一步提高江苏省服务外包行业的市场竞争力。

7. 教育科研事业的快速发展,为服务外包业发展提供智力支持

随着江苏省对教育投入的持续增加,教育质量不断提升,教育改革不断深入进行,根据第七次全国人口普查结果,全省15岁及以上人口的平均受教育年限由2010年的9.32年上升至10.21年,义务教育普及目标已经达成。2021年全省共有普通高等学校168所(含独立学院)。普通高等教育本专科招生数65.2万人,在校生数211.1万人,毕业生数52.4万人;研究生招生数9.5万人,同比增长5.7%;研究生在校生数27.2万人,同比增长11.4%;研究生毕业生数6.3万人,同比增长9.8%。全省中等职业教育在校生数64.1万人(不含技工学校)。同时,江苏各级政府依法加大对教育经费的投入,2021年全省地方教育总支出达2562.1亿元,同比增长6.5%。

同时,在科研方面投入力度不断加大。全省研究与试验发展(R&D)活动经费支出占地区生产总值比重达2.95%,研究与试验发展(R&D)人员92.4万人。全省拥有中国科学院和中国工程院院士118人。各类科学研究与技术开发机构中,政府部门属独立研究与开发机构达446个。建设

国家和省级重点实验室 186 个,省级以上科技公共服务平台 260 个,工程技术研究中心 4464 个,院士工作站 144 个,经国家认定的技术创新中心 2 家。

蓬勃发展的教育科研事业为省内经济发展提供了优质的人力资源与先进技术。服务外包行业作为以互联网技术为依托的新型服务行业,其具有科技含量高、国际化程度高与吸纳就业广的特性,教育科研事业的发展为其发展提供了强大的支撑。

（二）江苏省服务外包发展的环境分析

1. 国际环境

（1）疫情下全球服务外包产业机遇与风险并存

2020 年,新冠肺炎疫情的突袭对全球服务贸易造成了严重冲击,据世贸组织统计的数据显示,2020 年第二季度,全球服务贸易额同比下滑 30%,创 2008 年至 2009 年国际金融危机以来最大跌幅;2020 年第三季度全球服务贸易同比下降 24%,2020 年 11 月,全球服务贸易仍比 2019 年同期水平低 16%。印度和越南等服务外包国也受到一定程度的影响。许多国际大银行正从印度撤出自己的产能,这将对印度的外包业务带来重大危机,德尔塔变异病毒的蔓延使得越来越多的跨国业务流程外包公司从印度迁至菲律宾,"全民隔离"措施使得一些为全球客户提供服务的外包公司压力重重,20 万外包员工受疫情重创。据统计,因新冠肺炎疫情持续,越南商贸服务业受到严重冲击,占比较大的批发零售、仓储运输、住宿餐饮损失严重。

但从长期来看,疫情之下的相关封控措施和贸易中断改变了传统贸易形态,促使企业加快转向数字化运营,大大加速了服务贸易的数字化进程,为服务贸易结构调整和新兴服务贸易发展带来了新的机遇,催生了远程医疗、共享平台、协同办公等新业态新模式,拓展了全球服务贸易的发展空间。据 WTO 统计,疫情下由于全球对云计算、平台和虚拟工作场所的需求不断增长,全球计算机服务在 2020 年第三季度仍然增长了 9%。

（2）贸易保护主义抬头,世界经济复苏进程缓慢

2008 年的金融危机给全球经济带来了巨大的冲击,美国等发达国家相继出台量化宽松政策,世界经济在随后缓慢复苏。随着发达经济体经济逐渐恢复,世界经济也逐渐趋于稳定,但从整体来看,全球经济增长依然十分缓慢。当前,全球经济仍处于金融危机后的调整期,总体结构的调整有待加速。发达经济体经济复苏的同时开始出现分化,部分新兴经济体面临本国经济结构的艰难调整,经济增速放缓,全球经济前景不容乐观。

但近年来,以美国为首的一些发达国家为了自身利益,置全球经济发展于不顾,悍然发动了贸易战。自 2018 年美国对从中国进口的大型洗衣机和光伏产品分别征收最高税率达 30% 和 50% 的关税以来,中美贸易摩擦不断,后面虽然偶有谈判,但基本没有取得实质性进展。中美贸易摩擦将给世界经济带来负面影响。首先,全球经济活动不确定增强,受贸易战影响,全球货物贸易增速大幅下降,投资需求萎缩。其次,贸易谈判影响大宗商品价格,贸易谈判恶化的悲观预期会导致全球大宗商品价格下降。随着制造业"服务化"趋势的上升,服务贸易也将会受到极大的影响。

（3）发达国家人口老龄化日趋严重,外包机会增多

由于疫情的影响,原定 2021 年发布的联合国《世界人口展望》于 2022 年 7 月发布。据《世界人口展望 2022》报告显示,世界人口预计将于 2022 年 11 月后突破 80 亿。发展中国家的人口占据世

界人口的绝大部多数。其中,中国和印度依旧是全球人口最多的两个国家,分别占全球人口总数约17.9％和17.6％,预计2023年印度人口将超过中国成为世界第一人口大国。由于世界人均寿命延长和生育观念改变等原因,今后几十年全球人口老龄化程度将更加严重。据联合国预计,到2037年,世界人口总数将达到90亿,到2058年,全球人口将达到100亿,但全球人口增长将越来越低。近几十年来,世界各地的生育率都在迅速下降。1950年,女性平均生育5次左右,而现在的生育率下降了一半以上。2021年,平均每名妇女生育约2.3个孩子。在很多发达国家,低生育率的情况已经持续几十年且没有明显回升。根据联合国报告,低生育率国家的人口已占到全球三分之二(欧洲、北美、东亚)。而在一些高收入国家,如韩国、日本、西班牙或意大利,妇女生育率低至1.3,远低于2.1的水准线。生育率持续下降和预期寿命的不断提高,会使人口结构的金字塔倒挂,必然使老龄化问题加剧。报告预计,全球65岁及以上人口的比例将从2022年的10％上升到2050年的16％,到本世纪末2100年,65岁以上人口将占总人口的24％。欧洲和北美的发达国家面临严重的老龄化问题,据联合国预计,在2022年,欧洲和北美65岁以上的老年人数量占比达将达到18.7％,远高于世界平均水平9.7％,而这一数字在2050年将达到26.9％,由此可见,发达国家老龄化的问题将越来越严重。发达国家劳动力市场的人口结构失衡问题必然会对其承接离岸服务外包造成一定阻碍,而拥有比较充足的青壮年劳动力资源的我国则有更多机会承接离岸服务外包业务,进一步优化国内产业结构。

(4)新一代信息技术为外包发展提供技术支撑

在当今社会信息技术扮演着重要的角色,信息技术产业成为当代世界经济增长的新动力。世界上众多国家尤其是发达国家都把信息技术产业作为重点发展的战略性产业部门,使得自己在全球经济中继续保持领先地位。近十年来,以移动互联网、社交网络、云计算和大数据为特征的第三代信息技术蓬勃发展,为服务外包的发展提供新动力。未来信息技术发展的趋势之一是实现物与物、物与人、物与计算机的交互联系,将互联网拓展到物端,通过泛在网络形成人、机、物三元的完美融合,从而实现万物互联。近几年,第五代移动通信技术(5G)的诞生和推广在全球范围内引起了广泛关注,中国的科技实力得到了国际社会的广泛认可,也成为通信业、社会大众以及学术界探讨的热点话题。5G网络的主要优势在于,数据传输速率远远高于以往的蜂窝网络,最高可达10Gbit/s,比当前的有线互联网都要快,比先前的4GLTE蜂窝网络要快100倍。另一个优点则是响应时间更快。到2030年,第六代移动通信技术(6G)将会面世,研究表明,6G网络的数据传输能力将比5G提升100倍。数据传输的大幅增速将使世界范围内的信息交流变得更加便利,也将为江苏省承接国际服务外包提供有力的技术支持,行业的工作效率也会因此得到有效提高,有利于服务外包行业在全球范围内的进一步发展。

(5)离岸接包市场的国际竞争加剧

从发包市场看,全球服务外包的发包方主要集中在美国、西欧和日本,而接包方分布于世界五大洲,其中以中国、印度为代表的新兴经济体是国际服务外包市场上的主要接包国。全球离岸接包市场竞争较为激烈,印度、爱尔兰、加拿大和中国组成了软件接包国家的第一梯队,合计市场占有率约为67％;菲律宾、墨西哥和俄罗斯组成了第二梯队,合计市场占有率约为13％;澳大利亚、新西兰和马来西亚等国家组成了第三梯队,合计市场占有率约为8％。而从发展趋势看,外包客户不再将业务流程一揽子托管给某个单一的供应商,而是有选择地将它们分别外包给特定的承包商,从前由几个外包服务提供商垄断市场的局面已开始动摇,更多的中小型外包供应商将走上舞台,将导致外包市场的竞争更加激烈。

2021年4月,国际管理咨询公司科尔尼发布 2021 年全球离岸服务目的地指数(GSLI)。科尔尼以国家作为单位,分别从金融吸引力、劳动力人口技能水平及可获得性、综合营商环境和数字化能力这四大维度出发,对全球离岸服务目的地进行排名。中国排名第二,仅次于印度。在新增的"数字化能力"这一新维度上,中国取得了第七名的好成绩。从过去三年的创业企业活动和投资情况来看,全球逐渐形成五大数字化中心,中国是其中之一。

离岸外包由于是全球化的竞争,虽然竞争的主体是企业,但国家的整体竞争力至关重要。很多发包商往往先考虑目的地国家,再考虑目标企业。由于劳动力相对低成本,发展中国家在全球竞争中具有一定的比较优势。与发达国家相比,中国企业承接服务外包企业的国际化程度较低,全球化运营能力还不够强,因而承接离岸外包的能力较弱,国际市场开拓相对困难。与信息技术水平较高的印度等国相比,中国企业的国际化水平和技术水平还有一定差距。虽然中国正在逐渐丧失劳动力低成本优势,但是中国仍有一定的区位接包优势。中日韩三国因为同属"东亚文化圈",有着相对深厚的历史渊源,同时兼具地理相近、文化相通等优势。因此,即使中日韩关系因为政治因素降温,但中国仍然是日本韩国的服务外包产业的发包首选。事实上,在日本的软件外包产业中,60%以上的离岸服务外包业务由中国企业进行承接。当前,印度、俄罗斯、韩国、菲律宾、新加坡和泰国等新兴经济体均在一定程度上放松了对服务业的管制,纷纷采取措施为承接国际服务外包创造有利的国内发展条件。同时,美国、德国以及其他发达国家凭借其资金、技术、人才、管理和地理交通等各方面的优势,也积极参与到承接国际服务外包业务的竞争中来,服务外包市场竞争更加激烈。

(6)"一带一路"倡议为发展服务外包带来新契机

从"一带一路"倡议提出以来,我国与沿线国家服务贸易规模由小到大、稳步发展,占服务贸易总额的比重日益提升。到 2021 年9月,我国已与 22 个国家建立了服务贸易合作机制。服务外包、文化贸易、中医药服务贸易等是商务部推动服务贸易高质量发展的主要抓手。目前,中国已经与沿线国家达成了一系列国际共识,签署了一揽子合作协议,正在稳步推进"一带一路"倡议的实施,从而促进中国与沿线各国经济合作与发展以及区域稳定和繁荣。其主要内容有:加强贸易投资合作,促进国际贸易繁荣;以交通基础设施为突破,优先部署中国同邻国的铁路、公路项目;搭建融资平台,打破互联互通的瓶颈,建立亚洲基础设施投资银行,同时中国还将出资 400 亿美元成立丝路基金。

近年来,在"一带一路"倡议的引领下,沿线国家市场逐步开放,离岸外包市场需求规模快速扩大,我国服务外包发展迎来了新的机遇。自 2013 年以来,中国承接"一带一路"沿线国家服务外包业务规模增长一倍以上,占中国国际服务外包业务比重由 15.9% 提升至 19.0%。2021 年我国承接"一带一路"沿线国家离岸服务外包合同额 1691 亿元,执行额 1241 亿元,同比分别增长 28.2% 和25.2%。随着服务外包规模的扩大,在未来将会形成由发达国家与新兴市场组成的多元服务外包市场。

2. 国内环境

(1)疫情对国内服务外包产业造成一定冲击

2020 年的疫情打乱了中国服务外包产业的常规节奏,企业复工复产延期,既有的工作计划和业务安排不得不延迟。首先,为防止疫情蔓延,延迟复工、居家隔离、旅行限制等措施持续实施,春节后已有合同业务受到不小的影响。据 2020 年 1 月针对服务外包产业的调查问卷显示,只有少数企业及时上下远程办公系统,多数企业普遍反映难以按时履约。其次,疫情扩散打乱了服务外包业务的拓展计划。由于受疫情影响,多数企业不能像往常一样开拓市场与业务,国内疫情错期发展也造成严重的负面冲击。在党中央集统筹安排下,全国众志成城,经过不懈努力,有效控制了国内新发病例增长。虽然国内疫情防控形势持续向好,生产生活秩序加快恢复的态势不断巩固和拓展,但境外疫情扩散蔓延并且对世界经济产生不利影响,给中国疫情防控和经济发展带来严峻挑战。

中国服务外包产业在经历十余年高速扩张后,"十三五"期间增速趋于下降,但年均增速依然保持在 10% 以上。在全球经济增长放缓、保护主义抬头等因素的影响下,再加上疫情的冲击,2020 年初中国服务外包产业发展首次出现下滑。据商务部统计,2020 年第一季度,中国企业承接服务外包合同额 2373 亿元,执行额 1610.4 亿元,同比分别下降 18% 和 10.6%。其中,承接离岸服务外包合同额 1478.9 亿元,执行额 991.2 亿元,同比分别下降 17.9% 和 6.7%;以美元计算,离岸服务外包合同额 215.8 亿美元,执行额 145.3 亿美元,同比分别下降 19.9% 和 7.6%。

(2)疫情助力服务外包产业数字化转型

服务外包是数字服务的典型业态,具有数字化水平高和国际化水平高的重要特征,在疫情影响下展现出较强的韧性和活力。受疫情影响,传统的生产生活及社会运转遭受严峻挑战,以数字科技为基础的新业态、新模式充分发挥零接触、跨时空、敏捷性、普惠性的优势,在疫情防控、复工复产、便利生活等方方面面产生显著作用。远程医疗、在线教育、共享平台、协同办公、跨境电商等服务广泛应用,数字化、智能化发展在市场监测、公共服务、社会治理等经济社会领域的重要功能和作用进一步彰显。随着国内疫情防控工作取得重大实效,复工复产步伐加快,客观上为中国服务外包产业加快复苏赢得先机。

2021 年,我国服务外包产业继续保持较快增长,全年承接离岸服务外包合同额首次突破一万亿元人民币,实现"十四五"良好开局。2021 年,我国企业承接服务外包合同额 21341 亿元,执行额 14972 亿元,同比分别增长 25.4% 和 23.6%。其中,承接离岸服务外包合同额首次突破一万亿元,达到 11295 亿元,执行额 8600 亿元,同比分别增长 16.0% 和 17.8%;以美元计算,2021 年承接服务外包合同额 3224 亿美元,执行额 2265 亿美元,同比分别增长 30.9% 和 29.2%,其中,承接离岸服务外包合同额 1717 亿美元,执行额 1303 亿美元,同比分别增长 22.3% 和 23.2%。

中国服务外包产业取得这样的成绩与持续推进数字化转型升级密不可分。从业务结构看,我国企业承接离岸信息技术外包(ITO)、业务流程外包(BPO)和知识流程外包(KPO)执行额分别为 3631 亿元、1308 亿元和 3661 亿元,同比分别增长 13.3%、11.1% 和 25.3%。其中,管理咨询服务、工程机械维修维护服务、新能源技术研发服务、电子商务平台服务、信息技术解决方案服务、工业设计服务、医药和生物技术研发服务等离岸服务外包业务增速较快,同比分别增长 141.8%、93.9%、90.4%、43.3%、41.2%、37.7% 和 24.7%;从区域布局看,全国 37 个服务外包示范城市总计承接离岸服务外包合同额 9591 亿元,执行额 7336 亿元,分别占全国总额的 84.9% 和 85.3%。长三角地区承接离岸服务外包合同额 5100 亿元,执行额 4022 亿元,分别占全国总额的 46.0% 和 46.8%;从国际市场看,我国承接美国、中国香港、欧盟离岸服务外包执行额分别为 1994 亿、1456 亿元和 1154 亿元,合计占我国离岸服务外包执行额的 53.5%,同比分别增长 28.6%、21.5% 和 18.6%。

（3）人口红利逐渐丧失，成本优势不再突显

中国作为世界人口大国，劳动力资源十分丰富，劳动力成本相对经济较为发达的国家而言处于较低水平。正是在人口红利的支持下，廉价而丰富的劳动力资源为我国经济的高速发展贡献了不容忽视的重要力量。人口红利为我国带来了 40 年的经济腾飞，让我国成为制造业和贸易第一大国。然而，随着我国经济发展水平的不断提高，生活成本的逐渐上升和文化教育的广泛普及，我国职工的工资水平也随之上升，企业的劳动力成本较以往大幅提高，成本优势逐渐式微。与此同时，我国人民币经历了持续多年的升值过程，这些因素使得我国劳动力的平均成本较以往大幅上升，在国际社会上的人口红利优势逐渐消失。事实上，不少原本在中国设立工厂的外国劳动力密集型企业，甚至本国的一些劳动力密集型企业为了节约劳动力成本，开始将战略目光转向经济发展水平较低、劳动力成本较低的东南亚地区。

虽然中国目前全面放开三胎政策，但政策发挥作用需要较长的时间。中国经济将会逐渐丧失人口红利和廉价劳动力优势，因此中国经济发展过程将从依赖低端产业往依靠高端产业转变，而高端产业依靠的是科学技术人才。未来中国经济将主要依靠高端产业，特别是科技创新产业。目前江苏省服务外包企业的业务—劳动密集型的低端服务外包为主，劳动力成本的增加必然会降低竞争优势。

（4）丰裕的人才储备为服务外包升级奠定基础

随着中国义务教育的全国普及和高等教育的不断发展，2021 年九年义务教育巩固率为95.4%，比上年提高 0.2 个百分点。同时，高等教育的毛入学率达到了 57.8%，即将由高等教育大众化阶段进入普及化阶段，大学毕业生人数呈现逐年增加的趋势，而持续增长的高校毕业生将为服务外包产业的发展提供了充足的基础人才支撑。随着国内经济的不断发展，人们的可支配收入不断增加，越来越多的经济能力允许的学生选择出国留学，而这些留学归来的学生绝大多数选择回国择业，这些同时具备语言和技能优势的国际化人才具备从事服务外包行业的独特优势。随着中国在世界舞台上的崛起，归国的留学人员数量大幅增长。2008—2012 年间，出国与回国的人数分别为 140 万和 80 万，短短 5 年里的回国人数就是前 30 年总和的约 2.5 倍。与此同时，国内经济的繁荣吸引了一些长期移居海外的华人回国发展，这些在欧美等发达国家已经站稳脚跟，甚至成功创办自己公司的优秀华人不仅拥有拓展国内外市场所需要的技能、人脉和国际交流能力，还为我国带来了丰裕的外商直接投资，给中国企业带来了宝贵的知识资本和管理经验。

二、江苏省服务外包业发展存在的问题

（一）服务外包规模不断扩大，但发展速度逐渐放缓

江苏省的服务外包产业起步于 2007 年，由于国良好的国内经济环境省级政策的大力支持，省内服务外包行业迅速发展，多个指标领跑全国。2008 年全球金融危机爆发后，江苏省服务外包行业依旧维持着高速发展的利好态势，且 2008 年江苏省全年服务外包合同额首次突破了 10 亿美元，达到 24.42 亿美元。之后的 2009 年、2010 年服务外包合同额同比增长率均维持在 30% 以上。在2021 年江苏省全年服务外包执行额已达到 531.4 亿美元。

虽然规模和领域都在持续扩大,但近几年江苏服务外包业的发展速度有所放缓。以服务外包离岸执行额为例,在 2007 年为 2.6 亿美元,此后快速增长,在 2021 年就已达 301.8 亿美元,从 2007 年到 2021 年江苏服务外包实现了突破式增长,外包的规模不断扩大,这也说明江苏服务外包能力有了大幅提升。近几年,虽然江苏服务外包的规模仍呈现逐年增长的态势,但增速却在持续下降,2013 年之前,江苏省服务外包增速始终保持在 30% 以上,而从 2014 年开始,江苏省服务外包业的发展增速一直处于 30% 以下且呈现继续下降的基本态势。究其原因,一方面,由于江苏省服务外包规模不断扩大,使服务外包离岸执行额的基数在不断扩大,江苏省服务外包增长的剩余空间相对缩小,进而导致增速相对下降;另一方面,也与世界整体经济疲软,政局动荡的现状有关,当前经济仍处复苏阶段,再加上欧债危机,英国脱欧,美国发起贸易战以及疫情带来的负面影响等因素使得世界发展的前景并不明朗。发达国家出于国内经济发展、促进就业等考虑,与以往相比发包并不积极,同时,来自国内其他地区强有力的服务外包竞争者以及其他发展中国家接包的低成本优势,也不同程度上分割了国际外包市场的份额。综上,在这些因素的共同作用下,江苏省服务外包的增速逐渐下滑。

（二）外包结构不断优化,但业务总体竞争力较弱

经过多年发展,江苏省服务外包产业不但在总量上取得了迅猛发展,而且服务外包业务的质量也在稳定提升,承接服务外包的业务结构不断优化,信息技术外包(ITO)、知识流程外包(KPO)、商业流程外包(BPO)的离岸合同执行额一直维持着稳定上升的状况,ITO、BPO 发展状况良好。江苏省作为全国服务外包发展较快的一个省份,其发展结构、发展速度紧跟国家的脚步,也更加注重知识流程外包和商业流程外包这类高附加值的服务外包模式的开发与发展。但从产业结构来看,江苏服务外包整体竞争力较弱,产业分工多处于价值链中低端,高端的商业流程外包(BPO)和信息技术外包(ITO)占比一直较低。长期以来,这种产业结构很可能发展成为服务外包业的低附加值"来料加工"模式,最终导致江苏在国际服务外包市场中处于被动地位,承接服务外包能力降低。而且,江苏服务外包企业大多规模较小,难以形成规模优势。2021 年,江苏省服务外包企业约 1.7 万家,其中年度执行额超 1000 万美元的外包企业达 1300 家,共吸纳就业 250 万人。虽然发展势头良好,但大部分服务外包企业都是不超过 100 人的小规模企业,规模超过 2000 人的服务外包企业寥寥无几,很难形成规模效益。这在一定程度上限制了江苏承接服务的水平和竞争力。

（三）外包产业主要集中在苏南地区,区域发展不均衡

迄今为止,江苏省已经拥有五个国家级别的服务外包示范城市,分别为南京、苏州、无锡、南通、镇江。五个示范城市以南京、苏州为首,带动全省服务外包业发展,形成产业集聚。但江苏省服务外包行业存在着较为明显的区域发展不平衡。从苏南到苏中、苏北,全省服务外包业水平呈现逐渐下降的显著趋势。苏南地区服务外包业发展十分迅速,苏南五市中的南京、苏州、无锡、镇江就占据了江苏省五个国家级服务外包城市中的四个名额。其中,南京市服务外包总额常年位居全国首位,苏州市也是位居全国前列。仅剩的外包示范城市南通位于苏中,而苏中也只有南通的服务外包业处于较好状态,其余城市的服务外包发展仍处于较低水平。而就苏北的服务外包业整体发展水平来看,远远低于苏南地区。

（四）外包业务市场国过于集中，"一带一路"市场开拓不足

"一带一路"相关政策的持续推进，进一步拓宽了我国发展服务外包市场的道路。2021 年，省内承接"一带一路"沿线国家和地区的离岸业务执行额达 42.7 亿美元，同比增长 14.8%，占全省离岸业务执行额比重达 16.1%，取得了优异的成绩，"一带一路"沿线国家和地区外包业务市场的开拓为江苏省服务外包市场多元化发展奠定了良好的基础。但长期以来，江苏省离岸外包业务的发包国以欧美国家为主。在 2021 年，美国、欧盟、日本、韩国等仍为江苏省离岸外包主要市场，占比达八成。其中美国依旧为江苏省最大离岸业务发包国，由此可见，江苏服务外包的发包国家过于集中，因而省内外包业务发展就容易受这些国家政治经济环境变化的影响，这也是近几年江苏省服务外包业务增长速度有所下滑的重要原因之一。因此，江苏省在努力维护已有的主要欧美外包市场的前提下，还要进一步加大对"一带一路"国家服务外包市场的开拓，努力形成服务外包市场多元化发展的新格局。

（五）缺乏承接国际服务外包的高素质专业人才

服务外包业由于是知识密集型产业，对劳动力的教育水平、知识和创新等方面有着较高要求，因此高素质人才对整个产业的发展起着不可估量作用。而服务业、服务外包业的快速发展，也有效促进了劳动力水平的提升，两者之间是相辅相成的关系。虽然江苏作为全国知名的教育大省，拥有的高等院校数量排名全国第一，从理论上来看，理应具有比较充足的高质量人才储备，但是事实上，省内服务外包行业的人才结构失衡，缺乏擅长外语和具备实质实践操作能力的复合型人才。大部分从业人员由于知识能力限制，只能从事中低层次的非核心软件外包业务，严重制约了服务外包产业的整体发展。

（六）承接国际服务外包的企业融资困难

江苏省服务外包企业中小企业占绝大多数，由于规模较小，有效抵押资产较少，使得这些企业融资渠道单一，内源融资是其主要的融资方式。服务外包企业的融资现状如下：第一，融资渠道单一。由于证券市场门槛高，创业投资体制不健全，中小型服务外包企业难以通过资本市场公开筹集资金券的发行又受到政府的严格控制，造成了中小服务外包企业难以通过资本市场筹集到资金，内部融资成为中小型服务外包企业在创业阶段融资的主要来源。第二，信息不对称，银企对接效率低。银行与企业间存在信息不对称，银行在选择贷款对象时会关注两个指标，一是获得企业信息状况的难易程度，二是掌握企业信息量的多少。目前，江苏服务外包企业多属中小型企业，资信水平较低，从而使得银行对中小型服务外包企业的信贷投入明显偏少。第三，缺乏为中小服务外包企业贷款提供担保的信用体系及法律。就服务外包企业而言，企业价值主要集中在人力资本、知识产权等无形资产方面，而注册资本、固定资产相对较少，从而使得服务外包企业在企业注册资本规模、有效抵押资产等方面难以达到商业银行目前通行的放贷标准，难以获得信贷支持。同时，我国对中小企业的发展缺乏完善的法律、法规的支持和保障法律对银行债权的保护能力低，也加剧了金融机构的"恐贷"心理。第四，我国银行业金融创新滞后，缺乏符合服务外包企业需求特点的信贷创新产品。银行业现有的信贷产品是在过去几十年制造业发展中逐步建立起来的，目前尚缺少适用于服务外包这种新兴业态的信贷产品。服务外包企业大多以应收账款的方式来与发包方签订合同，能

否以应收账款抵押的方式进行贷款是银行业亟待解决的一个问题。

（七）外包知识产权保护意识不强，相关法规有待完善

2008 年 6 月，《国家知识产权战略》正式颁布，随后全国部分省市也根据本地区产业特点出台了符合本区域服务外包发展的知识产权战略纲要及规划，逐步推进对知识产权等领域的相关立法工作。2009 年 9 月，中国第一部以立法形式对外包知识产权进行规范的法规《杭州市服务外包知识产权保护若干规定》，在浙江省正式出台。江苏省于 2011 年 9 月成立了南京国际外包知识产权服务工作站。尽管全国各地纷纷出台多部法律法规，并已取得一定成效，但商业机密和核心技术泄露等问题在全国服务外包行业中依然存在。在江苏，一些外包企业不注意保护发包方的产权，产权保护意识淡薄，甚至言而无信，不遵守合同约定引发纠纷。这主要归因于服务外包产权保护的具体的章程和实施细则还不健全，现存的制度没有根据外包行业的供需特征制定，外包知识产权的生态环境还不成熟，在知识产权归属、知识产权保护、信息和机密安全等领域还存在较大的制度漏洞，法律制度亟待完善，直接影响了江苏服务外包业的持续健康发展。

三、江苏省发展服务外包业的对策建议

近几年，新冠疫情以及贸易战带来的投资环境的不确定性，使得国际贸易和投资的发展前景不容乐观，服务外包逐渐成为当前跨国投资领域的新趋势，数字经济的发展也为服务外包产业发展提供了新的方向，这是当前江苏省经济发展中一个难得的机遇。而抓住这个机遇，需要江苏省政府充分重视服务外包行业的发展，从实际出发来制定相关的政策，为省内服务外包行业的发展指引方向，保驾护航，对此应当做到以下几点：

（一）加快推动服务外包产业数字化转型

以大数据、互联网、物联网、云计算、人工智能、5G 通信技术等为引领的数字经济快速发展不断引发产业变革，加速催生各种新业态和新模式，推动传统产业数字化转型的步伐，为服务外包产业向数字化、智能化、高端化、融合化转型拓展了新空间。顺应数字变革潮流大势，以服务外包数字化转型为主要抓手，着力建设一批数字服务出口基地，大力培育以数字技术为支撑、以高端服务为先导的"服务＋"新业态、新模式，引领新形势下服务外包转型发展方向，把握参与全球数字经济合作竞争主动权。

江苏省数字经济发展迅猛。截至 2021 年底，全省数字经济规模超 5.1 万亿元，位居全国第二，占全国的 11.8%，数字经济核心产业增加值占 GDP 比重达 10.6%，电子信息制造业、软件和信息技术服务业以及电信业收入分别达到 3.56 万亿元、1.15 万亿元和 1135.51 亿元，规模位居全国前列。江苏应该充分利用在 5G 等数字科技领域的领先优势，大力发展众包、云外包、平台分包等新模式，加快信息技术外包企业和知识流程外包企业向数字服务提供商转型，培育壮大服务外包发展新动能。抢抓工业互联网掀起的数字经济发展新机遇，培育一批信息技术外包和制造业融合发展的示范企业，培育一批数字化制造外包平台，发展服务型制造等新业态，使得服务外包成为建设江苏经济的重要力量。

（二）加强服务外包人才培养，引进优秀专业人才

服务外包行业所特有的跨国、品种多样以及更新速度快的特点，使得服务外包行业对人才的要求也越来越高，服务外包人才的培养和积累对于促进服务外包发展起着重要的基础支撑作用。尽管江苏省一直致力于培养新型人才，增添相关的培训机构单位和聘用相关的专业人才教学，但是当前省内服务外包行业的人才结构依然不尽合理，尤其是中高端从业人才和复合型人才相对匮乏。针对此种情况，特提出以下建议：

首先，江苏省政府和相关教育部门应当加大对服务外包人员教育培训的支持力度。其中，各大高校也应当为相关专业的在校大学生进行服务外包有关的培训交流，支持高校以人才需求为导向，调整和优化服务外包专业教学和人才结构，依照服务外包人才相关标准有的放矢地组织实施相应的教学活动，进行课程体系设置改革试点，鼓励高校和企业创新合作模式，积极开展互动式人才培养，共建实践教育基地，加强高校教师与企业资深工程师的双向交流，形成江苏省服务外包人才定制化培养新格局。其次，构建"金字塔"式的服务外包人才体系，在985、211院校增设服务外包相关专业，并且提高企业研发人才比例和企业系统设计研发、整体解决方案等高端产业链和价值链的能力，建设创新创业型和实用技能型相结合的人才培训基地，采取多重有效的培训模式，诸如岗前培训、委托培训、定制培训等，充分发挥各地服务外包人才培训基地、培训学院等诸多平台的优势和作用。支持江苏50家左右服务外包培训机构，开展大学生岗前培训。重点培育20家服务外包培训机构，开展具有国际认可资质的服务外包中高端人才培训。最后，省政府有关部门应该制定出相应的优秀人才引进政策，加大服务外包行业的宣传力度，加速引进其他地区高质量的高端服务外包人才和来自其他国家具有国际服务外包从业经验的人才，吸引鼓励海外留学人员回国，从而为服务外包产业带来更多优秀人才。

（三）解决企业融资问题，加快服务外包企业发展步伐

为服务外包企业解决束缚其发展的融资问题，将会极大地促进服务外包企业发展。为此提出以下促进融资的建议：第一，多渠道拓展服务外包企业的融资渠道。支持符合条件的服务外包企业境内外上市。首先，积极推进多层次资本市场建设，为符合条件的服务外包企业特别是具有自主创新能力的服务外包企业提供融资平台。同时，要加大对服务外包企业的上市辅导力度，力争支持一批有实力、发展前景好、就业能力强的服务外包企业在国外资本市场上市融资。其次，积极通过各类债权融资产品和手段支持服务外包企业。鼓励现有符合条件的服务外包企业充分运用短期融资券、中期票据和公司债、可转换债券等直接融资工具满足企业经营发展的资金需求，探索发行服务外包中小企业集合债券。最后，支持各类社会资金通过参控股或债权等投资方式支持服务外包企业发展。第二，搭建长效融资平台，提高服务外包企业的资信水平，提高其信贷配置效率。首先，我国需要探索推动适合服务外包产业业态的多种信用增级形式，提升服务外包企业的资信水平。发挥政府、中介机构及服务外包企业等多方面的积极性，充分运用行业协会牵头、服务外包信用共同体和企业间联保互保等多层次的外部信用增级手段。其次，可以利用互联网搭建银企信息对接系统。企业通过系统及时销售、利润、信贷需求等情况，金融机构利用该平台介绍信贷政策、产品种类及操作流程等，从而可以提高企业对金融信贷的了解度，增强金融机构对服务外包企业的"关注

力",强化信贷配置效率。第三,加强金融产品创新,积极发展符合服务外包产业需求特点的信贷创新产品银行业应在现有保理、票据贴现等贸易融资工具的基础上,通过动态监测、循环授信、封闭管理等具体方式,开发应收账款抵押质押、订单贷款等基于产业链的融资创新产品,研究推动包括专有知识技术、许可专利及版权在内的无形资产质押贷款业务。

（四）发挥产业集聚效应和学习效应,促进区域之间协调发展

南京和苏州作为江苏省服务外包园区的中心,形成了较好的服务外包行业的产业集聚。南京和苏州由于工业产业等配套较为齐全,因而处于产业链高端,知识产权保护等法律意识也较为强烈。从全省发展情况来看,相关管理部门可以借助苏南产业链的力量,发挥产业集聚效应,通过园区合作来实现园区间的二包、三包,这样既能带动苏中、苏北落后园区的发展,也使得较为先进的园区能够专注于高端外包业务。同时,政府方面也可以出台相关的帮扶政策,加强园区间的交流与学习,让发展水平较好的园区来帮助落后地区的园区建设,让落后园区学习先进园区的生产管理经验,从而带动苏中、苏北地区服务外包业的发展。

此外,不同区域的服务外包企业应积极探索,结合自身条件和特色,充分发挥各自的比较优势,积极拓展服务外包业务。首先,苏中、苏北地区应认真总结苏州、无锡、南京服务外包发展的经验,从中找到适合自身发展的路子。其次,鼓励苏中、苏北地区积极举办各种形式的专题招商活动或者在外国设立代表处,宣传投资环境,提高知名度。最后,各地采取差别化策略。江苏各个城市在发展服务外包的时候应采取差异化、专业化的发展道路,发挥区域优势,形成特色鲜明的产业,推动各区域服务外包协调发展。

（五）加强科技研发投入,充分利用技术溢出效应

江苏省服务外包行业发展水平的整体提高离不开技术水平的整体提高。政府应鼓励服务外包企业通过自主创新从"中国制造"到"中国创造"转变。政府可以通过设立消化吸收专项基金等方式推动企业做好引进与消化、吸收、创新、再出口工作,鼓励和支持服务外包企业依靠自主创新实现转型升级,建立对自主创新企业的金融扶持政策,建立税收优惠政策,鼓励有能力的企业积极上市获得创新资本,还应当建立多重融资渠道,保障研发项目有持续的资金投入,通过资本市场的进入为自主创新能力提供必要的财力支持。同时,企业应当加强创新文化建设,重视创新意识培养。建立符合科学发展规律的创新意识,营造宽松自由的创新环境,强化创新意识的培养,加强企业创新文化的积淀与传承。

通常来说,服务外包的发包方与接包方相比具有较为先进的管理经验和技术水平,通过加大与发包方的合作,可以更有效地促进发包方的技术溢出,从而推动服务外包的发展。因此,省内服务外包的接包企业应当与发包企业建立长期信任的合作机制。此外,省政府还可以通过积极政策措施来吸引跨国公司研发中心进驻江苏,提高省内服务外包行业整体的技术水平。

（六）加大知识产权的保护力度,打造江苏服务外包品牌

1. 加大知识产权保护力度

在以往江苏的服务外包"走出去"的过程中,更多的是作为接包方承接发达国家的外包业务,其

中信息安全是对方选择承包方的一个重要标准。随着"一带一路"倡议的深入,江苏同"一带一路"沿线国家和地区在服务外包方面的合作逐步加深。江苏不仅仅继续作为接包方,还更多地作为发包方与对方开展国际间的合作,而"一带一路"沿线不乏经济发展较落后、法律法规不健全的国家和地区,这就要求江苏省政府必须加快研究相关知识产权关系,出台相应的法律法规,为企业开展服务外包国际间合作进一步保驾护航。为此提出以下建议:

首先,在全社会中塑造尊重知识产权的氛围,增强全民知识产权保护意识。其次,完善知识产权保护相关法律法规体系。省内各地应该积极宣传《专利法》《著作权法》《商标法》等法律法规,服务外包企业应学习相关法律法规并建立完善的知识产权管理与保密制度,政府应鼓励企业申请知识产权,帮助企业规避知识产权风险。最后,加大对侵权行为的打击力度。强化知识产权保护工作,建立知识产权举报投诉服务点,受理服务外包知识产权侵权的举报投诉,依法打击各类侵犯知识产权的违法行为,为服务外包企业创造良好的经营环境。

2. 打造江苏服务外包品牌

在当今时代,大部分服务外包企业只是被动地承接业务,而没有从战略的角度考虑树立自身品牌。但从长远来看,这是非常必要和紧迫的。首先,江苏外包企业没有充分借助外部资源建立接包企业、省内高校和科研院所的发展联盟,使大学与科研机构的创新研发资源和企业的经营管理资源没有形成优势互补、实现研发链和产业链的有机结合,进而建立企业自主创新发展体系,从而企业在参与国际服务外包业务竞争时的实力不强。其次,要提高服务外包企业的竞争力,政府需要制定相关政策以支持具有发展潜力的服务外包企业发展,鼓励服务外包企业通过资产重组、收购、兼并和境内外上市以扩大企业规模,打造出一批有影响力的区域性服务外包龙头企业,造就江苏自己的服务外包品牌,扩大在国际服务外包市场中的竞争力。

参考文献

[1] 江苏省统计局.江苏统计年鉴 2021[EB/OL].江苏省统计局网站,2021.

[2] 江苏省统计局,国家统计局江苏调查总队.2021 年江苏省国民经济和社会发展统计公报[J].统计科学与实践,2022(03):24-30.

[3] 董小君,郭晓婧.后疫情时代全球服务业的演变趋势及中国的应对策略[J].改革与战略,2021,37(02):58-64.DOI:10.16331/j.cnki.issn1002-736x.2021.02.008.

[4] 武红阵.江苏服务外包产业转型升级策略研究[J].唯实(现代管理),2018(06):17-21.

[5] 狄昌娅,徐颖.新常态下江苏服务外包发展现状与影响因素研究[J].知识经济,2018(13):35-36.DOI:10.15880/j.cnki.zsjj.2018.13.017.

[6] 文瑞.中国服务外包产业发展的现状、困境与对策[J].区域经济评论,2021(05):115-121.DOI:10.14017/j.cnki.2095-5766.2021.0092.

[7] 李西林.中国服务外包产业转型升级方向、路径和举措[J].国际贸易,2017(09):9-14.DOI:10.14114/j.cnki.itrade.2017.09.003.

第三章 江苏省文化旅游业发展报告

2021年是中国共产党成立100周年,是"十四五"开局之年,也是江苏省文旅产业开启高质量发展新征程。随着省内疫情形势好转,省内旅游市场有序恢复,省内游客人数和省内旅游收入不断增加。在这一年里,《江苏省"十四五"文化和旅游发展规划》和《江苏省"十四五"文物事业发展规划》也相继出炉,助力谱写"强富美高"新江苏现代化建设新篇章。

一、江苏省文化旅游业发展现状分析

(一)文化旅游业发展的新要求

在功能定位上,旅游业将更加深入和广泛地融入国家发展战略。规划明确指出,"十四五"时期我国将全面进入大众旅游时代,并从实现共同富裕、构建新发展格局、创新驱动发展等层面对旅游发展提出了新的要求。具体而言,进入新发展阶段,旅游业要发挥为民、富民、利民、乐民的作用,成为迈向共同富裕道路上具有时代特征的幸福产业;构建新发展格局,有利于旅游业发挥独特优势,也对其提出扩大内需的重要任务;实现创新驱动发展战略为旅游业赋予新动能,也要求其实现创新发展。

在发展目标上,旅游业要实现更高质量、更有效率、更加公平、更可持续、更为安全的发展。本次规划在发展目标上并未设定数量、速度、规模等定量指标,而是重点围绕实现旅游创新驱动发展、优化旅游空间布局、构建科学保护利用体系、完善旅游产品供给体系、拓展大众旅游消费体系、建立现代旅游治理体系、完善旅游开放合作体系等方面,就如何推动旅游业实现高质量发展予以系统谋划。从数量目标到质量目标,既是旅游产业走向成熟的重要标志,也契合社会经济发展的总体趋势。

在工作重点上,旅游业将推动一系列重要工程和国家级项目建设。旅游业发展目标的实现,既依赖于正确的发展导向,也离不开关键的支撑抓手。《"十四五"旅游业发展规划》分别就国家智慧旅游建设工程、文化和旅游资源普查工程、生态旅游优化提升工程、美好生活度假休闲工程、文化和旅游消费促进工程、旅游服务质量评价体系建设工程、旅游厕所提升工程、国家旅游宣传推广精品建设工程、海外旅游推广工程等做出具体部署。其中,美好生活度假休闲工程中关于建设世界旅游度假区、国家级旅游度假区、国家级旅游休闲城市和街区的内容引人关注。

在阶段背景上,疫情防控常态化是旅游业面临的现实条件。新冠肺炎疫情暴发以来,旅游业是受影响最大的行业之一。对此,规划予以充分重视,《"十四五"旅游业发展规划》全文提及"疫情"二字多达33处,并在各方面提出具体要求。例如,要充分认识做好新冠肺炎疫情防控工作事关旅游业发展全局,将疫情防控要求贯彻到旅游业各环节、各领域;将在疫情防控常态化条件下创新提升国内旅游,在国际疫情得到有效控制的前提下分步有序促进入境旅游,稳步发展出境旅游;要结合疫情防控工作需要,加快推进以数字化、网络化、智能化为特征的智慧旅游;要及时全面落实减税降费政策,切实为旅游市场主体纾困解难,并引导旅游企业主动适应疫情防控常态化条件下的市场需求变化探索新发展模式。

(二)2021 年江苏省文化旅游业发展成绩突出

1. 江苏省旅游业主要指标恢复情况

2021 年,全省实现旅游业总收入 11672.7 亿元,同比增长 41.5%,增速比上年同期提高 83.9 个百分点。其中,接待入境过夜游客 61.89 万人次,同比下降 19.7%,降幅比上年同期收窄 61 个百分点;旅游外汇收入 11.43 亿美元,同比下降 31.0%,降幅比上年同期收窄 34.1 个百分点。接待国内游客 7.06 亿人次,同比增长 49.7%,增速比上年同期提高 95.9 个百分点。根据以往重大突发公共卫生事件的经验,旅游市场会按照"省内旅游—跨省旅游—出境旅游—入境旅游"的顺序逐级恢复。省内旅游消费以"近郊非密闭空间旅游＋自然观光旅游——户外聚集性景区、小镇——城市聚集性景区、街区"的顺序恢复经营。

表 1　2021 年江苏省旅游业主要指标情况

指　标	单位	1—12 月	增速(%)
一、旅游总收入	亿元	11672.72	41.5
旅游外汇收入	亿美元	11.43	−31.0
二、全省接待境内外游客	万人次	70679.46	49.6
国内游客	万人次	70617.57	49.7
入境过夜游客	万人次	61.89	−19.7
台湾同胞	万人次	18.07	−12.7
香港同胞	万人次	3.23	−16.8
澳门同胞	万人次	0.84	1.3
外国人	万人次	39.75	−23.0
全省 4A 级以上景区接待人数	万人次	47318.72	35.4

资料来源:江苏省文旅厅

表 2　2021 年 1—12 月江苏省各市旅游外汇收入情况表　单位:万美元,%

地区	1—12 月	增速
南京市	26382.06	−31.5
无锡市	11677.07	−41.1
徐州市	2860.87	39.3
常州市	8061.36	35.8

地区	1—12月	增速
苏州市	46566.02	−27.7
南通市	5570.84	−74.4
连云港市	711.84	−30.8
淮安市	1567.84	30.4
盐城市	2866.04	−4.0
扬州市	3020.69	8.4
镇江市	2725.71	−16.7
泰州市	1765.00	10.0
宿迁市	493.89	59.8

资料来源：江苏省文旅厅

2. 文旅载体建设和分布情况

2021年，全省新增11家国家级乡村旅游重点村镇，2家单位获评国家级文明旅游示范单位；新增17家省级全域旅游示范区、16家省级工业旅游区，认定16家首批省级旅游休闲街区、13家首批省级智慧旅游景区。除此之外，江苏省不断加强文旅领域科技研发和重点实验室建设，认定首批10个省级文旅装备技术研发中心、15个省级智慧文旅示范项目，中华恐龙园旅游度假区获评首批国家旅游科技示范园区。

大自然鬼斧神工和历史潮汐给江苏省带来了丰厚的自然资源和人文资源，为江苏省旅游产业蓬勃发展奠定了坚实的基础。江苏省旅游景点分布并不均衡，存在较大的差异：一是沪宁沿线的苏州、无锡、常州、镇江和南京（苏南区域），二是长江北岸的扬州、泰州、南通（苏中区域），三是江苏北部的徐州、淮安、盐城、连云港和宿迁（苏北区域）。2021年江苏省5A景点数量达25家，主要分布在苏南地区。江苏省内13个不同的地区在经济、交通等问题上存在不小的差异，而政府又侧重于苏南进行重点开发。所以整体来看，江苏省的旅游行业各区域会出现不同程度的发展差异以及实力差异。

表3　江苏省5A景点及地区分布

常州	常州市中国春秋淹城旅游区	5A
	常州天目湖旅游区	5A
	常州市环球恐龙城休闲旅游区	5A
淮安	淮安市周恩来故里旅游景区	5A
连云港	连云港市花果山风景区	5A
南京	南京钟山风景名胜区—中山陵园风景区	5A
	南京夫子庙秦淮风光带	5A
南通	南通市濠河景区	5A

	苏州园林景区	5A
苏州	苏州市周庄古镇景区	5A
	苏州市同里古镇景区	5A
	苏州市金鸡湖景区	5A
	苏州市吴中太湖旅游区	5A
	苏州市沙家浜·虞山尚湖旅游区	5A
泰州	泰州姜堰溱湖旅游景区	5A
无锡	中央电视台无锡影视基地三国水浒景区	5A
	无锡灵山景区	5A
	无锡市太湖鼋头渚景区	5A
	无锡市惠山古镇景区	5A
宿迁	宿迁市洪泽湖湿地景区	5A
徐州	徐州市云龙湖景区	5A
盐城	盐城市大丰中华麋鹿园景区	5A
扬州	扬州瘦西湖风景区	5A
镇江	镇江市金山·焦山·北固山景区	5A
	镇江市句容茅山风景区	5A

资料来源：江苏省统计局

3. 行业收入分布情况

江苏省旅游客源中有 30％来自本省，上海、浙江、山东、安徽形成其二级客源市场，北京、广东、河南、湖北形成其三级客源市场，其他省市形成其四级客源市场。2021 年江苏省接待国内旅游人数 70617.57 万人次。

入境旅游反映了目的地的国际影响力，同时也是展示其自身旅游形象的重要途径之一。江苏省的入境旅游市场由外国人和港澳台游客共同组成。2021 年江苏省接待境外过夜游客数量 61.89 万人次，其中接待外国人 39.75 万人次，接待港澳同胞 4.07 万人次，接待台湾同胞 18.07 万人次。入境旅游国家（地区）主要集中于二十多家，亚洲和港澳台占据了入境旅游的绝大部分份额，欧洲、北美洲和大洋洲依次排在其后。

2021 年，江苏省旅行社营业收入 352.15 亿元，占全国 14.74％，其中旅游业务营业收入为 121.33 亿元，位列全国第四。全省共有旅行社 3085 家，占全国 7.58％，位列广东、北京之后，居全国第三。其中出境游旅行社 270 家，占全省 8.75％；国内游旅行社 2815 家，占全省 91.25％。去年，江苏旅行社行业规模整体上略有增长，全省净增旅行社 131 家，增长率为 4.43％，且全部为国内游旅行社。南京、苏州、无锡、南通、徐州旅行社数量依次排名前五。2020 年，江苏旅行社国内旅游组织 574.39 万人次，占全国旅行社组织人次 9.95％。受疫情影响，国内旅游主要是省内游和周边游。

（三）2021年江苏省文化旅游业创新发展效果显著

2021年,省文化和旅游厅聚焦高质量发展主题,推动文旅产业创新发展,文旅创建继续走在全国前列,注重科技赋能文旅发展。扶持壮大文旅市场主体,遴选发布70个年度重点文旅产业建设项目,并对102个项目给予省级专项资金支持。江苏省在全国率先出台促进文化和旅游产业融合发展指导意见,制定文化产业示范基地评定标准,认定首批24家省级文化和旅游产业融合发展示范区建设单位,新增16家省级文化产业示范园区创建单位。未来江苏省文化和旅游厅将扎实推进全省文化和旅游产业融合发展示范区建设工作,并对首批示范区建设单位进行验收。此外,受文化和旅游部产业发展司委托,江苏还将开展文化产业和旅游产业融合发展示范区案例分析及路径探索工作,深入分析江苏文化和旅游产业融合发展情况,研究提炼江苏融合发展示范区的经验做法,为全国开展文化和旅游产业融合发展示范区建设提供"江苏做法"。

艺术创作生产形成"江苏现象"。提出并落实对艺术家充分尊重、对艺术创作规律充分尊重、对艺术工作者辛勤劳动充分尊重"三个尊重",完善财政投入、院团激励、人才培育"三项机制",推动多出精品、多出人才。滑稽戏《陈奂生的吃饭问题》、苏剧《国鼎魂》、淮剧《小镇》等精品力作荣获国家级奖项,12部作品入选全国"百年百部"舞台艺术精品创作工程,第13届全国美展江苏获奖提名作品、进京作品和入展作品数量为历史最多。

公共文化服务形成江苏特色。扎实推进现代公共文化服务体系建设,实现基层综合性文化服务中心全覆盖,在全国率先建成"省有四馆、市有三馆、县有两馆、乡有一站、村有一室"五级公共文化设施网络体系,基本形成城市社区"15分钟文化圈"、乡村"十里文化圈"。

文化遗产保护利用形成江苏经验。全面完成省级以上文物保护单位"四有"工作,全面推进"考古前置"。实施一批运河遗产展示利用,红色遗产、名人故居维修保护与展示提升等工程和博物馆展示交流项目,推动大运河文化带和国家文化公园建设走在全国前列。新增全国十大考古新发现2处、全国重点文物保护单位25处、国家等级博物馆40家、国家级非物质文化遗产代表性项目16项,高邮市被公布为国家历史文化名城。认定省级非物质文化遗产创意基地13家、非物质文化遗产旅游体验基地10家。

文化和旅游产业发展形成江苏亮点。省政府办公厅印发促进文化和旅游消费若干措施,在全国率先出台省级夜间文化和旅游消费集聚区建设指南和评价指标,及时出台纾困惠企政策"苏六条"、促进文旅产业平稳健康发展18条等政策,创新举办文旅消费季、文化和旅游项目融资集中签约活动。南京、苏州获评国家文化和旅游消费示范城市,2家园区入选国家级文化产业示范园区创建单位。

"水韵江苏"宣传推广形成江苏效应。设计推出"水韵江苏"新标识,提出"水韵江苏·有你会更美"宣传主题,部省共建海牙中国文化中心,新增9家江苏境(涉)外旅游推广中心,举办省内城际互动游、畅游长三角主题游、乡村旅游节以及世界旅游经济论坛"江苏之夜"等境内外文旅推介活动,"水韵江苏"品牌形象渐入人心。

文化和旅游市场监管服务形成江苏样本。在全国率先完成文化市场综合行政执法"同城一支队伍"改革,率先出台《江苏省文化市场综合行政执法管理办法》,省级机构改革后出台全国文旅系统首个深化"放管服"改革意见。上线运行集智慧服务、智慧监管和智慧分析功能于一体的江苏智慧文旅平台。全省文旅行业安全生产形势总体平稳,游客满意度不断提升。

文化和旅游融合发展形成江苏探索。推动文旅融合发展从理念走向行动,用文化的理念发展旅游,让旅游更有"诗意";用旅游的载体传播文化,让文化走向"远方"。创新举办大运河文化旅游博览会,江苏省与文化和旅游部连续三年联合举办戏曲百戏(昆山)盛典并完成全国 348 个剧种集中展演。在全国率先出台促进文化和旅游产业融合发展指导意见,省级 11 部门联合出台推动旅游民宿高质量发展指导意见。"十三五"期末,全省有国家全域旅游示范区 8 家、国家 5A 级旅游景区 25 家、国家级旅游度假区 7 家,数量均位居全国第一。江苏文旅创建尤其是全域旅游示范区创建和乡村旅游发展经验在全国推广。

表 4　首批江苏省文化和旅游产业融合发展示范区建设单位名单

序号	设区市	申报单位
1	南京市	玄武区
2		秦淮区
3		鼓楼区石城虎踞文旅休闲区
4	无锡市	梁溪区
5		滨湖区
6	徐州市	泉山区
7		大龙湖旅游度假区
8	常州市	溧阳市
9		金坛茅山旅游度假区
10		武进春秋淹城旅游区
11	苏州市	姑苏区
12		昆山市
13		吴江区
14		太湖国家旅游度假区
15	南通市	崇川区
16	连云港市	连云区
17	淮安市	清江浦区
18	盐城市	大丰荷兰花海
19		九龙口旅游度假区淮剧小镇
20	扬州市	广陵区
21		高邮市
22	镇江市	句容市
23	泰州市	兴化市
24	宿迁市	湖滨新区

资料来源:江苏省文旅厅

（四）常态化疫情防控下文化旅游业发展新特征

一是受疫情影响敏感，在间断中波折前行。旅游业因人员集聚性、流动性、接触性等特点，受疫情的负面影响更为敏感。寒暑假、春节小长假、五一和国庆黄金周等，原本是旅游旺季；但疫情的多轮反复和局部的地区发散，造成江苏旅游在努力复苏和间断停摆中波折前行。2020 年初的疫情暴发，使得旅游企业在春节小长假处于停业状态；2021 年夏天发生在南京、扬州等地的本土疫情，又打乱了江苏旅游业奋起直追的步伐。

二是纾困政策发力及时，江苏旅游复苏明显。2019 年，江苏旅游业实现总收入 14321.6 亿元，接待境内外游客 8.8 亿人次。疫情暴发期间，受到航班取消、客运受阻、景区关闭、大型文娱活动取消、人员流动管控等影响，旅游业收入大幅减少。2020 年江苏旅游总收入仅为 8250.6 亿元，同比下降 42.4%；接待境内外游客 4.7 亿人次，同比下降 46.3%。2021 年江苏旅游总收入为 11672.7 亿元，接待境内外游客 7.07 亿人次。各级政府纷纷出台纾困惠企政策助力旅游复苏，江苏省文化和旅游厅先后出台"1+6+18+12+8+16"等系列政策，有效对冲了疫情的影响。2020 年江苏接待国内旅游人次、国内旅游收入恢复程度分别高出全国 5.9 个和 19.6 个百分点；2021 年江苏两项恢复程度分别高出全国 23.3 个和 28.5 个百分点。

三是旅游方式发生变化，国内游周边游成为首选。疫情前我国旅游业的特点是：先外地后本地，先发展出入境游再发展国内游。疫情加剧逆全球化趋势，出入境旅游受到较大限制，跨省旅游常有"熔断"，旅行主要方式发生变化：由出入境游转向国内游，国内游又更加集中为短途游、周边游；以短时间、近距离、高频次、自驾出行为特点的"轻旅游""微度假""宅酒店"成为热门选择。根据2021 年国庆假期的国内旅游数据显示，游客的出游距离和游憩半径呈现双收缩。其中，游客平均出游半径 141.3 公里，比往年缩减 71.7 公里，减少 33.66%；目的地平均游憩半径 13.1 公里，比往年缩减 1.1 公里，减少 7.75%。"3 小时"旅游圈成为假期主要活动范围，以都市休闲、近郊游为主的"本地人游本地"特征明显。

四是游客偏好发生变化，慢休闲高品质更受青睐。疫情前，我国旅游业的特点是：先旅游后休闲，当地景点以旅游观光为重而轻休闲娱乐。疫情后，出游机会明显减少，旅游时间也有所缩短，利用长假的长途旅行计划更多地被利用周末的短途旅行所替代。被压抑的旅游消费需求在次数减少的情况下，往往会追求单位次数下服务的高品质。调查发现，疫情后游客对单位时间内的消费档次需求有明显上升。数据显示，2021 年国内人均每次旅游消费 899.28 元，比上年同期增加 125.14 元，同比增长 16.2%。同时，疫情唤醒了民众的健康养生意识，休闲娱乐类的内容将更受青睐，生态旅游、乡村旅游以及康养类旅游热度也有所提升。

五是行业格局发生变化，增效益促升级甚为迫切。江苏旅游业本身的发展不平衡、供需不适配被疫情放大，行业面临优胜劣汰的洗牌过程；经营压力与转型动力并存，及时把握消费需求的新变化、快速调整旅游产品和服务模式、增效益促升级是旅游企业的首选出路。疫情后涉外旅游业务受限，从业人员面临失业风险，相关企业迫切需要转型升级。以传统和著名为特点吸引外地旅客的老牌景区，如果能够果断灵活应对旅游方式、旅客偏好的变化，就有可能逆势而起。南京玄武湖公园 2021 年游客量约 1300 万人次，仅为 2019 年的六成，其中外地游客占比骤降；但 2021 年自营收入近 1.13 亿元，创历史新高。其关键在于对市场定位的迅速调整，针对本地游客的核心服务群体,开发了"水上文旅＋体旅系列""夜经济""观鸟游船专线""儿童探险乐园"等新业态、新产品和新项目。

专栏 1　文旅融合成效卓著　文旅消费推广助力满意度提升
——2021 年江苏省游客满意度调查

发布日期:2022－01－25　16:39　信息来源:江苏省文旅厅市场管理处(安全监管处)

2021 年是中国共产党成立 100 周年,是"十四五"开局之年,也是江苏省文旅产业开启高质量发展新征程。省文旅厅委托第三方机构开展 2021 年全省游客满意度调查研究,围绕旅游大环境、旅游景区服务、旅游要素、智慧旅游、文旅融合、安全保障、文明旅游、游客忠诚度等 8 大要素指标形成满意度评价体系,全面反映全省文旅市场发展和旅游服务质量水平。

一、全省游客满意度继续保持在"满意"水平,五市达到"满意度高"水平。

经测评,2021 年,全省游客满意度综合得分为 83.79 分,较 2020 年(83.38 分)增长 0.41 分,游客满意度稳步提升。各设区市游客满意度综合指数排名前五位的分别为南京(86.23 分)、无锡(85.80 分)、苏州(85.78 分)、常州(85.46 分)和扬州(85.32 分),达到"满意度高"水平。其余设区市均处于"满意"水平,其中盐城同比增长 1.03 分、连云港同比增长 0.86 分,两市游客满意度水平同比增长明显,其余苏北设区市游客满意度呈现稳步增长态势。

二、全省游客满意度各项指标具体表现

(一)全域旅游大环境表现良好,文旅消费推广季成效凸显

旅游大环境满意度总体评价得分为 84.75 分,接近"满意度高"水平,省内旅游环境持续提升,文旅消费活动持续有力推进,有效提振全省文旅市场信心活力。分指标中,旅游宣传(89.04 分)、整体印象(87.56 分)、城市治安(86.97 分)方面位居各指标前列。

(二)旅游景区服务稳步提升,景区吸引力得分最高

旅游景区服务满意度总体评价得分为 82.41 分,达到"满意"水平,其中景区吸引力指标(85.97 分),达到"满意度高"水平,主要体现在各大景区景点不断提升景区内外部效能服务,开通景区直通车,加强景区停车场建设,为游客带来便利的交通服务和游玩体验。

(三)旅游产品供给侧改革持续发力,乡村旅游产品广受好评

旅游要素满意度总体评价得分为 83.55 分,达到"满意"水平,乡村旅游(85.77 分)、线路产品(85.17 分)与红色旅游(85.13 分)等方面达"满意度高"水平,各地深入挖掘红色旅游资源,推出主题多样的乡村旅游,打造放心消费环境,赢得游客赞誉。

(四)智慧旅游发展迅速,门票预约功能日益完善

智慧旅游满意度总体评价得分为 83.97 分,其中智慧化服务终端(84.47 分)、门票预约(84.42 分)、支付手段(84.21 分)方面接近"满意度高"水平,各地致力于推动文化＋旅游＋科技深度融合发展,景区智慧旅游服务水平日益提升。

(五)文文旅融合不断深化,文旅节庆活动精彩纷呈

文旅融合满意度总体评价得分为 83.48 分,地方文化旅游节庆活动指标(85.51 分)达到"满意度高"水平,文化旅游演艺节目(84.60 分)、非物质文化遗产开发利用(84.38 分)表现较好。各地在丰富文化旅游资源,打造水韵江苏品牌,迎来"以文促旅、以旅彰文"良好发展态势。

（六）安保防疫措施落实到位，文明旅游深入人心

安全保障满意度总体评价得分为84.25分，全省文旅市场安全有序，安全宣传教育丰富多样，安全管理、安全设施均衡发展，安心出游环境获得游客较高认可。文明旅游满意度总体评价得分为84.04分，其中"文明旅游提示宣传"的满意度达到"非常满意"水平。

（七）高质量服务赢得游客青睐，推荐重游意愿持续攀升

游客忠诚度总体评价得分为83.58分，其中，重游意愿（83.46分）与推荐意愿（83.71分）均保持较高水平，得益于全省聚焦文旅产业高质量发展，从供需端齐发力，推出创新、高质量文旅产品，提升游客重游率，持续强化省内文旅产业竞争力。

二、江苏省文化旅游业发展存在的问题

（一）旅游业规模化产业化层次较低，产品供给不足与居民旅游需求的矛盾长期存在

当前省内很多景区尤其是各个小景点，由于彼此间恶性竞争或者交通不便等原因，各自分散经营，相互合作少，游客消费成本高，旅游市场发展面临着尴尬瓶颈。省内旅游业的发展已经开始从劳动密集型向资本技术密集型转变，从资源驱动向创新驱动转变，这一转变必然引起旅游产业链条的延伸，要求旅游集团从单一的"吃、游"向"吃、住、行、游、购、娱"横向延伸，从满足单纯的游览需求向专业和多样化需求的纵向延伸，以应对旅游业总量和结构上深刻变化所带来的挑战。报道称，江苏省旅游产品牌化多样化进程缓慢。省内旅游行业在品牌化多样化方面优势不足，尽管一些旅游景区已经取得了很好的成效和经验，但大部分旅游景区在挖掘自身文化内涵、细化景观设计、更新旅游理念、扩大延伸旅游层次方面进程缓慢，仍面临产品重复性高、专业化和多样性服务水平低的问题，导致对"门票旅游经济"的依赖严重。

（二）旅游市场秩序混乱问题依然存在，旅游业标准化规范化水平较低

当前旅游市场"零负团费"经营模式普遍；旅行社承包现象普遍，加剧了低价恶性竞争；旅游商品购物点、旅游景点的门票和旅游酒店的住宿费用虚高标价，导游获取回扣问题严重。虚高标价，导游和经营点相互勾结，从而获取回扣在旅游业是普遍存在的现象，既严重影响了旅游形象和旅游服务质量，也不利于自助式的散客旅游的壮大发展。当前旅游业标准化规范化水平较低，主要表现：一是市场定价不规范。买卖双方市场存在信息不对称；部分景点定价随意。二是服务标准不统一。旅游消费活动链条多，一旦出现合同条款不明晰、各项活动安排服务标准和责任界限模糊。此外，与快速发展的旅游业相比，旅游服务行业的人才总量还存在较大缺口，人才整体素质偏低，旅游教育支撑不足，人才保障机制和开发机制相对滞后。旅行社经营者没有长远的战略计划，市场定位不明确，同时受经济利益驱动，各种不正当竞争现象在旅游市场中普遍存在。

（三）政府政策规划不到位，基础设施建设缺乏科学性，监管机制不健全

当前省内不少旅游景区存在着"重开发、轻规划，先开发、后规划"的现象，开发规划工作没有摆在重要位置，规划意识淡薄。特别是在景区开发初期，建设的自发性、自主性和随意性明显。有些景区虽然在开发前制定了规划，但是规划不够科学合理，或是景区内各投资主体只进行了局部规划，缺乏总体规划、统一规划，还有科学、统一的规划在实施过程中并未很好执行，再加上管理部门对规划实施的监督不力，导致旅游开发失控。此外，由于景区的多重管理，使得控制权力过于分散，群龙无首，各行其是，缺乏统一的管理和协调。因此，景区无法制定和贯彻统一的开发建设规划，旅游主管部门对景区的纵向管理职能也受到了进一步削弱，景区内无序开发、恶性竞争在所难免。

三、江苏省文化旅游业发展的对策建议

（一）打造文物保护利用江苏模式

实施江苏地域文明探源工程。强化考古在文物保护利用中的基础性、指导性作用，加强考古发掘研究和考古成果挖掘整理，做好江苏长江下游和淮河中下游史前文明进程、吴文化和古徐国文化、六朝建康城、隋唐扬州城、大运河等考古研究工作，加强文物蕴含的中华文化精神和时代价值的系统阐释，形成一批体现江苏水平的重大成果。把文物保护管理纳入国土空间规划编制和实施，全面规范基本建设工程"考古前置"。积极推动考古走向大众，建设一批具有地方特色、展示地方文明发展演变历程的考古遗址公园。

完善文博保护利用体系。实施革命文物集中连片保护利用工程、重点文物保护利用和展示工程、文物平安工程、世界文化遗产保护管理工程、石窟寺保护利用工程、历史文化名镇名村和传统村落中文物保护工程、古籍保护研究利用工程。建立文物资源管理制度，健全不可移动文物、可移动文物资源管理机制，运用现代科技手段，对各级文物保护单位本体及环境实施严格保护和管控，改善尚未核定公布为文物保护单位的不可移动文物保护状况。健全文物安全长效机制，加强执法督察，严厉打击文物犯罪。推进江南水乡古镇、海上丝绸之路、中国明清城墙保护和联合申遗工作。统筹保护管理运用革命文物和红色资源，分批次公布江苏省革命文物名录，实施革命旧址保护修缮、馆藏革命文物保护修复，加强革命文物集中连片保护利用和百年党史文物保护展示，策划推出系列革命文物陈列展览精品，重点提升反映党史的重大事件遗迹、重要会议遗迹、重要机构旧址、重要人物旧居保护展示水平，深化拓展革命文物在党史学习教育、革命传统教育、爱国主义教育等方面的功能。实施馆藏珍贵濒危文物、材质脆弱文物保护修复计划及博物馆陈列展览提升工程、馆藏文物巡回展项目，推动各类博物馆提高藏品展示利用水平，推出"弘扬中华优秀传统文化、培育社会主义核心价值观"主题展览，打造时代化表达、数字化呈现的原创性主题展览，支持联合办展、巡回展览、流动展览、网上展示。规范国有博物馆藏品征集管理，强化党史、新中国史、改革开放史、社会主义发展史相关藏品征集，注重反映经济社会发展变迁物证的征藏，丰富科技、现当代艺术、非物质文化遗产等专题收藏。支持博物馆参与学生研学实践活动，设计开发研学旅游线路，推动博物馆虚拟展览进入城市公共空间，鼓励有条件的博物馆服务"15分钟城市生活圈"。大力发展智慧博物

馆,构建线上线下相融合的博物馆传播体系。

提升让文物活起来水平。通过多种形式活化文物资源、展现文物价值,推动博物馆、对社会开放的文物保护单位等成为特色旅游目的地,开发文物领域研学旅行、体验旅游、休闲旅游项目和精品旅游线路,让人们在领略自然之美中感悟文化之美、陶冶心灵之美。推进国家文物保护利用示范区建设,对适应时代发展需要、带动经济社会发展的文物保护利用机制开展全方位、综合性创新实践,形成示范性、引领型文物保护利用江苏模式。

专栏2 统筹做好运河文化和长江文化保护传承弘扬

2022-06-23 07:55:19 图文来源:南京日报

推进大运河国家文化公园重点建设区建设。坚持活态保护、活态传承、活态利用,系统建设高品位的文化长廊、高颜值的生态长廊、高水平的旅游长廊,加快把大运河文化带江苏段建成走在全国前列的先导段、示范段、样板段,在全国率先展现大运河国家文化公园现实模样,打造文化建设高质量鲜明标志和闪亮名片。创新大运河文物保护管理、价值传播和开发利用模式,实施大运河文化带和国家文化公园文物保护工程,细化完善大运河文化遗产和关联资源的保护范围、建设控制地带,在国土空间规划编制和实施中加强对大运河沿线历史文化遗产及其整体环境实施严格保护和管控,建成省大运河遗产监测管理平台并上线运行,推动省、市运河遗产监测管理数据互联互通。加强运河主题文艺作品创作及传播,推进百米美术长卷《中国大运河史诗图卷》数字化提升,讲好大运河承载的中国故事、江苏故事。以大运河国家文化公园文旅融合区建设为统揽,发挥大运河江苏段全线通航、湿地资源丰富、生态文化景观多样优势,统筹推进大运河文化带江苏段文化遗产保护、生态环境保护提升、文化旅游融合发展、名城名镇保护修复、运河航运转型提升和岸线空间资源优化,高水平建设运营扬州中国大运河博物馆,建设提升一批专题博物馆、展览馆、互动体验馆等运河文化空间,推出漕运航运研学游、文学艺术品鉴游、水利水运工程科普游、红色文化传承游、民族工商业体验游、古城古镇记忆游、运河美食游、度假休闲游,打造有品位、有内涵、有核心竞争力的"运河百景"标志性文旅产品,培育一批主题突出、各具特色的跨区域运河主题精品线路,建设一批运河特色街区、运河特色小镇和运河美丽村庄。立足大运河全域,以"融合·创新·共享"为主题,每年举办大运河文化旅游博览会,设计举办开幕式演出、展览展示、主题论坛、运河演艺、国际人文交流合作等活动,组织境内外文化旅游企事业单位参展参会,搭建具有国际国内重要影响的文旅融合发展平台、文旅精品推广平台、美好生活共享平台。充分发挥世界运河历史文化城市合作组织(WCCO)作用,提升世界运河城市论坛等活动品牌影响力。到"十四五"时期末,大运河江苏段文化保护传承利用格局基本建立。

实施长江文化保护传承弘扬工程。立足扬子江联通大海、交汇运河、汇聚名城的独特条件,推动长江的历史文化、山水文化和城乡融合发展,探索建设高颜值的长江文化融合区。加大长江文物和文化遗产保护力度,建设一批高水平的长江文化保护利用展示设施,做好沿线历史文化名城名镇名村重要文物资源保护,突出地方特色,更多采用"微改造"的"绣花"功夫对历史文化街区进行修复。以江苏民族实业家群体和民族工商业发展脉络为重点,深化长江文化的地域精神研究。加强长江文化内涵、研究和当代价值阐释,以长江文物和文化遗产为生动载体,推出一批艺术精品、特色展览和文创衍生品,延伸拓展水上旅游开发,推出体现长江文化特色的旅游目的地,省、市联合举办长江文化节,打造长江文化品牌。将长江文化植入岸绿景美的滨水空间,塑造沿岸历史文化脉络,建设一批山水人城和谐相融的滨江城市客厅,重点推进南京"一江两岸"、泰州泰兴、无锡江阴、苏州张家港、南通五山等特色示范段建设,串联形成展现滨江城市魅力的人文特色景观带。

(二)优化文化和旅游发展布局

以水为脉、以文铸魂,发挥江苏奔涌江流、稠密河网、温润湖泊、浩渺海洋的丰富资源优势,构筑大运河文化、海洋文化、长江文化、江南文化等区域文化传承弘扬高地,彰显"水+文化"鲜明融合特质。依托南北贯穿的大运河、海岸线,东西延展的扬子江、陆桥东部联动发展带,以及点缀其间的太湖、洪泽湖、里下河湖荡群等湖泊,构建高能级、高标识度、强带动力的"两廊两带两区"文旅空间体系,系统推动沿江、沿海、沿大运河、沿湖地区文旅特色发展,构建省域宜居宜业宜游的全域魅力空间,充分展现"水韵江苏"之美。

(三)持续提升"水韵江苏"文旅品牌影响力

以"水韵江苏·有你会更美"为主题,拍摄制作"水韵江苏"系列旅游宣传片,运用多种媒体媒介在境内外投放,全方位立体化塑造高颜值、深内涵、有品位的江苏文旅形象。以"水韵江苏"文旅品牌为统领,建设"水韵江苏+"品牌集群,实现地方品牌与省级品牌相映生辉。构建多平台、多渠道、多终端的文旅资源宣传推广网络,精准开展国内旅游市场推介,扩大文化和旅游交流合作"朋友圈",加大"水韵江苏"全球推广力度,吸引更多人到江苏感受美的风光、美的人文、美的味道、美的生活,收获美的发现。

(四)助力构筑艺术精品创作高地

坚持以人民为中心的创作导向,强化艺术精品创作生产传播,实施戏曲百戏(昆山)盛典"新三年计划"、新金陵画派青年人才培养计划,举办"抱石风骨·中国画双年展""悲鸿风度·油画双年展""散之风神·中国书法学术提名双年展",健全完善创作生产、演出交流、宣传推广的激励措施和评价体系,推出更有引领力的精品力作,建设更有竞争力的人才队伍,构建更有凝聚力的创作生态,打造更有影响力的品牌活动,促进满足人民文化需求和增强人民精神力量相统一。

(五)推动公共文化服务高质高效

健全完善现代公共文化服务体系,加快城乡公共文化服务体系一体建设,创新实施文化惠民工程,促进公共服务设施由全覆盖向高效能转变,协同推进公共文化服务和旅游公共服务、为居民服务和为游客服务,做到公共文化服务布局更均衡、内容更丰富、供给更精准、主体更多元、效能更显著。实施"千支优秀群众文化团队培育计划""千个最美公共文化空间打造计划",提升"送、种、育"文化实效性。推动南京博物院故宫馆建设和故宫南迁文物库房改造。

(六)加强文化遗产研究保护传承利用

坚持把保护放在首位,强化重要文化遗产系统性保护,打造文物保护利用江苏模式。实施江苏地域文明探源工程,加强革命文物集中连片保护利用、世界文化遗产保护管理、石窟寺保护利用、古籍保护研究利用,推进国家文物保护利用示范区建设,丰富提升张謇生平专题展并组织巡展。搭建"文化遗产＋旅游"融合平台,引导各地创新举办"无限定空间非遗进景区"活动,建设一批非物质文化遗产特色村镇、街区、景区,让游客充分感受非物质文化遗产活态魅力。以大运河国家文化公园文旅融合区建设为统揽,创新大运河文物保护管理、价值传播和开发利用模式,高水平建设运营扬州中国大运河博物馆,每年举办大运河文化旅游博览会,搭建具有国际国内重要影响的文旅融合发展平台、文旅精品推广平台、美好生活共享平台,加快把大运河文化带江苏段建成走在全国前列的先导段、示范段、样板段。实施长江文化保护传承弘扬工程,将长江文化植入岸绿景美的滨水空间,建设一批山水人城和谐相融的滨江城市客厅,探索建设高颜值的长江文化融合区,省、市联合举办长江文化节,打造长江文化品牌。

(七)深化文化和旅游产业融合发展

强化创新创意、科技赋能,不断完善科技含量高、富有创意、竞争力强的现代文化产业体系,形成彰显江苏特色、体现行业示范性的文化和旅游产业融合发展模式,打造一批文化和旅游融合发展示范区。实施文化和旅游融合品牌培育计划,迭代升级红色旅游、乡村旅游、旅游演艺、旅游民宿、文化遗产旅游、主题公园等融合业态。促进文化和旅游消费提质扩容,壮大云旅游、云演艺、云娱乐、云展览等线上线下消费融合发展形态,常态化举办省级文化和旅游消费推广活动。

(八)大力发展数字文化和智慧旅游

实施数字文旅产业提升行动,以数字化转型整体驱动文化和旅游高质量发展,推动全民畅享数字文旅生活。推动公共文化服务数字化建设,促进文化产业上线上云,发展数字艺术、沉浸式体验、虚拟展厅、高清直播等新型文旅服务模式,推出更多线上数字化体验产品。提高旅游景区数字化、网络化、智能化发展水平,建成一批智慧旅游景区、旅游度假区、村镇和城市。完善提升江苏智慧文旅平台功能,促进全省智慧文旅联动共享,实现文旅资源"数字化"、文旅工作"智慧化"、公共服务"一键通"、行业监管"全覆盖"。

(九)推进旅游业安全营

疫后旅游恢复振兴,可能要特别关注"五一"劳动节、暑假、国庆节等节点,修订原有的宣传营销方案计划,实施疫后旅游营销行动计划,使旅游市场尽快修复,争取有反弹式增长。督促已恢复营运的经营主体做好疫情防控工作,配备必要的防护物资,落实场所消毒、人员测温、分散就餐等各项防护措施,建立游客登记制度,推行实名购票制,实行游客接待预约制,提前做好游客健康情况把关,适度控制游客流量,确保安全营运。旅游景区出入口或旅游城市出入口设立网购票,自助购票,自助口罩发放机,实时检测体温设备,检测健康码和行程码等智慧自助系统。

参考文献

[1] 王隆泰.疫情背景下旅游业面临的困境与发展机遇[J].当代旅游,2022,20(13):97-100＋113.

[2] 赵立民,魏敏,徐杰.旅游业突发事件管理研究——以新冠肺炎疫情为例[J].泰山学院学报,

2022,44(4):135－144.

[3] 朱玲,崔苧心.江苏省旅游业创新发展策略[J].当代旅游,2022,20(4):65－67.

[4] 颜颖,付奇.“黄金周”能否“拯救”旅游业？[J].新华日报,新华日报,2021:011.

[5] 卢王,宋洪生.江苏省旅游业发展与经济增长关系的实证研究[J].安徽工业大学学报(社会科学版),2018,35(5):17－22.

[6] 周楠.江苏省旅游服务贸易发展问题浅析[J].成功营销,2018(11):24＋26.

[7] 张丹宁,孟永鑫,张楠.探析旅游业现状及发展前景[J].旅游与摄影,2021(13):23－24.

[8] 方颖.我国旅游业发展中存在的问题及对策[J].商业文化,2022(6):106－107.

[9] 李侃桢.优化空间格局,彰显“水韵江苏”之美[J].华人时刊,2022(3):11－12.

[10] 李诗卉.江苏“江淮之间”地区历史文化资源格局研究[D].清华大学,2020.

[11] 颜颖,付奇.深化“文＋旅”,挖掘“水韵江苏”品牌带动力[N].新华日报,2021－11－29(016).

[12] 高杰,谢印成.基于全国视角的江苏省旅游产业结构实证研究[J].经济问题,2014(8):126－129.

[13] 韩顺法,徐鹏飞,马培龙.江苏非物质文化遗产的时空分布及其影响因素[J].地理科学,2021,41(9):1598－1605.

[14] 赵建中.国内外运河保护与开发利用典型案例探讨(下)——江苏省大运河文化带建设参考研究[J].江苏地方志,2022(1):24－29.

[15] 李凤.传承大运河文化基因,打造乡村文化旅游品牌[N].中国旅游报,2022－03－14(002).

[16] 董琳,李清娥.新冠肺炎疫情影响下我国旅游业发展问题及对策[J].渭南师范学院学报,2020,35(12):16－23.

[17] 唐承财,张宏磊,赵磊,杨媛媛,魏歌.新冠肺炎疫情对中国旅游业的影响及其应对探讨[J].中国生态旅游,2022,12(01):169－183.

[18] 中国社会科学院旅游研究中心.《2020—2021 年中国旅游发展分析与预测》[J].财贸经济,2021,42(07):161.

第四章　江苏省科技服务业发展报告

随着科技经济时代的来临,全球产业结构由"工业经济"主导向"服务经济"主导转变,科技服务业,成为每个国家经济和科技发展的风向标,是"服务型经济"快速成长和发展的重要推动力量。加快科技服务业发展,是推动科技创新和科技成果转化、促进科技经济深度融合的客观要求,是调整优化产业结构、培育新经济增长点的重要举措,是实现科技创新引领产业升级、推动经济向中高端水平迈进的关键一环,对于深入实施创新驱动发展战略、推动江苏经济高质量发展具有重要意义。应当着力推动科技服务业向市场化、专业化、规模化、体系化发展,构建特色突出、布局合理、投入多元的科技服务体系,推动创新链与产业链深度融合。

一、江苏省科技服务业发展的现状分析

（一）发展环境

1. 政治环境

政治环境的变化影响着政府对产业发展的支持力度,会影响到产业结构乃至整个产业的发展。因此,研究政治环境对科技服务业发展具有重要作用。

（1）国家政府部门出台的科技服务业政策。科技服务业的发展离不开国家良好的政策环境。2001 年,《关于"十五"期间加快发展服务业若干政策措施的意见》明确指出要加快科技服务业等行业的发展。2012 年,科技部在专项规划中提出将科技服务业的发展作为重点工作。2014 年,政府针对科技服务行业做出了整体规划,要完成覆盖科技创新全链条的科技服务体系的基本建设,实现产业集群化发展,充分发挥科技服务业对现代服务业的支撑与促进作用。政府出台了《关于大力发展科技中介机构的若干意见》等相关文件,对科技服务业持续发展起到重要的政策支持。

（2）江苏省出台的科技服务业政策。为了促进科技服务业的发展,近年来江苏省出台了一系列关于科技服务业的政策。江苏省人民政府办公厅 2015 年发布《江苏省加快科技服务业发展的实施方案》,为深入实施创新驱动发展战略,推动科技创新和科技成果转化,促进科技经济深度融合,加快创新型省份建设,实施科技服务业升级计划,全面提升研发设计、创业孵化、技术转移、科技金融、知识产权、科技咨询、检验检测认证、科学技术普及等八大科技服务业态发展水平。2020 年 12 月,科技部印发《长三角科技创新共同体建设发展规划》。三省一市科技部门经过调查研究和实地走访,征求相关部门意见建议,共同编制方案,提出"五大行动",其中"国家战略科技力量合力培育行动"被放在首要位置。这些政策完善了江苏省科技服务业发展的产业布局,细化了工作和任务。

2. 经济环境

经济环境包括产业布局、经济水平、经济结构和经济制度等,是产业发展的基础。经济环境的

变化对科技服务业的影响主要表现在以下方面：

（1）经济发展水平提高可以促进科技服务业的发展。通常情况下，某地区科技服务业发展和经济发展水平是正相关的。经济发展水平越高，基础设施越完善，可以吸引更多的资源和人才，科技服务业发展越好。国内生产总值（GDP）是衡量地区发展经济水平的主要指标。

经济上的差距会影响各地对科技服务业的资金支持、重视程度等。因此，经济发展水平对科技服务业影响较大。据江苏省统计局的数据，全省2021年全年实现地区生产总值116364.2亿元，迈上11万亿元新台阶，比上年增长8.6%。全省人均地区生产总值137039元，比上年增长8.3%。经济活力增强，全年非公有制经济实现增加值87622.2亿元，占GDP比重达75.3%，比上年提高0.4个百分点；私营个体经济增加值占GDP比重达53.2%，民营经济增加值占GDP比重达57.3%。年末工商部门登记的私营企业357.4万户，全年新登记私营企业64.0万户；年末个体经营户951.0万户，全年新登记个体经营户184.8万户。区域经济发展支撑有力，扬子江城市群对全省经济增长的贡献率达76.9%，沿海经济带对全省经济增长的贡献率达18.1%。良好的经济基础可以为江苏省科技服务业发展提供充足的资金和有力的保障。

（2）产业结构的不断调整是科技服务业大力发展的前提。近年来，江苏三大产业结构不断调整，服务业所占比重逐步提高。科技服务业是现代服务业的重要组成部分，在产业结构不断调整中逐步发展起来。根据江苏省统计局的数据，江苏省已经实现产业结构呈现出"三、二、一"的梯度分布，服务业产值增长很快。2021年江苏省第一产业增加值4722.4亿元，增长3.1%；第二产业增加值51775.4亿元，增长10.1%；第三产业增加值59866.4亿元，增长7.7%。全年三次产业结构比例为4.1∶44.5∶51.4，第三产业占比超过了第一产业和第二产业，呈现出快速增长趋势，在经济发展中占据着举足轻重的地位。三大产业的调整更有利于促进服务业的发展，特别是新型现代服务业。

3. 社会环境

社会环境包含文化传统、价值观念、道德水平等，对科技服务业发展影响主要表现为：

（1）社会需求的多样性成为科技服务业的重要推手。国民经济水平的不断提高，以及居民消费能力的提升，使得社会需求发生很大改变。从科研机构和高校角度来看，科研机构和高校的研究成果需要转化、推广及资金支持，但仅靠自身难以实现。从消费者角度来看，随着消费者收入的提高，消费观念的转变，消费结构发生改变。信息、旅游、娱乐等满足精神生活需求的服务性消费成为新的消费增长点。科技服务业通过科学研究、专业技术服务、技术推广、科技信息交流、科技培训等活动可以满足企业、科研机构、高校和消费者等多样性的需求，提供相应的服务。也可以说，正是社会需求的转变，使江苏省科技服务业呈现出新的发展势态，产业逐渐走向细化。

（2）教育水平的提高为科技服务业提供有力的智力支持。科技服务业属于知识密集型产业，技术型、高素质人才是行业发展的必要支撑。根据江苏省统计局的数据可知，2021年全省共有普通高等学校168所（含独立学院）。普通高等教育本专科招生数65.2万人，在校生数211.1万人，毕业生数52.4万人；研究生招生数9.5万人，在校生数27.2万人，毕业生数6.3万人。目前江苏省的教育资源丰富，涌入了大批高水平人才，全省拥有中国科学院和中国工程院院士118人。高等教育水平越来越高，高精尖人才规模越来越庞大，可以从技术和智力方面进一步促进科技服务业的发展。

（3）从业人员的增加为科技服务业提供丰富的人力资源。科技服务业以智力产品的生产和增值服务提供为基础,而科技人才的质量与水平又决定了智力产品和增值服务的质量和水平,从业人员的能力和综合素质水平对于该行业的发展至关重要。科技人员投入结构持续优化。科技服务业作为知识密集型、技术密集型产业,其科技创新离不开科研人员的带动,江苏省逐年壮大的研发队伍为科技服务业发展提供了丰富的人力资源。

4. 技术环境

技术环境是指社会技术总水平及变化趋势,技术水平是产业的核心竞争力,也是产业发展的动力所在,技术的变革和创新对产业的发展起到关键作用。

(1) 加快科技创新为科技服务业的发展注入动能。科技服务业发展离不开科技创新,而科技服务业的发展又是创新驱动的战略支撑。科技创新会加速科技投入与成果产出增加。

科技创新加速科技投入的增加。根据江苏统计局 2021 年的数据来看,全社会研究与试验发展(R&D)活动经费支出占地区生产总值比重达 2.95%,研究与试验发展(R&D)人员 92.4 万人。近几年江苏省 R&D 经费占地区生产总值比重逐年提高,在研发投入的驱动下,科技创新逐渐成为推动江苏省经济快速增长的主动力。

科技创新推动科技成果产出增加。江苏省高度重视培育创新实力,创新成果产出逐年增加,技术交易市场日渐繁荣,交易规模和交易水平都不断提高。根据江苏省统计局的数据,2021 年全省专利授权量 64.1 万件,比上年增长 28.4%,其中发明专利授权量 6.9 万件,增长 49.7%;PCT 专利申请量 7168 件,下降 25.4%。年末全省有效发明专利量 34.9 万件,比上年末增长 19.7%;万人发明专利拥有量 41.2 件,增长 13.9%。科技进步贡献率 66.1%,比上年提高 1 个百分点。这些成果体现了江苏省科技水平的不断进步,这也将带动科技服务业的发展。

科技创新推动科技成果交易市场不断完善。江苏省技术产品市场和交易额日益增加。根据江苏省统计局的数据,2021 年江苏省共签订各类技术合同 8.3 万项,技术合同成交额达 3013.6 亿元,比上年增长 29%。省级以上众创空间达 1075 家。江苏省技术市场成交额随着江苏省科技投入与成果产出的不断提高,科技创新能力的不断增强,很大程度上推动了全省科技服务业的发展,并为科技服务业注入源源不断的动能。

(2) 大数据成为科技服务业发展的重要技术支持。随着大数据时代的来临,越来越多新的市场潜力不断被挖掘,科技服务业受到了其极大的影响。

大数据科技成果转化支持。科技服务业的发展离不开多元化平台的支撑,平台的发展消除了从业人员之间的交流障碍,有利于促进创新创造,并推动科技成果的产业化转化,还可以通过平台及时获得有价值的信息,不断进行改进和完善,促进行业水平的不断提升。从业人员借助大数据相关技术,让各行各业都能够了解并享受科技服务业的发展成果,建立专利技术、科技信息等知识产权信息库,让科技成果可以更快地转化为产业发展力,使行业潜力得到充分开发,并充分发挥对经济增长的促进作用。

以大数据为依托,提供个性化服务。利用大数据,能够进一步掌握社会、高校、企业和政府等对科技与知识的需求情况,从而对行业发展方向提供指导,针对需求推出更多个性化的服务。此外,在大数据技术的支持下,各产业单位间的沟通交流更加畅通,进一步实现资源共享和协同发展,提升了创新发展能力。

(3) “互联网+”为科技服务业提供发展平台。“互联网+”是科技服务行业未来发展极大动力,科技服务业同样离不开科技创新,必须依赖于互联网先进技术的支撑,利用互联网挖掘更多的发展潜能,实现产业业态的创新,促进经济形态的转变,最终实现经济实体的整体提升。

"互联网+"促进科技信息共享。"互联网+"使得科技资源、科技要素和科研信息间的交流更加充分,使用更加合理,资源配置更加优化。"互联网+"基于大规模的科研有关信息的共享,可以建立一系列制度、设备和人才等相关的信息资源库,从而构建社会化科研合作平台,这是实现科研服务业跨越式发展的必要条件。

"互联网+"推动科研协同创新和科技成果转换。"互联网+"为科技服务业发展指出了一条新的道路,加快了科研成果产业化转化脚步,行业发展获得了新的潜力与机遇。产业技术中心、企业技术中心等充分抓住时代机遇,不断拓宽、加深与外界的交流,促进科技服务业的创新发展。

（二）发展基础

1. 科技创新能力不断增强

2021 年全省专利授权量 64.1 万件,比上年增长 28.4%,其中发明专利授权量 6.9 万件,增长 49.7%;PCT 专利申请量 7168 件,下降 25.4%。年末全省有效发明专利量 34.9 万件,比上年末增长 19.7%;万人发明专利拥有量 41.2 件,增长 13.9%。科技进步贡献率 66.1%,比上年提高 1 个百分点。全年共签订各类技术合同 8.3 万项,技术合同成交额达 3013.6 亿元,比上年增长 29%。省级以上众创空间达 1075 家。

表1　2000—2021 年全省专利申请量、授权量情况　单位:件

项　目	2000 年	2010 年	2015 年	2018 年	2019 年	2020 年	2021 年
申请受理量合计	8210	235873	428337	600306	594249	751654	
＃发　明	1159	50298	154608	198801	172409	188757	
授权量合计	6432	138382	250290	306996	314395	499167	640930
＃发　明	341	7210	36015	42019	39681	45975	68825

资料来源:江苏省统计局

2. 高新技术产业发展加快

集成实施 225 项产业前瞻与关键核心技术研发、重大科技成果转化项目,突破了一批产业技术瓶颈制约。2021 年认定国家高新技术企业超过 1.2 万家,国家级企业研发机构达 163 家,位居全国前列。全省已建国家级高新技术特色产业基地 172 个。2021 年第 28 批新认定及全部国家企业技术名单中新增 6 家江苏公司。

表2　2021 年新认定（第 28 批）国家企业技术中心名单（江苏名单）

企业名称	企业技术中心名称	地区
江阴天江药业有限公司	江阴天江药业有限公司技术中心	江苏省
昆山联滔电子有限公司	昆山联滔电子有限公司技术中心	江苏省
通光集团有限公司	通光集团有限公司技术中心	江苏省

企业名称	企业技术中心名称	地区
亿嘉和科技股份有限公司	亿嘉和科技股份有限公司技术中心	江苏省
中天钢铁集团有限公司	中天钢铁集团有限公司技术中心	江苏省
分中心:		
江苏天士力帝益药业有限公司	江苏天士力帝益药业有限公司技术中心	江苏省

资料来源:江苏科技服务公众号

3.科研投入力度加大

全社会研究与试验发展(R&D)活动经费支出占地区生产总值比重达 2.95%,研究与试验发展(R&D)人员 92.4 万人。全省拥有中国科学院和中国工程院院士 118 人。各类科学研究与技术开发机构中,政府部门属独立研究与开发机构达 446 个。建设国家和省级重点实验室 186 个,省级以上科技公共服务平台 260 个,工程技术研究中心 4464 个,院士工作站 144 个,经国家认定的技术创新中心 2 家。

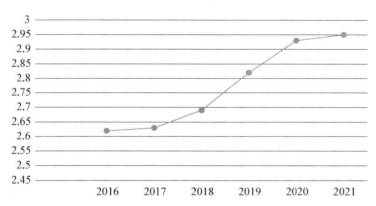

图1　江苏研究与试验发展经费支出占地区生产总值比(单位:%)
资料来源:江苏省统计局

(三)疫情下江苏省科技服务业发展

中国在抗击新冠肺炎疫情中之所以能取得积极成效,与以网络、信息及生物技术等为代表的高科技服务的有力支撑紧密相关。科学技术是社会进步的强大支撑,更是决胜疫情防控不可或缺的"硬核重器"。当前面对疫情防控和经济社会发展的双重考验,科技服务业正成为一支重要的"生力军"。疫情"黑天鹅"的外部冲击对科技服务业的供求等产业环境均产生了重要影响,科技服务业在面临发展机遇的同时,也面临着一系列挑战。

在后疫情时期,关于科技服务业的发展需要思考以下几点:

1.拓展科技服务业的大数据应用深度

新冠肺炎疫情直接暴露了公共卫生领域信息服务的不足,见微知著,到更广泛的公共服务领域,大数据应用还存在巨大的上升空间。广义的科技服务业,既包括非市场机制的公共服务事业机构,也包括市场机制的科技服务企业。这两个方面均需要大数据的深度应用。

在政府提供的科技公共服务领域，必须下好科技服务"先手棋"，围绕公共服务"查、测、防、治、教、宣"等关键环节，建立一套全国统一、精准、高效的全维度大数据实时采集和智能预警预测体系，让智慧治理真正实现深度信息化和全程智能化。借助人工智能和大数据技术，既要破除"部-省-市-区-县"垂直信息壁垒，又要打破跨行业部门的横向信息孤岛，通过顶层设计实现结构化信息互联互通，充分掌握信息生态主动权，加强对突发公共事件舆情的信息引导能力。

在企业提供的市场化科技服务领域，科技服务企业要基于数据驱动决策的理念，建立数据架构设计和数据治理体系，利用大数据应用进行开放式创新，通过数据、基础处理和分析平台的开放、共享和交易，实现价值的创造和分享。对于本身不具备大数据分析能力的传统企业或中小企业，应重视与大数据分析和挖掘公司合作，借力实现大数据背景下的共赢。

2. 发展适应新经济发展的科技服务新模式

疫情期间，与传统科技服务企业举步维艰相比，新兴科技服务企业的表现可圈可点。由此说明，在移动互联网、物联网、云服务、大数据等新一代信息技术广泛渗透的背景下，科技服务企业的可持续发展需要重构价值链、产业链，通过链上分化融合和跨链整合形成新的商业组织形态和新的运营模式，具体创新方向可重点考虑两个方面：

一是创新"公众＋科技服务"模式。随着移动互联网创业浪潮的兴起，出现了大量众创空间、科研众包平台和科研众筹平台等，众创、众包、众筹等新型服务模式快速发展。科技服务业具有高度交互性特征，大部分科技服务项目需要供给者和需求者进行高层次的合作才能得以完成。只有让公众理解并参与科技事务，才能让科技更好地为社会服务。在此背景下，探索"众创"汇众智促创新，"众包"汇众力促分工，"众筹"汇众资促发展的新思路，通过鼓励公众广泛参与的方式汇聚全社会各类创新资源、深化专业化分工、广泛地吸纳社会资本促进科技服务业发展。

二是创新"共享＋科技服务"模式。目前以共享员工、共享办公、共享数据等为代表的共享经济新模式在多个领域不断涌现，其体制机制更加灵活，创新服务能力更强，在科技服务领域具有广阔前景。为此，要更好地利用共享思维最大限度发掘科技服务潜力，进一步促进科技服务业务模块化，形成可以高效共享的优质科技资源和科技成果，依托物联网技术创新和市场化手段，大幅度提升科技服务对接配置效率，降低科技服务供求双方匹配成本，使科技服务企业面对突发事件的响应机制更加便捷高效。

3. 构建开放式科技服务协同创新网络

构建开放式科技服务协同创新网络的重点在于标准化和协同化：

一是实现科技服务集成标准化。科技资源和科技服务表现为数字化、产品化等多种形态，且分散在不同区域、不同系统平台中。要构建开放式科技创新网络，首先要建立面向科技服务的集成标准。可以探索应用虚拟化技术，解决不同服务资源之间的异构性问题；推进在服务内容、服务方式、信息保护等方面的科技服务综合标准化试点，促进科技服务业标准化水平的不断提升。

二是建立科技服务协同推进机制。协同创新是高校、企业、科研机构等知识创造主体和技术创新主体间深入合作和资源整合的过程。要在充分考察多元创新主体创新利益和创新风险的前提下，建立跨所有制、跨部门、跨领域的协同推进机制，进一步整合科研基础设施、科研仪器、科技文献、科学数据、科技信息、科技人才等科技资源，推动科技资源的合理流动与开放共享。

二、江苏省科技服务业发展存在的问题

（一）创新传导不畅

信息渠道通畅是实现创新传导的基本条件。对于科技服务工作者或科技创新者来说，科技信息的来源主要有三种：政府、同行和朋友。目前，江苏省公共科技服务信息网存在着信息不全面、数据更新不及时等问题，大部分行业没有建立自己的协会或同盟，江苏相关部门也没有建立科技服务行业协会，导致行业内交流机会少，信息沟通不够顺畅，阻碍了江苏省科技服务业的创新传导。此外，行政效率不高、激励机制不健全等问题也在一定程度上阻碍了创新要素的流动与集聚，对科技服务业新型业态的培育产生了不利影响。

（二）竞争合作动力不足

从整体上看，江苏研发设计服务能力强大，相关机构数量众多，研发成果丰硕，但支持研发成果落地的配套行业如科技金融业、技术转移服务业等行业的发展却相对滞后。科技服务业的子类行业规模与科技创新及其成果商业化所需的服务规模不匹配，不符合产业间彼此对接的要求，而子类行业内部竞争与合作的动力也不足，难以推动科技服务业子类行业进行业务创新和类间重组。

（三）机构品牌影响力还不强

江苏科技服务业主体众多，但普遍存在规模较小、服务内容单一、核心竞争力不强和缺乏持续稳定的特色业务等问题，在研发设计、检验检测等领域缺少国内知名、国际一流的大型专业科技服务机构，特别是标志性引领性的龙头科技服务企业、能够"走出去"的国际知名品牌和有较强影响力的自主品牌相对较少。

（四）市场化程度有待加强

江苏省一部分科技服务机构由政府相关部门创办或扶持，运营经费以政府扶持经费为主，盈利能力较弱；由于受到一定程度的政府干预，导致科技服务机构不能完全独立运营，无法实现市场化运营；科技服务机构市场定位不明晰，竞争意识、服务意识缺乏，进一步影响着科技服务业的发展。

三、江苏省科技服务业发展的对策建议

（一）国际经验

从欧洲、美国等国家和地区看，政府是科技服务业发展的核心要素。国外先进地区科技服务业发展的主要模式有：政府间接支持模式（以美国为代表）、市场驱动型联盟发展模式（以欧盟、德国为代表）、政府直接支持模式（以日本为代表）。

1. 以美国为首的政府间接支持模式

美国科技服务业凭借其高度发达的市场经济体制,较早走上产业化道路,政府直接干预程度较低,但美国政府在政策法规、产业基础建设及发展环境等方面起到了重要的引导作用。一是成立了国家技术信息服务中心(NTIS)和国家标准与技术研究院(NIST)等官方机构,通过建立完善的法律法规体系,为科技服务业的发展提供政策和制度保障。二是搭建了以小企业管理局为主体的全国性科技服务系统,为市场提供各种信息、咨询和技术服务,进而促进科技转移转化,推动科技成果产业化及科技服务业的发展。三是通过半官方性质的联盟和协会组织、科技孵化器、高校及科研院所的技术转移办公室、某些特定领域的专业服务组织或机构等,为科技服务业提供多样化的专业服务。

2. 以欧盟、德国为代表的市场驱动型联盟发展模式

自 2010 年以来,欧盟地区科技服务业发展迅猛,而德国科技服务业更是领先于其他欧洲国家。由国家创新机构、各地区科技发展机构、高校及学院技术中心、各类商会组织等组成的欧盟创新驿站(IRC)是欧洲最为领先的技术创新和技术转移的推动者,是欧盟实现市场驱动科技服务业发展的主力军,主要开展企业调研、评价技术需求、寻找技术供给方或合作者、提供支持及意见、签订合作合同等服务。德国科技服务业发展模式的突出特点是科技中介服务机构的集聚,包括工业研究联盟、工业研究协会及行业协会、技术转移中心等。这些科技中介服务机构以市场为导向,以服务科技型中小企业为重点,提供国家有关法律法规的制定与修订、信息与咨询、技术转移与转化、申请科技创新补助经费、寻找欧盟范围内的合作伙伴等服务。

3. 以日本为代表的政府直接支持模式

日本科技服务业采取政府直接支持模式,形成了较为完善的政策法规体系,实现了"产、官、学研"紧密联合,实施重点化战略推进科技服务业发展。一是注重政府宏观指导,加大资金投入。日本政府注重制定科技创新宏观战略规划和给予企业经济资助。一方面通过制定相关优惠政策,推动重点产业或企业技术创新环境建设;另一方面给予企业资助,鼓励企业积极引进国外先进技术,必要时直接参与企业科技创新。二是设立公立实验研究机构、中小企业信息中心等机构,为企业尤其是中小企业提供技术指导及信息服务。三是政府限制国外资本在日本的直接投资,鼓励国内企业引进国外资本及技术,促进国内企业消化、吸收国外技术,推动国内企业技术创新发展。

(二)国内经验

我国先进地区科技服务业发展的典型模式主要有以下三类:浙江的政府管理模式、北京的市场导向模式、上海的全方位建设模式等。

1. 浙江的政府管理模式

浙江科技服务体系建设的典型特点是政府强势推动,举全省之力共建线上线下相结合的大型综合型网上技术市场——中国浙江网上技术市场。其体系架构包含省技术市场管理中心,11 个市级市场、94 个县(市、区)分市场和 29 个专业市场。浙江科技服务业由各级政府主导推动,发展具有特色:一是开创了"浙江的科技经费全国用,全国的智力资源浙江用"的先河,加速了国内技术资源的渗透;二是打造了规模化、集约化且具有"五个统一"(统一品牌、统一平台、统一数据库、统一安全系统、统一管理制度)的网上技术市场;三是网上技术市场突出了企业技术在技术市场的主体地

位,实现技术市场的高效交易;四是采取网上、网下相结合的模式,促进了技术与其他生产要素的有效融合。

2. 北京的市场导向模式

北京依托得天独厚的资源优势和政策优势,以中关村科技园为核心引擎,构建起以高校和科研院所的技术成果为源头以国家级技术转移服务平台为桥梁,以全国领先的风险资本与科技企业孵化体系为催化,由先行先试的政策保驾护航的科技服务体系。一是汇聚了全国最多高水平大学及科研院所的源头技术成果,为北京科技服务业发展奠定了坚实基础。二是拥有国内最大的技术交易平台——中国技术交易所,作为科技服务业发展的强势支撑。三是拥有全国领先的风险资本市场与科技企业孵化体系。北京有大量天使投资机构,全国1/3的创投活动发生在中关村科技园。同时,北京集聚了北京启迪创业孵化器有限公司、北京大学国家大学科技园等全国知名的科技孵化器运营公司,拥有创新工场(北京)企业管理股份有限公司、北京创业之路咖啡有限公司、北京多氪信息科技有限公司、北京创客空间科技有限公司等创新型孵化器。

3. 上海的全方位建设模式

上海充分利用国家级技术服务平台汇聚、对外科技交流合作水平高、高层次人才吸引力强等优势,构建了完善的科技服务体系。一是汇聚一批国家级技术服务平台。上海拥有国家技术转移东部中心、上海市国际技术进出口促进中心、上海技术交易所、上海联合产权交易所等专业化、市场化的技术转移服务机构。其中,国家技术转移东部中心经过短期发展,已形成以集中交易为核心,集基础服务、专业技术服务、资本服务三大功能于一体的技术转移生态体系。二是大力推动国际技术交流合作与技术转移。上海是我国科技对外交流合作的重要窗口,其依托上海市国际技术进出口促进中心、中国(上海)国际技术进出口交易会、国家技术转移东部中心国际合作部等大型平台,在对外科技交流和国际技术转移方面走在全国前列。三是大力提升高校、科研院所技术孵化能力。上海充分利用建设具有全球影响力的科技创新中心的契机,着力提升上海产业技术研究院、上海紫竹新兴产业技术研究院、中科院上海高等研究院、复旦大学张江研究院等科研院所的技术孵化能力。四是创新人才引进方式。对在本地技术转移服务机构中连续从事技术转移和科技成果转化服务的专业人才,上海在落户等方面给予一定的政策倾斜,更能吸引科技服务业高层次人才聚集。

(三)启示与政策建议

结合江苏省科技服务业的发展现状及问题,借鉴国内外先进地区对科技服务业的扶持经验,江苏省科技服务业应坚持市场化导向及加强政府引导,加强政策体系和体制机制建设,完善服务体系,大力培养高层次科技服务业人才,因地制宜发展有地区特色的科技服务业,持续创新发展模式,符合产业粘性原理。

1. 坚持市场化导向、加强政府引导

从国内外先进地区科技服务业发展的实践经验来看,市场化运作的科技服务机构最具生命力,如德国史太白技术转移中心。随着我国市场经济的不断发展,江苏省科技服务业的发展应遵循市场规律,深化改革和创新,建立市场化引导机制。一是大力推进科技服务机构市场化运营,深化科技服务业改革。二是充分发挥协会组织在行业管理及服务方面的职能作用。三是借鉴上海的做法,选择有地区特色的科技服务领域重点打造特色科技服务业,形成江苏省有影响力的品牌。四是

支持江苏省内服务机构与国外知名科技服务机构合作,加强经验分享与交流。五是充分发挥政府在产业投入中的引导作用,强化科技金融对科技服务业的支撑,包括积极发挥政府财政资金的杠杆作用,设立专项资金加大对科技服务业的支持;大力培育一批科技服务业龙头及示范企业,鼓励资本化运营;将科技服务业重点产品和服务纳入政府采购的自主创新产品范畴,同时向社会推广。

2. 完善科技服务业政策体系和体制机制

无论是以美国为代表的政府间接支持模式,还是以日本为代表的政府直接支持模式,国外先进地区都注重为科技服务业发展营造良好的生态环境,提供完善的政策和制度保障。因此,江苏应进一步完善科技服务业政策体系和体制机制。一是完善科技服务制度,重点是优化技术创新服务制度、成果转移转化制度、改革科研成果分配制度、推动创新开放合作制度、科技服务业人才培育及职业发展制度,为打造科技服务业良好生态环境奠定政策基础。二是建立自上而下的科技服务业协同机制。学习浙江的先进经验,由省生产力促进中心协同各地市乃至镇街生产力促进中心,打造覆盖江苏省大部分区域的协同科技服务网络,推动科技服务资源共享及共同发展。另外,由省科技厅主导,建立同类科技服务载体的联盟机制,促进政府各部门及科技服务机构的联动,从而保证科技服务政策的有效落实及政策联动。三是大力发展民营科技服务机构,制定针对民营科技服务机构的扶持措施,鼓励国有科技服务机构改制,进一步激发科技服务业的市场活力,提高服务能力。

2. 完善服务体系,构建科技服务业创新生态系统

一是发挥行业协会及战略联盟的作用。扶持一批在江苏具有广泛影响力的科技服务业行业协会,鼓励各类科技服务组织围绕江苏电子信息、生物医药、高端装备、新材料等重点领域特色产业建立行业协会。推进战略联盟建设,提升科技服务机构的服务层次和水平。二是培育龙头科技服务机构。引导科技服务机构通过并购或外包方式做大做强,打造科技服务业高端品牌;引入竞争机制,加强骨干科技服务机构科学化管理;研究制定省级科技服务机构管理办法,定期对国家级/省级生产力促进中心、国家技术转移示范机构、评估咨询机构、科技信息中心、知识产权法律服务机构等科技服务机构开展绩效评估;推进全省生产力促进体系建设,支持生产力促进中心积极探索传统服务业态转型升级的新路径,开展基于技术集成创新、商业模式创新的科技咨询和知识服务。三是积极推进科技服务平台建设。建设线上、线下相结合的科技服务平台,重点建设江苏省公共科技服务平台和网络,提供专业化、"一站式"服务。打造一批特色鲜明、功能完善的专业性或综合性科技服务平台,深入推进江苏省重点行业,包括电子信息、高端装备、生物医药、新材料等行业的科技服务业发展。

3. 加快建设科技服务业人才队伍

国内外先进地区科技服务业的发展,离不开科技服务专业人才,尤其是高素质复合型人才。江苏省的科技服务业应建立和完善学历教育和职业培训相结合的人才培养体系,培养一批懂技术、懂市场、懂管理的复合型科技服务高端人才。一是引导省内高校设立科技服务业相关专业,培养本科生、研究生等不同层次的复合型专业人才。鼓励高校开设科技服务相关课程作为选修课,加大对科技服务业从业人员的培训、认证和辅导力度,提升科技服务业人才专业素质。二是充分利用各类人才引进计划和扶持政策,引进海内外高层次科技服务人才,建立人才柔性流动机制,吸引高层次科技服务人才来江苏创新创业。三是加强科技服务业从业资质认定与管理工作。完善科技服务业职称评聘制度,推进科技咨询师、专利分析师、项目管理师、技术经纪人等培训工作,引导科技服务业形成一批支撑行业发展的骨干队伍。

4. 持续创新发展模式

江苏省应因地制宜地探索并形成切合自身实际的科技服务业发展模式,并做好持续创新的工作。一是培育科技服务新业态。推进科技服务业与相关产业融合发展,支持科技服务机构跨界探索新领域,创新科技服务新产品。二是做好典型科技服务模式创新的宣传、示范与推广。三是鼓励科技服务手段创新。支持科技服务机构紧跟信息化发展潮流,以市场需求为导向,研究开发基于云计算、移动互联网、大数据等新一代信息技术的科技服务关键技术,大力提升科技服务的信息化水平。

5. 符合产业黏性原理

产业黏性是影响产业发展与转移的重要因素之一。产业黏性即产业在原产地形成的关联性对区际产业转移形成阻力。产业黏性会导致对产业发展与转移的投入成本变为沉没成本,从而影响人力资本、技术创新、劳动力成本、产业集群和产业效益。科技服务业依附科技创新产业的发展而发展,两者相互影响,因而集聚共享发展战略恰好符合我国科技服务产业黏性已有客观现象。江苏在发展科技服务业时需考虑到科技服务业产业黏性的客观现象,合理发展科技服务业。

参考文献

[1] 关峻,邢李志,何素兴,等.科协科技服务业发展模式研究[M].北京:科学出版社,2016.

[2] 孟庆敏,梅强.科技服务业在区域创新系统中的功能定位与运行机理研究[J].科技管理研究,2010,30(08):74-75.

[3] 王富贵,曾凯华.基于科技创新链视角的科技服务业内涵探析[J].现代经济信息,2012,(09):293.

[4] 陈春明,薛富宏.科技服务业发展现状及对策研究[J].学习与探索,2014,(04):100-104.

[5] 范晓.长三角与京津冀科技服务业集聚特征比较[J].开放研究,2017(05).

[6] 忻红,卜从哲."互联网+"背景下京津冀科技服务业创新发展研究[J].科技管理研究,2019(08).

[7] 周慊,陈敏,吴幸雷.广东科技服务业发展现状、问题与对策[J].科技创新发展战略研究,2021,5(3):6-12.

[8] 华勇谋,赵庶吏.国内外科技服务业发展现状和趋势的调查研究[J].北京农业职业学院学报,2018,32(6):36-40.

[9] 龙云凤,李栋亮.国外科技服务业政府管理模式及对广东的启示[J].科技管理研究,2011,31(19):35-38.

[10] 耿燕,张业倩.国际技术转移可持续发展模式研究及启示[J].科技与产业,2018,18(5):117-120.

[11] 李志起.科技服务业支撑北京科创中心建设[J].北京观察,2020(9):28-29.

第五章　江苏省物流业发展报告

　　江苏是物流大省,濒江临海,铁路大动脉穿越,干线公路和内河航道如毛细血管,遍布全省。因为得天独厚的区位优势,更因为来自强大的制造业和8000余万江苏居民的巨大物流需求,在江苏现代服务业的版图中,物流业基础雄厚。面对经济社会高质量发展、开拓"一带一路"沿线海内外市场等新的目标,使得"传统"的江苏物流业迎来新课题。2021年,江苏物流呈现坚实复苏态势,实体经济持续稳定恢复,拉动物流需求快速增长,物流供给服务体系进一步完善,供应链韧性提升,有力地促进宏观经济提质增效降本,物流实现"十四五"良好开局。2022年物流业务活动仍将趋于活跃,物流产业转型升级加速,预计全年物流有望延续稳中有进的发展态势。

一、江苏省物流业发展现状

(一)物流规模稳步扩大,增长速度有所放缓

　　2021年是"十四五"规划的开局之年,党中央、国务院高度重视构建现代物流体系,物流产业地位稳中有升。江苏物流市场规模全国领先,多年来增速高于全国平均水平。2021年,全省社会物流总额为2012年的两倍,占到全国的近九分之一。江苏现代物流业发展较快,为江苏制造业的转型升级,也为8000余万江苏人生活品质的提升铸造了"新翼"。

(二)降本增效取得进展,物流效率还需提升

　　社会物流总费用占国内生产总值(GDP)的比重,是衡量物流业总体运行效率和现代化水平的重要指标之一。2021年,江苏社会物流总费用占比为13.6%,较"十二五"末下降了1.2个百分点,低于当年全国平均水平1个百分点。但与欧美发达国家8%左右的水平相比,有着一定差距。与构建新发展格局、满足人民日益增长的美好生活需要的要求相比,这一数字背后所代表的物流效率也远远不够。

> **专栏　降本增效提质,江苏绘就现代物流新蓝图**
> 发布日期:2021-10-29　来源:新华日报
> 　　现代物流业一头连着生产,一头连着消费,在市场经济中起着"加速器""助推器"的作用。为进一步推动全省物流产业大发展、快发展,激发新动能、释放新活力,10月27日至28日,省物流产业促进会成立大会在南京召开。大会论坛期间,专家学者围绕新阶段现代物流业发展新思路、江苏"十四五"现代物流业发展机遇与重点、江苏物流数字化绿色化之路等开展研究和探讨,共话我省现代物流业发展新路径。

领跑全国　江苏亮出物流大省"成绩单"

连云港港公路港业务大厅内,数十名司机师傅手持"港通卡"正在等候进港。很快,初次到连云港的赵师傅就收到了前往新苏港码头装货的短信通知。在工作人员的引导下,他在终端自助服务系统上点击"确认进港",就取到了一张提货小票。凭着这张小票,他顺利地到港口码头指定地点装载货物。

这般畅行无阻,得益于现代物流的智能化与数字化。连云港港的大数据平台,对接港口生产、商务、一卡通、磅房、车载操作、闸口管理等系统,实现了运输任务"一键发布"、车辆进港"快速申报"、现场理货"在线确认"等功能。信息的实时共享、运轨的在线跟踪,避免了以往进港货车"排长队""挤码头"等现象,保障港口集疏运顺畅。

这是我省现代物流业蓬勃发展的一个缩影。2020年,全省社会物流总额达32.88万亿元,占全国比重11%左右,全省社会物流总费用与GDP的比率降至13.8%,较"十二五"末下降了1个百分点,低于全国0.9个百分点;省级示范物流园区达60家,6家入选国家级示范物流园区,全省4A级及以上物流企业达274家,居全国第一位;全省5个城市入选国家绿色货运配送示范工程,居全国第一位;全省网络货运平台达83家,整合车辆数、交易额全国领先……一个个亮眼的数据,展现出全省物流业的硬实力。

"江苏现代物流业规模效率全国领先,平台主体建设成效显著,智慧绿色态势加速形成,作为物流降本增效综合改革试点省份,形成了可复制、可推广的'江苏经验'和'江苏模式'。"省物流与供应链研究院院长、东南大学教授毛海军说。

现代物流业的提速发展,促进我省的国际服务能力不断增强。10月22日下午,中欧班列长三角一体化发展示范区专列在苏州首发,为长三角地区制造业和进出口企业开辟了高效便捷的国际物流新通道。数据显示,今年前三季度,我省中欧班列克服计划紧张、口岸拥堵等影响,累计开行1255列,同比增长10.26%,其中8月和9月分别开行196列、209列,班列单月开行总量、回程数量、回程占比3项指标连续两个月创历史新高。"十三五"以来,"江苏号"中欧班列开通25条线路,累计开行5254列。南京中国邮政国际货邮综合核心口岸、中哈(连云港)物流合作基地等标志性工程取得积极进展。

产业变革物流业发展面临新挑战

日前,省人民政府正式印发的《江苏省"十四五"现代物流业发展规划》(以下简称《规划》)提出,"十三五"时期,全省统筹推进物流业稳增长、调结构、惠民生和降本增效,物流业发展基础日益巩固。但同时,我省物流业与构建新发展格局、满足人民日益增长的美好生活需要的要求相比,仍存在一定差距。比如,物流全链条效率低、成本高、综合效益不显著问题突出;物流枢纽多而不强,集聚辐射效应发挥不充分;与产业发展需求相匹配的高技能、高层次物流人才仍有较大缺口等。

以物流园区建设为例。目前,我省综合型示范物流园区20家、专业型示范物流园区40家,其中6家被评为国家级示范物流园区,并成功创建了南京港口型(生产服务型)国家物流枢纽、苏州(太仓)港口型国家物流枢纽、苏州国家骨干冷链物流基地。在省发改委经贸处处长周晓林看来,我省物流园区发展成绩斐然,却也存在一些不足之处。"示范物流园区与配送中心、县乡村物流网络的干支配体系尚未形成,县域物流网络通达性有待增强。此外,与大型工业集聚区的'最先一公里''最后一公里'运输组织断链等现象仍然存在,物流园区作为多式联运关键节点的作用尚未充分发挥,物流数字化、智能化转型力度还需增强。"

"眼下,新一轮科技革命和产业变革正在重塑全球经济增长的新动能。数字经济、AI 技术推广、区块链技术、绿色经济的发展,将会更深远地影响未来的产业发展和组织形式,会进一步改变全球物流链、产业链及价值链的分布。"津通集团有限公司董事长贡毅分析,全球供应链产业趋向多元化、分散化和多样化,更加注重打造信息化、数字化、智能化和绿色金融化,因此企业如何自我调节是各供应链企业将着重考虑的问题。

新发展格局意味着新机遇与新挑战。周晓林表示,"十四五"时期,构建新发展格局和加快区域协调发展,要求拓展现代物流发展新空间,发展现代产业体系和迈向全球价值链中高端要求提高现代物流价值创造能力,实施扩大内需战略和推动形成强大国内市场要求发挥现代物流畅通循环作用等,都是现代物流发展所面临的新形势、新任务。

"国家战略叠加创造新机遇,新一轮科技革命提供新动能,现代产业体系提出新要求。"毛海军认为,"十四五"是江苏物流强省建设的重要机遇期,要推动数量降本向系统增效转变,要素驱动向创新驱动转变,基础支撑向价值创造转变。

3. 快递业务增速明显,对三次产业贡献较大

2021 年,江苏实现社会消费品零售总额 42702.6 亿元,同比增长 15.1%,完成快递业务量 86.1 亿件、快递业务收入 788.4 亿元,同比分别增长 23.4%、11.2%,成为城市货运配送高质量发展的重要动力。目前,江苏各城市积极发展绿色货运配送,苏州成为国家首批完成"绿色货运配送示范工程"创建城市,南京、南通、徐州、无锡等城市正积极开展第二批全国绿色货运配送示范工程创建工作。

2021 年,江苏"快递进村"硕果累累,"快递进厂"初见成效,"快递出海"持续推进。全省 4 个品牌快递服务通达率 100%、7 个品牌快递服务通达率 96.95%,全年实施快递服务现代农业重点项目 42 个、业务量超 1000 万件项目 8 个,累计产生业务量 4.71 亿件,带动农业产值 271 亿元。"快递进厂",全年实施快递与制造业融合发展项目 168 个、产生业务量 5.7 亿件、支撑制造业产值 836 亿元。徐州国际邮件互换局进入试运行阶段,连云港和无锡国际邮件互换局、苏州叠加交换站功能加快协调推进。

4. 数字化水平逐步提升,政策实施效果明显

随着移动互联网、物联网、云计算、大数据等新一代信息技术在物流领域广泛应用,传统物流业务向线上线下融合转变,物流智能化、信息化服务能力不断提高。此外,物流行业营商环境持续改善,围绕物流高质量发展,江苏持续推动国家和省各项政策措施加速落地,出台了《进一步推进物流降本增效促进实体经济发展的实施意见》《江苏省"十四五"现代物流业发展规划》等一系列政策文件,物流服务水平显著提升。

专栏 在平台关键纽带上求"精" 江苏打造智慧物流"新名片"

2021 - 06 - 17 08:51:38 来源:中华工商时报

物流业是支撑国民经济发展的基础性、战略性、先导性产业,是现代流通体系的重要组成部分。近年来,江苏省高度重视现代流通体系建设,赋能降本增效,打造智慧物流"新名片",积累了可供借鉴的好经验。

在城市资源配置上联"网"。扎实推进智慧物流城市试点建设,围绕智慧物流基础设施建设和主体培育等重点领域,加快5G、物联网、大数据、云计算、区块链、人工智能等新一代技术应用,推进物流基础设施和物流要素物联网化、实时化和在线化。鼓励第三方配送、社区O2O、众包等智慧末端配送模式的应用,大力推进城市配送的标准化电子面单,推动城乡配送物流与门店、仓储、供应商的供应链信息系统数据流通与全面对接。

在园区主要阵地上做"优"。以国家物流枢纽、省级示范物流园区为主要载体,着力推进园区作业自动化、过程可视化、产品追溯化、设施数字化、管理智能化改造,实现园区内人、车、货、基础设施的全面互联和高效协同。搭建园区一体化信息化网络,对园区加工、存储、配送全程实现精细化管理,对订单、生产、运单、物流车辆等全流程实现智能化管理,对整个收发货、仓储、配送等环节规范化作业,推动园区业务线上化转型,提高园区的整体运作效率。

在平台关键纽带上求"精"。利用"大云移物智"等智能工具精准度量供、需、商贸及物流渠道等,创新网络货运平台发展模式,加快建设集信息发布、在线交易、数据交换、跟踪追溯、智能分析等功能于一体的全省智慧物流公共服务平台和物流大数据中心,实现物流数据共用、资源共享。围绕农产品、医药、消费品等行业,整合供应链资源,构建采购、分销、仓储、配送供应链协同平台,打造精准感知需求、信息互联互通、客户资源共享、业态功能互补的流通供应链服务体系。

在企业主体发展上育"强"。围绕提升重点行业、重点领域的智慧化水平,在电商快递、冷链、多式联运、城乡配送、智慧供应链等领域,鼓励物流运营主体开展智慧物流技术应用和经营模式创新,推进供应链体系建设。培育一批具备供应链集成解决方案的运作主体,鼓励第三方物流和供应链管理企业向供应链上游拓展协同研发、众包设计、解决方案等专业服务,向供应链下游延伸远程诊断、维护检修、仓储物流、技术培训、融资租赁、逆向物流等增值服务。

在关键核心技术上见"效"。加强物流核心技术和装备研发,推动关键技术装备产业化,鼓励物流企业采用先进适用技术和装备。推进食品冷链、邮政快递、医药、机械等领域智能物流装备的研发应用,提升物流装备的专业化水平。探索机器人、无人机、无人车、新能源汽车、共享快递盒等智能化、绿色化物流装备的应用,推进无人物流和无人特种作业车辆应用示范,在港口、物流园区等半封闭场所开展无人物流服务,鼓励无人驾驶长途物流运输商业应用示范。

5. 物流基础设施逐步完善,投资额持续攀升

截至2021年底,全省综合交通网(不含管道)总规模达到18.7万公里,网络密度为182公里/百平方公里,面积密度跃居世界前列。全省13个设区市全部通动车,高铁里程由2012年底的627公里增至2212公里,跃居全国第三。全省9个运输机场的布局规划全面落地,实现地面交通90分钟车程覆盖全部县(市)。城市公共交通品质不断提升,公交分担率由2012年的20.1%提升到26.3%;全省共有7个设区市开通或在建城市轨道交通,运营里程居全国第二。交通固定资产投资持续高位运行,2021年创下了全年完成投资1780亿元的历史新高,十年来完成基础设施建设投资11236亿元,为2002—2011年十年5915亿元的1.9倍。

二、江苏省物流业发展存在的问题

（一）江苏省物流业发展存在的问题

虽然江苏省统筹推进物流业稳增长、调结构、惠民生和降本增效，物流业发展基础日益巩固，但是，江苏省物流业与构建新发展格局和满足人民日益增长的美好生活需要的要求相比，仍存在一定差距。

1.物流降本增效仍需继续深化

在物流业急速开展的时代，物流运输支出要占到总成本支出的1/3。多数情况下，江苏省的物流支出达物流总成本的50%以上。因而，江苏省很多企业要比发达国家的先进城市企业多花费40%—50%的物流运输成本。2007年，美国相关机构"世界观察家"展开了一项活动，相关数据揭示，江苏省物流运输支出远高于发达国家的先进地区，甚至高达几倍。江苏省的物流全链条效率低、成本高、综合效益不显著问题突出，设施联通不畅、多式联运占比偏低、标准化水平不高亟待解决；物流数字化、智能化转型力度还需增强，公共信息资源共享还需推进；以智慧物流为主抓手的降本增效综合改革仍需加大力度。

2.物流运输管理效率有待进一步提升

以尽可能少的资源投入，在节约本钱和环境负担的管制下到达顾客满意的效劳为宗旨的一项管理活动是物流管理。因为江苏省物流业相对欧美国家及一些先进城市而言还处于低级开展水平，物流管理还在较为粗放地经营布局，多数物流运输企业管理机制仍不够先进，甚至还是较为低端的机制，效劳机制依然低端化。首先是物流设施配备整体低端化，凭借廉价人力资源作为劳动力来进行各项物流活动；其次是较为落后的物流信息系统功能，没有方法实现现代物流所需的信息一体化的需求；最后是统一的物流管理机制的缺少，延迟了物流活动各个环节的交接和物流信息的传递，导致物流运输的管理效率和物流管理水平低下。

3.服务能级提升还有很大空间

物流枢纽多而不强，集聚辐射效应发挥不充分；高端供给存在结构性短板，现代供应链服务能力和嵌入产业链深度广度不足，本土"链主型"企业较为缺乏；应急物流保障、民生物流品质和绿色物流发展水平仍有较大提升空间。

4.创新生态机制亟待充分激活

物流主体创新动力不够强，资金、技术、人才瓶颈依然存在，对新技术新业态国际标准、行业标准制定的参与度不够；在技术应用、产学研协同、智慧化改造等方面仍存在诸多问题，中小物流企业信息化基础薄弱；与产业发展需求相匹配的高技能、高层次物流人才仍有较大缺口。

5.治理能力现代化有待全面增强

物流行业治理方式仍较为传统，与物流新业态发展相适应的规则标准、法律法规和政策措施相对滞后；治理合力不足，行业信用体系、统计评价体系和信息共享机制有待进一步健全；行业组织深度参与行业治理的力度不够，完善政府决策、引导行业自律和规范发展的作用发挥不显著。

6. 智慧化综合物流效率有待提升

江苏省的物流效率仍然低于发达地区水平。究其主要原因,江苏省尚未形成一体化的综合物流运输体系,综合运输体系中铁路和航空运输依然是薄弱环节。铁路尚未成网,省内部分城市之间依然没有联通高铁,公路建设中依然存在结构性矛盾,港口现代物流功能需进一步加强。智能交通的应用水平有待提高,规划建设相应的智能信息平台,但是平台要实现融合和高效运作还有较长的路要走。苏南和苏中之间横向联系不强,往往是各自为政,自行发展智慧物流,各城市之间在智慧物流发展中联盟和合作程度不高。智能化交通体系也是以地区城市发展为基础,没有形成有效的跨区域融合,导致总体效率不高。

7. 智慧物流专业化水平不够强大

江苏智慧物流发展中要针对不同的定位和规划实现智能物流建设和融合发展,这就需要相应信息技术的支持,但是对于一般信息企业而言,更多掌握的是通用技术,针对江苏物流发展和需求,将专业化与江苏物流发展和定位结合起来的比较少,信息技术与物流发展的融合程度不高。专业化的发展需要江苏物流结合定位和规划,利用信息技术和"互联网+"技术,深入到企业的供应链系统中,分析其相应需求进而实现。因此,在发展中既要能够懂物流发展,还要了解当前的信息技术,这对江苏智慧物流发展提出了更高的要求。同时,物流需求与智能技术的深度融合,现有的许多概念仍然不是很成熟,处于试验过程,智慧物流可持续发展模式仍处于探索之中,江苏智慧物流的专业化水平仍有很大的提升空间。

8. 跨区域物流集成平台整合程度不高

根据调查,江苏省绝大多数的物流企业基本配备了电脑等设施,实现计算机信息系统管理,但绝大多数的企业相应的信息系统规模都不大、功能重复。同时,由于资金和能力的限制,企业实施信息化和智能化的投资主要集中在完成具体功能的信息系统上,调查中一半的企业首先上线的是全球定位系统(GPS)应用和财务管理系统。企业出于发展需求,对于信息化建设期望具有更多的话语权,因此接近一半的企业选择自行建设企业网站、运输管理系统和货物跟踪查询系统,但是要想实现物流一体化和智能化提升物流效率降低物流成本,需要更大更强更全面的龙头型平台和企业。

9. 信息化运用有效配置物流资源的能力仍显不足

从整个行业上看,江苏省虽然构建了智慧物流的物联网平台,各物流聚集区也针对自身的发展开展了各项智慧物流升级的项目和建设相应的物流集成平台,但从总体上看,信息系统建设中更多的是硬件的投入,软服务能力和软实力仍然需要进一步提升,重建设轻运营的思维限制了智慧物流的发展,整合到平台上的企业获得的服务有更大的提升空间。江苏省在智慧物流发展中如何整合区域内物流信息和资源,实现物流资源的有效配置需要必要的核心部门支持,仅依靠某个地区政府或者某个企业直接完成跨区域一体化的整合仍然任重而道远。某些大型企业从企业的角度上出发,进行了跨区域整合的尝试和努力,但是从整个行业和地区上看,跨区域一体化的信息平台整合水平依旧不高。

10. 高端人才稀缺,港口供应链发展不完善

江苏港口供应链一体化水平低,未实现港口供应链各个环节的完全覆盖。港口产业链较短,目前以单一的装卸搬运和仓储服务为主,没有实现全过程的物流服务。港口为核心的产业规模效益

不明显,供应链上下游企业联系不紧密。国内对于物流管理专业型人才的投入有待加强,尤其在培养综合性应用型技术人才方面重视不够。国内也缺乏相关的人才培养和引进计划,使得物流高端产业链缺乏充足发展的人才动力,限制了港口供应链进一步的发展与完善。

(二)江苏省物流业发展面临的机遇

当今世界正经历百年未有之大变局。全球产业链供应链加速重构,国内外经济格局发生深刻复杂变化,不确定性和风险挑战进一步增多,统筹稳与进、质与量、内与外的各项任务依然艰巨。当前和今后一个时期,江苏省物流业发展仍然处于重要战略机遇期,面临的机遇和挑战都有新的变化。

1. "争当表率、争做示范、走在前列"为江苏物流高质量发展赋予新使命

习近平总书记赋予江苏"争当表率、争做示范、走在前列"的新使命、新要求,为江苏省物流业发展进一步指明了前进方向,注入了强大动力。江苏作为物流大省,基础设施完备、平台经济发达、智慧物流水平高、人才资源富集,逐步形成了以枢纽经济为牵引、多业融合发展的物流产业集群,具有开放和创新先发先行优势。"十四五"时期,江苏物流业发展迈入枢纽能级加速提升期、物流体系关键成形期、物流主体国际竞争力培育期,要紧扣"强富美高"的总目标总定位,在打造"具有全球影响力的产业科技创新中心、具有国际竞争力的先进制造业基地、具有世界聚合力的双向开放枢纽"中发挥现代物流重要支撑和引领作用。聚焦高质量发展、高品质服务、高效能治理,着力激发新动能、开辟新空间、塑造新优势,在降本增效、改革创新、产业融合、区域协同等方面形成引领示范,为江苏高质量发展贡献物流力量和物流智慧。

2. 新发展格局为江苏现代物流体系建设明确新方位

构建新发展格局是应对新发展阶段机遇和挑战、贯彻新发展理念的战略选择。新发展格局下,扩大内需特别是消费需求成为基本立足点,国内超大规模市场的供需高效对接,产品面向国内国际市场进行辐射,均需要物流进行有机串接和高效协同,将推动物流辐射范围、流量流向、网络布局、服务组织的变革重构。物流流向由外循环单环流动为主转向内循环—外循环双向流动,物流服务网络更多面向服务强大国内市场进行布局,对物流通道和枢纽布局提出新的要求。货物规模扩张增速放缓,物流需求结构向个性化、品质化、精益化转变,对物流服务供给结构和质量提出更高要求。江苏作为国内众多产业循环发起点联结点和融入国际循环的重要通道有力支点,要顺应国家产业布局、内需消费和物流空间融合重构发展态势,优化物流空间布局和服务组织方式,加快构建内外联通、高效运作的"通道+枢纽+网络"现代物流运行体系,扩大高质量物流服务供给,增强需求适配性,推动物流体系向以服务国内大循环为主体、国内国际双循环相互促进的海陆统筹方向转变。

3. 多重国家战略叠加实施为江苏物流业开放协同发展创造新机遇

"一带一路"建设、长江经济带发展、长三角区域一体化等多重战略叠加交汇,为江苏参与全球合作竞争、加强区域协作和创新协同发展拓展了新空间,经济集聚度、区域联通性、政策协同效率进一步提升,将推动物流形成跨区域联通、一体化协作的发展格局。内陆枢纽规模化布局、沿海沿江港口竞争,对江苏物流枢纽地位、跨区域物流服务能力等带来挑战。江苏作为"一带一路"交汇点、长江经济带重要枢纽和长三角区域一体化核心区域,要充分发挥物流比较优势,消除跨区域物流堵

点和断点,打破区域内部和跨区域物流服务的体制机制障碍,加快推进物流跨区域设施联通、资源共享、协同运作、区域共治。推进高能级物流枢纽网络建设,加快物流要素资源合理配置和规模集聚,提升跨区域物流服务能力。拓展国际物流通道服务网络,提升现代物流企业国际竞争力,推动物流企业、标准、技术、品牌"走出去",培育国际合作和竞争新优势,为构建陆海内外联动、东西双向互济的开放格局提供支撑。

4. 新一轮科技革命加速推进为江苏物流业创新发展提供新动能

以互联网、物联网、大数据、云计算、人工智能等现代信息技术为代表的新一轮科技革命正在重构全球创新版图、重塑全球经济结构。新一代信息技术在物流业广泛应用,智能物流装备和技术加速迭代,推动物流资源要素的数字化改造、在线化汇聚和平台化共享,物流人员、装备设施以及货物将全面接入互联网,呈现指数级增长趋势,形成全覆盖、广连接的物流互联网,将实现物流作业流程、技术应用、组织运作、经营管理、业态模式的全面创新。江苏作为数字经济和科技创新发展高地,要抓住数字经济发展机遇,加快物流业数字化、智能化赋能,全面推进物流技术、业态、模式和管理创新。加快物流创新主体培育,推进物流关键核心技术突破,强化智慧物流平台建设,全方位提升管理效能和现代化治理水平,打造科技含量高、创新能力强的智慧物流产业体系,形成万物互联的数字物流新生态。

5. 现代产业体系迈向价值链中高端对江苏物流供应链优势重塑提出新要求

江苏拥有较为完整的产业体系和全国规模最大的制造业集群,在全球产业链、供应链、价值链中的位势和能级不断提升。物流是提升产业运行效率和价值创造能力的保障环节。现代产业体系迈向价值链中高端,将推动生产物流和城乡消费物流服务体系重构,推动供应链管理、精益物流以及快递快运、即时物流、冷链物流等细分领域快速发展。要充分发挥物流在塑造供应链竞争优势上的关键作用,深化与实体经济链条的高效协同,按照现代产业体系建设要求,加快构建创新引领、要素协同、安全高效、竞争力强的现代供应链,提升供应链服务水平和价值创造能力。妥善应对错综复杂国际环境带来的新矛盾、新挑战,加强供应链安全国际合作,增强产业链供应链安全韧性。进一步增强物流业在制造、商贸、农业等产业体系重构中的战略引领能力,实现江苏产业基础高级化、产业链现代化、价值链高端化。

三、江苏省物流发展的对策建议

(一)聚焦能级提升,推进枢纽经济跨越发展

1. 提升枢纽集聚辐射能力

推进要素资源向国家和省级物流枢纽集聚,补齐铁路专用线、多式联运转运设施、应急物流设施等基础设施短板,提高干线运输规模和支线运输密度,整合专业化仓储、区域分拨配送、通关保税等设施。推进物流枢纽综合信息服务平台建设,推动枢纽内企业、供应链上下游企业信息共享。打通多式联运"中梗阻",加强干支衔接、标准对接和组织协同,切实解决跨运输方式、跨作业环节"卡脖子"问题。推进既有货运铁路连线成网,加快苏州(太仓)港、连云港徐圩港、南通通州湾港、常州综合港务区、盐城大丰港和滨海港等港区铁路专(支)线建设,打通铁路货运干线通道与重点港区的

"最后一公里"。提高海河联运内河航道等级,提升多式联运网络化运作水平。提升枢纽一体化组织运营能力。通过战略联盟、资本合作、功能联合、平台对接、资源共享等市场化方式,培育形成优势互补、业务协同、开放高效的物流枢纽运营主体,进一步提升组织运营、资本运作和资源配置能力。

2. 打造多元协同的枢纽体系

推进建立协同高效的物流枢纽联盟机制,加强枢纽间功能协同和业务对接,形成多层次、立体化、广覆盖的物流枢纽网络体系。强化水水中转、水陆联运有机衔接,进一步发展壮大淮安港、徐州港、宿迁港、苏州港、无锡港等内河集装箱港,推进江海河一体化的港口型物流枢纽网络建设。强化干支运输、区域分拨、中转集散等功能,推进干支配一体化的陆港型物流枢纽网络建设。强化全货机航线直达、跨境物流和联运服务,推进内外联通、快捷高效的空港型物流枢纽网络建设。强化供应链管理、干支联运、分拨配送等物流功能,推进与重点制造业和商贸集聚区深度融合的生产服务型和商贸服务型物流枢纽网络建设。以国家物流枢纽为核心载体,串接不同地区、不同城市、不同类型的物流枢纽,有效联结物流园区、货运场站、配送中心、仓储基地等物流设施,加快推进物流枢纽间开行"钟摆式""点对点"直达货运专线、班列班轮、卡车航班。

3. 培育发展枢纽经济

统筹枢纽与城市、产业协同发展,强化枢纽综合竞争和规模经济优势,打造要素集聚全、流通效率高、业态模式新、聚合能力强的枢纽经济增长极。强化"枢纽+企业""枢纽+平台",提升枢纽组织能力,放大集聚发展辐射效应。重点吸引企业总部和研发、销售、物流、结算、营运中心等功能性机构落户,培育引进一批全球领先的平台型供应链企业,做大做强区域分销分拨、大宗物资交易、跨境贸易、保税通关、产业金融、创新协同等平台服务功能,形成枢纽发展与企业成长的共赢格局。强化"枢纽+产业""枢纽+城市",构建枢纽经济产业体系,推动港产城互动融合发展。发挥物流枢纽产业链供应链的组织功能,推动现代物流和先进制造、现代商贸等产业深度融合,发展枢纽紧密型、偏好型、关联型产业,促进资本、技术、管理、人才等各类资源和生产要素集聚,推动发展航空经济、临港经济、高铁经济等,提高城市经济发展能级和产业竞争力。

(二)强化供应链创新,推进物流与产业深度融合

1. 推进供应链管理模式创新

发挥物流在供应链管理上的关键作用,提升物流企业的供应链组织管理能力,培育壮大一批现代化、专业化的供应链企业。强化供应链技术应用和服务模式创新,进一步增强供应链金融、采购执行、分销执行、质量追溯、商检报关等增值服务能力;推进供应链企业加大数字化投入力度,提升供应链要素数据化、数据业务化和信息安全化水平,加强数据标准统一、信息互联和数据共享,推动供应链全流程业务上云,打造数字供应链和产业新生态圈。加快建设技术水平高、集成能力强的一体化供应链组织中枢,聚合链主企业、物流企业、金融机构、增值服务商等,推动供应链系统化组织、专业化分工、协同化合作,实现集中采购、共同库存、支付结算、物流配送、金融服务等功能集成,提高供应链快速响应能力。

2. 提升重点产业供应链竞争力

提升现代供应链战略地位。紧扣江苏省"531"产业链递进培育工程和"产业强链"三年行动计

划,完善重点产业供应链政策规划体系,推进分行业供应链战略规划设计和精准施策,加大供应链重大基础设施、服务平台建设力度。提升重点产业供应链协同和集成能力。围绕全产业链整合优化,创新供应链组织模式,强化制造企业供应链组织和要素资源整合能力,提升物流自动化、智能化水平,带动制造业流程再造、模式创新、质态提升。围绕智能制造,打造一批具有订单管理、库存管理、数据辅助决策等功能的协同管理平台。提升重点产业供应链弹性。加强供应链安全国际合作,提升国际运输通道安全风险防控和应急保障能力。推进与跨国物流集团、龙头供应链企业建立战略协作,提高全球供应链协同和配置资源的能力,促进重要资源能源、关键零部件来源的多元化和目标市场的多样化。研究建立重点产业供应链风险监测、预警、应对工作机制,引导行业、企业间加强关键零部件供应链中断风险信息共享和互助协同,分散化解潜在风险。

3. 创新产业融合发展

依托重点产业集聚区,加快布局与产业发展紧密关联的一站式联托运、公共外库、分拨配送等设施,推进完善保税、冷链、快递、云仓等物流服务功能。推进物流企业与制造企业、商贸企业加强信息编码等基础类、质量控制等服务类、托盘等装备类的标准统一和衔接。推进工业供应链管理平台建设,推动物流企业深度参与制造企业资源计划、制造执行系统等关键管控软件开发,复制推广先进的信息融合模式,实现采购、生产、流通等上下游环节信息实时采集、互联共享。实施"快递进厂"工程,拓展邮政快递企业与制造企业融合发展深度,大力发展线边物流、逆向物流、准时物流等嵌入式驻厂服务,以"项目制管理"方式与先进制造企业建立长期稳定的战略合作关系。依托重点商圈、商贸集聚区、跨境电商平台,推动物流企业与商贸流通企业共同打造一体化供应链服务体系,强化集中采购、统仓共配、邮政快递、保税通关、支付结汇等物流服务功能。引导传统流通企业向供应链服务企业转型,推进现代物流与新型末端商业模式融合,加快完善直达社区、村镇的共同配送物流网络,提升末端物流服务效率。依托大型农产品批发市场、农产品电商、农业龙头企业、农民合作社、家庭农场等,加快构建农产品物流服务网络,完善基于农产品流通大数据的产销对接机制,拓展加工配送、安全检测、溯源查询等服务功能,延伸农产品加工链条,提升农产品冷链物流服务能力。推进物流与金融产业融合发展,探索利用物联网、区块链等技术创新物流金融服务模式,为物流企业提供融资、结算、保险等服务,进一步激发物流市场主体活力。

(三)加快数字转型,积极推动物流改革创新

1. 加快推进物流数智化应用

推动5G、大数据、云计算、工业互联网、人工智能、区块链等新一代信息技术在物流领域的应用。加快货、车(船、飞机)、场、物流器具等物流要素数字化转型升级。推动物流枢纽、物流园区(基地)、港口码头、货运场站等物流基础设施数字化改造升级,打造一批智慧物流园区、全自动化码头、无人场站、口岸智能通关、数字仓库等。推进智能化多式联运场站、短驳及转运设施建设。加快运用无人机、无人驾驶货车、可穿戴设备、智能快件箱、自动分拣机器人等智能化装备,推进数字化终端设备的普及应用。加快推广"信息系统+货架、托盘、叉车"仓库基本配置技术,推进传统仓储设施的数字化转型。

2. 全面推进物流数字化管理

加快推进物流业务的数字化转型,推动企业在车(船)货智能配载、多式联运、安全运输、信用监

管、路径优化等方面实现全流程数字化改造,建立物流业务基础数据的采集管理系统。推动企业开展数据"上云"行动,鼓励具备条件的企业挖掘、应用物流大数据价值,提高物流大数据在风险识别、网络优化、市场预测、客户管理等领域的应用水平。培育基于"数据＋算力＋算法"的核心能力。推进基于数据驱动的车货匹配、运力优化和车路协同等模式创新。推进智能物联网在运输风险管控、安全管理领域的应用,提升运输精细化运营和主动安全管理能力。以数据集中和共享为重点,打通信息壁垒,构建安全高效的政企数据共享机制,不断完善安全监管标准。探索建立基于区块链技术汇集运输、仓储、交通、税务、银行、保险等多方信息的物流公共"数据池",推进物流数据资源跨地区、跨行业互联共享。加快推进物流领域的"互联网＋政务服务",构建基于大数据的信用约束、精准实施、分类扶持、协同监管的智慧化治理体系。

3. 进一步深化智慧物流综合改革

推进智慧物流降本增效综合改革试点成果的集成应用。围绕城市物流智慧化治理,打造一批智慧物流发展体制机制完善、智慧技术应用广泛、物流枢纽智慧互联、智慧物流主体集聚效应显著的智慧物流示范城市。围绕园区智慧化改造,建成一批作业自动化、过程可视化、产品追溯化、设施数字化、管理智能化、运营网络化的智慧物流示范园区。围绕智慧物流关键场景,推进物联网感知、物流仿真、车路协同、大数据挖掘算法等的研究应用。培养一批技术先进、模式新颖、服务高效的智慧物流示范企业和智慧物流信息平台,建设一批引领江苏智慧物流快速发展的智力引擎载体。结合物流降本增效试点任务,进一步完善智慧物流发展体制机制,构建技术、装备集成应用的智慧物流产业生态,推进制定适用于智慧物流企业的管理标准和办法,建立智慧物流企业评估和评价体系。

(四)强化协同联动,加快区域物流一体化发展

1. 深化都市圈物流一体化发展

围绕物流设施共建共享、网络互联互通、行业共管共治,统筹布局物流枢纽节点,优化配置物流资源,推进都市圈物流设施网络建设,加快构建区域分拨、城市配送服务体系,提升都市圈物流一体化组织服务效能。发挥南京国家物流枢纽承载城市的聚合辐射作用,突出周边城市比较优势,构建枢纽引领、分工协作、层次分明的都市圈物流体系,合力推进都市圈物流一体化先行示范。强化南京海港、空港、陆港、商贸服务、生产服务等物流枢纽功能,提升多式联运、中转集散、供应链组织能力,加快推进南京全国航空货物和快件集散中心、区域性航运物流中心建设。发挥周边城市产业承接优势,在镇江、扬州、马鞍山、滁州等城市布局建设一批干支衔接、智慧高效的城际配送中心,探索跨区域同城化的共同配送组织协作模式,创新配送车辆同城化通行管理举措,加快形成 1 小时物流配送圈。推动苏锡常海陆空物流枢纽资源共享共用,做强苏州江海转运、做大无锡航空货运、做优常州公铁水联运,推进无锡、常州打造陆港型物流枢纽。加快物流"金三角"建设,完善徐州陆港、连云港海港、淮安空港枢纽设施功能,建立枢纽建设协调推进机制,加强物流设施互联、信息互通、业务联动,推进徐州都市圈其他城市物流协同发展。

2. 加强长三角城市群物流协同

立足长三角产业经济规模大、开放创新水平高、综合交通网络发达等基础,充分发挥上海长三角区域一体化龙头带动作用,放大江苏产业链供应链组织能力强、开放口岸平台众多、科教创新资

源丰富等比较优势,强化物流分工协作、优势互补、错位发展,推进建立苏浙沪皖物流一体化协作机制。推进枢纽共建、设施联通、资源共享、创新协同,营造市场统一开放、规则标准互认、要素自由流动的物流业发展环境,共同打造区域物流一体化示范标杆。统筹规划物流基础设施布局,推进物流枢纽共建和设施联通。依托世界级港口群建设,加强港航物流合作,高水平推进苏州(太仓)港近洋集装箱枢纽港和远洋集装箱喂给港、长江南京以下江海联运港区、南通通州湾长江集装箱运输新出海口共建共享和业务融合。提升南京、无锡、盐城和南通等城市机场物流服务能力,有效承接上海国际航空枢纽资源溢出。深化口岸合作,提升通关一体化水平,复制推广"沪太通"集装箱多式联运模式,推进常州、苏州、无锡等地布局内河集装箱中心(ICT),开发直通上海港、宁波港的海铁联运班列。聚焦关键前沿技术,开展物流科技创新联合攻关,建设开放、协同、高效的物流技术研发应用平台。依托中国国际进口博览会,共同打造国际供应链组织和物流总部经济聚集区,推进建设一批集贸易分销、区域分拨、综合服务等功能于一体的线下展示交易与分销分拨平台。发挥江苏民生物流资源集聚优势,提升农产品冷链物流、粮食物流、邮政快递、应急物流等服务水平,扩大面向长三角的优质民生物流服务供给。

3. 推动跨区域物流联动发展

立足国内大循环,推进建立跨区域物流联动机制,加快形成便捷通畅、经济高效、协同运作的物流服务网络体系。围绕大宗商品、生产资料、特色农产品、工业品等跨区域流通,推进与重要资源基地和消费市场的高效物流通道建设,加快发展枢纽间铁路干线运输,增开一批双向铁路货运班列,优化物流组织模式,提高跨区域物流运行效率。推进建立与陕西、甘肃、新疆等中西部省份物流协作机制,强化江苏省重要物流枢纽节点跨区域中转集散、联运转运、交易交割等功能,加强物流枢纽间基础设施联通对接。围绕集装箱、件杂货、大宗散货的跨区域流通,有序推进港口型物流枢纽班轮航线建设,加快推进与武汉、重庆等长江中上游港口城市建立物流联动合作机制。提升江海河联运、水水中转、铁水联运等服务功能,加强长江支线"班轮化"运作,增强航运资源交易、大宗商品交易平台的集聚力和影响力,提升长江黄金水道物流运输效能。围绕国际航运、航空货运、供应链管理、冷链物流、跨境物流、人才培训等重点领域,建立完善与香港、澳门、台湾地区以及广州、深圳等城市物流联动机制,密切与粤港澳大湾区物流联系,加强物流标准对接,推进政府、行业组织和企业间交流,深化拓展业务合作,提升跨区域物流合作层次和水平。

(五)加强统筹推进,提升城乡配送循环效能

1. 加快城市配送网络一体化

立足城市经济循环,加快完善布局合理、有机衔接、层次分明的城市配送网络体系。优化城市物流空间布局,推进物流资源集聚集约发展,构建形成"物流园区(分拨中心)—配送中心—末端网点"三级城市配送网络。充分发挥商贸物流枢纽核心辐射作用,适应本地电商、直播带货等新零售发展,推进建设以商贸物流枢纽为核心的配送网络,引导生产和商贸流通企业合理布局产地仓、前置仓、配送站、快递驿站、自提点和社区门店,高效衔接即时配送、网店配送、门店自提等模式,提高"最后一公里"本地配送效率和服务质量。布局建设一批集运输、仓储、加工、包装、分拨等功能于一体的公共配送中心,强化统一存储、集中分拣、共同配送等功能。围绕城市商圈、景区、客运站等,完善快递揽收网点布局。结合城市更新、老旧小区改造等,完善城市快递末端服务体系,加强邮政、交

通、电商、快递等资源整合,推进设施共享共用,推广智能快件箱(信报箱)等新型设施建设。

2. 创新集约高效的城市共配模式

立足资源协同共享,推动城市共同配送组织模式创新。强化城市货运配送统一管理,加快建立城市配送公共信息平台,发展"互联网＋同城配送",推动平台型企业整合同城货源和物流运力资源,加强配送车辆的统筹调配和返程调度。推进快递末端配送资源整合优化,大力推广统仓共配、分时配送等先进物流组织方式,引导快递企业通过联盟、合资等方式建立共同配送平台,建立统一品牌、统一管理、统一数据、统一分拣的共同配送体系。引导城市农产品流通由供应原料为主向供应成品、半成品为主转变,建设面向城市的低温加工处理中心,发展"生鲜电商＋冷链宅配""中央厨房＋食材冷链配送"等新模式。

3. 建立健全农村物流服务体系

立足乡村经济循环,加快完善县乡村三级物流配送网络,建设一批县域物流园区、公共配送(分拨)中心、镇级配送站和村级公共服务网点,健全乡到村工业品、消费品下行"最后一公里"和农产品上行"最初一公里"的双向物流服务网络。全面实施"快递进村",整合社会资源推动农村快递服务网络建设,推动交通运输与邮政快递融合发展,利用客运车辆开展代运邮件和快件。完善农村物流公共服务站点,促进农村物流"最后一公里"节点网络共享、运力资源共用。推进大型商贸流通企业、电商快递供应链网络下沉乡村,布局建设冷链物流产地仓、田头小型仓储保鲜冷链设施、产地低温直销配送中心。实施"互联网＋农产品"出村进城工程,推进交通运输、邮政快递与农业生产、加工、流通企业组建产业联盟,建立"种植养殖基地＋生产加工(仓储保鲜)＋电商平台＋快递物流"一体化的供应链体系,完善产运销一体化的农村物流服务网络。围绕省内特色产业集群和特色农产品产地,推进直播电商与邮政快递融合发展,发展"直播电商＋产地仓＋快递共配"模式,推动物流赋能乡村发展。

(六)培育竞争优势,提升国际物流服务能力

1. 强化国际物流通道建设

立足国际循环,适应全球产业链深入融合和跨国供应链加速重构趋势,以"三横三纵"物流通道为基础,强化物流枢纽的国际物流设施建设,推进国际物流通道布局优化,加快构建便捷畅通、多向立体、内联外通的国际物流通道网络。加强"一带一路"国际物流通道建设。强化新亚欧东向出海通道建设,深化与国际重要港口协作联动,推进开辟至重要战略性物资基地的海运直达航线。拓展加密面向"一带一路"沿线及重要贸易国家重点产能合作地区的国际空运航线、航班,重点开发日韩、东南亚、欧美、港澳台等方向航线,大力发展国际全货机航线。强化经苏州(太仓)港至东亚、南亚,经连云港、盐城至日韩的通道建设。进一步畅通西向陆路国际物流通道,优化南京、苏州、徐州、连云港四市中欧班列国际铁路运输组织,增强铁路集装箱集结能力,支持在沿线重要节点布局加工组装基地和物流枢纽,进一步完善中欧班列通道线路布局和境内外揽货体系。围绕东亚小循环,重点加密至日韩等近洋航线,提高全货机航线直达率和航班密度。加强南京龙潭港、苏州(太仓)港等江海联运枢纽与上海国际航运中心以及香港、新加坡等国际航运枢纽联动,优化至美西、中东、西非等远洋航线运输布局。推进连云港港、通州湾新出海口建设,强化集装箱远洋航运功能。

2. 提升国际物流综合服务能力

强化物流枢纽通关保税和全球要素集聚等功能,打造内外有机联动、多运输方式协同的国际物流服务体系,提高服务国内国际市场能力。推进省市级公共海外仓建设,引导省内有实力的企业通过资本运作、业务合作等方式,围绕美国、欧盟、东盟等主销市场和"一带一路"沿线等新兴市场的港口、铁路和航空枢纽,布局一批配套服务功能完善的公共海外仓,为外贸企业提供通关、仓储配送、营销展示、退换货和售后维修等服务。推动省国际货运班列公司、跨境寄递服务企业在国际物流重要节点区域设置海外仓,完善境外物流和寄递服务网络。大力发展海运快船、国际铁路定制班列、集并运输等模式,推进海铁联运和江海联运发展,进一步增强国际航运和铁路物流服务能力。增强全货机定班国际航线和包机组织能力,完善国际航空货运服务关口前移、空陆联运等服务,提升国际货源和运力资源组织水平。加快发展国际寄递物流服务,实施"快递出海",鼓励有条件的地市规划建设快件监管中心,增强进出境邮件、快件及货物的国际集散能力。适应跨境贸易碎片化新趋势,紧抓区域全面经济伙伴关系协定(RCEP)的跨境物流发展新机遇,加大对东南亚的物流布局与整合,推进具有跨境出口、海外仓配、全程追踪、金融融资等服务功能的跨境物流综合服务平台建设,为跨境电商发展提供全链路一站式跨境物流服务。

3. 培育壮大国际物流服务主体

发展物流总部经济,加快推进具有全球供应链运营能力的航运企业、供应链管理企业、跨国公司采购分销中心在江苏设立高能级物流总部。推动省级龙头企业牵头组建大型跨国物流集团,建设一批骨干海运企业、航空物流企业和中欧班列运营企业,提升江苏省物流企业在全球物流产业价值链中的地位和影响力。推动省内企业通过投资并购、战略联盟、业务合作等方式整合境内外国际运输、通关、境外预分拣、海外仓等资源,提高到岸物流与境外落地配送服务能力。推进江苏省物流企业加强与"一带一路"沿线国家物流交流合作,跟随产业投资、重大工程项目"走出去",提供配套国际物流服务,拓展全球物流网络。

(七)坚持低碳环保,推动物流全链路绿色发展

1. 营造绿色物流发展新生态

全面提升物流设施、技术、模式绿色化发展水平。推进绿色物流枢纽、园区和基地建设,加强土地和存量资源的集约利用,推广应用绿色节能物流技术装备,提升绿色化发展水平。加大货运车辆(船)适用的 LNG 加气站、充电桩、岸电设施等配套基础设施建设。推动仓储设施的节能降耗与绿色发展,引导企业规划和建设绿色仓储新设施,推动企业对旧有的仓储设施实现绿色化升级改造。推广绿色低碳运输工具,淘汰更新或改造老旧车船,推进内河船型标准化,加大新能源或清洁能源汽车在枢纽园区、城市配送、邮政快递等领域应用。积极推进运输结构调整,推动大宗货物运输由公路转向铁路和水路,推动形成公路与铁路、水路合理的比价关系,加快发展铁水、公铁、公水等多式联运。探索建立物流领域碳排放监测体系,开展物流领域碳达峰、碳中和研究。

2. 发展绿色物流新模式

推动绿色运输、仓储和包装等环节协同运行,实现物流全链条绿色化发展。推广先进运输组织模式,推进公共"挂车池""运力池""托盘池"等共享模式和甩挂运输等绿色运输方式发展。推广应用装箱算法、智能路径规划、大数据分析等技术,科学配置运输装备,合理布局仓储配送设施。推动

物流枢纽、示范物流园区等采用能源合同管理等节能管理模式。推广普及电子面单、环保袋、循环箱、绿色回收箱,推进物流企业与制造、商贸流通企业包装循环共用,推广使用循环包装和生物降解包装材料,推行实施货物包装和物流器具绿色化、减量化。

3. 构建逆向物流新体系

优化城市逆向物流网点布局,完善城市社区废旧物资回收网络。创新逆向物流回收模式,围绕家用电器、电子产品、汽车、快递包装等废旧物资,构建线上线下融合的逆向物流服务平台和回收网络。加快落实生产者责任延伸制度,引导生产企业建立逆向物流回收体系,推动汽车、工程机械、电子产品等生产企业利用售后服务体系建立再制造逆向物流回收网络。培育一批逆向物流服务主体,推动第三方物流开展逆向物流业务,提供个性化和专业化物流服务。

(八)突出重点领域,提升物流专业化服务能力

1. 冷链物流

围绕更好满足生鲜农产品生产流通规模化需求、城乡居民生活消费品质化需求、生物医药等专业化需求,加快补齐冷链物流短板、打通流通堵点、完善网络体系,全面提升冷链物流发展水平。依托省内重点农产品产销地、集散地,分层次完善各类专业冷库设施布局,优化冷库供给结构,提升冷链物流设施水平。依托大型农产品批发市场、农产品物流园,推进建设面向城乡居民消费的低温加工配送中心。依托进境肉类、冰鲜水产品、水果指定监管场地、药品进口口岸及保税区,推进建设一批集保税仓储、加工配送、冷链查验、保税展示、冷藏运输、价格结算等功能于一体,具有区域影响力和市场辐射力的跨境冷链交易平台。依托大型生物医药生产和流通企业,强化疫苗等生物制剂的冷链数据监测、国际航空冷链等服务功能,全面提升医药冷链物流专业化服务水平。围绕高铁集装箱冷链、航空冷链、医药冷链、生鲜电商、温控供应链等,打造一批冷链物流高端服务品牌。全面提升冷链物流节能安全管理水平。推广应用冷藏集装箱、冷藏车、低温物流箱、移动冷库等标准化设备,改善前端和末端冷链设施装备条件,提升城乡冷链服务网络覆盖水平。建立完善从田间地头到居民餐桌的农产品供应链体系,发展第三方冷链物流监控平台,加强冷链产品全程溯源和温湿度监控。加快推进形成布局合理、技术先进、供需匹配、绿色安全的冷链物流体系,提升冷链物流价值创造能力。

2. 航空物流

加快补齐航空物流短板和弱项,构建与江苏先进制造业水平、外贸规模、消费能力相适应的航空物流服务体系。以南京空港型国家物流枢纽建设为契机,加快推进南京中国邮政国际货邮核心口岸、机场三期国际货运站、大通关基地建设,加强机场货运设施与物流枢纽高效衔接,强化跨境电商、国际快件、空空联运、空铁联运等功能,进一步推进航空物流资源向枢纽集聚。推进苏南硕放国际机场、淮安涟水国际机场区域性货运枢纽建设,强化南通新机场航空物流功能,提升保税通关、航空快递、航空冷链等服务能力,拓展卡车航班等业务。推进既有航空货运设施改扩建,完善地面配套服务体系,提高航空运输与地面物流作业环节的衔接转运效率。推进机场物流与临空经济区、综合保税区高水平联动,实现区港一体化运营。培育和引进一批规模化、专业化、网络化航空物流龙头企业。拓展加密面向日韩、东南亚、欧洲等地的国际全货机航线,加快形成服务长三角、辐射周边国家地区、通达全球主要枢纽的航空物流网络。

3. 高铁物流

发挥高铁准时高效运量大的优势,加快构建与现代化铁路网相匹配的高铁物流服务体系。推进南京、徐州、连云港、淮安规划建设高铁物流枢纽,在具备条件的高铁沿线城市布局一批高铁快运基地。加强高铁场站功能设施改造升级,完善与高铁物流相配套的硬件基础设施,强化货物安检、快速接卸货、分拣、存储、转运等功能建设。推动新建高铁枢纽同步规划建设邮政快递物流设施。依托高铁枢纽打造城市综合体、高铁快运物流基地和现代快递产业园。鼓励电商、快递等企业参与高铁物流枢纽建设,就近或一体化布局电商快递分拨与配送中心,完善与高铁物流高效衔接的分拨、配送网络。推广应用可加挂高铁货运车厢、高铁货运柜等专用运载装备。推进高铁物流枢纽开行跨区域、长距离的"点对点"的高铁货运班列、专列。围绕电商、快递、高端冷链及贵重物品、精密仪器等时效性较强货物,打造一批"次晨达""次日达""当日达"的高铁物流服务产品,推进形成多点覆盖、灵活组织的高铁物流服务网络。

4. 应急物流

围绕保障各类、各级突发公共事件的物资供应和产业链供应链安全,加快建设布局合理、平战结合、响应快速、安全高效的应急物流保障体系。依托物流枢纽、示范物流园区等,布局建设一批应急物流基地,围绕重要交通物流节点,布局建设应急物流转运场站。整合优化存量应急设施,推动既有物流设施嵌入应急功能,推进各类物资储备设施和应急物流设施在布局、功能、运行等方面的匹配和衔接。提高应急物流技术装备水平,发展快速通达、转运装卸和"无接触"技术装备。突出实物与产能、政府与社会相结合,构建多元参与、互为补充、协调联动的应急物资储备机制。充分发挥应急物流企业主力军作用,制定应急物流保障重点企业名录,建立高效响应的运力调度机制,提升物资跨区域大规模调运组织能力。推进交通、物流、卫生、粮食与物资储备等应急物流信息互联互通和共享共用,建立分级响应的应急物流保障协调机制,加强预案管理,提高应急物流系统韧性。

5. 粮食物流

全面实施国家粮食安全战略,发挥江苏粮食生产大省、消费大省和流通大省优势,依托粮食物流设施完备、加工产业发达、粮油品牌众多和粮机产业集聚等良好发展基础,进一步强化资源整合、功能拓展、价值创造,推进国家级粮食物流枢纽建设,将江苏打造成立足长三角、服务长江经济带、联动全国和"一带一路"的重要粮食安全保障物流基地。进一步提升沿东陇海铁路、沿淮河出海线、沿江、沿海、沿京杭运河、沿连申线运河等粮食物流通道能力,强化重点粮食物流园区集疏运和集聚辐射能力。推进园区产业链上下游企业集聚,加快园区智慧化改造,提升公共服务、联运转运、粮食交易、精深加工、供应链管理等服务能力。全面推进粮食物流数字化建设,加强粮食物流园区信息互联共享,建设集物流资源调度、保供稳价、应急供应、安全监控、大数据分析等功能于一体的粮食物流产业大数据平台,提高粮食全产业链的智慧化水平。进一步提升新亚欧大陆桥陆路通道和沿海沿江通道的国际粮食物流能力,构建安全高效的全球粮食供应链服务体系。加快培育一批具有全球化布局、国际化贸易、供应链组织等能力的粮食物流运营主体,提升全球粮食资源配置能力。依托沿江沿海重要粮食物流设施,建设一批国家级和省级粮食物流枢纽,加快形成层次分明、衔接高效的粮食物流体系,全面提高粮食物流运营效率,降低粮食物流成本。

参考文献

［1］蔡玫.江苏省物流产业发展分析[J].纳税,2018(13):216.

［2］刘晓岚,范晔.江苏省商贸物流业与城市产业结构升级协同发展研究[J].中国经贸导刊(中),2018(29):29－30.

［3］胡浩,曹从咏.江苏省物流业发展与经济增长关系的研究[J].物流科技,2015,38(05):89－91＋98.

［4］陈海波,王世勇,陈芳园.江苏省区域物流业发展水平的比较分析[J].江苏商论,2011(11):69－72.

［5］钱丽琼,姚德利.江苏省物流效率评价[J].合作经济与科技,2022(07):23－25.

［6］伍瑞涵,宋淑鸿.江苏省南京市现代物流业竞争力影响因素分析[J].物流科技,2021,44(11):91－94.

第六章 江苏省公共服务业发展报告

公共服务是政府为满足城乡居民生存和发展需要,运用法定权利和公共资源,面向全体居民或特定群体,组织协调或直接提供的产品和服务。江苏省已进入以高质量发展促进共同富裕的关键阶段,人民群众对公共服务产品的要求已从"有没有"向"好不好"转变,期盼更加优质化、多样化的公共服务供给。构建新发展格局需要新支撑。在服务全国构建新发展格局上争做示范,是习近平总书记和党中央赋予江苏省的重大使命之一。

一、江苏省公共服务业发展现状

根据我国国民经济行业的分类,公共服务业包括科学研究、技术服务和地质勘查业,水利、环境和公共设施管理业,教育,卫生、社会保障和社会福利业,公共管理和社会组织五个方面。江苏省公共服务业发展较为缓慢,但总体增长率较高。从近几年江苏省统计局发布的统计年鉴来看,公共服务业五大产业都取得了显著成效,总产值不断增加,规模不断扩大。

(一)公共服务业各行业发展百花齐放

1. 科学研究和技术服务业

(1)科技研究投入再创新高

2021年,在江苏省委、省政府的正确领导下,全省科技系统坚决贯彻党的十九届六中全会精神和省第十四次党代会精神,以省政府与科技部新一轮部省工作会商会议为契机,紧扣科技强省总目标,坚定不移推进科技自立自强,各项工作取得重要进展,科技创新主要指标有了新的跃升。全省全社会研发投入达3300亿元左右,占地区生产总值比重达2.95%,接近创新型国家和地区中等水平;高新技术产业产值占规模以上工业产值比重达47.5%,增加1个百分点;万人发明专利拥有量达41件,是全国平均水平的2倍;科技进步贡献率达66.1%,提高1个百分点;区域创新能力继续保持全国前列,实现了"十四五"良好开局。

2021年,全省专利授权量64.1万件,比上年增长28.4%,其中发明专利授权量6.9万件,增长49.7%;PCT专利申请量7168件,下降25.4%。年末全省有效发明专利量34.9万件,比上年末增长19.7%;万人发明专利拥有量41.2件,增长13.9%。科技进步贡献率66.1%,比上年提高1个百分点。全年共签订各类技术合同8.3万项,技术合同成交额达3013.6亿元,比上年增长29%。省级以上众创空间达1075家。全省研究与试验发展经费支出由2012年的1288.0亿元增加到2021年的3447.8亿元,年均增长11.6%,占GDP比重由2.3%提升至2.95%,接近创新型国家和地区的中等水平。2021年,全省高新技术产业产值占规上工业总产值比重达47.5%,比2012年提高10个百分点,2021年高新技术企业累计超过3.7万家,是2012年的7倍多。战略性新兴产业产值占规上工业比重 39.8％,比 2014 年提高 11.1 个百分点。6 个先进制造业集群入围国家重点培育对象,数量居全国第一。

表 1　2016—2021 年江苏省科技活动基本情况

指标	2016 年	2017 年	2018 年	2019 年	2020 年	2021 年
科技机构数(个)	135	133	130	128	123	117
规模以上工业企业	23564	22007	22469	23015	19147	17805
研究与试验发展课题(项)	138351	150951	163052	203119	213157	237183
高等院校	1055	1133	1219	1369	1484	1550
科技活动人员数(人)	75776	77290	73921	82791	86517	92703
研究与发展经费内部支出(亿元)	2026.87	2260.06	2504.43	2779.52	3005.93	3438.56
R&D 经费内部支出(亿元)	1657.54	1833.88	2024.52	2206.16	2381.69	2716.63

数据来源:《江苏统计年鉴 2022》

2. 教育

截至 2021 年,全省共有普通高校 168 所;普通高等教育招生 74.61 万人,在校生 238.23 万人,毕业生 58.63 万人;研究生教育招生 9.46 万人,在校生 27.15 万人,毕业生 6.26 万人。全省中等职业教育在校生数 64.1 万人(不含技工学校)。特殊教育学校招生数 0.3 万人,在校生数 2.0 万人。全省共有幼儿园 8116 所,比上年增加 213 所;在园幼儿 252.5 万人,比上年减少 1.6 万人。

表 2　各阶段教育学生情况

指标	招生数		在校生数		毕业生数	
	绝对数(万人)	比上年增长(％)	绝对数(万人)	比上年增长(％)	绝对数(万人)	比上年增长(％)
普通高等教育	74.6	−2.2	238.2	5.5	58.6	2.9
研究生	9.5	5.7	27.2	11.4	6.3	9.8
普通高中教育	44.9	6.1	125.2	8.4	34.6	11.1
普通初中教育	90.4	3.3	263.9	3.8	79.1	5.8
小学教育	97.2	0.1	585.7	0.8	91.4	3.1

数据来源:《2021 年江苏省国民经济和社会发展统计公报》

3. 环境和社会保障

(1) 环境治理力度加大

污染防治攻坚战成效明显。生态环境质量创 21 世纪以来最好水平。全省 PM2.5 年均浓度 33 微克/立方米,同比下降 13.2％,空气质量优良天数比率达 82.4％,同比上升 1.8 个百分点,首次以省为单位达到国家空气质量二级标准,实现历史性突破。水环境国考断面优 Ⅲ 比例 87.1％,同比提高 3.8 个百分点,劣 Ⅴ 类水全面消除,均超额完成国家考核任务。太湖治理连续 14 年实现饮用水安全和不发生大面积湖泛"两个确保"。近岸海域海水优良比例同比大幅上升,全省近岸海域海水优良比例 87.4％,同比上升 41.1 个百分点;劣四类海水比例 17％,同比下降 7.9 个百分点。土壤污染详查工作全面完成。长江生态环境保护修复扎实推进,牢牢把握"共抓大保护、不搞大开发"的战略导向,巩固提升沿江岸线整治成果,长江干流江苏段水质保持Ⅱ类,自然岸线比例提高到73.2%。城乡环境进一步优化。全省林木覆盖率达24%,国家生态文明建设示范区增至27个,省级特色田园乡村增至446个,累计建成国家生态园林城市9个,数量居全国第一。大力推动化工钢铁煤电行业转型升级优化布局,关闭退出低端落后和环境敏感区化工生产企业354家。

（2）社会保障体系更加健全

退休人员基本养老金人均提高4.5%,失业保险进一步扩围提标,基本医保市级统筹全面实现,困难群众基本生活得到更好保障。参加城乡基本养老、失业、工伤保险参保人数分别达5964.0万人、1967.0万人、2340.7万人,领取失业保险金人数29.2万人,比上年末下降12.1%;参加城乡居民基本医疗保险人数4817.8万人,参加职工基本医疗保险人数3246.0万人,城乡基本医疗保险参保率达98.5%,比上年同期提高0.5个百分点。社会服务日臻完善,年末全省共有各类注册登记的提供住宿的社会服务机构3639个,其中养老机构2494个,儿童服务机构44个。社会服务床位45.5万张,其中养老服务床位44.0万张,儿童服务床位0.4万张。年末共有社区服务中心2971个,社区服务站1.3万个。

4. 卫生

（1）健康江苏建设深入推进

扎实推进健康江苏25项专项行动,9个设区市、8个县级市入选全国健康城市建设样板市,数量及占比均居全国第一。加快健康镇村建设,新增省健康镇53个、健康村337个、健康社区291个。深入开展爱国卫生运动,大力倡导文明健康绿色环保方式,全省居民健康素养水平提高到32.13%。全省平均预期寿命达到79.32岁、孕产妇死亡率5.51/10万、婴儿死亡率2.19‰。

（2）卫生健康服务能力进一步提升

截至2021年,全省共有各类卫生机构36446个,其中医院2029个,疾病预防控制中心115个,妇幼保健机构112个。各类卫生机构拥有病床54.8万张,其中医院拥有病床42.9万张。共有卫生技术人员68.8万人,其中执业医师、执业助理医师27.2万人,注册护士30.8万人,疾病预防控制中心卫生技术人员0.9万人,妇幼保健机构卫生技术人员1.8万人。启动8个类别省级区域医疗中心建设,设立5个省级中医临床医学创新中心,新增4家县级三级医院,县级医院推荐标准、基本标准达标率均居全国第一。新增农村区域性医疗卫生中心80个、社区医院77家。

（3）医药卫生体制改革持续深化

在全国率先开展公立医院综合改革示范建设,全力推动公立医院高质量发展。分级诊疗体系加快建立,全省新增医联体105个,实现各级各类公立医疗机构医联体建设全覆盖。实行医疗机构首诊负责制和转诊审核责任制。药品供应保障制度不断完善。

（4）群众医药费用负担持续降低

167个国家谈判药纳入"双通道"管理,118个实行单独支付。全面落实国家和省多轮药品医用耗材集中带量采购结果,2021年完成1轮省级药品和2轮医用耗材带量采购,累计240多个药品、2000多个品规的医用耗材价格明显下降,节约资金超过180亿元。

（5）重点人群健康得到有力保障

促进健康扶贫与乡村振兴有效衔接。三孩生育政策稳步实施,全省办理生育登记41.66万件。

新增护理院 22 家、总数达 310 家,新增二级以上公立综合医院老年医学科 20 家,二级以上公立综合医院设老年医学科比例达 71.6%。老年友善医疗机构达 1731 家,建成率达 63.6%。医养结合机构达到 837 家。老年人意外伤害保险覆盖率达 81.05%。

表 3　2016—2021 年江苏省卫生机构、床位及卫生技术人员情况

分类	2016 年	2017 年	2018 年	2019 年	2020 年	2021 年
卫生机构数(个)	32135	32037	33253	34796	35746	36448
卫生机构床位数(万张)	44.31	46.98	49.15	51.59	53.50	54.86
卫生技术人员数(万人)	51.71	54.80	59.00	63.33	66.55	69.18

数据来源:《江苏统计年鉴 2022》

5. 文化和体育

(1)公共文化服务水平不断提升

城乡公共文化服务体系不断完善。全省共有文化馆、群众艺术馆 116 个,公共图书馆 122 个,博物馆 366 个,美术馆 48 个,综合档案馆 112 个,向社会开放档案 341.3 万卷。共有广播电台 4 座,电视台 4 座,广播电视台 10 座,中短波广播发射台和转播台 21 座,广播综合人口覆盖率和电视综合人口覆盖率均达 100%。全省有线电视用户 1384.3 万户。全年生产电视剧 12 部 433 集;审查电影 36 部,其中故事性电影 31 部,纪录片电影 3 部,动画片电影 2 部;出版报纸 18.7 亿份,出版期刊 1.2 亿册,出版图书 7.3 亿册。

(2)体育事业蓬勃发展

群众体育和竞技体育、体育事业和体育产业协调发展,江苏健儿在东京奥运会和第十四届全运会上取得优异成绩。在东京奥运会上 2 人次获 2 枚金牌、6 人次获 5 枚银牌、2 人次获 2 枚铜牌,创 1 项世界纪录,创 1 项奥运会纪录。在第十四届全运会上获得 42 枚金牌、35 枚银牌、39 枚铜牌,破 2 项全国纪录。在其他世界最高水平比赛(除奥运会外)中,7 人次获 3 枚金牌、5 人次获 3 枚银牌、3 人次获 3 枚铜牌。

(3)体育事业拥有更高的平台和更广的市场

国家体育产业基地是我国体育产业领域的"国家队"和"排头兵",在实现体育产业规模与质效全面提升中起着举足轻重的作用。这四年,随着江苏体育产业载体平台高质量建设不断推进,江苏已经成功创建 31 个国家体育产业基地,南京、苏州、常州入选首批国家体育消费试点城市,确定 28 个县(市、区)为省级体育消费城市试点单位,动态认定 102 个省级体育产业基地、62 个体育服务综合体,创建 3 个体育类省级特色小镇,53 个项目入选中国体育旅游精品项目。2012 年起,江苏与其他长三角区域体育产业积极协作,协同打造了长三角运动休闲体验季等一批品牌活动。位于常州的江南环球港,不仅和商业综合体一样集休闲、娱乐、餐饮、购物功能于一身,更是一个体育综合体。人们可以体验足球、篮球、网球、台球、保龄球、健身、游泳、射箭、搏击、轮滑、攀岩、卡丁车、骑马等多项运动,让健身带动消费升级。作为"江苏省体育服务综合体"和"国家体育产业示范项目",常州江南环球港正是江苏省近年来体育产业与文、旅、商融合发展的典型代表之一。

近年来,江苏体育产业总体发展水平保持全国领先。2020 年,全省体育产业总规模达到 4881.80 亿元,年均增长率达 11.7%,总规模约占全国 1/6,同年全省体育产业增加值达 1641.79 亿元,占全省 GDP 的 1.60%,体育服务业增加值占体育产业增加值比重达到 67.2%。四年来,江苏国家体育产业基地数量居全国前列,还承担了体育场馆运营管理改革、体育消费试点城市等多项体育总局的改革试点任务。随着平台载体持续高水平发展,江苏体育产业的市场主体也在持续壮大。江苏金陵体育、淮安共创草坪成功在主板上市,一批创新型体育企业在新三板上市,2020 年底全省共有各类体育产业法人单位及产业活动单位 38255 家,较 2015 年底增长了 156.7%,此外还设立了省体育产业投资基金,成立省体育产业资源交易平台,为体育产业发展持续注入动能。

(4)政府支持优化体育产业发展环境

新冠疫情下,体育产业特别是接触性体育服务业受到冲击。为助力体育产业企业尽快走出经营困境,优化提升营商环境,江苏先后推出"江苏体育产业 15 条""江苏体育产业 9 条"等纾困政策。全省联动开展服务体育企业"十个一"行动计划,支持帮助体育企业复工复产,促进全省体育产业健康稳步发展。这四年,江苏大力发扬"店小二"精神,建立了 219 个省、市、县(市、区)级体育产业政企沟通联系点,联合建设银行江苏省分行设立"江苏体育企业金融贷绿色通道",累计给予 926 家体育企业信贷支持 9.9 亿元,多措并举帮助企业平稳渡过难关。举办体育企业家高级研修班,举办多届江苏体育产业大会,服务体育企业质效不断提升。江苏新金菱体育产业集团拥有全省首家蹦床产品全产业链,是集研发设计、生产、销售、贸易于一体的现代化企业。受疫情等因素影响,产品销路扩展遇到瓶颈,技术研发投入较大,企业盈利水平下滑,经营面临难题。淮安市体育局在了解到新金菱集团的困境后,主动向企业宣传江苏省体育产业发展专项资金政策,帮助他们研究政策、匹配项目,多次赴金湖实地查看相关项目进展,确保企业高质量、高效率完成申报。

(二)公共服务业总产值不断扩大

经初步核算,江苏 2021 年全年实现地区生产总值 116364.2 亿元,迈上 11 万亿元新台阶,比上年增长 8.6%。其中,第一产业增加值 4722.4 亿元,增长 3.1%;第二产业增加值 51775.4 亿元,增长 10.1%;第三产业增加值 59866.4 亿元,增长 7.7%。全年三次产业结构比例为 4.1∶44.5∶51.4。

2015—2021 年间,江苏省公共服务业的总产值逐年增长,从 2015 年的 8038.17 亿元增长到 2021 年的 15055.7 亿元,增长了 87.3%。与此同时,江苏省公共服务业各行业的总产值基本上呈现增长态势,2021 年科学研究与技术服务业产值达到 2698.75 亿元,较上年增长 11.92%;水利、环境与公共设施管理业产值为 669.92 亿元,较上年增长 1.08%;教育产值为 3316.34 亿元,较上年增长 8.67%;卫生和社会工作产值达到 2178.19 亿元,较上年增加 12.16%;文化、体育和娱乐业产值为 618.76 亿元,较上年增加 11.24%;公共管理、社会保障和社会组织产值为 5580.74 亿元,较上年增长 11.99%。从上述数据来看,受新冠肺炎疫情的影响,2021 年江苏省公共服务业发展总产值呈现不断扩大的趋势。目前江苏公共服务业整体出现良好的势头,公共服务业产值占第三产业比重每年均维持在 20% 以上,进入重要的发展期。

表 4　2015—2021 年江苏省公共服务业发展情况　(单位:亿元)

产业	2015 年	2016 年	2017 年	2018 年	2019 年	2020 年	2021 年
科学研究与技术服务业	1413.53	1645.10	1882.59	2021.53	2253.72	2411.19	2698.75
水利、环境与公共设施业	395.22	459.97	509.61	565.21	650.55	662.78	662.92

产业	2015 年	2016 年	2017 年	2018 年	2019 年	2020 年	2021 年
教育	1807.68	2103.83	2330.82	2585.21	2903.77	3051.66	3316.34
卫生和社会工作	1155.06	1344.30	1489.34	1651.91	1806.98	1942.12	2178.19
文化、体育和娱乐业	406.75	473.38	524.46	581.71	602.25	556.26	618.76
公共管理、社会保障和社会组织	2859.93	3328.48	3687.59	4090.10	4639.33	4983.44	5580.74
公共服务业总产值	8038.17	9355.06	10424.41	11495.67	12856.6	13607.45	15055.7
第三产业总产值	33931.69	38269.57	42700.49	46936.47	50852.05	53638.85	59866.39
公共服务业产值占第三产业比重（％）	23.69％	24.45％	24.41％	24.49％	25.28％	25.37％	25.15％

数据来源：《江苏统计年鉴 2022》

二、江苏省公共服务业发展存在的问题

（一）江苏省公共服务业发展的基础

1. 制度体系更加健全

江苏省在"十三五"时期印发了《"十三五"基本公共服务均等化规划》《"十三五"时期基本公共服务清单》《"十三五"时期基层基本公共服务功能配置标准（试行）》《关于建立健全基本公共服务标准体系的实施意见》等政策文件。建立基本公共服务体系建设监测统计和群众满意度调查制度，定期发布基本公共服务水平指数和发展指数，群众满意度从 2016 年的 74.6 分提高到 2020 年的 86.05 分。优化调整财政支出结构，强化省与市县事权和支出责任，印发了医疗卫生、教育、交通运输、公共文化等 9 个领域具体改革方案。

2. 保障能力全面提升

87 项基本公共服务清单项目和保障标准得到有效落实，基层基本公共服务标准化配置实现度达到 90％以上，民生支出占一般公共预算比重提高到 79％。普惠性幼儿园覆盖率达到 85％，90％以上的义务教育学校达到省定办学标准，15 年免费特殊教育全面实施，新增劳动力平均受教育年限超过 15 年。城镇登记失业率控制在 3％左右，城镇零就业家庭动态为零。每千常住人口医疗卫生机构床位数 6.31 张、每千常住人口执业（助理）医师 3.16 人，城乡居民基本公共卫生服务人均最低补助标准提高到 80 元，人均预期寿命超过 79 岁，居民主要健康指标接近或达到高收入国家发展水平。各类社会保险参保率保持在 98％左右，基本形成以居家为基础、社区为依托、机构为补充、医养相结合的养老服务体系，每千名户籍老年人拥有床位 40 张。全面建立老年人福利补贴制度，城乡独居留守老年人关爱巡访制度覆盖全省。全面建成覆盖全员的五级退役军人服务保障体系。残疾人康复设施覆盖率达到 76.9％，居全国首位。空气质量优良天数比例为 81％，主要污染物减排完成国家下达任务。

3. 均等化水平持续提高

基本公共服务资源持续向基层、农村和困难群众倾斜，苏南、苏北、苏中地区及市域内基本公共

服务差距总体缩小。以居住证为载体的基本公共服务制度体系全面建立,农业转移人口等非户籍人口基本公共服务均等化水平明显提升。义务教育基本均衡发展县比例达到100%,义务教育实现"公民同招"。覆盖城乡的"15分钟健康服务圈"持续完善,城乡居民基本医疗保险制度实现"六统一",低收入人口参加基本医保实现动态全覆盖。以设区市为单位全面实现低保标准城乡并轨、同城同标,城乡保障标准年均增长率分别达5.8%和8.3%,全省平均保障标准达到每人每月771元。76.3%的乡镇和57.7%的行政村实现公交直通县城,位列全国之首。城乡社区体育服务功能进一步优化,在全国率先建成"省有四馆、市有三馆、县有两馆、乡有一站、村有一室"五级公共文化设施网络体系,不断改善观影条件,积极推动农村电影放映由流动向固定转变,实现农村电影固定点放映全覆盖。全省广播电视综合覆盖率达到100%,实现应急广播终端行政村全覆盖。

4. 多样化服务攻击有效扩大

加强规划引领和环境营造,大力支持社会力量参与公共服务供给。加快发展3岁以下婴幼儿照护服务,新增普惠托育机构90家以上。全面放开养老服务市场,取消养老机构设立许可,社会力量举办或经营床位数占比超过70%,护理型床位占养老床位数比重达到63.74%。促进家政服务业提质扩容,全省具有一定规模的员工制家政企业近3100家。支持社会力量提供多层次多样化医疗服务,全省非公立医疗机构数量占比超过41%。高质量发展体育产业,人均体育场地面积累计增加50%以上,体育产业增加值占GDP比重超过1.5%。

总体上看,江苏省公共服务发展成效显著,但是对照人民群众日益增长的美好生活需要,公共服务发展不平衡不充分问题仍然较为突出,特别是优质公共服务资源与群众高品质生活需求不相匹配,上学、就医、养老、托育等领域结构性矛盾凸显;城乡、区域、群体间公共服务资源配置不够均衡,面向农村地区、经济薄弱地区、弱势群体和外来人口提供的基本公共服务仍有短板弱项;公共服务供给手段和方式较为单一,社会组织和市场力量参与不足,数字化应用有待拓展和深化。要坚持把实现好、维护好、发展好最广大人民群众根本利益作为发展的出发点和落脚点,尽力而为、量力而行,加快推动公共服务取得新突破、迈上新台阶,持续增强人民群众的获得感、幸福感、安全感,让社会主义制度优越性更加彰显。

(二)江苏省公共服务业面临的形势

1. 社会主要矛盾转化提出新要求

当前,江苏省已进入以高质量发展促进共同富裕的关键阶段,社会主要矛盾转化为人民日益增长的美好生活需要和不平衡不充分的发展之间的矛盾,人民群众对公共服务产品的要求已从"有没有"向"好不好"转变,期盼更加优质化、多样化的公共服务供给。适应现代化建设的新形势新要求,要更加注重高质量发展和高品质生活导向,持续提升公共服务保障水平,以优质均衡的公共服务推动人的全面发展,促进共同富裕,实现社会全面进步。

2. 构建新发展格局需要新支撑

随着新型城镇化发展进入成熟稳定、质量提升阶段,城乡人口流动性进一步增强,公共服务需求更加多元,推进基本公共服务全面覆盖常住人口的要求更加紧迫。乡村振兴战略深入实施,需要加快健全城乡一体的基本公共服务体系,推动公共服务向农村拓展延伸,推进城乡基本公共服务标准统一、制度并轨。随着长三角一体化等国家战略深入实施,将持续推进更宽领域的公共服务共建共享,不断提升公共服务一体化发展的紧密度、协同度、融合度。

3. 人口结构及老龄化程度呈现新变化

"十四五"期间,江苏省人口老龄化程度将不断加深,劳动年龄人口持续下降,社会抚养比持续上升,家庭小型化趋势明显,养老育幼能力趋向弱化,群众多样化养老、健康、托育等服务需求不断上升,对公共服务发展带来深远影响。要坚持"资源跟着需求走、服务跟着居民走",加强基本公共服务与人口结构、群体结构、空间结构相匹配,持续优化完善公共服务的供给结构、资源布局和配置机制。

4. 服务供给方式面临新变革

随着国家治理体系和治理能力现代化建设深入推进,深化"放管服"改革、优化营商环境的力度不断加大,社会力量参与公共服务的积极性持续增强,市场活力进一步释放,为公共服务领域培育多元供给主体、创新服务提供方式、扩大市场开放增添了动力。新一轮科技革命和产业变革深入发展,大数据、物联网、人工智能、区块链等新技术广泛应用,与公共服务领域深度融合,将加速催生公共服务新产品、新业态、新模式,不断提高公共服务精准服务水平和供给效能。

(三)江苏省公共服务业存在的问题

1. 公共服务标准化建设存在短板

近年来,全省基本公共服务标准化建设有序推进,人民群众的获得感、幸福感和满足感不断提升,但基本公共服务标准化建设工作与人民群众的期望还存在一定差距,一些问题与矛盾亟待研究解决。当前,全省的基本公共服务资源配置还不够均衡,教育、医疗等重点领域存在薄弱环节,部分标准没有充分体现关切百姓,有些群众要求强烈的事项未被列入,或标准不具体;部分标准过于超前,不符合当前经济发展水平。同时,基层基本公共服务设施不足和利用不够问题并存,如城市社区的适老化改造还存在问题。部分苏北县(市、区)镇村公交开通率仍较低,不少地方班次利用不足,存在资源浪费的现象。部分建制镇污水处理设施由于管网不配套和成本负担等问题,正常运行率不高。此外,财政资金的投入不能满足基本公共服务建设的需求;基本公共服务涉及面广,参与管理的部门多,资源和信息共享不够充分;社会组织、企事业单位参与基本公共服务的路径不够通畅,社会力量在基本公共服务提供方面的参与度有待提高。

2. 农村公共服务业发展仍然滞后

优质教育资源配置不均,城乡师资力量差距问题是阻碍江苏省教育资源优质均衡的突出问题之一,江苏省部分农村学校的师资结构在职称、年龄、学科和骨干方面失衡,音、体、美、信息技术等专业科目教师配备不全,无法满足日常教学的需要。由于经济文化发展相对落后,农村教师队伍流动性大。学校对音、体、美、信息技术等专业科目的重视程度不够,经常出现被其他课程占用的情况,不能实现学生德智体美劳全面发展。同时,城乡硬件设施资源配置也存在一定差距。城市地区校舍建筑面积和校舍环境远优于农村地区。乡村图书馆、体育馆、科技馆等场所及音乐、美术、书法、计算机等专用教室配置不足且利用率低。

部分农村地区公共服务设施供需错位,因为体育财政的投入主要来自地方财政,所以市县、城乡体育财政的投入差异性较大。经济发展好的地区体育公共服务供给更加到位。以苏州市为例,苏州市主城区体育基础设施投入的资金较多,配置较好,而城郊、农村地区财政投入相对较少,农村体育公共服务供给总量不足、质量普遍较低,难以满足农村人口对公共体育服务的需求。有些地区设有专门的健身道,村民们晚饭后只能在车水马龙的大马路边散步。此外,虽然近年来江苏省在对农村体育服务方面做出诸多努力,配置了大批体育设施,但是占用和搁置体育设施的现象十分普遍,很多体育活动设施没有充分发挥作用。农村公共文化大多投向公共基础设施建设,而对服务质量提升的投入明显不足。调研发现,部分农村公共文化服务资金主要来自省拨资金、县补资金和地方筹集,这些资金主要投入在文体活动设施和村级文化服务中心上,但村级文化辅导员的工资报酬没有足够的资金保障。由于活动经费有限,人力资源紧缺,乡镇文化站、村居文化活动室等利用率不高,各区域活动开展情况的差异较大。

3. 地域和城乡公共服务差异仍然明显

江苏省人民政府就民众对公共服务满意度调查显示,从各大体系的综合评价看,总体呈现出从南到北递减的趋势。从各大体系的城乡对比来看,11 个体系的城镇居民满意度均优于农村,其中基本社会保险和基本就业创业的满意度差距较大,分别为 6.7 分和 3.4 分,其他体系都在 3 分以内。可见城乡差异仍然普遍存在,城镇居民的感受明显优于农村居民。因为中国的城乡二元结构,户籍制度限制等历史因素的存在,加上城乡、区域经济不平衡等现实问题的存在,导致城镇居民和农村居民在保障水平上确实存在一定差距。由于社会保险往往和就业合同有密切的相关性,城乡居民在就业上存在的差距,也会进一步影响到居民所享受到的社会保障水平。

三、江苏省公共服务业发展的对策建议

(一)实现基本公共服务均等化

1. 健全完善基本公共服务标准体系

制定实施省级基本公共服务标准。依据国家基本公共服务标准,制定覆盖全省的基本公共服务实施标准,明确基本公共服务项目的服务对象、服务内容、服务标准、支出责任和牵头负责单位,作为各级政府提供基本公共服务的基准和人民群众享有相应权利的重要依据。各设区市要对照省基本公共服务实施标准,在不缩小范围、不降低标准的前提下,制定实施本地标准,确保内容无缺项、人群全覆盖、标准不攀高、财力有保障、服务可持续。加强基本公共服务标准实施应用的综合协调,研究解决跨部门、跨行业、跨区域的重大问题,加强监测评价,并统筹考虑经济社会发展水平和财政保障能力等因素,对基本公共服务标准进行动态调整。健全行业领域公共服务标准。完善各重点领域建设类、管理类、服务类标准,做好标准间统筹衔接,推进标准化管理,建立包含不同标准层次、兼顾长远发展需求的行业领域标准体系,加强标准普及应用。探索开展区域协作联动,加强相关标准规范对接,促进区域内设施设置、人员配备以及服务质量水平有效衔接。深化基本公共服务标准化试点,推动试点地区在优化资源配置、规范服务流程、创新服务方式等方面先行先试。

2. 推进城乡公共服务资源均衡配置

首先,加快城市优质资源向农村辐射。优化中小城市、县城和重点中心镇公共服务设施布局,引导城市优质教育、医疗、养老等机构在新城新区设立分支机构,促进基本公共服务资源更加均衡可及。加快发展城乡教育联合体,鼓励城乡学校开展"学校联盟"或"集团化办学"。推进义务教育

教师"县管校聘",积极发展名师空中课堂等线上教育,有效促进优质教育资源共享。深化紧密型县域医共体建设,推进远程诊疗、远程手术、互联网健康在农村广泛应用,推行基层卫生人才"县管乡用"制度。统筹城乡文化基础设施资源,促进农村电影放映、全民阅读、文体活动等服务供给提质增效。强化社会保险全民覆盖,提高农村居民待遇保障的获得感。其次,推进县城公共服务补短板提质量。积极推进以县城为载体的新型城镇化,优化教育、医疗卫生、养老托育、文旅体育、社会福利和社区综合服务设施等布局。补齐县城公共卫生防控救治短板,健全县城重要应急物资收储调配机制、基本生活用品保障机制。支持苏南地区县城完善教育、卫生、文化、体育、养老等功能,打造县域公共服务高质量发展高地。推进苏北、苏中地区县城补齐高等级医疗机构、职业教育、养老服务等设施短板,提升公共服务供给配置能力。然后,提升农村公共服务水平。严格落实乡镇综合服务设施建筑面积不低于 1500 平方米的标准,全面推进乡镇政府购买公共服务指导性目录制度,强化综合服务能力建设,把乡镇建成服务农民的区域中心。对被撤并乡镇、人口减载区域及偏远地区,以实有人口规模为基础,合理保留和科学完善基本公共服务设施,确保就近便捷获得基本公共服务。将应对突发公共事件的基础设施及避难场所建设纳入农村公共服务设施建设规划。最后,优化基层社区服务功能。将城乡社区综合服务设施纳入经济社会发展规划、国土空间规划,按照每百户居民拥有面积不低于 30 平方米的标准,以新建、改造、购买、项目配套和整合共享等形式,完善城乡社区综合服务设施,重点加强经济薄弱村、老城区社区设施建设。社区综合服务设施内居民服务和活动空间不低于 70%,鼓励居民群众民主参与公共空间管理。实施"服务到家"计划,打造社区和农村便民服务示范点。到 2025 年,全省城乡社区综合服务设施面积达标率达到 90%。优化社区基本服务功能,推广基层全科社工模式,完善激励支持政策,加快形成"一门受理、一站式服务、全科社工"的社区服务模式,健全村级公共服务事项帮办代办机制,让老百姓少跑腿、办成事。

3. 提升区域公共服务协调发展水平

首先,进一步缩小省内公共服务差距。加大省级统筹力度,通过完善事权划分、规范转移支付、设立统筹基金等方式,完善对苏北等经济相对薄弱地区基本公共服务财政投入机制,形成省域内待遇趋同的调节机制。打破地域限制,探索以协议合作、连锁经营、开办分支机构、管理输出等方式,跨地区参与服务供给,分享先进的管理模式和高品质服务。优先支持在苏北、苏中地区规划设置高等院校,推动省内外高水平医疗机构、养老机构在苏北、苏中地区设立分院或院区,发挥优质资源的辐射带动作用。其次,优化都市圈公共服务资源配置。探索建立都市圈公共服务一体化推进机制,强化内部政策协同和资源共享,推进基本公共服务制度对接,逐步缩小基本公共服务差距,共同打造"幸福都市圈"。推动宁镇扬公共服务资源一卡通,扩大公共服务辐射半径,加快推进南京都市圈优质公共服务一体化、连锁化供给,充分发挥苏锡常地区产业、人口和城镇密集的独特优势,打造苏锡常普惠便捷优质共享生活圈,进一步强化对长三角一体化的支撑作用。加强徐州都市圈医疗卫生、社会保障、职业教育等领域改革创新,推动跨省域、跨城市公共服务制度对接和资源共享。最后,推动实现市域内基本公共服务均等化。推进市域内县域间民生政策保障标准统一,对补助到个人、涉及"老小孤残"等困难群体的兜底保障政策,以及按"人头"算账、群众必需的教育、医疗、就业、保障性住房等基本公共服务项目,逐步推行城乡统一、区域均衡的保障标准。对群众需求迫切的教育、医疗、养老等公共服务设施,以及新型农村社区综合服务设施,逐步推行统一的建设标准,以设施标准化带动服务水平均等化。

4. 促进常住人口基本公共服务均等化

推进按常住人口配置公共服务资源。立足江苏省人口发展趋势,准确把握人口总量、结构、分布特点,优化公共服务资源配置。强化人口数据支撑,加快推进以居民身份号码为唯一标识、以常住人口基础信息为基准的省级人口基础信息库建设。分类完善公安、养老、教育、就业、卫生等信息系统,以省信息资源共享交换平台为基础,加快实现跨部门、跨地区信息的整合共享和综合利用。以常住人口规模结构分布和流动趋势为依据,科学确定各类公共服务设施服务半径和覆盖人群,优化资源配置,提升服务供给水平,做到布局优化、普惠可及。持续提升农业转移人口基本公共服务质量。在常住人口居住证制度实现全覆盖的基础上,积极推进居住证与户籍制度并轨,加快实现身份证承载居住证功能。根据地方承载能力,有序扩大居住证附加的公共服务范围并提高服务标准,逐步缩小居住证持有人与户籍人口享有基本公共服务的差距。推动各地政府坚持"两为主"原则,将外来务工人员随迁子女纳入各地教育发展规划和财政保障范围,推动入学待遇和升学考试同城化,促进随迁子女与本地学生发展融合。推进进城务工人员与城镇职工同工同酬,平等参加职工社会保险并享受相关待遇。落实农业转移人口参加城镇基本医保政策,对于居住证持有人选择参加居民医保的,个人按本地居民同等标准缴费,各级财政给予同等标准补助,享受同等医保待遇。将农业转移落户人口纳入当地医疗卫生服务范围,享有同等的基本公共卫生服务补助标准,就近选择家庭医生团队进行签约服务。加快完善城镇住房保障体系,确保进城落户农民与当地城镇居民同等享有政府提供基本住房保障的权利。

(二)大力推进生活服务品质化

1. 提升扩容家政服务

加快建立供给充分、服务便捷、管理规范、惠及城乡的家政服务体系,推动家政服务网点向基层社区、居住小区和农村地区延伸,进一步提升服务可及性、便利性。持续实施家政服务业提质扩容"领跑者"行动,支持中小家政服务企业专业化、特色化发展。发挥龙头企业示范带动作用,把家政服务、母婴服务、保洁服务、养老服务等服务需求有机结合,促进家政企业做大做强。强化系统培训和就业服务,提升家政服务规范化水平,完善家政服务人员持证上门制度,开展家政服务质量第三方认证。落实家政服务业发展税费优惠政策,强化对家政企业的金融、就业补贴、社保补贴等政策支持。

2. 加快发展体育产业

推动体育服务业向高品质、多样化升级,培育竞赛表演、健身休闲、场馆运营、体育培训等重点产业,推动水上、山地户外、冰雪、航空、马拉松、自行车、击剑、马术、汽摩和电子竞技等引领性强的时尚运动项目发展。鼓励利用商业综合体、老旧工业厂区等,打造综合性健身休闲与消费体验中心。完善体育消费券发行方式,推动体育消费支付产品创新。活跃农村体育消费市场,拓展夜间体育消费,积极开展体育大卖场、体育嘉年华等体育消费主题活动,编制江苏体育旅游地图,为群众提供更加便捷、更高质量的体育消费体验。推动体育社会组织向基层和不同人群延伸覆盖,深化体育社团改革,促进和规范社会体育俱乐部发展,组织和服务全民健身。加强社会体育指导员管理与服务,积极开展全民健身志愿服务。

3. 积极开展养老产业

实施"养老服务＋"行动,促进养老服务与先进制造、建筑设计、信息通信、健康养生、文化旅游、金融保险、教育培训等产业的融合发展。积极推动养老服务上下游产业相配套的各类企业和平台建设,不断创新服务模式、改善服务体验、扩大养老服务有效供给,加快形成较高程度的养老服务细分市场。围绕老年人的衣、食、住、行、医等需要,支持相关企业利用新技术、新工艺、新材料,重点开发适合老年人消费使用的产品用品,推进老年服装、老年保健食品、老年文体用品、老年康复辅具等产品的研发、制造和销售。聚力破解老年人群体"数字鸿沟"难题,重点支持企业开发适合老年人使用的数码手环、智能手机、平板电脑等科技产品,引导社区、养老机构、老年大学设置针对老年人的智能信息技术培训课程,满足老年人智能消费新需求。完善对连锁化、品牌化养老服务机构的奖励支持政策,开展"江苏省养老服务示范发展基地""江苏省养老服务龙头企业"评选,促进养老服务产业规模化发展。

4. 高质量发展健康产业

鼓励社会力量举办紧缺性医疗机构,支持符合条件的高水平民营医院跨区域办医,向基层延伸,实现品牌化、集团化发展。以高水平医院为基础,集聚医疗服务、医学教育、医学科研、药械研发等资源,建设医研产融合的健康产业示范基地。支持社会力量发展健康体检、健康咨询、疾病预防等多样化健康服务。引导体检机构、健身机构提高服务水平,开展连锁经营。加快发展心理健康服务,培育专业化、规范化的心理咨询、辅导机构。依托沿海地区、南京都市圈、苏北地区等丰富生态资源,大力发展康养融合,积极培育森林康养、温泉康养、民俗康养、田园康养、中医药康养等特色产品,加快发展养老民宿、共享公寓等载体,提高康养服务品质和集聚发展水平,分层次建设国际化、全国性、区域性康养目的地,打造一批康养小镇。

5. 大力促进文旅融合

发挥文化产业创新创意优势,推动动漫、演艺、数字艺术、创意设计向旅游内容领域延伸,精心培育融合发展新业态,把更多文化资源转化为高品质旅游产品。充分挖掘地域文化、长江文化、运河文化、农耕文化、园林文化等资源,提升旅游的文化内涵,推进乡村旅游、旅游民宿品质化发展。依托大运河文化带、长江黄金旅游带、黄海湿地、江南水乡古镇、环太湖生态文化旅游圈等,建设富有江苏文化底蕴的世界级旅游景区和度假区。到2025年,培育3—5个全国知名旅游演艺精品项目,新增100家左右省级及以上乡村旅游重点村,打造一批以运河风情、滨海湿地、江畔休闲、江南水乡、竹海茶田等为主题的乡村旅游集聚区。

（三）系统提升公共服务效能

1. 优化资源配置机制

首先,合理布局服务设施。坚持"资源跟着需求走、服务跟着居民走",健全服务设施与服务对象、服务半径挂钩的制度安排,科学布局服务设施选址。全面落实相关领域设施规划要求,对新建居住区特别是大型居住社区的养老、托育、教育、医疗、文化、体育等配套服务设施,做到与住宅建设同步规划、同步建设、同步验收、同步使用,并由行业主管部门参与评审验收;对于老旧小区公共服务用房不足的,积极推动采取回购、置换、租赁等方式,逐步补齐公共服务资源配置短板。其次,完善基层配置标准。适应群众需求,持续优化街道(乡镇)、城市社区(建制村)等基层公共服务配置标准,调整完善服务类别、服务项目、功能配置等,明确配置主体、牵头负责单位,推动基本公共服务在基层有效落实。加快推动公共服务资源扩容下沉,打造城市 15 分钟优质公共服务圈,推广建设"一站式"公共服务综合体,让群众在家门口享受便捷高效的服务。推行城乡基层基本公共服务目录制度,促进服务标准衔接和区域统筹。最后,促进供需精准对接。逐步完善精准服务、主动响应的公共服务提供机制,健全公共服务需求表达和反馈机制,实现从"人找服务"到"服务找人"的转变。坚持功能为先、补缺补短、共建共享的原则,引导服务方式类似的各类平台和机构集中设置,提高资源配置效率,增强综合服务能力。对幼儿园、小学、社区养老托育、卫生等服务频次高的基层服务设施,应适度控制规模、合理安排密度,鼓励通过集团化、连锁化、总分馆(室)等方式共建共享优质资源。在加大数字化智能化服务手段应用的同时,为老年人、残疾人等特殊人群保留必要的现场服务窗口。

2. 构建多元供给格局

第一,深化事业单位改革。加快推进政事分开、事企分开、管办分离,持续深化事业单位改革,强化公益属性,提高治理效能。聚焦普惠性、基础性、兜底性公共服务需求,引导事业单位参与公共服务供给。统筹盘活用好沉淀和低效配置的事业编制资源,加大对编制紧缺行业领域和地区的统筹调剂力度,有效解决义务教育、基本医疗、公共文化等编制需要。第二,鼓励社会力量参与。进一步放开准入限制,推进公平准入,鼓励社会力量通过公建民营、政府购买服务、政府和社会资本合作等方式参与公共服务供给。深化"放管服"改革,全面清理涉及资本进入公共服务领域的行政审批事项,整合公共服务机构设置、执业许可、跨区域服务等审批环节,优化审批流程,提高审批效率。在资格准入、职称评定、土地供给、财政支持、政府采购、监督管理等方面公平对待民办与公办机构。鼓励国有经济参与公共服务发展,推动国有资本在提供公共服务、应急能力建设和公益性服务等关系国计民生的关键领域发挥更大作用。第三,支持社会组织发展。加大扶持力度,大力培育面向社区居民提供各类公共服务的社区组织,支持社区社会组织承接社区公共服务,开展社区志愿服务。逐步扩大政府向社会组织购买服务的范围和规模,对民生保障、社会治理、行业管理、公益慈善等领域的公共服务项目,同等条件下优先向社会组织购买。积极培育社会工作类社会组织,引导社会工作者提供专业服务。大力发展慈善组织,广泛动员志愿服务组织和志愿者参与公共服务,鼓励企事业单位提供公益慈善服务。完善激励保障措施,落实慈善捐赠优惠政策,共同营造社会力量参与公共服务的良好环境。

3. 完善要素保障体系

第一,强化财力保障。坚持把基本公共服务作为公共财政的支出重点,优化民生财政支出结构,优先保障基本公共服务补短板、强弱项、兜底线,加强对普惠性非基本公共服务的支持,推动本规划确定的主要任务和重点工程分年度、足额落实到位。按照"事权和支出责任相一致"的基本原则,完善权责清晰、财力协调、标准合理、保障有力的基本公共服务投入机制,确保与政府财力相匹配、与群众需求相适应。充分发挥财政资金杠杆作用,引导撬动社会资金投向公共服务领域。严格规范财政转移支付管理,提高财政资金使用效益。加大金融支持力度,综合利用债券、保险、信贷等方式,为公共服务项目融资提供支持。第二,加强人才建设。支持高等院校和中等职业学校开设家政、托育、健康、护理、养老、文化、旅游、社工等公共服务领域专业学科建设,扩大专业服务和管理人才培养规模。围绕急需紧缺领域,加大人才引进和培养力度。创新多样化培训模式,提升各类公共服务人才素质和能力。实施苏南带动苏北、城市带动农村的人才对口支援政策,引导人才向基层和苏北地区、欠发达地区流动。持续开展高校毕业生基层培养计划、农村教师特岗计划、全科医生特岗计划。加强城乡社区工作者队伍建设,完善工资待遇、医疗保险及养老保障等激励政策,到 2025 年实现村(居)社会工作服务全覆盖。第三,降低服务成本。统筹用好规划、土地、投资、税收、金融等多种支持政策,通过建设资金补助、运营补贴、租金减免、水电气价格优惠等方式,帮助非基本公共服务供给主体降低服务成本、提升运营效率,扩大普惠性非基本服务供给。按照保本微利、优质优价、节约资源、公平负担的原则,加快理顺公共服务价格,引导非基本公共服务供给主体提供与当地居民收入水平相适应的普惠性非基本公共服务,遏制过度逐利行为。依据成本变化、居民收入等情况,健全非基本公共服务价格调整机制,及时公开披露项目运行等信息。

4. 提升便利共享水平

推进新技术创新应用。聚焦教育、医疗、养老、托育、托幼、就业、社保、文体等重点领域,推动数字化服务普惠应用,充分运用大数据、云计算、人工智能、物联网、互联网、区块链等新技术手段,鼓励支持新科技赋能公共服务,为群众提供更加智能、更加便捷、更加优质的公共服务。促进人工智能在公共服务领域推广应用,鼓励数字创意、智慧就业、智慧医疗、智慧旅游、智慧文化、智慧广电、智能体育、智慧养老等新产业新业态发展。探索"区块链+"在公共服务领域的运用。促进"互联网+公共服务"发展,推动线上线下融合互动,支持高水平公共服务机构对接基层、农村和经济薄弱地区,扩大优质公共服务辐射覆盖面。健全公共服务领域跨越"数字鸿沟"的解决方案,切实保障各类群体基本服务需求。针对老年人、残疾人等群体需求特点,加强技术创新,开发提供更多智能化的简易产品和服务。推动服务数据互联互通。推进数字政府建设,依托全省一体化大数据共享交换平台体系,强化教育、卫生、社会保障、社会服务等重点领域数据信息交换共享,加快实现民生保障事项"一地受理、一次办理"。结合各级政务信息整合,推出"线上+线下"服务设施地图,提升公共服务信息获取的便利性。加强地区间信息互联互通,积极推进相关群体补贴、社会关系转移接续、流动人员人事档案信息化管理、异地就医结算等便利服务。健全政府及公共服务机构数据开放共享制度,推动公共服务领域和政府部门数据有序开放。加强公共服务数据安全保障和隐私保护。

参考文献

[1] 国家统计局.2021 年中国统计年鉴[M].北京:中国统计出版社.

[2] 江苏统计局.2021 年江苏统计年鉴[M].北京:中国统计出版社.

[3] 徐扬.江苏省区域基本公共服务、人才流动和产业转移升级[J].经济研究参考,2019(09):104-114. DOI:10.16110/j.cnki.issn2095-3151.2019.09.013.

[4] 伍芳羽.基于 POI 大数据的南京公共服务业态空间布局均等化研究[J].建筑与文化,2017(06):43-45.

[5] 李冠艺,冷佳璇.新型经济发展方式下的公共服务业与生活服务业研究[J].新经济,2016(03):10-11.

[6] 迟福林.以政府购买服务为重点加快公共服务业市场开放[J].中国社会组织,2015(15):1.

[7] 彭云,周勇.社会工作的开展:公共服务业视野下的需求拉动和供给推动[J].中国地质大学学报(社会科学版),2010,10(06):113-119.DOI:10.16493/j.cnki.42-1627/c.2010.06.007.

第七章　江苏省商务服务业发展报告

商务服务业,又称专业服务业,根据联合国跨国公司中心(UNTC)1990年的研究报告,是指拥有特殊知识、技能和责任的服务提供者提供的一系列专业的服务。世界贸易组织在 MTN.GNS/W/120 文件中将服务业划分为12大类,商务服务归属于第1大类"商业服务"的第1项,具体涵盖:法律服务,会计、审计和簿记服务,税收服务,建筑服务,工程服务,土木工程服务,城市规划和风景建筑服务,医疗与牙医服务,兽医服务,助产士、护士、理疗家和护理员提供的服务及其他服务等。商务服务业是集高知识密集、高资本密集和专业化劳动力特点于一身的一种高端服务业,从业人员需具备较高知识水平和专业技能。因此,商务服务业发展水平是一个地区综合软实力的集中体现。纽约湾区、旧金山湾区和东京湾区等世界经济最发达的地区都拥有高水平的商务服务业。因此,加快商务服务业发展对提升一个地区经济的竞争力意义重大。

改革开放以来,随着我国市场经济的纵深推进和产业结构的全面提升,如何加快高端商务服务业的发展,建立健全高端专业服务业体系便成为我国现代化进程中亟须研究的重大课题。江苏省作为我国经济比较发达的省份,商务服务业的发展已经取得了一些成绩,但是相较于国际其他发达地区,江苏仍具有很大的发展空间。因此,在经济进入高质量发展的大背景下,江苏省必须主动适应、深刻把握、积极引领发展阶段的变化,紧紧围绕"强富美高"新江苏建设的总体目标,出台相关政策,大力发展商务服务业,为"两争一前列"的新要求提供动能。

一、江苏省商务服务业发展的现状分析

(一)发展形式

1.国际发展形式

商务服务业的产业基础是第三产业。商务服务业从第三产业中分离出来,是社会分工对多样化社会需求的适应结果。其发展可分为两个主要的阶段:第一阶段是从50年代到70年代中期,是商务服务初步发展阶段,开始应用现代科技手段和通信手段;第二阶段是从70年代至今,是商务服务全球化发展时期,商务服务的国际贸易迅速增长,全球进出口贸易的中心逐渐从货物贸易的进出口到服务贸易进出口。世界商务服务业的发展具有以下趋势:智囊化,是指研究具有综合性,人员以多种知识结构为特征,成果以"主意"形式出现的一种现象。超脱化,是指"谋""断"分开,使一部分"决断者"(如政府机构企业等)成为主要的咨询用户。接受世界银行、亚洲开发银行等国际援助组织委托的咨询机构,一般都要接受这些援助组织关于超脱化状况的详细调查。多元化,是指咨询服务内容由单一性向多样性发展的趋势。联网化,是指各专业咨询服务机构,包括国内各咨询机构之间和国际间咨询机构的联网发展。联网化是开展专业服务合作咨询的基础,有助于增加信息使

用量和人才之间的取长补短,扩大业务能力,提高服务质量。联网化发展成为广泛采用的一种专业服务咨询合作方式。系统化,是指咨询机构和服务对象通过现代通信手段形成的服务系统。规范化:是指专业服务咨询机构的组织机构、所依托的数据库、咨询人员素质要求和咨询服务程序,都越来越多采用国际通用的标准。规范化有助于专业服务咨询机构和人员之间开展协作。固定化,是指越来越多的咨询机构和服务对象建立起固定的业务联系。兼职化,是指专职咨询队伍不断扩大的同时,兼职咨询人员也在不断增多。不少国家大力鼓励技术和管理人员兼职咨询。一揽化,是指发展包括咨询服务在内的一揽子服务这种发展现象。从全世界来看,如今越来越多的咨询服务不再脱离其他服务内容而进行孤立服务了。国际化,是指国内咨询业经过一段时间发展时期以后,都逐步谋求向国外发展,在国际咨询市场上展开竞争。

2. 中国香港发展形式

香港是亚洲服务业最发达的都市,是商务服务最大的输出者,而中国内地就是香港商务服务最大的出口市场。如今主要客户是中国的各级政府和中国内地的外国公司,主要业务涉及商务、公司上市、诉讼、海外投资和会计审核等。香港商务服务实力雄厚,具有世界水平,具有按国际惯例运作和在国际市场上开展各类贸易、金融、会计、法律和其他专业服务的知识和经验,尤其香港公司中英双语并行的语言和文字条件,使其比其他国际专业服务公司更容易进入内地市场,并提高更实际的服务。在香港服务业中,比重较大的是生产者服务业。法律、会计、金融、咨询等作为生产者服务业的重要组成部分,也是发展最快的行业之一。

3. 内地发展形式

同香港相比,内地的商务服务发展就要缓慢得多。最具有实力的项目之一就是对外承包工程和劳务合作,但其他一些要求高科技高技术含量的商务服务在我国发展很慢。总的来说,内地的商务服务业特点就是起步晚、水平低、发展慢。存在的主要问题如下:中国内地众多的企业是商务服务最大的消费者和接受者,但由于对商务服务缺乏必要的认识,阻碍了企业在决策和出现问题时寻找商务服务机构的主动性;专业队伍素质低,专业技能差,除了会计师、律师、工程咨询师要求持证上岗外,许多行业尚未出台资格审核认证制度;法规不健全,运作程序不规范,契约制定不严谨;技术设备落后,人才来源不充足,现有的服务机构,普遍存在设备落后、手工操作、现代化程度和科技含量低的问题,而人才的短缺也没有能够在一定的范围内得到解决;商务服务国际惯例知识缺乏,服务层次低,服务领域狭窄,内地的服务机构一般为国有企业、乡镇企业服务的较多,为合资企业、外资企业服务的较少,原因是不了解外资、合资企业的运做程序和国际惯例,加上语言的障碍,体制上的不同,知识结构的距离,外语水平的差距,使这一层面的专业服务消费者几乎都让给了合资、外资的专业服务机构;专业服务管理方法落后,营销技巧差,经营机制不合理,专业服务市场存在市场营销策略和专业技术诀窍的差异问题,也存在部分行业垄断经营问题。这些问题都不利于专业服务企业参与市场竞争。

(二)发展现状

1. 营业收入平稳增长

2021年全省规模以上服务业营业收入保持继续增长态势,同比增长24.8%,增速高于全国(20.7%)4.1个百分点;增速环比回落0.7个百分点,环比回落幅度较1—10月收窄0.2个百分点,创年内新低;两年平均增长14.8%,高于全国(10.7%)4.1个百分点。2021年,租赁和商务服务业营业收入比2020年增长26%。

表1 江苏服务业分行业门类营业收入增速(2021年)

行 业	增速(%)
总计	21.9
#交通运输、仓储和邮政业	29.5
信息传输、软件和信息技术服务业	16.1
租赁和商务服务业	26.0
科学研究和技术服务业	21.8
水利、环境和公共设施管理业	−8.1
居民服务、修理和其他服务业	18.7
文化、体育和娱乐业	29.9

资料来源:江苏省统计局

2. 固定资产投资增速下降

2021年所有服务行业固定资产投资整体增速为1.5%,增速较为缓慢,其中租赁和商务服务业固定资产投资增速为负值−4.5%,其中的主要原因可能是2021年下半年禄口机场等的多轮疫情反复,对南京、扬州等地区服务业运行带来不同程度影响;服务行业经营容易受到疫情阻断的冲击,从而导致对新增投资的态度日趋谨慎。

表2 江苏服务业分行业门类固定资产投资增速(2021年)

行 业	增速(%)
服务业	1.5
农、林、牧、渔业	12.5
金属制品、机械和设备修理业	9.3
租赁和商务服务业	−4.5
批发和零售业	−12.2
交通运输仓储和邮政业	−7.4
住宿和餐饮业	−13.1
信息传输、软件和信息技术服务业	27.8
金融业	9.6
房地产业	1.6
科学研究和技术服务业	24.9
水利、环境和公共设施管理业	3.4
居民服务、修理和其他服务业	−33.5
教育业	5.6

行　业	增速(%)
卫生和社会工作	18.0
文化、体育和娱乐业	−16.0
公共管理、社会保障和社会组织	−17.1

资料来源：江苏省统计局

3. 年平均工资不高

根据年度统计调查结果，2021年江苏省城镇非私营单位就业人员年平均工资为115133元。分行业来看，年平均工资最高的行业为公共管理、社会保障和社会组织，平均工资为171844元；最低的为农林牧渔业，平均工资为54841元。在这19个行业中，租赁和商务服务业平均工资为85183元，位列第15位。2021年，城镇私营单位就业人员年平均工资为68868元。分行业来看，年平均工资最高的行业为金融业，平均工资为106528元；最低的为水利、环境和公共设施业业，平均工资为46241元。在这19个行业中，租赁和商务服务业平均工资为66932元，位列第8位。

表3　江苏城镇单位分行业就业人员年平均工资（2021年）　单位:元

行业	城镇非私营单位	城镇私营单位
总计	115133	68868
（一）农、林、牧、渔业	54841	53503
（二）采矿业	118302	86463
（三）制造业	103619	72975
（四）交通运输、仓储和邮政业	110171	65458
（五）租赁和商务服务业	85183	66932
（六）金融业	164177	106258
（七）水利、环境和公共设施管理业	87686	46241
（八）批发和零售业	107279	62569
（十九）文化、体育和娱乐业	123618	62836

资料来源：江苏省统计局

4. 企业数量庞大

现存续在业的租赁和商务服务业共有1185.8万家，而在经济较为发达的省市中，商务服务需求较高，且不论是企业还是非本省的工作人员，都有租赁办公场所以及租赁住房的需求。这也让租赁和商务服务业能够有更大的市场规模，而最终反映在企业数量上，就是租赁和商务服务业企业数量在经济发达省份极高。从图1可以看出，江苏省的租赁和商务服务企业数量在全国范围内都是比较庞大的，位列第二名。

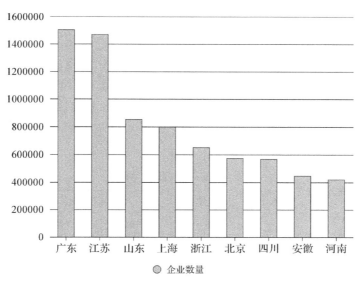

图1 全国各地区存续租赁和商务服务企业数量（仅展示前10名）

二、江苏省商务服务业发展存在的问题

（一）发展规划导向笼统，缺少精准产业政策扶持

《江苏省"十四五"现代服务业发展规划》虽然将商务服务业列为七大主攻发展优势型服务业之一，但是对商务服务业所涉及的行业仅做了宽泛地提及，缺乏明确的导向和规划布局，难以凝聚合力。虽然明确要支持法律服务、评估检测、会计审计、税务服务、咨询评估、会展经济、楼宇经济等行业发展，但是未明确出台具体实施细则，难以落地。

专栏1 《江苏省"十四五"现代服务业发展规划》——商务服务部分

大力发展法律服务、评估检测、会计审计、税务服务、咨询评估、会展经济、楼宇经济等商务服务业，提升商务服务专业化、规模化、国际化水平。健全安全生产社会化服务体系，规范发展安全工程设计与监理、检测与认证、评估与评价等传统安全服务，积极发展安全管理与技术咨询、安全服务与产品交易电子商务、教育培训与体验等安全服务，重点发展智慧安全云服务，研发一批具有国际先进水平的安全与应急领域的产品和科技服务平台。培育一批具有国际影响力的商务服务机构，建设一批国际一流商务服务集聚区。鼓励有实力的会计师事务所、律师事务所参与国际行业标准制订。健全商务咨询服务的职业评价制度和信用管理体系。加快发展会展经济，积极引入国内外知名会展、大型会议、高端论坛，进一步提升江苏发展大会、世界物联网博览会、世界智能制造大会、全球苏商大会、东亚企业家太湖论坛等影响力，打造一批全国有影响力的综合性会展业发展平台，建设一批功能强、服务好、国际化水平高的会展中心城市。积极发展楼宇经济，优化总部经济发展布局，增强总部经济发展能级，全域联动促进总部经济集聚发展。到2025年，努力打造全国商务服务最好、商务成本最低、商务环境最优的省份。

资料来源：江苏省人民政府办公厅

（二）城市商务服务能级偏低

GaWC 发表的世界城市排名榜单从人口、经济、就业、文化设施以及旅游等多方面出发,以跨国公司能够获得的服务集中度、便利度和效率情况动态刻画城市在全球经济体系中的角色,能够较好地反映一个城市在以专业服务为主的现代服务方面,具有的集聚优势和影响力。从下表可以看出,江苏只有南京、苏州两个城市上榜,且排名较低,反映出江苏省城市商务服务能级与全球顶级城市和国内一些大城市之间仍存在较大差距。

表 4　历年世界城市排名

2020 年	2018 年	2016 年	2012 年	2010 年	2008 年	2004 年	2000 年
香港	香港	香港	香港	香港	香港	香港	香港
上海	北京	北京	上海	上海	上海	北京	台北
北京	上海	上海	北京	北京	北京	上海	上海
广州	台北	台北	台北	台北	台北	台北	北京
台北	广州	广州	广州	广州	广州	广州	广州
深圳	深圳	深圳	深圳	深圳	深圳		
成都	成都	成都	天津				
天津	杭州	天津					
南京	天津	南京					
杭州	南京	杭州					
重庆	武汉	青岛					
武汉	重庆	大连					
长沙	苏州	重庆					
厦门	大连	厦门					
郑州	厦门	台中					
沈阳	长沙	武汉					
西安	沈阳	苏州					
大连	青岛	长沙			Alpha		
济南	济南	西安				Beta	
青岛	西安	沈阳					Gamma
苏州	郑州						
昆明	昆明						
合肥	合肥						
台中	太原						
海口	福州						
福州							
哈尔滨							
太原							

资料来源:历年全球化与世界城市研究组织(GaWC)世界城市排名榜单整理

（三）高端人才供给不足，专业化服务欠缺

我国商务服务业起步较晚，发展水平较低，发展速度也不是很快。现代服务业是典型的甚至是很特殊的知识人才密集产业，法律、财会、咨询、知识产权、公共关系、产权交易等专业服务业的发展必须有赖于高端专业人才作为基本支撑。要大力发展专业服务业，首先遇到的问题是人才缺乏。虽然江苏商务服务业从业人员素质不断提升，但一方面由于教育体系的单一，培养的人才很难适应更加专业化的社会需求，另一方面外资企业利用丰厚的薪金和良好的工作环境吸引了省内大量的高端人才，导致江苏商务服务业人才短缺，难以提供高水平专业化服务。

（四）知名商务服务机构较少，国际化水平低

目前江苏省高端商务服务业与北京、上海以及其他国际大都市相比，具有全国、国际影响力的知名商务服务品牌机构较少，尚未形成与其地位相适应的商务服务业发展格局。江苏应加大引进境外知名高端商务服务业力度，对标国际标准，衔接国际规则，大力引进和培育能承担国际业务的优秀高端商务服务企业，改变当前高端商务服务业规模小、不集中的局面，促使江苏高端商务服务业与国际接轨，提升整体服务能力。

三、江苏省商务服务业发展的对策建议

展望"十四五"，在社会主要矛盾发生关系全局的历史性变化基础上，上海、广东、浙江等地区都在积极谋划推动商务服务业的高质量发展，相关规划举措将为江苏省商务服务业的发展提供有益借鉴。

（一）经验借鉴

1. 上海市

"十四五"期间，聚焦商务服务业"4＋4"产业体系，围绕推动各细分领域快速发展、做大做强商务服务产业集群、加快商务服务业改革创新、放大商务服务业人才集聚效应、优化产业综合生态、打响商务服务品牌等方面，推动商务服务业高质量发展，实现"十四五"期间全区商务服务业"量质齐升"，助力建设"具有世界影响力的社会主义现代化国际大都市核心引领区"。一是构建"4＋4"专业服务产业体系，推动各细分产业快速发展。加快推进咨询与调查服务、商务管理服务、人力资源服务、航运专业服务四大核心行业创新发展。二是做大做强商务服务产业集群，打造商务服务集聚高地。强化商务服务业面向国际国内"两个扇面"的集聚和辐射能力，推动商务服务业产业集群做大做强。一方面，加快商务服务企业"引进来"。加强对国际国内商务服务龙头企业、头部精品企业的招引及扶持力度，参照国内外权威榜单引入尚未进入中国的龙头咨询公司、律所、会计事务所等机构，并根据权威排名定向引入商务管理等其他商务服务龙头机构，对于目前尚未达到国际国内权威认定标准、但本身具有成长性、具备较大潜力的精品型商务服务机构开展精准招商，进一步完善相关招商政策。另一方面，助力企业"走出去"。全力推动区内龙头机构开展国际化部署，鼓励区内法律、会计审计、咨询等商务服务机构参与行业联盟、拓展全球业务网络，大力扶植具备高增长潜力的

"独角兽"和"瞪羚"企业开拓国际市场,进一步提升商务服务业全球资源配置力和影响力。三是加快商务服务业改革创新,推动商务服务业高质量发展。探索创新实践,切实提高细分行业开放水平。主动对接自贸区先行先试政策,进一步在细分行业领域试点扩大开放,探索国内外律所密切业务合作的方式与机制,增强律所综合服务能力。积极争取"境外仲裁机构设立业务机构"等政策突破在上海落地实践,尝试与国际通行规则相衔接,形成高标准市场体系和制度型开放新格局。四是制定专业服务人才计划,放大专业服务人才蓄积效应。推动人才"智领"专业服务业国际化、规模化、高质量发展,围绕产业链国际化、价值链高端化,加速"海外专才""领军专才"引才、留才,打造专业服务业高端人才队伍体系,推动专业服务业高质量发展。五是发布资源链接计划,持续优化产业综合生态。依托专业服务"知""联"促进产业联动发展。联合专业服务龙头机构共同打造资源对接平台,依托专业服务业高附加、深融合、广辐射特点,突出上海专业服务业战略咨询、平台搭建独特优势,为上海、全国高端服务业提供方案解决和资源对接,提高要素配置效率。六是打响专业服务品牌,切实增强"环球服务枢纽"国际影响力。多举措提升上海专业服务业品牌感知度,擦亮上海"环球服务枢纽"品牌。探索推出上海专业服务业"代言人"或"KOL",多渠道创新宣传方式,凸显品牌亮点。定期发布《上海专业服务业发展白皮书》,对外展示上海专业服务业产业密度、重点行业龙头企业、规模能级等发展情况,提升外界的感知度与关注度。搭建公共信息平台,加强对上海专业服务业相关信息和活动的宣发。积极谋划年度论坛机制,持续扩大品牌影响力,并结合招商引资、企业恳谈会等活动不断加强对上海专业服务业的宣传推广。

2. 广东省

"十四五"时期是广东省加快崛起振兴的重要时期,是强化区域功能、打造产业强市的重大战略机遇期。要大力发展商务服务业,以资源要素优化配置、服务功能集成为主要路径,以重点业态发展壮大、产业集聚融合发展、发展环境优化提升为主要任务,推进商务服务业向市场化、规模化发展,向价值链高端延伸。大力发展战略规划、营销策划、市场调查、管理咨询等提升产业发展素质的咨询服务。积极发展资产评估、会计、审计、税务、法律、勘察设计、工程咨询等专业咨询服务。建设会展中心、体育中心等一流大型服务设施,推动会展经济发展壮大。加强与粤港澳大湾区合作培育一批具有国际影响力的会议展览品牌,策划、承办专业化强、国际化程度高的综合性展会。延伸会展业产业链,形成行业配套、产业联动、运行高效的会展业服务体系,带动相关服务业发展。

3. 浙江省

浙江大力发展专业服务业,提升服务业发展层次,助推其向高端化、产业化转型,从以下四个方面着手。

第一,明确定位实现错位发展。结合国内外发展经验,在服务业"十四五"规划中明确加快专业服务业发展的主攻方向:推进人力资源创新发展。鼓励发展高级人才寻访、素质测评、人力资源管理咨询、薪酬管理、人事诊断等新兴业态和产品,促进人力资源服务业与其他产业深度融合。引导管理咨询集聚发展。引进培育一批规模大、效率高、服务范围广的管理咨询评估类专业机构,重点培育发展投资决策综合性咨询和工程建设全过程咨询。推动科技信息引领发展。重点引培研发设计、技术转移转化、检验检测认证、创业孵化、知识产权、科技咨询、科技金融七大重点科技服务业企业。打造智能制造工业互联网领域高端科技服务高地,形成一批具有专业特色的科技服务业领军企业。加快法律财务专业化发展。通过"名所名品名师"培育活动,引进一批、培育和扶持一批综合业务能力强的规模所和专业特色强所。在金融服务、涉外贸易、公司重组并购、知识产权、电子商务等经济领域造就一批领军人才。尽可能避免地区之间的产业雷同和恶性竞争,实现错位发展。

第二,努力提高产业竞争力增强辐射能级。一是提升企业综合实力。鼓励和引导企业走规模经营、高效发展的道路,提高专业服务企业的规模,增强与大型专业服务企业竞争的实力;鼓励服务机构通过联合、重组,扩大规模,提升实力;支持企业积极开拓服务市场,发展涉外等高端前沿业务。促进企业整合内部资源,借助现代化信息平台,规范内部管理。二是加大品牌培育力度。借鉴北上广深等地专业服务业发展经验,积极引进具有品牌影响力的国际化服务机构在浙江设立办事处或分公司,提升整体服务水平。重点扶持本地优质企业成为行业龙头、品牌企业,提升本地品牌影响力,并加大品牌宣传力度。三是加大政策的精准度。围绕贯彻落实《关于构建集中财力办大事财政政策体系的实施意见》精神,并以此为契机梳理整合已有政策,着眼中长期服务业产业规划,确定服务业产业发展培育梯队,集中力量对重点区块、重点项目、重点产业予以重点扶持。四是做好载体提升。实施"亩产效益"倍增计划,加大城区老旧楼宇改造提升力度,完善配套设施,提升楼宇的信息化、智能化水平。探索市场化、专业化、社会化运作模式,结合产业定位和业态布局,择优招引引领性强、效益好、体现区域集聚功能的境内外大企业、总部企业、数字平台型企业。

第三,搭建平台加快产业融合步伐。一是积极融入长三角一体化发展。探索与上海等地区建立跨地区投资、企业迁移引进等方面的税收共享机制,建立对迁出地区和迁入地区双方有利且为转移企业发展留有一定比例的共赢税制。二是积极推动与制造业融合发展。借力"中国制造2025"试点,逐步实现集成制造与服务功能的产业链集聚。引导企业加大研发投入,提高企业信息化、智能化水平,建立制造业企业与服务业企业、高校、科研机构的协同创新机制,加快科研成果产业化,提高产品技术含量和附加值,推动产业结构优化升级。三是积极实现传统服务业融合发展。推动现有传统服务业积极向信息服务业、专业服务业等知识密集型的专业服务业转移,向服务业的价值链上游和附加值高的产业链环节攀升。

第四,完善保障营造良好发展环境。一是规范监管体制、保障有序竞争。为了促进行业有序竞争,需要建立公开透明、高效规范的市场监管体制;加强行业协会建设,充分发挥行业组织的治理功能,将行业管理的主要职责交还企业,实现政府监督与行业自治相互促进的良性机制。二是优化引才留才育才环境。重点培育和引进服务业实用型高技能人才,不断优化人才政策引导力,引导企业形成人才培育机制,鼓励企业建立内部培训制度,对有利润的企业实行培训费用加计扣除。不断优化人才居留环境。三是保障土地供给。支持城区以老旧楼宇资源平台为突破点,加快探索建立服务业空间资源库,提高企业用地效率。加大竞争性用地指标支持力度,针对服务业重点项目和园区给予适当指标倾斜,鼓励利用存量工业厂房支持制造业与服务业融合发展。四是建立评价体系、实时监测产业发展。探索建立规范、统一的专业服务业统计制度,出台发展评价体系,监测产业发展进程,为政策制定、调整提供数据依据。

（二）发展路径

1. 加快服务业转型、提质与创新发展

紧紧抓住新一轮科技革命和产业变革的战略机遇,立足"换道超车",而不是模仿型的"弯道超车",对接市场需求,强化自主创新能力,努力实现颠覆性的新技术突破,全面增强全省商务服务业

的国际创新力和竞争力。具体可聚焦三个方面：一是推进商务服务业向专业化、高端化、数字化、平台化、多链融合化和产业集群化的方向延伸。二是加快商务服务业转型，促进商务服务业向标准化、精细化、便捷化、多样化、特色化和品牌化转变。三是加大服务业态和模式创新力度，引导平台经济、共享经济、体验经济、数字经济等新模式有序发展。

2. 持续优化商务服务业发展环境

良好的市场环境和政策环境是商务服务业高质量发展的重要保障。全省要营造公平公正的市场环境，进一步深化服务业"放管服"改革，以标准、便捷、诚信为准绳，加快研制和完善各领域服务标准，实施智能服务的"一网办""一章办"，不断提升服务领域治理体系和治理能力的现代化水平。要强化政策扶持力度，增加产业扶持和奖励资金，扩大种子、风投、双创、普惠金融等方式的融资规模，开辟新的、多元化的资本市场，不断加大对创新型中小微商务服务企业的融资支持。

3. 因地制宜、优化资源配置

十九大的召开，开启了我国改革开发的新的一个时代。国家战略性新兴产业规划及中央和地方的配套支持政策确定的 8 个领域（23 个重点方向）："节能环保、新能源、电动汽车、智能电网、新医药、新材料、生物育种和信息产业，成为经济发展的引擎。对江苏省而言，"一带一路"的建设，尤其是我省作为"一路"的起点优势，却为发展在高品质的商务服务提供了无可比拟的机遇：高速发展新兴产业，同样也需要高品质的商务服务，以一路为基础，服务长三角一体化，推进商务服务业发展，打造江苏省新时代的服务业。在这一方面，新加坡的发展为我们提供了宝贵的借鉴。新加坡在1965 年独立后，也存在着缺乏资源、发展空间不足等问题。但具有连接着南中国海和印度洋地理优势的新加坡，没有仅仅停留在这一优势带来的发展上，而是在以发展加工业、提升贸易转口附加值的为经济主导的基础的同时，大力发展服务性行业，明确提出，将商务服务业作为推动经济发展的"第二引擎"，特别是以金融和信息资讯为代表的商务服务业的快速发展，把新加坡变成地区金融和信息中心，使其具有贸易和金融的吸纳和辐射能力。

（三）政策举措

1. 提高从业人员素质，加强人才队伍建设

首先要建立人才引进机制，增强商务服务业发展的智力支持，在江苏"双创计划"团队、"双创计划"人才、"科技企业家培育工程"等计划中，逐步加大对商务服务业人才的支持力度；其次继续实施服务业领军人才培养计划，加强与国内外高端人才服务机构、高等院校、科研机构的交流合作，开办商务服务业人才交流平台，吸引国内外商务服务业高层次领军人才；再次要发挥行业协会培养各类型专业化人才的作用，依托一批重点项目，建设高素质人才培训基地；最后要提高人才的社会化保障水平，制定留住高端人才的社会化保障机制，强化人才保障的社会政策扶持力度。

> **专栏 2 《广州市人民政府办公厅关于加快发展高端专业服务业的意见》**
>
> （一）支持引进国际国内优质企业
>
> 鼓励国内外知名品牌高端专业服务企业到我市发展。对 2017 年 1 月 1 日后新设立且达到《广州市高端专业服务业行业分类表》（以下简称《分类表》）确定营业收入标准的高端专业服务企业，连

续 3 年按照企业地方经济社会贡献给予每年不超过 1000 万元的奖励,连续 3 年每年给予不超过 200 万元办公用房补助。对特别重大的高端专业服务业招商项目,由市政府按照"一企一策、一事一议"的方式给予扶持。原有企业新设分支机构、变更名称、分拆业务不属于本条款支持范畴。企业对外分租、转租的办公用房不得申请补助。(牵头部门:市发展改革委)

(二)支持我市企业加强人才队伍建设

支持我市高端专业服务企业培养和吸引高端人才,提升市场竞争力。每年组织核定一批高端专业服务业重点企业,对企业中年工资薪金应税收入达到 60 万元以上的高端人才给予每人 6 万—10 万元的奖励,奖励名额不受限制;对全部高端人才均未达到年工资薪金应税收入 60 万元以上的重点企业,给予 1 个奖励名额,金额 6 万元。(牵头部门:市发展改革委)

获得上述奖励支持的高端人才申办人才公寓、子女入园入学、人才落户、人才绿卡、出入境、居留等,可按照《广州市促进总部经济发展暂行办法》,同等享受我市总部企业人才优惠政策。(牵头部门:各区政府、各有关部门)

(三)支持我市企业加强品牌建设

加大品牌宣传力度,引导我市高端专业服务业企业强化品牌服务意识。支持鼓励我市高端专业服务企业争创各级品牌,对首次获得中国驰名商标、广东省著名商标、广州市著名商标的企业,分别给予一次性 100 万元、30 万元、10 万元的奖励。支持我市设计领域企业单位和工作室参与各类行业评定评价,获得广州市市长质量奖、美国普利兹克奖、德国 IF 设计奖、德国红点奖、中国广告长城奖、中国设计红星奖等重大奖项,按照《广州市高端专业服务业奖励项目表》标准给予每项 3 万—100 万元的奖励。申请上述奖励的企业单位和工作室在我市注册成立时间必须达到 1 年以上,同一作品从高不重复奖励。(牵头部门:市发展改革委)

(四)支持我市企业利用资本市场加快发展

支持我市高端专业服务企业利用多层次资本市场加快发展,对企业实施增资扩股、上市融资、挂牌交易、兼并重组过程中发生的费用,按照《关于支持广州区域金融中心建设的若干规定》给予补助和奖励。(牵头部门:市金融局)

支持广州地区商业银行、担保机构、融资租赁机构等融资服务机构开发面向我市高端专业服务业领域中小微企业融资产品,按照我市中小微企业融资风险补偿有关规定给予补助。(牵头部门:市工业和信息化委、科技创新委)

(五)加大对设计服务初创企业培育孵化力度

加大对国家广告产业园、市级以上文化产业示范园区设计类小型微型企业发展的培育力度,按照 50% 的比例给予园区内创办不满 3 年、年营业收入少于 200 万元的广告设计类、工程设计类、工业设计类企业场地租金补助,每家小型微型企业每年补助不超过 10 万元,补助年限不超过 3 年,每个园区每年累计补助不超过 200 万元。(牵头部门:市发展改革委)

(六)加大政府购买高端专业服务力度

按照进一步深化政府采购管理制度改革的要求,创新完善政府采购操作执行,提升政府采购信息公开共享水平,逐步加大政府购买会计审计、税务鉴证、法律服务、资产评估、工程咨询评估、城市规划和设计等专业服务力度,拓展高端专业服务业发展市场需求空间。(牵头部门:市财政局)

资料来源:广州市人民政府办公厅

2. 打造国际知名商务服务机构

借鉴港京沪粤等地专业服务业发展经验,积极引进海内外知名企业,发挥好"关键少数"的领头雁作用。培育本土龙头企业,制定出台促进专业服务业发展的相关配套落地政策及实施细则,针对专业服务企业发展的不同阶段,实行有层次的引导和支持政策,鼓励中小型企业向专业化、特色化发展,大型企业向综合性发展。重点支持产业扩张,形成一批具有较强影响力的本土龙头企业和知名品牌。具体来说,首先是鼓励企业采用新技术、新知识进行服务产品和服务业态创新,鼓励企业进行信息化改造,提高企业满足市场需求的能力和速度;其次是鼓励有一定竞争优势的本土企业通过兼并、联合、重组、上市等方式进行资本运作,扩大市场规模,形成一批拥有自主知识产权和知名品牌、具有较强竞争力的大型服务企业集团;最后是强化企业的品牌意识,鼓励企业树立具有自身特色的价值观、经营理念和企业文化,加强品牌的建设、宣传和推广。

专栏3 《北京市"十四五"时期现代服务业发展规划》——商务服务开放提质行动

对标国际最高标准、先进服务规则,坚持专业化、高端化、品牌化、国际化导向,深化落实"两区"建设部署,推动更高水平开放,聚焦商务中心区、金科新区等区域,吸引高能级专业服务机构集聚,提升总部企业全球资源配置力,做强本土专业服务品牌,打造全球高端商务服务新中心。

提升商务服务业全球影响力。培育专业服务领军机构。实施专业服务业旗舰企业培育计划,支持以横向联合、并购、合作等方式,培育一批以单独或联合模式提供全过程、全链条、跨领域的综合性服务机构。建立骨干企业储备库,"一企一档、一企一策"精准发力,培育一批细分行业领域的骨干企业。支持专业服务业国际标准、行业标准、地方标准和团体标准制定,评选一批具有市场影响力的细分领域品牌企业。支持专业服务业品牌区域建设,加快特色领域的服务机构、行业组织和功能平台集聚。

资料来源:北京市发展和改革委员会

---

3. 精准助力商务服务业恢复发展

当前,多地疫情反复对服务业部分行业领域带来较大冲击。因为2021年的疫情,导致投资者对新增投资的态度日趋谨慎,租赁和商务服务业固定资产投资增速为负值—4.5%,对江苏省商务服务业运行带来一定程度的影响。因此,应认真落实《关于促进服务业领域困难行业恢复发展的若干政策》"苏政40条"等,继续发挥"苏服贷"作用,主动靠前服务,及时掌握企业面临的实际困难,加快推进复工复业,助力企业尽快渡过疫情难关,确保商务服务业在合理区间运行。最大程度缓解商务服务业企业受到的疫情冲击。要继续与政研室合作开展对相关纾困政策的效应评估,力争更精准支持商务服务业领域困难行业的恢复发展。

4. 扩大对外开放,助力商务服务业"走出去"

扩大对外开放是倒逼服务业提升能级、提高水平的重要途径。要抓住江苏自贸试验区新片区建设、国家进一步扩大对外开放等重大机遇,进一步缩减江苏自贸试验区负面清单,研究推进金融、教育、文化、医疗、育幼养老、建筑设计、会计审计、商贸物流、电子商务等领域在江苏自贸试验区率先开放的路线图和具体方案。借鉴国际最新多边贸易协定规则,如美国退出后的跨太平洋贸易协定(CPTPP)、欧盟与加拿大之间的综合性经贸协议(CETA)等对服务业开放的具体条款,探索会计、法律等职业资格在部分业务领域的国际互认,放宽服务业重点领域高层次和紧缺急需的外籍专业人才聘雇限制,允许符合条件的外籍人员在江苏执业提供商务服务。同时,要深入贯彻落实党的十九届五中全会精神,助力构建以国内大循环为主体、国内国际双循环相互促进的新发展格局,积极助力江苏省商务服务业"走出去",深度参与国际分工合作,在开放竞争中拓展空间、提升水平。

专栏4 关于北京市专业服务业助力"走出去"发展若干措施

为深入贯彻党的十九届五中全会精神,助力构建以国内大循环为主体、国内国际双循环相互促进的新发展格局,发挥北京专业服务业集聚优势,支持企业高水平"走出去",利用全球资源参与国际竞争合作,助力国际科技创新中心、国家服务业扩大开放综合示范区和中国(北京)自由贸易试验区建设,特制定本措施。

一、总体目标

落实国家有关"走出去"战略的总体要求,通过搭平台、优服务、抓统筹、强机制等措施,完善专业服务对"走出去"支撑能力体系建设,打造国际合作和竞争新优势。到2025年,形成支撑高水平"走出去"的专业服务产业生态,实现我市"走出去"企业国际竞争力持续增强,全市货物贸易、服务贸易、高科技类产业境外投资质量明显提升,"双自主"企业出口占比提高到28.5%,知识密集型服务贸易占比超过60%,境外高科技类产业投资占比突破20%。

二、主要任务和措施

立足我市产业发展需要,着眼全球产业变革,围绕国际科技创新中心建设,以科技企业为主体,聚焦信息技术、集成电路、医药健康、智能装备、节能环保、新能源智能汽车、新材料、人工智能、软件和信息服务以及科技服务业等高精尖产业领域,鼓励竞争力强的行业领头羊、细分领域的隐形冠军和高科技领域的独角兽、瞪羚企业,面向关键技术,通过并购、小比例参股、设立实验室、共建研发中心和科技孵化平台、第三方市场合作等灵活方式开展境外投资合作,推动北京企业"走出去"向全球价值链顶端跃迁。

(一)搭平台,提供精准对接服务

1. 上线运行京企"走出去"综合服务平台。开发专业服务"走出去"APP,以服务北京对外经贸合作需求为切入点,设置政务服务、专业服务、政策指导、咨询信息、金融服务、项目发布等多功能版块,提供境外专业服务机构信息查询、机构网点导航、项目案例等服务,"走出去"企业在线即时发布专业服务需求,建立"走出去"专业服务生态圈。(责任单位:市商务局,市财政局,市司法局,市市场监管局,市人力资源社会保障局)

2. 大力培育专业服务品牌企业。开发专业服务"走出去"可视化地图,动态更新会计、法律、广告、人力资源等专业服务机构境外分支机构信息。培育专业服务"走出去"企业,扩大品牌影响力。对认定为示范企业总部的专业服务企业按规定享受有关支持政策。支持专业服务企业强化"云服务"能力建设、参加中国国际服务贸易交易会等国际知名展会和国家级展会,订响北京专业服务品牌。(责任单位:市商务局,市财政局,市司法局,市市场监管局,市人力资源社会保障局)

3. 举办系列对接服务活动。打造投资服务品牌活动,持续办好北京双向投资论坛暨国别日系列活动,搭建与所在国政府部门直接对话渠道。借助中国国际服务贸易交易会、中关村论坛、金融街论坛,搭建"走出去"国际交流与合作平台。办好中国国际经济合作"走出去"高峰论坛。重点围绕外汇政策、境外政策法规、文化、宗教、安全防范、企业社会责任等方面,联合专业服务机构、行业商协会开办"走出去"课堂。定期组织"走出去"企业与专业服务机构对接。(责任单位:市商务局,市科委、中关村管委会,市司法局,市财政局,市金融监管局,北京外汇管理部,市投促中心)

4.加强京港澳专业服务合作。在会计审计、管理咨询、争议解决服务、知识产权、建筑设计等领域探索推进京港澳专业服务机构共建,会同港澳有关部门推出一批合作共建清单。加强与香港贸发局等港澳机构合作,搭建港澳专业服务业与北京有关企业的互动平台,探索组建京港澳"走出去"联合体。以建筑设计领域为突破,支持以联合体方式开展专业服务。(责任单位:市商务局,市财政局,市知识产权局,市规划自然资源委,市政府港澳办)

(二)优服务,打造便利高效的服务体系

5.优化境外投资管理服务。推进建立境外投资"一表填报"系统,简化备案手续和流程。积极推动商务主管部门向自贸试验区授权企业非金融类境外投资备案管理服务事项。(责任单位:市发展改革委,市商务局,北京经济技术开发区,自贸试验区所在区政府)

6.助推专业服务企业扩大海外业务。积极协调我驻外使领馆和外国驻华使馆商务部门,为"走出去"企业项目洽谈、产业对接活动牵线搭桥、解决海外发展面临的问题,助推专业服务"走出去"企业扩大影响力,提升国际竞争力。为符合条件的"走出去"企业员工申办 APEC 商务旅行卡。(责任单位:市商务局,市政府外办)

7.强化对专业服务机构个性化服务。聚焦会计、法律、广告、人力资源等专业服务重点领域,商务部门和各细分行业主管部门联动为头部企业以及细分赛道表现突出的专业服务企业做好个性化服务,助力企业拓展高端业务。(责任单位:市商务局,市市场监管局,市人力资源社会保障局,市财政局,市司法局)

(三)抓统筹,整合资源力促合作共赢

8.支持专业服务企业"走出去"。扩大外经贸发展资金补助范围,降低专业服务"走出去"企业申报"门槛";纳入商务主管部门企业境外投资备案管理体系的我市会计师事务所、律师事务所,可享受境外投资直接补助;对我市会计师事务所、律师事务所及其联营体为我市"走出去"企业境外项目提供专业服务,符合条件的,按照所收取服务费用的一定比例给予补助,以联营体形式申报的,按在京专业服务企业在合同中所承担的比例计算。(责任单位:市商务局,市财政局)

9.提供金融对接服务。建立健全境外投资合作重大项目台账,积极争取国家开发银行、中国进出口银行等政策性金融机构以及丝路基金、中非发展基金、中国—欧亚经济合作基金等各类股权投资基金为我市"走出去"重大项目提供信贷、保险、用汇等服务。符合条件的"走出去"企业,可优先使用北京市外经贸发展引导基金。(责任单位:市发展改革委,市商务局,市财政局,人行营业管理部,市银保监局,市金融监管局)

10.落实税收激励政策。落实好境外所得多层税收抵免政策,切实减少企业对外投资合作的税收负担。符合《财政部 国家税务总局关于高新技术企业境外所得适用税率及税收抵免问题的通知》(财税[2011]47 号)规定条件的高新技术企业,其来源于境外的所得可以按照 15% 的优惠税率缴纳企业所得税,在计算境外抵免限额时,可按照 15% 的优惠税率计算境内外应纳税总额。(责任单位:北京市税务局)

资料来源:北京市商务局

参考文献

[1] 李建东.以服务业现代化为引擎　加快构建江苏现代化经济体系[J].统计科学与实践,2022(06):9-13.

[2] 黄静.智力汇聚　彰显专业——2021年上海规模以上专业服务业发展情况分析[J].统计科学与实践,2022(04):38-41.

[3] 闵卫国.促进广州高端专业服务业提升能级的意见建议[J].广州社会主义学院学报,2022(01):74-76.

[4] 赵中星.培育新型消费业态 助力江苏服务业高质量发展[J].江南论坛,2021(01):19-21.

[5] 单佳兰,顾浩娟,王俊.RCEP背景下开放型经济加快专业服务业发展的对策建议——以苏州为例[J].全国流通经济,2021(34):79-81.

[6] 戴正宗.商务服务业推动消费升级[N].中国财经报,2021-09-30(005).

[7] 王海波,关丽红,杨立娜.宁波先进制造业与商务服务业融合发展的对策研究[J].宁波经济(三江论坛),2020(07):18-21.

[8] 崔洪雷.宁波新兴专业服务业发展现状及对策研究[J].宁波经济(三江论坛),2018(11):29-31+28.

第八章　江苏省商贸流通业发展报告

2021年,全省上下认真贯彻落实中央和省委省政府决策部署,坚持稳中求进工作总基调,扎实做好"六稳"工作,全面落实"六保"任务,有效应对复杂多变的外部环境和各项风险挑战。回顾2021年的发展,江苏以智能化、现代化为核心内容的商贸流通产业进入新的发展阶段;在双循环的新发展格局下,商贸流通业成为重要强省的支柱性产业。在推进江苏商贸流通高质量发展中,数字化技术的发展推动传统商贸流通转型升级,乡村市场的发展促使商贸流通进一步开发市场,国际环境为商贸流通带来新的挑战。经济增长动力强、态势稳、韧性足的特征持续显现,江苏顺利实现"十四五"和现代化建设良好开局。

一、江苏省商贸流通业发展的现状分析

（一）趋势研判

1. 后疫情时代,以智能化、现代化为核心内容的商贸流通产业进入新的发展阶段

随着进入到新冠肺炎疫情常态化防控阶段,国内商贸流通业进入后疫情时代。受到疫情的影响,人们的消费需求和消费习惯发生了较大变化,商贸流通业在智能化、现代化方面逐渐进入新的发展阶段,智能营销网络在防疫大数据、人工智能和实体经济的配合下正在重塑商贸流通业新的生态圈,新业态和新模式的出现推动商贸流通业高质量发展成为可能。在供应链方面,多样化的供应链可以增强商贸流通风险防御能力,后疫情时代,局地散发感染病例仍可能对人们出行和消费造成影响,降低对单一流通供应源的依赖。在商贸流通业体系内部加强企业主体、物流平台和中间商的供应链合作,改善以往由大型流通主体主导的利益分配模式,构建完全市场化的供应链合作机制,依托城市商贸流通产业链的内在价值驱动各流通主体协同合作,并依靠利益传导实现产业链上下游各主体利润最大化。在数字化方面,疫情前的商贸流通体系已基本上实现利用数字化工具提升管理效率的目标,而疫情的到来使得战略化数字管理实现成为必然。数字赋能商贸流通要在提高供应链效率的基础上实现全流程流通柔性化。通过城市大数据、通信大数据、交通大数据等数据资源驱动商贸流通现代化发展,优化消费者的消费体验;通过采购和供应大数据以及零售平台的营销和供应数据协调生产与服务提升流通生产效能、促进流通技术创新提供支持与帮助。

2. 在双循环的新发展格局下,商贸流通业成为重要强省的重要支柱性产业

以国内大循环为主体,国际国内双循环相互促进的新发展格局是当前和"十四五"时期我国经济发展的新常态。在新发展格局背景下,通过创新驱动来实现我国商贸流通业高质量发展成为当前乃至今后一段时期必须思考的问题。商贸流通业作为我国支柱性产业,是商品流通以及为商品

流通提供服务的产业,是连接生产与消费之间的中间环节,涵盖批发零售业、餐饮业、交通运输业和仓储物流业。进一步撬动以内需为主体的内循环畅通,同时扩大对外开放,打通国际国内双循环新发展格局是党中央、国务院提出的重要战略布局。在国际上,中国积极推动RCEP生效,RCEP有助于推动亚太经济一体化进程,强化东亚区域产业链,促进东亚各国贸易往来,形成优势互补。在国内,通过互联网、大数据、区块链、人工智能等技术创新为商贸流通赋能,带来商贸流通业产品的创新和升级;通过商贸流通业企业组织效率、运营效率和管理效率等管理创新来赋能商贸流通企业降低成本、提高效益。同时,品质化消费、体验型消费、个性化消费等新消费诉求,以及以网络技术、大数据云计算为代表的新流通技术快速发展,消费时空、消费渠道加速创新变化。对江苏而言,内需供给和供给侧结构性改革愈发重要,应积极应对,加速商贸流通产业成为融入双循环重要的环节。

专栏1　《区域全面经济伙伴关系协定》(RCEP)

RCEP是全球最大的自由贸易协定(FTA),全称叫《区域全面经济伙伴关系协定》(Regional Comprehensive Economic Partnership),2012年由东盟发起,历时八年,由包括中国、日本、韩国、澳大利亚、新西兰和东盟十国共15方成员制定的协定,RCEP对于中国来说,具有重要意义。

第一,RCEP有助于为中国塑造良好的外部发展环境。虽然在世界百年未有之大变局下,中国发展的外部环境仍然是机遇大于挑战,但是机遇和挑战都有了新的变化。国际金融危机之后,随着中国经济实力的增强,美国对中国的定位也在发生变化。特朗普就任美国总统之后,美国对中国发起了贸易战,随着贸易战向广度和深度延伸,中美关系发生逆转。总体而言,中国发展面临的最大外部挑战在于美国不再试图让中国融入世界经济体系,而是试图建立排斥或规制中国的世界经济体系。RCEP的生效意味着中国具有了稳固周边地区的资本,至少未来可以强化与东盟、日韩之间的经贸联系。

第二,RCEP有助于中国积极对接高标准国际经贸规则。高标准国际经贸规则是未来世界贸易体系变革的方向,无论是多边还是双边区域安排,提升贸易投资规则标准都是其必然选择。贸易投资规则标准的提升包括三个方面:一是货物的零关税安排,二是放宽服务投资市场准入,三是在国有企业、劳工、环境、数字经济等领域规则的建立。虽然RCEP与CPTPP相比,缺少涉及国有企业、劳工、环境等领域的章节,而且货物、服务投资、知识产权、数字经济等领域的规则标准要低于CPTPP,但是中国参与RCEP的意义在于让中国有一个过渡期,即在能够执行RCEP的前提下,可以更好地对接CPTPP。比如,RCEP的数字经济规则虽说基本达到CPTPP的标准,但由于其不受争端解决机制的约束,约束力有限。然而,中国可以以加入RCEP为契机,逐步达到数字经济的高标准规则。

第三,RCEP有助于中国通过高水平开放推动高质量发展。2021年底召开的中央经济工作会议指出,中国要以高水平开放促进深层次改革,推动高质量发展。在新的发展阶段,中国经济发展面临较大压力,稳增长的重要性凸显。中国一方面需要通过扩内需、供给侧改革促进国内大循环,另一方面需要通过高水平开放推动高质量发展。RCEP无疑能够起到这种作用。中国可以通过对标RCEP规则推动改革,破除发展中的堵点难点。未来中国还可以通过参加更高标准的FTA进一步扩大开放,进而达到推动高质量发展、稳增长的目的。

（二）面临挑战

1. 传统商贸流通的局限性促进产业升级

目前,传统商贸流通模式在一定程度上仍存在数字化程度低、流通成本较高、流通主体较弱等局限性,对于 5G、人工智能、大数据等新一代信息技术的应用还不广泛,互联网应用水平的高低决定了商贸流通效率的高低,而传统商贸流通模式数字化程度仍然不足,当前区域间商贸流通信息平台尚未形成,流通大数据采集较为困难,流通企业间信息资源共享程度较低;在传统流通过程中,涉及环节多、链条长、多环节的层层分销提高了流通成本,一定程度上降低了流通效率;而在企业类型中,大多数流通企业以仓储运输型企业为主,流通组织能力不够,缺乏具有自营采购、自有平台、自主渠道的现代流通企业,导致流通企业渠道控制权和市场话语权的缺失。在新经济环境下,层出不穷的新技术逐步嵌入产业链全过程,催生出如数字产业、云端经济等多种新业态新模式,流通企业在采购分销、品牌打造、连锁布局等方面的组织能力将进一步提高,如阿里巴巴、京东等拥有自营采购、自主渠道、自有品牌、自有平台、供应基地的大型品牌零售商的成长进程也将加快。在流通业向上游延伸的发展趋势下,流通企业的规模化、集约化、组织化程度不断提升,促进了商贸流通模式的转型升级。

2. 乡村市场的发展促使商贸流通进一步开发市场

近年来江苏农村消费增速持续高于城市,但消费水平仍大幅低于城市,还有很大潜力和空间。目前乡村流通领域存在商业网点少、布局不合理等短板,成为制约消费的重要因素。江苏现有农村常住人口 2200 多万人,其中生活用品及服务、衣着、教育文化娱乐等消费支出增长较快。"十三五"期间,江苏农村居民人均生活消费支出年均增速达到 5.7%,比城镇居民消费支出年均增速高出 1.4 个百分点。总体来看,江苏城乡消费支出差距逐步缩小,农村居民消费呈现出多元化、市民化趋势,农村消费提档升级潜力巨大。过去,存在件量少、投递成本高、基础设施薄弱、末端服务能力不足等问题,如今江苏已在全国率先基本实现快递服务建制村全覆盖,村民在家门口就能轻松寄取快递。目前,江苏 13790 个建制村中,13778 个村通达 4 个以上品牌快递服务,通达率 99.91%;13354 个村通达 7 个以上品牌快递服务,通达率 96.83%。其中,邮政 EMS、顺丰、京东 3 个品牌实现"快递进村"全覆盖。现在随着居民生活水平的不断提高,服务消费支出占居民消费支出的比重越来越大,从养老育幼、健康护理到文化旅游、教育培训等,吸引了更多的社会主体参加,乡村市场热度逐渐走高,是未来消费的增长点。

3. 国际环境对商贸流通带来新挑战

当前世界经济复苏不稳定不平衡,国际产业链供应链布局深刻调整,中国外贸发展面临的外部环境仍然错综复杂。国际地缘政治冲突和国内疫情反弹相互交织,经济发展环境的复杂性、严峻性、不确定性上升,超预期突发因素给我国经济运行带来严重冲击,发展面临的风险挑战陡然上升。疫情对贸易结构和产业链的影响实质是对分工水平、产业升级以及资源配置效率等方面的影响,直接导致人流和物流的中断,国际贸易再次受冲击,国际运输等服务贸易势必会受影响。受新冠疫情影响,全球供应链受阻,对中国货物进出口造成了短时间内难以弥补的影响。国内政策稳定施行,为各个领域的从业者提供了坚实的保障,企业产业链不断修复。"线上＋线下"的销售模式已形成,防疫检验要求也逐步形成标准化规则,物流与出口产业链日益恢复,2021 年货物出口总金额达到 3.36 万亿美元,同比增长 29.9%,其中对东盟、美国等主要贸易伙伴出口均保持两位数增长。在后疫情时期,江苏经济稳定恢复,外贸竞争新优势不断增强,跨境电商等新业态蓬勃发展,将为进出口实现量稳质升提供有力支撑。

（三）发展回顾

2021年,面对世纪疫情和百年变局交织的特殊形势,全省上下坚持稳中求进工作总基调,有效应对经济发展面临的各项风险挑战,科学统筹疫情防控和经济社会发展,持续做好"六稳""六保"工作,经济运行稳定恢复、稳中向好,发展质效稳步提升,消费市场稳定恢复,市场销售快速增长。

1. 消费市场稳步恢复,市场销售增速明显

2021年,全省实现社会消费品零售总额42702.6亿元,比上年增长15.1%。按经营单位所在地分,城镇消费品零售额增长13.6;农村消费品零售额增长28.9%。按行业分,批发和零售业、交通运输业、住宿餐饮业、金融业和房地产业分别增长11.1%、5.6%、11.9%、6.3%和5.8%,基本生活类销售稳步提升,日用品类、服装鞋帽针纺织品类、粮油食品类分别增长22.6%、16.7%、16.0%;升级类消费需求持续释放,体育娱乐用品类、智能家用电器和音像器材、智能手机、金银珠宝类分别增长39.8%、35.2%、25.9%、22.4%;出行类销售延续平稳势头,石油及制品类、汽车类分别增长26.6%、9.9%,其中,新能源汽车增长105.4%。全年实物商品网上零售额9527亿元,比上年增长5.2%,占社会消费品零售总额比重为22.3%。

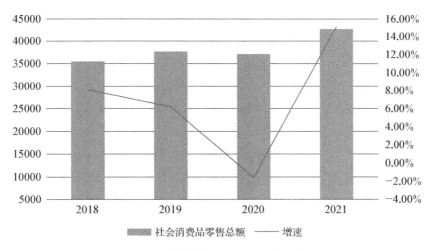

图1 江苏社会消费品零售总额变化图

资料来源:江苏统计局

表1 分行业地区生产总值 单位:亿元

行 业	2017年	2018年	2019年	2020年	2021年
批发和零售业	9197.46	10139.27	10836.58	11108.67	13163.42
交通运输、仓储和邮政业	2743.41	2964.41	3170.03	3239.92	3466.23
住宿和餐饮业	1302.85	1413.43	1531.39	1427.38	1591.03
金融业	6215.65	6846.88	7435.7	8405.79	9163.96
房地产业	6907.75	7467.17	7925.85	8944.94	8943.28

资料来源:江苏统计局

从季度运行看,前三季度全省实现社会消费品零售总额31725.1亿元,同比增长19.5%,两年平均增长6.7%。9月份江苏省疫情得到有效控制以后,消费品市场逐步复苏,当月实现社会消费品零售总额3423.5亿元,同比增长5.3%,比8月份提升8.2个百分点。分消费形态看,前三季度全省限额以上单位商品零售11439.2亿元,同比增长20.4%;餐饮收入717.6亿元,同比增长31.4%。分商品类值看,全省限额以上前10类主要商品零售额实现正增长。其中,建筑及装潢材料类、石油及制品类、烟酒类、服装鞋帽针纺织品类、家用电器和音像器材类、粮油食品类增长较快,同比分别增长51.2%、29.0%、25.7%、23.9%、20.9%和17.8%。网络销售增长较快。前三季度,全省实现网上零售额7605.1亿元,同比增长10.9%。2021年,消费市场逐渐恢复常态。

从阶段性发展看,新发展格局构建取得新成效,经济循环更加畅通,内需潜力逐步释放。投资总量扩大、结构优化。2013—2021年,全省固定资产投资年均增长7.8%。2021年高新技术产业投资占全部投资比重达19.0%,比2012年提高6.2个百分点,2013—2021年年均增长12.3%,快于全部投资4.5个百分点;民间投资占固定资产投资比重达69.2%,比2012年提高2个百分点。消费需求强劲、升级加快。2021年全省社会消费品零售总额由2012年的18946.4亿元增加到42702.6亿元,2013—2021年年均增长9.4%;网络消费增势明显,2021年限额以上商品网上零售额突破2600亿元,占限上零售额比重达16.5%,比上年增长26.9%。民营经济总量和占比扩大。2021年,实现民营经济增加值6.7万亿元,占全省GDP比重达57.3%,对经济增长贡献率达63.1%。

2. 各地消费市场快速回升,同比增长幅度增加

居民消费支出较快增长,全省居民人均生活消费支出由2012年的1.65万元增加至2021年的3.15万元,累计增长90.6%,年均增长7.4%。其中,城镇居民人均消费支出由2.06万元增加至3.66万元,累计增长77.7%,年均增长6.6%;农村居民人均消费支出由0.99万元增加至2.11万元,累计增长1.13倍,年均增长8.8%,快于城镇居民2.2个百分点。居民恩格尔系数由2012年的30%下降至2021年的27.5%,按照联合国标准,江苏居民生活总体上进入殷实富足阶段。

2021年,全省社会消费品零售总额突破4.2万亿元。其中,限额以上单位实现零售额15950.3亿元,增长15.8%,较上年提升15.5个百分点,两年平均增长7.8%。江苏进出口贸易在2021年快速增长,突破5.2万亿人民币,渐渐恢复到疫情前的水平,进出口增速达到了15.88%,较前一年有

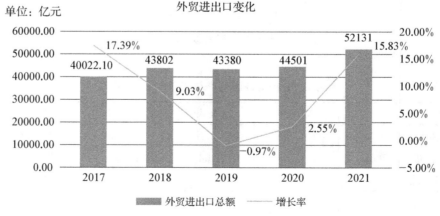

图 2　江苏外贸进出口总额变化图

资料来源:江苏统计局

了明显的提升。从社会消费品零售总额分地区看,13 个设区市累计增速相比较 2020 年都有明显提升,很多市在 2020 年受到疫情的影响,经济都出现了负增长,但在 2021 年慢慢从疫情影响中恢复过来,全市经济增速都实现了正增长,其中徐州、盐城、常州、苏州和南通等城市的增速达到了 15% 以上,其他各市也都在 10% 左右,社会消费快速回升。

表 2　地区分社会消费品零售总额变化

城市	2020 年	增速	2021 年	增速
南京市	7203.03	0.9%	7899.41	9.7%
无锡市	2994.36	−1.0%	3306.09	10.4%
徐州市	3286.09	−7.0%	4038.02	22.9%
常州市	2421.36	0.8%	2911.40	20.2%
苏州市	7701.98	−1.4%	9031.30	17.3%
南通市	3370.4	0.3%	3935.48	16.8%
连云港市	1104.29	−5.0%	1203.31	9.0%
淮安市	1675.85	−4.0%	1828.25	9.1%
盐城市	2216.12	−1.1%	2684.30	21.1%
扬州市	1379.29	−3.1%	1480.92	7.4%
镇江市	1141.93	−1.4%	1346.83	17.9%
泰州市	1333.26	−1.3%	1576.94	18.3%
宿迁市	1320.45	−4.7%	1460.36	16.1%

资料来源:江苏统计局

3. 消费活力不断涌现,后劲充足

2021 年,南京新街口商圈“四大金刚”——德基广场、中央商场新街口店、金鹰新街口店、南京新百中心店共实现销售额约 371 亿元。其中,德基广场销售额超 210 亿元,首次迈进“200 亿俱乐部”,多家首店的入驻做出了巨大贡献。首店经济成为消费时尚,全省首店经济蓬勃发展,成为消费者争相“打卡”的集聚之地。春节前夕,仅南京新街口商圈就有 20 多家首店开业,吸引了大量消费者前来“踩点”。民以食为天,疫情防控常态化背景下,百姓消费观念发生改变,从吃饱、吃好到吃得健康、吃出特色,消费升级是大势所趋。餐饮消费是刚需,要加快服务模式创新,外卖、新零售、线上直播等新兴服务方式可满足消费者多元化需求。数字经济正在高速渗透我们的生活,餐饮行业也开始新一轮蝶变,走上数字化转型的新赛道。省数字餐饮产业研究院副院长葛旭东说,餐饮企业只要以用户为中心、以技术为核心、以应用为基础、以链接为纽带、以品牌为助力、以产品为关键、以人才为根本,必将迎来新的发展与创新。

居民消费支出较快增长,全省居民人均生活消费支出由 2012 年的 1.65 万元增加至 2021 年的 3.15 万元,累计增长 90.6%,年均增长 7.4%。其中,城镇居民人均消费支出由 2.06 万元增加至 3.66万元,累计增长 77.7%,年均增长 6.6%;农村居民人均消费支出由 0.99 万元增加至 2.11 万元,累计增长 1.13 倍,年均增长 8.8%,快于城镇居民 2.2 个百分点。居民恩格尔系数由 2012 年的 30% 下降至 2021 年的 27.5%,按照联合国标准,江苏居民生活总体上进入殷实富足阶段。

居民收入差距持续缩小。全面实施乡村振兴战略,进一步巩固脱贫攻坚成果,扎实推进新型城镇化建设,有力促进了农民收入的较快增长,城乡居民收入差距不断缩小。全省城镇居民人均可支配收入由 2012 年的 2.88 万元提升至 2021 年的 5.77 万元,年均增长 8%;农村居民人均可支配收入由 1.21 万元提升至 2.68 万元,年均增长 9.2%,快于城镇居民 1.2 个百分点;城乡居民收入比由 2012 年的 2.37∶1 缩小至 2021 年的 2.16∶1,是全国城乡收入差距较小的地区之一。区域收入结构改善,苏南、苏中、苏北城镇居民收入比由 2012 年的 1.80∶1.33∶1 下降到 2021 年的 1.74∶1.32∶1,农村居民收入比由 1.68∶1.23∶1 下降到 1.60∶1.21∶1。中低收入群体收入较快增长。按照收入五等份分组的最低收入组家庭人均可支配收入年均增长 11.1%,快于最高收入组家庭 3.4 个百分点。高低收入组居民收入之比逐步缩小。2020 年底,254.9 万农村建档立卡低收入人口全部实现不愁吃不愁穿,全面实现义务教育、基本医疗、住房安全和饮水安全保障,年人均收入达 6000 元以上。

4. 稳定发挥"压舱石"作用,综合实力再攀新台阶

2021 年,全省地区生产总值突破 11 万亿元,比上年增长 8.6%,比上年增加 1.36 万亿元,增量首次突破万亿元且创历史新高。制造业增加值突破 4 万亿元,比上年增长 11.7%;占 GDP 比重达 35.8%,比上年提高 1 个百分点。社会消费品零售总额首超 4 万亿元,比上年增长 15.1%,增量创历史新高。外贸规模突破 5 万亿元大关,比上年增长 17.1%。财政收入首破万亿元,比上年增长 10.6%,税占比达 81.6%。粮食总产近 750 亿斤,比上年增产 3.4 亿斤,连续 5 年实现增产,连续 8 年总产稳定在 700 亿斤以上。实际使用外资 288.5 亿美元,比上年增长 22.7%。金融存贷款总额超 36 万亿元,同比增长 12.4%。一季度、上半年、前三季度、全年,江苏 GDP 两年平均增速始终保持在 6% 以上,经济增长态势稳健。全年 GDP 两年平均增速比 2019 年同期高出 0.2 个百分点,已基本恢复至常态化增长水平。全年规上工业增加值增长 12.8%,两年平均增长 9.4%,比 2019 年同期高 3.2 个百分点,前十大重点行业增加值全部实现同比增长,对规上工业增长的贡献率达 76.4%,有力支撑了工业生产的稳定恢复。1—11 月规上服务业营业收入同比增长 24.8%,两年平均增长 14.8%,比 2019 年同期高出 6.8 个百分点。列统的 10 个行业门类中有 8 个行业实现两位数增长,5 个行业增速超 20%。全年社会消费品零售总额增长 15.1%,两年平均增长 6.4%,比 2019 年同期高 0.2 个百分点,消费品市场基本恢复至疫情前水平。固定资产投资同比增长 5.8%,两年平均增长 3%,其中制造业投资增长 16.1%。实体经济投入信心较为充足。

5. 有力推进数字赋能,经济发展增添新动力

从工业看,全省规上工业中数字产品制造业增加值同比增长 19.7%,比规上工业高 6.9 个百分点;工业机器人、集成电路、传感器、3D 打印设备等数字产品产量分别增长 62.8%、39.1%、25.5%、64.3%。从服务业看,1—11 月,规上服务业中互联网和相关服务、软件和信息技术服务业分别增长 30.9%、19.2%,其中互联网平台、互联网数据服务增长 31%、153.1%。从消费市场看,智能手机、智能家用电器和音像器材等商品零售额分别增长 25.9%、35.2%。以网络购物、"无接触配送"为代表的线上消费快速壮大,全年限上网上零售额同比增长 26.9%。从项目投入看,与数字设备、数字产业紧密相关的行业投资快速增长,电子及通信设备制造、计算机及办公设备制造投资分别增长 21.5%、22.3%;信息服务、电子商务服务投资分别增长 15.7%、192.1%。先进制造业增势良好。2021 年,工业战略性新兴产业、高新技术产业产值占规上工业比重分别达 39.8%、47.5%,分别比上年提高 3 个、1 个百分点。规上工业中新能源汽车、锂离子电池、光伏电池等绿色低碳产品产量分别增长 2 倍、50.4%和 32%。高技术服务业快速发展。1—11 月,全省规上高技术服务业同比增长 20.5%,两年平均增长 17.9%,比规上服务业高 3.1 个百分点。其中,工程技术研究和试验发展、技术推广服务分别同比增长 41.1%、50.1%。新兴消费快速壮大。全年限上单位新能源汽车零售额实现 105.4%的高速增长,占限上商品零售额比重比上年提高 0.8 个百分点;全年限上网上零售额同比增长 26.9%。

6. 社会消费品零售总额实现新突破

2021 年,全省限额以上日用品类、石油及制品类、建筑及装潢材料类表现抢眼,同比分别增长 22.6%、26.6%、36.9%。限额以上餐饮收入 993.6 亿元,增长 21.5%。受新能源汽车购置补贴、免征购置税期限延长等政策持续刺激,新能源汽车大幅增长 105.4%。全省 13 个设区市社零额增幅均实现较快增长,苏北、苏中、苏南社零额分别增长 17.5%、15%、14.1%。其中,徐州、盐城、常州增速较快,分别增长 22.9%、21.1%、20.2%。在全省"销售竞赛季"持续激励下,各地形成了促进消费的浓厚氛围,为消费市场注入了更多增长动力。随着消费市场环境不断优化,居民消费升级趋势也不断加快。全省限额以上可穿戴智能设备类增长 55.6%;智能家用电器和音响器材类增长 35.2%;智能手机类增长 25.9%;金银珠宝类增长 22.4%。在疫情防控常态化条件下,线上下融合趋势愈发明显,线下店铺通过与互联网结合,销售不断增长,线上产品通过门店社群,获得新的增量。全省限额以上通过公共网络实现的零售额同比增长 26.9%。全省累计举办"苏新消费"主题促消费活动近千场,创新打造了"苏新消费·冬季购物节",对消费市场回升拉动作用明显。根据支付平台数据统计显示,"苏新消费·冬季购物节"首月全省支付金额突破万亿元,累计支付 10107 亿元,环比增长 10.7%。

二、江苏省商贸流通业发展存在的问题

(一)城市商贸流通结构亟待调整优化

在城市商贸流通产业结构方面,由于微观经济受到疫情的较大影响,后疫情时代,诸如企业和家庭等微观主体的行为模式、需求模式发生较大变化。同时,疫情加速了数字化经济和 ESG 发展理念(Environment,Social and Government)的发展,绿色、高效的发展理念助推经济资源交换和利用水平提升,由此助推产业结构升级,培育新的经济增长点。近年来,以商贸流通业为代表的第三产业占 GDP 的比重逐年上升,具备强劲的转型发展动能。城市经济系统的快速发展和产业结构的调整使商贸流通业的产业地位日益提升。在此过程中,城市商贸流通系统不断响应着人们的新消费需求和新消费理念。

专栏 2　ESG 发展理念

ESG 是英文 Environmental(环境)、Social(社会)和 Governance(治理)的缩写,是一种关注企业环境、社会、公司治理绩效而非仅财务绩效的价值理念、投资策略和企业评价标准。ESG 起源于社会责任投资(SociallyResponsibleInvestment,"SRI"),是社会责任投资中最重要的三项考量因素,对社会发展具有重要意义。

第一，ESG 对企业环境责任的评估有利于引导企业践行绿色发展理念，鼓励企业采用节能环保等技术，从而促进环境友好型社会的发展。企业 ESG 表现良好，才能稳健、持续地创造价值，实现经济效益、社会效益、生态效益的共赢，从而实现长期可持续的发展。

第二，ESG 对社会责任的评估有利于促进企业及投资者更关注企业社会责任的践行，更好地平衡经济发展与社会和谐之间的关系。全球加入 UNPRI 的机构已达到呈现高速增长的态势，而这个增长仍在持续。从市场分布来看，签署群体主要集中在发达市场，但在亚洲和新兴市场也开始呈现快速增长的态势。

第三，ESG 对企业治理的评估有利于促进企业完善内部治理，一方面优化股东、董事、监事及管理人员之间的关系，帮助企业完善现代公司管理制度；另一方面也协调企业与员工、客户、社会公众等利益相关者之间的关系，促进企业的可持续发展，助力防范风险。

（二）商贸流通企业市场营销模式亟须改变

全球政治、经济、科技格局的发展，给各行各业都带来了巨大变化，行业界限、产业界限逐步模糊。同时，新冠肺炎疫情肆虐，给全球经济造成重大影响。特别是我国步入新发展阶段，开始构建以国内循环为主国际国内双循环的发展格局，人民的消费理念、消费方式、消费习惯正在发生改变，人们追求美好生活的愿望更加迫切，对商贸流通产业发展的要求越来越高。多重因素交织叠加影响，商贸流通产业面临重大调整。面对新形势、新变化，一些商贸流通企业对市场变化、消费需求变化的反应不敏感，缺乏清晰的市场营销战略目标。有的企业对市场营销的牵引性地位认识不足，企业市场化经营机制还不完善，内部营销制度体系、控制标准和流程有缺失。国家现行的一些商贸流通产业政策也没有及时完善和优化，产业的管理体制和营销机制、供应链产业链协同能力不强，难以适应新发展阶段对商贸流通企业的要求。

（三）商贸流通企业需适应数字化

很多商贸流通企业是从传统企业演变而来的，管理方式、管理手段的信息化程度参差不齐。一些企业信息化步伐较慢，市场营销数字资源配置程度较低，对精准营销、网络营销、数字营销等新型营销模式缺乏足够的理解和应用。一些企业不善于利用信息化技术实施市场营销，大数据信息应用不足，缺乏对客户的消费偏好、消费习惯的研究和分析，企业新技术、新产品更新换代跟不上市场变化节奏。一些企业营销渠道、营销手段和方法比较单一，互联网营销能力不足，新媒体营销水平欠缺，难以满足客户日益增长的消费需求。特别是随着电子商务的发展，对电商和商贸流通企业市场营销提出了全新的要求，一些商贸流通企业整体营销策划能力不足，缺乏产业间市场的协同联动，线上线下协同也不够，提供一体化解决方案能力存在短板。企业市场营销各类相关要素统筹不足，营销体制机制和人力资源配置不够优化，内部营销系统和其他经营系统之间的衔接存在壁垒，市场营销模式难以适应产业数字化发展潮流。

（四）消费潜力有待进一步挖掘

我国步入新发展阶段，开始构建以国内循环为主国际国内双循环的发展格局，人民的消费理念、消费方式、消费习惯正在发生改变,人们追求美好生活的愿望更加迫切,对商贸流通产业发展的要求越来越高。新商业业态发展缓慢,消费新业态、新模式、新场景普及应用程度还不充分,消费者体验业态竞争激烈,消费品质化、特色化、精细化特征还不明显,线上线下商贸融合深度不够、速度不快、范围不广。疫情后的商场、购物中心、商业街、批发市场、商贸园区、餐饮、住宿等实体店消费需求还有很大修复提升空间,城乡结合部和新扩城区、新开发建设的居民住宅小区等社区商业还不够齐全,居民日常消费不太便利。乡村,尤其是边远乡村交通欠发达,商业设施不完善,居民消费难以满足。

(五) 适应全球化能力有待增强

当前全球经济虽受到疫情冲击和影响,但经济全球化的总体趋势没有发生根本变化,国际化经营仍然是商贸流通企业发展的战略方向。商贸流通企业国际化经营能力总体实力仍然不强,很多企业没有完全建立国际化市场营销体系,市场营销组织机构、人员配置不适应国际化要求。部分企业对国际市场目标缺乏明确定位,对国际市场环境缺乏深入的研究判断,没有形成有针对性的市场营销策略。部分企业对市场国家的商贸政策、文化风俗、政治环境缺乏系统的研究,业务增长动力不足。企业之间市场统筹协调不够,市场资源配置比较分散,难以形成合力。对融入"一带一路"倡议的研究不够,利用多边合作和国家间贸易交流机制能力不足,缺乏有效的实施路径和具体措施。一些企业与电子商务协同不够,难以适应跨境电商发展对商贸流通企业市场营销的要求,市场协同不足。品牌营销、产品策略、渠道策划能力有限,商贸流通全球知名品牌稀缺。

三、江苏省商贸流通业发展的对策建议

(一) 经验借鉴

展望"十四五",在社会主要矛盾发生关系全局的历史性变化基础上,上海、浙江、广东等发达地区都在积极谋划推动商务流通高质量发展、引导消费转型升级,相关规划举措将为江苏商贸流通业发展提供有益借鉴。

1. 浙江:抓住机遇推进数字贸易

近年来,浙江数字贸易快速发展,成效显著,相继制定出台了《高质量建设全省现代服务业创新发展区的实施意见(2021—2025 年)》《浙江省现代服务业创新发展区建设导则(试行)》《关于公布首批浙江省现代服务业创新发展区名单的通知》等文件。义乌商贸城、绍兴纺织城、海宁皮革城等依托数字贸易,实现新发展新跨越,即从传统商品市场向传统市场和线上市场相融合发展的新跨越,向未来市场发展的新跨越。当下,数字贸易已经成为国际贸易的新动能,在中美摩擦和疫情冲击背景下,为浙江省连续 3 年获得国务院稳外贸、稳外资督查激励做出了贡献。认真贯彻落实袁家军书记关于数字贸易"458"体系重要部署,推动出台《中共浙江省委 浙江省人民政府关于大力发展数字贸易的若干意见》,这是全国第一份省委省政府层面出台的数字贸易政策文件。筹办首届全球数字贸易博览会,致力于打造全球数字贸易中心,为数字贸易创新发展区建设构筑了坚实的基础。从以下三个方面抢抓新的机遇:一是鼓励打造高能级数字贸易平台。以数字自贸区为核心,发挥数

字自贸区与现代服务业创新发展区的叠加效应,打破物理阻隔、减少物理接触等,支持创新发展区多种形态跨境电商模式落地,鼓励整合贸易、金融、物流、文创、文旅等领域的数字化优势,探索以高端服务为先导的"数字＋服务"新模式。二是加强数字贸易企业梯队培育。支持创新发展区内企业参与数字贸易博览会,鼓励加强对数字金融、数字会展、数字服务、数字物流、数字消费等一系列企业的培育,不断完善数字贸易全产业链。三是积极探索数字贸易规则标准。数字贸易这个领域是一个全新领域,其规则标准目前在很多方面都是空白。鼓励创新发展区对标国际经贸规则的前沿标准,探索创新高标准数字贸易规则,为数字贸易的高质量发展贡献"浙江方案"。

2. 上海:扩大内需,加快建设国际消费中心城市

"十四五"时期是全力打响"上海购物"品牌,加快建设国际消费中心城市的关键时期,为了实现这一目标,针对各项主客观问题上海从提高消费的引领度、创新度和集聚度三个方面出发,寻求外联内通、求新求变,积极迎来国际国内市场拓展机遇。一是提高消费的引领度打造国际时尚之都,加强文化吸引力。将超越香港 GaWC 排名设定为近期目标,在当前疫情背景下,重点扩展线上影响力,以互联网为主要传播媒介,辅以线下推广,植入上海城市形象和上海品质消费的宣传。同时把握住红色文化的上升期,在国际青年交流中推广对红色文化的解读,与海派文化与弄堂文化有机结合。继续坚持以海纳百川的胸怀推进中外文化交流交融,打造一座东方百老汇。引领国内消费风尚,建设信用新生态。上海国际消费中心城市建设应当做到上下贯通、中外畅通,从制定消费市场标准、引领信用体系建设到高端消费客群培养、提高外来消费便利度的全线式发展。上海消费标准的正面清单线上(线上可以从上海企业自有平台开始)线下双管齐下,做到产品和服务的广覆盖,尝试推行可信身份认证在消费信用领域的应用。二是提高消费的创新度联通国内外两个市场,催生新业态。紧紧围绕上海"因商而兴、因港而兴"的特点,利用好浦东高水平改革开放平台、大力推动发展"首发经济",积极促进贸易新模式新业态。凭借"全球新品首发季"、首发经济示范区等平台载体,打造集新品发布、展示、交易于一体的首发经济生态链。加快国家级跨境电商综合试验区和市级跨境电商示范园区建设。激发市场主体活力,创新新模式。重点发展数字经济,促进商业领域数字化融合和改造,实现实体商业线上化、零售终端智慧化、物流配送即时化、生活服务数字化、生产消费个性化。创新发展免退税经济,提升离境退税便利度,实现退税标识全覆盖,增加境外旅客购物离境退税商店,发展市内免税店,重点支持增加本土新品牌、老字号退税商户数量,支持黄浦、静安打造离境退税示范街区。大力发展夜间经济标杆项目,继续打造具有全球影响力的夜间文化旅游项目,持续优化提升夜间经济推进机制和城市配套水平。三是提高消费的聚集度以开放型市场促进商品和服务集聚。买全球、卖全球,促进消费回流,加快集聚全球市场主体、全球优质商品,放大进博会溢出效应,努力形成优质平价商品与高端奢侈品、流行爆款商品与特色小众商品协同发展的多层次消费品类发展格局。买全国、卖全球,汇聚国货精品,国际消费中心城市离不开一批过硬的世界级本土品牌,需加快老字号传承创新发展,吸引全国新锐品牌集聚上海。

以世界级品质吸引国内消费者集聚。加强商旅文体联动,进一步适应从商品层面转到服务层面的消费需求变化,发展文旅休闲消费、体育竞技消费、健康养老消费和信息消费。推动在线新经济大发展,提升"互联网＋"餐饮、旅游、家政和体育等生活服务电子商务能级,打造物流配送即时化网络和智慧化零售终端体系。建设闻名遐迩的商圈载体,坚持最高标准,形成一片上海建设国际消费中心城市的核心承载区。

3. 广东：丰富广州的商业形态，提高商业活跃度

广州市最大的吸引力之一在于广州的商业活跃度。广州商业形态丰富，新业态、新模式持续快速健康发展，文、商、旅、体、医、美深度融合，城市消费能级显著提升，以创新驱动撬动着更多的潜在性、多元化消费需求。如今，传统消费载体也在被不断赋能，戴 VR 眼镜"穿梭"非遗街区，百年老街北京路再次"上新"。"以'一区多点双循环'为活化路径，我们通过巡回展演，串起街区骑楼群和周边历史文化旅游景点。"广州北京路文化核心区管理委员会相关负责人说。目前广州拥有老字号138 家，中华老字号 35 家。为积极推动老字号企业创新发展，在北京路步行街举办全国"老字号嘉年华"，超千种老字号产品亮相，推出新味道、玩出新体验。通过打造集非遗展示、数字体验、互动打卡、文创消费等内容于一体的非遗综合体验空间，北京路已建设成集赏、游、购、娱于一体的粤港澳大湾区非遗交流中心。不仅线下，线上消费也成效显著。今年上半年，广州市限额以上实物商品网上零售额同比增长 12.8%。中国市场学会等此前发布的《直播电商区域发展指数研究报告》显示，广州有九个市辖区进入全国直播电商百强地区榜，排名全国第一。以直播电商为切入口，广州市近年来持续推动体制机制创新，电子商务发展能级不断提升，"直播电商之都"已成为广州新的城市名片。为了进一步提振消费这辆"马车"的经济动能，广州出台各类惠民利企政策，进行各类促销折扣及特色展览体验等活动。截至 7 月 27 日，广州今年已发放五轮共 253 万张消费券，吸引 561 万人次消费者、6930 家企业门店参与，直接带动消费 32.92 亿元。7 月 30 日起，广州积极响应商务部关于做好"2022 国际消费季"重点工作要求，围绕培育建设国际消费中心城市一周年，以商圈为核心，线上线下相结合，推出"羊城欢乐购・暑期联欢惠"系列活动，最大化整合社会资源，深挖消费潜力。积极打造一批特色化、品质化的消费内容，构建"消费＋时尚定制""消费＋美妆日化""消费＋文旅体娱""消费＋美食""消费＋汽车"等五大"消费＋"体系，出台《打造时尚之都三年行动方案》《广州市促进住宿餐饮业发展的若干措施》《广州市"美食之都"发展规划》等文件。自 2020 年起，广州市连续两年举办时尚产业大会及系列活动。通过开展时尚"名师""名品""名店"等评选表彰，扩大品牌知名度和影响力，充分发挥示范引领作用，形成时尚产业发展的集聚效应。把握优势产业与消费市场融合的发力点，全面落实相关政策。日前，围绕商务部举办的 2022 年"中华美食荟"活动，广州发挥"金融助力广州国际消费中心城市建设产业联盟"作用，开展全城餐饮促销。

（二）相关举措

1. 适应宏观经济环境的形势变化，持续健全完善商贸流通企业市场

从全球经济形势变化趋势分析：一方面，世界新一轮科技革命和产业变革迅猛发展，给全球经济发展包括商贸流通产业发展带来难得历史机遇；另一方面，新冠肺炎疫情给全球经济复苏带来严重冲击，经济发展的不确定因素增多。我国发展进入了全面建设社会主义现代化国家、向第二个百年奋斗目标迈进的新阶段，经济发展格局和商贸流通环境都在发生新的变化，经济发展和民生改善都要求商贸流通产业向高质量发展目标迈进。江苏商贸流通企业要深入分析宏观经济环境变化，特别是"十四五"新发展阶段要求，研究判断商贸流通消费的趋势，制订实施企业总体发展战略和市场营销战略，明确企业"十四五"的市场目标、市场方向和营销途径。要坚持战略引领和目标导向，突出市场营销在企业经营管理的前沿引领作用，不断健全完善市场营销体系。国家政策层面，要强化服务意识和宏观调控指导职能，持续调整完善商贸流通产业政策，引导商贸流通企业创新市场营

销模式,完善市场化经营机制,鼓励引导商贸流通企业持续健康发展,积极构建良性发展的产业格局。商贸流通企业层面,要健全完善市场营销内部控制制度,完善市场营销体制机制,破除传统市场营销模式的束缚,规范业务流程和相关标准,鼓励市场营销模式创新,致力推动企业高质量发展。

2. 把握数字经济发展趋势,加速商贸流通企业市场模式重构

近年来,信息技术加速迭代创新,给各行各业带来巨大改变,数字经济迅猛发展,正在成为推动经济要素资源配置、促进经济发展的重要力量,同样影响着商贸流通产业发展格局。江苏商贸流通企业要抓住数字化发展机遇,以市场营销为切入点,面向客户需求,积极推进数字技术和商贸流通产业深度融合,加快市场资源要素快速流动,推动市场主体重构,不断延伸产业链条,拓展市场发展空间。要立足商贸流通企业数字化转型,面向产品研发、生产制造、物流配送、售后服务全过程,积极做好市场营销整体策划,推动传统产业进行全方位改造,促进提升全要素生产率,提升产品档次服务品质,努力打造商贸流通服务品牌。要深入研究商贸流通的消费需求和方向,准确把握电子商务发展业态,科学研究企业市场定位,构建覆盖全员、全过程、全要素的大市场营销体系,融入生产、质量、品牌、服务、渠道等策略,统筹谋划,一体实施推动,努力拓展商贸流通产业发展空间。商贸流通企业要全面统筹市场营销各类资源要素,率先融入数字化转型,加快市场营销体制改革,科学设置企业市场营销机构和人员,完善激励约束机制,充分激发要素市场活力,持续优化相关资源配置,推动市场营销模式重构,促进企业主动融入数字化发展潮流,适应电商物流发展要求,在激烈的市场竞争中赢得主动。

3. 积极探索大数据市场营销模式,适应互联网时代商贸流通发展要求

江苏商贸流通企业要积极调整优化市场营销方式,充分利用信息化网络化技术,利用大数据信息,深入分析商贸流通消费趋势,研究客户的消费偏好和习惯,充分了解用户需求信息,从而针对不同的消费需求,筛选重点客户,优化市场目标,改进服务方案,改善用户体验,持续开拓商贸流通市场新空间。推进互联网营销策略,打破传统营销方式的时间空间束缚,通过新媒体宣传渠道,积极开展网络直播、电视直播、网上体验等营销方式,全景式展现产品特点和性能,努力开辟客户渠道。在充分了解消费信息的基础上,要根据客户的个性化要求,推进一对一营销、个性化营销,及时回应和反馈客户信息,有效挖掘用户需求动态,不断改进客户管理,第一时间对市场需求作出迅速反应。要加强市场营销联动,实施一体化营销,打好营销组合拳,推动商贸流通产业和制造业、互联网产业融合发展,努力为客户提供一体化、一站式系统解决方案,更好满足人们美好生活需要。要推动市场营销线上线下整体联动,弥补单一营销方式的短板和不足,及时收集客户的建议、意见,推动产品和广告的精准定位,从而持续改进完善产品和服务功能,不断刷新和增强用户的体验感,不断创造新的消费需求,持续扩大商贸流通业务,实现供给侧和消费侧的良性协同发展。

4. 积极构建商贸流通全球市场体系,大力推动商贸流通企业国际化经营

国家宏观政策方面要进一步扩大开放,完善相关政策,加大税费、金融、通关、市场资质等方面支持,利用"一带一路"倡议等多边合作机制,积极搭建国际交流平台,深化贸易沟通协调,支持商贸流通企业走出去。商贸流通企业要深入分析研究国际市场环境,深入研判政治经济环境的复杂性和风险程度,系统收集整理国际市场信息,根据地域特点、经济增长、文化风俗、人均国民收入等因素,划分全球市场并选择目标市场国家,制定针对性的市场营销策略。根据不同国家商贸流通市场要求,调整产品功能、外观、包装、品牌、服务等,以便产品契合目标市场国家的技术标准和消费习惯。商贸流通企业要强化协同出海,加强国际市场营销资源统筹,有效整合和利用国际市场资源,完善全球营销网络,合理布局国际市场,形成完善的国际营销体系。要针对不同市场,创新市场营销模式,加强跨国企业之间的合作,稳妥实施产品策略、渠道策略、价格策略和促销策略,不断拓展国际市场空间。要主动融入"一带一路"建设,充分利用各方合作机制,综合考虑市场环境和市场条件,统筹策划市场营销策略,加大商贸流通产品推介力度,积极开拓"一带一路"国家市场。要不断完善跨境电商营销平台,针对不同国家消费需求的差异,丰富平台功能和销售渠道,完善产品性能,促进电商服务和商贸流通一体化发展,努力打造中国商贸流通全球知名品牌。

参考文献

[1] 陈树广,王东,陈胜利.中国商贸流通业高质量发展的时空特征及区域差异[J].统计与决策,2022,38(13):5-10.

[2] 陈湘.数字经济对城市商贸流通业的影响研究[J].商业经济研究,2022(06):32-35.

[3] 董誉文,徐从才.中国商贸流通业增长方式转型问题研究:全要素生产率视角[J].北京工商大学学报(社会科学版),2017,32(01):31-41.

[4] 何树全,赵静媛,张润琪.数字经济发展水平、贸易成本与增加值贸易[J].国际经贸探索,2021,37(11):4-19.

[5] 江小涓,孟丽君.内循环为主、外循环赋能与更高水平双循环——国际经验与中国实践[J].管理世界,2021,37(01):1-19.

[6] 龙少波,张梦雪,田浩.产业与消费"双升级"畅通经济双循环的影响机制研究[J].改革,2021(02):90-105.

[7] 梅寒.跨境电商发展及其对我国国际贸易"降本促效"效应研究[J].商业经济研究,2020(01):116-119.

[8] 齐俊妍,任奕达.东道国数字经济发展水平与中国对外直接投资——基于"一带一路"沿线43国的考察[J].国际经贸探索,2020,36(09):55-71.

[9] 宋则,常东亮,丁宁.流通业影响力与制造业结构调整[J].中国工业经济,2010(08):5-14.

[10] 王静,韩启昊.数字经济对商贸流通业利润影响实证研究[J].商业经济研究,2021(17):29-31.

[11] 杨熙玲."一带一路"倡议下四川省国际物流与国际贸易的协同研究[J].科技经济市场,2018(09):45-47.

[12] 余淼杰."大变局"与中国经济"双循环"发展新格局[J].上海对外经贸大学学报,2020,27(06):19-28.

[13] 俞彤晖,陈斐.数字经济时代的流通智慧化转型:特征、动力与实现路径[J].中国流通经济,2020,34(11):33-43.

[14] 张嘉怡.数字金融、信息化基础设施对商贸流通业发展的影响机制[J].商业经济研究,2021(22):169-172.

[15] 张一兰,田力军.供应链集中度对商贸流通企业投资效率的影响[J].商业经济研究,2021(03):9-13.

[16] 赵凯,宋则.商贸流通服务业影响力及作用机理研究[J].财贸经济,2009(01):102-108.

第九章 江苏省金融业发展报告

一、江苏省金融业发展现状

2021年,江苏省金融系统坚决贯彻落实党中央、国务院和人民银行总行各项工作部署,不折不扣贯彻新发展理念,坚持稳健的货币政策灵活精准、合理适度,全力以赴助力企业纾困,统筹推进绿色金融高质量发展,切实有效防控金融风险,为全省经济实现"十四五"良好开局提供了有力的金融支撑。

(一)银行业运行稳健,信贷助力实体经济质效有效提升

1. 银行业资产规模保持平稳增长,机构体系不断优化

2021年末,全省银行业总资产24.2万亿元,同比增长10.7%;全年共实现税后净利润2574.6亿元。其中,法人银行业金融机构总资产同比增长11.5%。

表1　2021年江苏省银行业金融机构情况统计表

机构类别	营业网点			法人机构（个）
	机构个数（个）	从业人数（人）	资产总额（亿元）	
一、大型商业银行	4938	106807	84734	0
二、国家开发银行和政策性银行	95	2515	12550	0
三、股份制商业银行	1242	39656	39166	0
四、城市商业银行	1019	37366	50685	4
五、城市信用社	0	0	0	0
六、小型农村金融机构	3382	51488	35335	60
七、财务公司	16	484	1770	14
八、信托公司	4	671	491	4
九、邮政储蓄	2511	24871	10454	0
十、外资银行	79	2345	1855	3
十一、新型农村机构	345	4812	1097	74
十二、其他	14	2391	4031	12
合计	13645	273406	242168	171

注:营业网点不包括国家开发银行和政策性银行、大型商业银行、股份制银行等金融机构总部数据;大型商业银行包括中国工商银行、中国农业银行、中国银行、中国建设银行和交通银行;小型农村金融机构包括农村商业银行、农村合作银行和农村信用社;新型农村机构包括村镇银行、贷款公司、农村资金互助社和小额贷款公司;"其他"包含金融租赁公司、汽车金融公司、货币经纪公司、消费金融公司等。

数据来源:江苏银保监局

2.各项存款增速放缓,外汇存款增速同比下降

2021年末,全省金融机构本外币存款余额19.6万亿元,同比增长10.1％,比上年同期下降3.1个百分点;当年存款新增1.8万亿元,同比少增2800亿元。分部门看,住户存款、非金融企业存款、机关团体存款余额同比分别增长11.9％、8.2％和1.2％,增速比上年同期分别下降2.9个、8.3个和0.9个百分点。分币种看,人民币各项存款余额同比增长9.8％,外汇存款余额同比增长24.8％,比上年同期下降9.3个百分点。

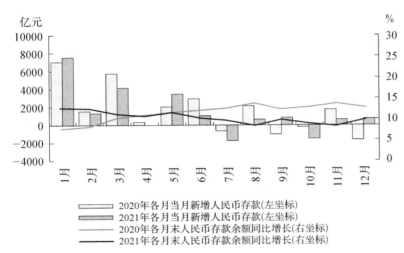

图1　2020—2021年江苏省金融机构人民币存款增长趋势图

数据来源:中国人民银行南京分行

3.各项贷款同比多增,信贷总量保持稳定增长

2021年末,全省本外币各项贷款余额18.1万亿元,同比增长15.3％,高于全国4个百分点;比年初新增2.4万亿元,比上年同期和2016—2020年同期平均增量分别多2655亿元、8985.3亿元。贷款余额和新增额均居全国第二位。

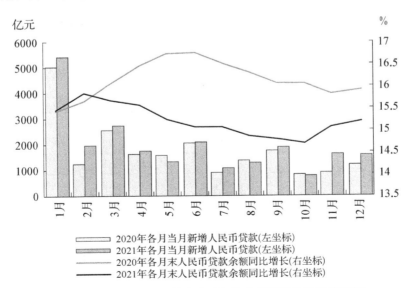

图2　2020—2021年江苏省金融机构人民币贷款增长趋势图

数据来源:中国人民银行南京分行

从币种看,全省人民币贷款余额同比增长 15.2%,比上年同期下降 0.7 个百分点。外汇贷款余额同比增长 28%,比上年同期提高 6.6 个百分点。从期限看,短期类贷款余额 6.1 万亿元,同比增长 10.7%。中长期贷款余额 10.7 万亿元,同比增长 17.8%。

从投向看,结构持续优化,金融支持重点领域力度进一步加大。制造业贷款平稳增长。12 月末,全省本外币制造业贷款余额为 2.15 万亿元,同比增长 14.9%,比上年提高 4.6 个百分点,连续 15 个月实现两位数增长。全年制造业中长期贷款新增 1654.6 亿元,同比多增 392.6 亿元。大力拓宽科创企业融资渠道,全省累计发行双创专项金融债 50 亿元。普惠小微融资量增面扩。12 月末,普惠小微贷款余额同比增长 36.2%。全年新增小微企业首贷户 6.9 万户。两项直达政策工具有效支持小微企业。2021 年,全省金融机构累计为 6529.9 亿元普惠小微贷款延期,延期率 78.4%;发放普惠小微信用贷款 4415.2 亿元,占全部普惠小微贷款发放量的 25.6%。

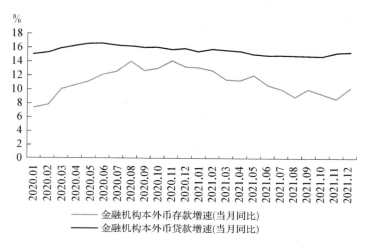

图 3 2020—2021 年江苏省金融机构本外币存、贷款增速变化趋势图
数据来源:中国人民银行南京分行

4. LPR 改革红利持续释放,实体经济融资成本稳中有降

通过持续释放 LPR 改革潜力、落实明示年化贷款利率要求、优化存款利率定价管理、整顿异地存款和不规范存款产品创新,引导综合融资成本进一步降低。2021 年,全省一般贷款、企业贷款、普惠小微贷款加权平均利率分别为 5.16%、4.60%、5.24%,同比分别降低 0.12 个、0.13 个和 0.18 个百分点。

表 2 2021 年江苏省金融机构人民币贷款各率区间占比情况统计表 单位:%

月份			1	2	3	4	5	6
合计			100.0	100.0	100.0	100.0	100.0	100.0
LPR 减点			13.6	14.4	13.1	11.5	12.3	14.6
LPR			10.4	9.8	10.0	9.6	8.5	8.5
LPR 加点	小计		76.0	75.9	76.9	78.9	79.2	76.9
	(LPR,LPR+0.5%)		20.6	18.4	18.0	18.5	17.9	20.1
	〔LPR+0.5%,LPR+1.5%)		36.2	35.2	37.4	35.3	35.5	34.0
	〔LPR+1.5%,LPR+3%)		11.8	12.7	12.5	15.0	14.5	13.6
	〔LPR+3%,LPR+5%)		4.1	4.9	4.9	5.5	6.0	5.0
	LPR+5%及以上		3.3	4.7	4.1	4.6	5.2	4.1

续表

月份		7	8	9	10	11	12
合计		100.0	100.0	100.0	100.0	100.0	100.0
LPR减点		11.2	12.6	13.4	13.4	13.9	13.6
LPR		8.0	8.4	8.5	7.8	8.0	10.2
LPR加点	小计	80.8	79.0	78.1	78.8	78.1	76.2
	(LPR,LPR+0.5%)	19.2	19.5	21.3	19.5	20.7	22.4
	〔LPR+0.5%,LPR+1.5%)	36.3	34.8	34.9	32.9	33.6	34.4
	〔LPR+1.5%,LPR+3%)	14.2	13.4	12.4	14.3	13.4	11.4
	〔LPR+3%,LPR+5%)	5.8	5.4	4.9	6.1	5.1	4.2
	LPR+5%及以上	5.4	5.8	4.5	6.0	5.2	3.8

数据来源:中国人民银行南京分行

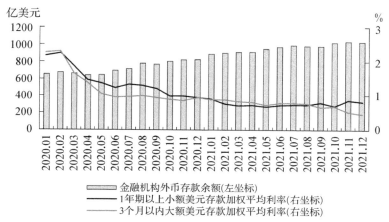

图4 2020—2021年江苏省金融机构外币存款余额外币存款利率趋势图
数据来源:中国人民银行南京分行

5.银行业运行总体稳健,金融风险防控更加扎实

2021年末,全省银行业金融机构不良贷款余额1339.3亿元,不良率0.7%,同比下降0.2个百分点,逾期90天以上贷款与不良贷款比例为66%,均处于较低水平。关注类贷款余额2008.8亿元,同比减少288.4亿元。全省法人银行业金融机构不良贷款余额575.6亿元,不良率1.2%,比上年下降0.2个百分点;资本充足率13.8%,保持在合理区间。

2021年,防范化解金融风险成效明显,推动高质量发展和高水平安全良性互动。一是金融委办公室地方协调机制作用有效发挥,央地监管合力不断彰显,支持建立健全债券违约风险信息交流和跨部门债券领域风险防范处置机制,推动省级层面出台防范化解重大金融风险问责办法、债券市场“逃废债”等重大违法违规事件通报制度等政策文件。二是持续强化金融机构风险管控,实现全辖高风险金融机构清零。三是进一步加强对大型企业债务风险的监测,提高风险防控的前瞻性、有效性。推动稳银行信贷、稳信用评级,强化对金融机构风险监测,密切防范风险交叉传染。

（二）证券业稳健发展，多层次资本市场体系建设成果显著

1. 证券期货机构加快培育，深耕地方经济高质量发展

2021 年末，全省共有 6 家法人证券公司，9 家法人期货公司，证券期货分支机构超 1200 家。4 家证券公司分类评价为 A 类以上，3 家证券公司入选中国证监会首批证券公司"白名单"，2 家证券公司获行业首批基金投顾试点资格。期货经营机构积极为企业提供风险管理服务，服务大宗商品保供稳价大局，开展"保险＋期货"业务近 80 个，已赔付金额近 750 万元；服务实体企业 3000 多家，交易规模近 500 亿元。

2. 上市公司数量稳居全国前列，融资规模稳步增长

2021 年末，全省共有境内上市公司 571 家，总数居全国第三，总市值 7.5 万亿元，占全国的 8.2％。2021 年，全省上市公司首发与再融资 2074.5 亿元，同比增长 31％，省内企业发行公司债、ABS 以及 REITs 共 966 只，募资 7106.3 亿元，同比增长 17.7％。2021 年，全省新三板公司实施公开发行 5 家次，募集资金 11 亿元，定向增发 66 家次，募集资金 31.5 亿元。2021 年，省内企业借助区域股权市场融资共计 69.2 亿元。

表 3　2021 年江苏省证券业基本情况统计表

项　　目	数量
总部设在辖内的证券公司数（家）	6
总部设在辖内的基金公司数（家）	0
总部设在辖内的期货公司数（家）	9
年末国内上市公司数（家）	571
当年国内股票（A 股）筹资（亿元）	2063
当年发行 H 股筹资（亿元）	17
当年国内债券筹资（亿元）	16238
其中：短期融资券筹资额（亿元）	6000
中期票据筹资额（亿元）	3132

数据来源：江苏证监局，江苏省金融办，中国人民银行南京分行

（三）保险业运行平稳，支持经济发展能力进一步增强

1. 保险行业稳步发展，分支机构数量同比减少

2021 年末，全省共有法人保险公司 5 家。其中，财产险公司 2 家，寿险公司 3 家。共有保险公司分支机构 5632 家，同比减少 5.5％。其中，财产险公司分支机构 2420 家，比上年减少 78 家；寿险公司分支机构 3212 家，比上年减少 250 家。

2. 保费收入小幅增长，保险业务运营平稳

2021 年，全省保险业累计实现保费收入 4051 亿元，同比增长 5.2％，位居全国第二。其中，财产险保费收入 1002 亿元，同比增长 2.3％，人身险保费收入 3049 亿元，同比增长 6.2％。

3. 保险业经营质量持续提升,支持经济发展能力进一步增强

江苏财产险公司承保利润为 52 亿元,同比增长 4.3%。车险改革稳步推进,"降价、增保、提质"的阶段性目标已初步实现。人身险公司退保风险得到有效控制,退保率 1.6%,比上年下降 0.8 个百分点。部分保障型产品实现较快发展,健康险、普通寿险保费收入同比分别增长 8.8%、23.6%。保险业为全省提供各类风险保障 554 万亿元,同比增长 34.7%。

表 4　2021 年江苏省保险业基本情况统计表

项　目	数量
总部设在辖内的保险公司数(家)	5
其中:财产险经营主体(家)	2
寿险经营主体(家)	3
保险公司分支机构(家)	5632
其中:财产险公司分支机构(家)	2420
寿险公司分支机构(家)	3212
保费收入(中外资,亿元)	4051.1
其中:财产险保费收入中外资,亿元)	1002.2
人身险保费收入(中外资,亿元)	3048.9
各类赔款给付(中外资,亿元)	1254.8

数据来源:江苏省银保监局

(四)融资总量稳步增长,融资渠道持续拓宽

1. 社会融资规模稳步增长

2021 年,全省社会融资规模增量 3.4 万亿元,同比多增 867 亿元,占全国社会融资规模的 11%,比上年提高 1.4 个百分点。从融资结构看,贷款增量为 2.4 万亿元,占社会融资规模增量的 69.6%,仍然是社会融资主要渠道。非金融企业直接融资增量 7987.4 亿元,同比多增 1265.8 亿元,其中,债券融资多 971.9 亿元,境内股票融资多 309 亿元。政府债券增量为 1799.9 亿元,同比少增 576.3 亿元。

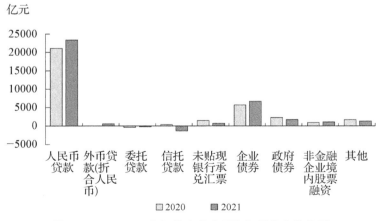

图 5　2020—2021 年江苏省社会融资规模分布结构图

数据来源:中国人民银行南京分行

2. 直接债务融资创新水平显著提升

2021年,全省企业发行债务融资工具11882亿元,同比多发3293亿元。推动权益出资票据、碳中和债、乡村振兴票据、高成长企业债、可持续发展挂钩票据等5类债务融资工具创新产品落地,成功推动省内企业发行能源保供用途债务融资工具,发行"蓝色+碳中和"双品种绿色债务融资工具。

3. 供应链票据业务、跨境业务区块链平台试点增量扩面

2021年全省企业累计出票230笔、金额40.34亿元,分别是上年的9.2倍和57.7倍;通过跨境金融服务平台累计为2027家企业办理贸易融资194.09亿美元。

表5　2021年江苏省金融机构票据业务量统计表　单位:亿元

季度	银行承兑汇票承兑		贴现					
			银行承兑汇票		商业承兑汇票			
	余额	累计发生额	余额	累计发生额	余额	累计发生额		
1	19223.1	9747.5	6854.9	17451.2	1144.2	2757.7		
2	20257.9	16468.2	7028.8	30864.4	1054.1	4454.6		
3	20455.6	22581.5	7440.6	42980.3	1045.9	6162		
4	20532.4	29173.3	8171.1	56576.4	1144.6	8076.8		

数据来源:中国人民银行南京分行

表6　2021年江苏省金融机构票据贴现、转贴现利率统计表　单位:%

季度	贴现		转贴现	
	银行承兑汇票	商业承兑汇票	票据买断	票据回购
1	3.45	4.31	3.16	1.99
2	2.86	4.04	2.71	2.17
3	2.58	3.99	2.35	2.08
4	2.01	3.82	1.79	2.03

数据来源:中国人民银行南京分行

(五)外汇管理和跨境人民币业务稳步推进,金融改革创新落地见效

1. 外汇管理改革有序推进

全省跨境资金净流入和净结汇同比分别增长53%和34.6%,顺差规模创历史同期新高;贸易外汇收支便利化试点业务量达上年的3倍;办理资本项目外汇收支便利化业务5.4万笔、96.5亿美元;日韩短期入境游客境内移动支付、外籍人才经常项目便利化试点落地;跨国公司跨境资金集中运营业务办理跨境收支96.6亿美元、实现资金归集444.6亿美元。获批在全省开展合格境内有限合伙人(QDLP)对外投资试点,在苏州工业园区和昆山金改试验区开展五项创新试点,信贷资产跨境转让、外债一次性登记和外债便利化额度等试点已落地。

2. 跨境人民币业务加快推进

2021年全省经常项目和直接投资跨境人民币结算同比增长26.5%,贵金属银项下大宗商品交

易的跨境人民币结算实现突破。做好"柬埔寨西港特区人民币使用示范项目",探索西港特区人民币供给和使用循环的一套可复制模式。2021年,西港特区跨境人民币业务同比增长60倍。

3. 金融改革创新持续深化

一方面,加快推进区域金融改革创新试点工作。在泰州落地区块链平台出口信保保单融资场景,发放全省首笔绿色再贷款、首批绿色再贴现,支持泰州产业转型升级改革创新试验区建设。出台支持昆山金改的若干意见,开展台资企业集团内部人民币跨境双向借款业务政策试点,金融支持两岸产业合作取得突破。另一方面,着力做好专项业务创新试点工作。数字人民币苏州试点工作测试场景、用户、活跃度等主要指标继续保持全国前列,落地70多项创新项目,成功实现苏州吴江和上海青浦十项数字人民币跨区应用。推进苏州数字征信实验区建设,依托地方征信平台累计帮助6.9万户企业解决融资2.4万亿元,惠及小微首贷企业4.4万家。稳妥推进长三角征信链平台试点应用增量扩面,目前已联通长三角8个城市14个节点,为338家金融机构开通查询用户6085个,上链企业1683万家。

(六)金融管理和服务质效持续提高,金融生态环境不断优化

1. 支付利民成效显著

深入推进涉诈涉赌"资金链"治理,协助公安机关破获买卖账户案件6240起、涉赌案件62起。切实推进降费政策惠企利民,全省累计减免各类支付手续费约9.8亿元。持续优化账户服务水平,建立账户分类分级管理机制,试点开展小微企业简易开户,全年累计为小微企业开立账户73.9万户,同比增长39.9%。

2. 科技工作不断突破

开展金融科技赋能乡村振兴示范工程建设,打造江苏特色典型应用。完善大数据"5+1"业务架构体系,推进信息系统整合。在全省推广金融科技创新监管工具试点,完成两批共9个创新应用的辅导和公示。推动长三角征信链相关标准的制定发布,成为首个长三角金融科技团体标准。

3. 货币发行转型加快

苏州、南通建成区域现金处理中心。在南通、盐城、扬州、宿迁等地县域启动发行基金托管试点,打造江苏特色模式。推进残损硬币机械销毁试点工作。全省建立人民币流通治理网格近六千个,对12家拒收现金和2家违规发布纪念币广告单位进行行政处罚。联合建立省级打击整治假币违法犯罪数据平台。

4. 经理国库扎实有力

全力保障国家减税降费政策落地生效,完成小微企业和个体工商户税收减免退税、制造业中小微企业缓税退税和个人所得税年度汇算清缴退税,惠及817万纳税人。创新TIPS电子税费跨区域通缴业务流程,实现数据多跑路,纳税人少跑腿。推进"送国债下乡",全省乡镇地区销售达31亿元。推广应用国库智能分析系统,推动数字技术与国库分析研究深度融合。

5. 征信管理亮点突出

全省建成地方征信平台11家,促成企业获得融资6433亿元。试点开通企业自助征信查询服务,扩大个人自助服务覆盖范围,实现征信查询"舒心办"。有效落实动产担保登记制度,全省新增登记45.8万笔、查询160.3万笔,同比分别增长145.3%和125.3%。

表 7   2020—2021 年江苏省支付体系建设情况表

年份	支付系统直接参与方(个)	支付系统间接参与方(个)	支付清算系统覆盖率(%)	当年大额支付系统处理业务数(万笔)	同比增长(%)
2020	17	0	100.0	11946.3	−45.7
2021	19	8158	100.0	11539.5	−3.4

年份	当年大额支付系统业务金额(亿元)	同比增长(%)	当年小额支付系统处理业务数(万笔)	同比增长(%)	当年小额支付系统业务金额亿元	同比增长(%)
2020	4699602.6	11.2	45810.6	33.2	240541.9	191.9
2021	5204000.0	11.1	55180.5	20.5	291000.0	20.7

数据来源:中国人民银行南京分行

二、江苏金融业发展存在的问题

(一)江苏金融业发展的经济基础

2021 年,全省上下持续做好"六稳""六保"工作,经济运行"稳中有进、稳中提质、稳中蓄势",综合实力再攀新台阶,结构转型实现新突破,发展动能彰显新优势,经济增长动力强、态势稳、韧性足的特征持续显现,顺利实现"十四五"和现代化建设良好开局。地区生产总值突破 11 万亿元大关,达到 116364.2 亿元,同比增长 8.6%,两年平均增长 6.1%,两年平均增速比全国平均水平快 1 个百分点。

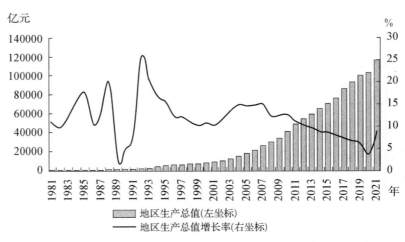

图 6   1980—2021 年江苏省地区生产总值及其增长率趋势图

数据来源:江苏省统计局

1. 三大需求稳步提升,高质量发展取得新成效

(1)固定资产投资结构优化,重点领域投入力度加大

2021 年,全省固定资产投资同比增长 5.8%,两年平均增长 3.0%。其中,全年制造业投资增长

16.1%,高于全部投资10.3个百分点。大项目支撑有力,2021年,全省十亿元以上列统项目2643个,同比增长22.5%,完成投资同比增长13.3%,拉动全部投资增长2.9个百分点。十亿元以上项目投资中,制造业增长29.2%,信息传输软件和信息技术服务业增长47.4%,卫生和社会工作增长48.6%。

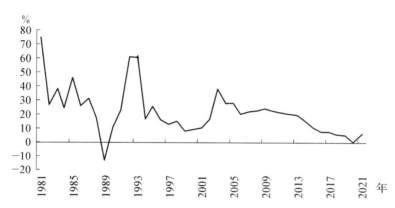

图7　1981—2021年江苏省固定资产投资(不含农户)增长率趋势图

数据来源:江苏省统计局

(2)消费品市场总体向好,新兴消费快速成长

2021年,全省实现社会消费品零售总额42702.6亿元,同比增长15.1%,比上年提升16.7个百分点,两年平均增长6.4%。分消费形态看,全年限额以上单位商品零售14956.7亿元,增长15.4%;餐饮收入993.6亿元,增长21.5%。新兴消费规模快速壮大。全省限额以上单位中智能手机、智能家用电器和音像器材商品零售额分别增长25.9%、35.2%。以网络购物、"无接触配送"为代表的线上消费快速成长,全年限额以上商品网上零售额同比增长26.9%。

(3)对外贸易量质齐升,出口竞争力持续提升

2021年,全省进出口总额52130.6亿元,同比增长17.1%,规模连续19年居全国第二位。其中,出口总额32532.3亿元,同比增长18.6%;进口总额19598.3亿元,同比增长14.8%。外贸结构呈现新优化,民营企业、一般贸易、苏北地区进出口和新兴市场出口四个占比持续提升,比上年分别提升3.3个、2.8个、0.8个和1.0个百分点。外贸主体实现新突破,全省进出口实绩企业突破8万家,达到8.13万家,增加近四千家。

(4)利用外资质提效增,重点板块引资作用明显

2021年,13个设区市实际使用外资均实现正增长,规模前两位的苏州、南京分别达69.9亿美元、50.1亿美元。外资总部加速集聚。新认定第十二批共36家外资总部和功能性机构,全省外资总部和功能性机构累计达331家,其中50家为世界500强投资。建立总部企业培育库,270余家企业纳入省级总部企业培育库。

2. 产业结构持续优化,新动能加速蓄势聚力

(1)农业服务业持续发展,粮食产量再创新高

2021年,全省农林牧渔业总产值8279.2亿元,按不变价格计算,同比增长4.0%,两年平均增长3.0%。粮食总产再创新高。全省全年粮食总产749.2亿斤,居全国第8位;比上年增产3.4亿斤,连续5年实现增产,连续8年总产保持在700亿斤以上。

（2）工业生产稳步加快，先进制造业增势强劲

2021年，规模以上工业增加值同比增长 12.8%，比上年提升 6.7 个百分点。先进制造引领发展。2021年，全省规模以上数字产品制造业实现增加值增长 19.7%，拉动规模以上工业增加值增长 3.6 个百分点。在数字技术、数字产品的支撑带动下，2021年规模以上高技术和装备制造业增加值同比分别增长 17.1%、17.0%，比规模以上工业分别高出 4.3 个、4.2 个百分点。随着工业生产的稳定恢复，叠加保供稳价、惠企纾困等政策措施的有力推进，2021年全省规模以上工业企业实现利润总额 9358.1 亿元，同比增长 25.7%。列统的 40 个工业大类行业中，31 个行业利润实现增长，行业增长面达 77.5%，比上年提高 22.5 个百分点。

（3）服务业复苏态势稳健，高技术服务业蓬勃发展

2021年，全省第三产业增加值同比增长 7.7%，两年平均增长 5.6%，规模以上服务业营业收入同比增长 21.9%。列统的 10 个门类行业中有 8 个行业营业收入实现两位数增长，5 个行业增速超过 20%。高技术服务业持续快增。全省规模以上高技术服务业同比增长 18.1%，两年平均增长 15.3%。产业技术创新步伐加快，带动工程技术研究和试验发展、技术推广服务同比增长 36.8%、47.3%。数字经济快速壮大，带动信息传输、软件和信息技术服务业增长 16.1%，两年平均增长 14.9%。

（4）有力推进数字赋能，经济发展增添新动力

从工业看，全省规模以上工业中数字产品制造业增加值同比增长 19.7%，比规模以上工业高 6.9 个百分点；工业机器人、集成电路、传感器、3D 打印设备等数字产品产量分别增长 62.8%、39.1%、25.5%、64.3%。从服务业看，互联网和相关服务营业收入同比增长 27.5%，其中互联网平台、互联网数据服务分别同比增长 25.5%、115.9%。从项目投入看，与数字设备、数字产业紧密相关的行业投资快速增长，电子及通信设备制造、计算机及办公设备制造投资分别增长 21.5%、22.3%；信息服务、电子商务服务投资分别增长 15.7%、192.1%。

（5）深入打好蓝天保卫战，生态环境质量持续改善

2021年，全省坚持"科学治污、精准治污、依法治污"，深入打好污染防治攻坚战取得显著成效。全省生态环境质量继续较大幅度改善，PM2.5 浓度实现 2013 年以来"八连降"，首次以省域为单位达到国家空气质量二级标准；地表水国考断面水质符合Ⅲ类比例同比提升，近岸海域水环境显著改善，太湖治理连续 14 年实现"两个确保"；生态保护修复不断推进，生态环境状况稳中向好。

3. 居民消费价格温和上涨，工业品价格明显上涨

2021年，全省居民消费价格同比上涨 1.6%，涨幅比上年收窄 0.9 个百分点。其中，城市上涨 1.6%，农村上涨 1.5%。分类别看，食品烟酒价格上涨 0.9%，衣着价格上涨 1.5%，居住价格上涨 1.3%，生活用品及服务价格上涨 1.1%，交通通信价格上涨 4.3%，教育文化娱乐价格上涨 1.8%，医疗保健价格上涨 1.0%。

4. 财政收入稳定增长，民生领域投入加大

（1）一般公共预算收入稳步增长

2021年，全省实现一般公共预算收入 10015.2 亿元，同比增长 10.6%。其中，税收收入 8171.3 亿元，同比增长 10.2%，税收占一般公共预算收入的比重达 81.6%。

（2）民生领域投入进一步加大

2021年，全省坚持财力向民生、向基层倾斜。一般公共预算支出 14586 亿元，同比增长 6.6%，

其中民生支出占一般公共预算支出总额的 78.4％。

5. 居民增收步伐加快，城乡收入差距持续缩小

（1）居民增收步伐加快

全年全体居民人均可支配收入 47498 元，同比增长 9.5％，两年平均增长 7.1％。2021 年城乡居民收入比值为 2.16，比上年同期缩小 0.03。其中，工资性收入 26721 元，同比增长 8.4％；经营净收入 6215 元，同比增长 9.0％；财产净收入 5316 元，同比增长 12.2％；转移净收入 9247 元，同比增长 11.5％。

（2）就业形势保持稳定

2021 年，全省城镇新增就业 140.2 万人，同比增长 5.6％。年末城镇登记失业率为 2.5％，年内始终处于较低水平。

6. 房地产市场保持平稳运行，房地产贷款保持稳定增长

（1）房地产开发投资增速放缓，新开工面积同比下降

2021 年，全年住房开发投资完成额为 13477.5 亿元，同比增长 2.3％，比上年下降 7.4 个百分点。全省商品房新开工面积 16873.3 万平方米，同比下降 4.5％。

（2）重点城市新建住宅销售价格持续上升

国家统计局监测的 70 个大中城市数据显示，江苏省内的南京、无锡、徐州、扬州的 12 月份新建住宅销售价格同比均实现上涨，涨幅分别为 4.1％、4.2％、3.9％、4.2％。

（3）房地产贷款保持稳步增长，合理信贷需求得到有效满足

2021 年末，全省金融机构本外币房地产贷款余额 5.6 万亿元，同比增长 10.8％，增速比 9 月末提高 1.1 个百分点，增长势头总体平稳。全省个人购房贷款余额为 4.3 万亿元，同比增长 10.9％，比上年同期下降 2.6 个百分点。

三、江苏省金融业发展的对策建议

（一）以创新驱动战略为指引，继续深化金融改革和创新

改革创新对金融业的发展是极为重要的。政府需要引导和鼓励银行业金融机构向县域和乡镇地区延伸服务网点，重点在苏北地区增设分支机构和营业网点，扩大金融覆盖度。强化城市商业银行、农村金融机构服务小型微型企业和"三农"的市场定位；大力发展村镇银行、小额贷款公司等新型金融组织，填补市场缺口，完善金融机构体系，尽快实现村镇银行县域全覆盖，扩大农村小额贷款公司乡镇覆盖面。适当放宽民间资本、外资和国际组织资金参股中小金融机构的条件。稳步推进金融服务创新。各金融机构要围绕服务实体经济，积极进行金融组织、产品和服务模式创新，提高金融产品多样化程度和金融服务个性化水平。要注重开发适合中小企业特点的金融产品和服务，采取商圈融资、供应链融资、应收账款融资等方式，帮助中小企业降低"两项资金"占用。充分运用现代科技成果，促进科技和金融紧密结合，建立健全多层次、多渠道的科技投融资体系。引导金融机构根据经济增长科学设定经营目标，加大对商业银行不规范经营和收费行为的查处力度，缩短企业融资链条，降低不合理融资成本；通过财政贴息、风险准备金等方式，降低小微企业融资成本；加

大投资人风险警示教育力度,引导投资人树立"风险自担"意识,降低社会无风险收益水平。

(二)与上海实现错位发展

鉴于上海国际金融中心建设对江苏金融业的辐射作用,各地市应根据自身区位特点和产业优势,采取合理的政府导向战略,承接上海,走与上海差异化和互补化道路,推进三类金融中心建设,形成层次分明、分工合理、联动发展的金融业战略布局。具体来说,南京市可以形成金融总部集聚区,打造面向都市圈,辐射长三角,承载现代商务商贸功能,具有新概念典范的现代化、多功能、开放型的区域性金融中心,争当长三角金融的"二传手",积极实现要素资源的"二次积聚"。苏州市应立足本地,承接上海,成为上海国际金融中心的业务处理中心、生产数据中心、档案管理中心、电话及网上服务中心、灾害备份中心、金融物流中心、金融外包及配套服务基地。无锡、常州、镇江、扬州、泰州、南通、盐城、淮安、宿迁、徐州、连云港等地区中心城市应整合地区资源,重点发展银行、保险、证券、信托、基金等金融业态,广泛吸引和发展国内外各类金融机构,尤其是金融机构的地区性总部,建立地方性金融中心。

(三)乘势沿海大开发,做大做强金融产业

江苏沿海开发离不开金融支持,同时江苏沿海开发又能有力推动金融业发展。为实现江苏金融业在更好地服务于沿海大开发的同时实现自身的跨越式发展,江苏必须强化银政合作,实现经济金融良性互动。一是政府主导、出台相关扶持政策,为沿海开发提供有效的载体。可以在省级层面成立沿海开发的专职管理机构,加快推动区域协调发展,积极制定金融扶持政策,促进金融跨越发展,以金融的发展支撑江苏沿海的发展。二是金融部门要融入沿海发展大局,加大对经济社会发展的支持力度,同时要强化金融改革和业务创新,加快提升金融服务水平。三是建设良好的金融生态环境,打造经济金融良性互动发展的平台。要加快建立畅通高效的政银企沟通平台,落实社会诚信体系建设,推广金融知识的普及教育,形成关心金融、支持金融、共同监督金融业健康有序发展的良好氛围,把沿海地区打造成为诚实守信的"高地"、资金流入的"洼地"和金融安全的"港湾"。

(四)继续推进融资结构优化,加大债券等直接融资方式的发展力度

第一,加强对拟上市企业的跟踪服务,促进企业生产经营稳定增长,推动其尽快上市。支持中小企业在中小板、创业板和海外上市。力争全面推动全省境内外上市企业总数增加。支持南京、苏州、无锡 3 个国家级高新区进入新三板扩容试点,引导省内其他高新区内高新技术企业做好与新三板的对接。第二,扩大直接债务工具融资规模。积极争取地方政府债券发行试点。组织重大基础设施、住房保障、生态环境等重点项目通过发行债券筹集建设资金,推动具备条件的企业充分利用企业债、短期融资券和中期票据等直接债务融资工具。第三,鼓励创业投资和股权投资发展。积极有序发展私募股权投资和创业投资,促进股权投资和创业投资基金规范健康发展。着力引进海内外创业资本,鼓励民间资本设立创业投资机构,省辖市、省级以上高新区以及有条件的县(市、区)要设立以支持初创期科技企业为主的创业投资机构。探索建立科技产权交易中心,推动场外市场建设,改善企业股权融资环境。

（五）坚定贯彻金融人才战略，打造金融人才集聚高地

首先，加快多层次金融人才培养。充分利用江苏在教育资源上的优势，加强金融部门、教育部门和人力资源管理部门的协作，积极引进国内外知名高校、研究生院与河西CBD联合办学，实现教学资源共享，设立金融教育与职业培训基地，争取与企业、高校合建金融专业博士后流动站。其次，加强中高端金融人才引进。着力引进境内外金融创新领军人才、拔尖人才、紧缺人才和创新团队，制定完善中高端急需金融人才引进、培养、使用的优惠政策；对于海外熟悉资本运作、拥有行业背景、精通现代管理的创业投资人才到江苏省注册设立创投机构或管理机构者，符合相关条件的，可适当给予省对高层次创新创业人才的有关激励政策和各市、县对高级金融人才的优惠政策。最后，优化金融人才的管理使用。建立创新型金融人才资源库，畅通金融机构与党政机关的人才双向交流机制，完善引进高层次金融人才的中介服务体系，规范金融人才流动市场，完善金融人才评价体系、考核激励机制和监督约束机制。

（六）建设好征信体系，打造优质的发展环境

一个完备的征信体系，能够为中小型企业打造干净、优质的融资环境，增强金融机构放贷的信心。江苏省要推进征信体系的健全，选用重点人才为体系服务，加快归集和整合数据的速度，让金融机构和中小型企业都放心。金融机构要严格按照监管和宏观审慎管理要求，适当提高风险拨备水平和风险缓释金，同时要密切关注房地产、产能过剩行业、政府融资平台、僵尸企业的偿债风险；金融机构要通过核销、资产证券化、转让、抵押品处置等方式，尽快压降已经形成的不良资产；引导金融机构严格审查企业互保、联保情况，密切跟踪担保圈企业经营状况，及时发现担保圈信贷风险苗头；在加大优质中小企业信贷支持的同时，通过引入风投、债权转让等方式，分散和化解中小企业信贷风险；大力发展股权融资，提高自有资本水平，提高经济体防范风险的能力。

（七）把握住金融服务实体经济发展的核心，进一步推动产业转型升级

江苏省经济发展居全国前列，金融发展对全省经济发展极为重要，因此要把握住金融服务实体经济发展的核心。由于经济实体的主体是企业，因此江苏省应该进一步确定自己的功能定位，打通金融机构与企业之间的屏障，着力解决中小微企业融资难等问题。发展壮大经济薄弱地区金融业规模，优化金融业布局结构。对在苏北、苏中地区设立的县级银行、保险业分支机构，省财政给予20万元奖励；对在苏北、苏中地区设立的县以下银行营业网点，给予10万元奖励，引导金融机构在网点布局上向苏北、苏中地区倾斜，扩大农村地区基础金融供给，促进区域金融健康持续发展。

参考文献

[1]2021年江苏省国民经济和社会发展统计公报[J].统计科学与实践,2022(03):24-30.

[2]仇文昊,陈旋,李苗苗,严迎巧,王思慧.江苏省金融服务业的现状及发展趋势分析[J].中国商论,2017(15):22-25.DOI:10.19699/j.cnki.issn2096-0298.2017.15.012.

［3］胡绪华,权晓艳.江苏省金融业发展现状的统计分析——基于发达地区比较的视角［J］.时代金融,2013 (30):173－174＋182.

［4］白洁.江苏省金融业投入产出分析［J］.经济研究导刊,2014(29):83－87.

［5］张盼盼,徐凤.江苏金融业发展的现状和存在问题分析［J］.时代金融,2017(21):40－41.

［6］潘昕.关于江苏金融业发展的思考［J］.经济研究导刊,2012(28):65－67.

第十章　江苏省文化创意产业发展报告

党的十八大以来,习近平总书记反复强调文化自信,文化是一个国家、一个民族的灵魂。文化自信,是更基础、更广泛、更深厚的自信,是更基本、更深沉、更持久的力量。坚定文化自信,是事关国运兴衰、事关文化安全、事关民族精神独立性的大问题。为推动高质量发展,十九大报告在文化自信上要求推动文化事业和文化产业发展,积极创建相关体制机制把社会效益放在首位,促进社会效益和经济效益相统一;同时,健全现代文化产业体系和市场体系,创新生产经营机制,完善文化经济政策,培育新型文化业态。文化创意产业作为一种新型文化业态,与传统产业相比,在产业融合度、高科技附加值、创新性等方面具有绝对的优势。在当前国家进行供给侧结构性改革的背景下,大力发展文化创意产业,培养创新创意人才,提升相关传统产业的创新价值能有效帮助实现产业结构转型升级和经济增长的宏观目标。基于此,文化创意产业整体竞争力已成为国家或地区的综合竞争力重要指标之一。

江苏省作为全国经济发展的强省之一,历史悠久,文化底蕴深厚,有着丰富的传统文化和现代文化资源,具备发展文化创意产业的优势。江苏省也是古代文明的发祥地之一,拥有吴、金陵、淮扬、中原等多元文化及地域特征。多元化的区域文化让江苏省文化创意产业拥有了得天独厚的有利条件。江苏地域文化分为五大块:1. 以苏锡常地区为中心的吴文化,具有清新气息、柔美风格、鲜活灵性。吴文化形成了聪颖灵慧、乐于创新等特征;2. 以徐州为中心的楚汉文化,以青莲岗文化、大墩子文化等为渊源,特征就是刚强雄浑;3. 以古都南京为中心的金陵文化,特征就是南北交汇、兼容并蓄、开放包容,独树一帜。金陵文化包括六朝文化、明文化和民国文化;4. 以扬州为中心的淮扬文化,该地区河多水多、船多桥多,呈现出古、文绿、秀的地域风貌,在南北文化交流中形成豪迈与清新相结合的特征;5. 以江苏沿海城市连云港、盐城、南通为中心,从先秦时期逐步形成的海洋文化。海洋文化包括山海文化、西游文化等,具有沧海桑田、大胆开放的海派气概。除了物质文化遗产比较丰富,江苏也拥有许多宝贵的非物质文化遗产,如江苏剪纸、南京云锦、惠山泥人等。

"十三五"时期,江苏省大力发展文化创意产业浪潮中,不断创新和探索文化创意产业新模式,取得了可喜的成绩。同时,江苏围绕"强富美高"的建设目标,出台了多项扶持产业发展的政策,使得江苏省文化创意产业的发展得到进一步的推进。这也与江苏省的经济发展水平息息相关。2021年,江苏省的GDP排名位居全国第二,与省内经济蓬勃发展相对应的,居民的收入水平和消费水平也在不断提升。2021年,虽然有着疫情的影响,江苏省的经济水平依然保持着较好的韧性,全省人民人均可支配收入为47498元,同比去年人均可支配收入43390元增长了9.47%,平均每月3958元。进一步来看,2021年全省城镇居民人均可支配收入为57744元,同比去年人均可支配收入53102元增长了8.74%,平均每月4812元;与此同时,2021年全省农村居民人均可支配收入为26791元,同比去年24198元增长了10.72%,平均每月2233元。收入水平不断上升,使得人们对文化产品的需要与日俱增,江苏省居民对精神文化产品和服务需求将愈发迫切,而以创意为内核、休闲娱乐性较强、科技含量较高、凸显消费个性的文化消费产品或服务将逐渐成为人们的所追求的主流方向。在如此巨大的消费需求潜力下,网络文化业、旅游文化业、文娱休闲业等文化创意产业开始焕发生机。江苏省的文化创意产业也因此逐渐在文化产业中崭露头角,引人注目。同时,与江苏成为现代化强国建设中具有鲜明特色的省域范例相适应,全社会文化自信、文明程度将达到新高度,文化事业和文化产业高质量发展走在前列,思想文化引领高地、道德风尚建设高地、文艺精品创作高地更加凸显,江苏文化形象更加鲜明、软实力显著增强、影响力大幅提升,文化领域治理体系和治理能力实现现代化,建成文化强省。与此同时,江苏省文化创意产业的发展对于转变经济增长方式、升级产业结构、提高城市综合竞争力以及人民生活水平发挥着巨大的作用,具有十分重要的现实意义和战略意义。

一、江苏省文化创意产业发展现状

江苏省文化产业的蓬勃发展离不开省内一大批优秀文化创意产业的欣欣向荣。目前,江苏省已经拥有了不少具有代表性的优秀文化创意城市、文化创意基地和文化创意企业,逐渐形成了一个以南京为中心、以苏锡常为主体的文化创意城市群。

中国省市文化产业发展指数由产业的生产力、影响力和驱动力这三个分指数共同构成,其中,生产力指数是从投入的角度评价文化产业的人才、资本等要素和文化资源禀赋;影响力指数是从产出的角度来评价文化产业的经济效益和社会效益;驱动力指数是从外部环境的角度评价文化产业发展的市场环境、政策环境和创新环境。根据国家文化部和中国人民大学联合发布的"中国省市文化产业发展指数(2021)"显示,江苏省文化产业的发展实力综合排名位于第六,在全国范围内处于领先地位,生产力指数位于全国第六、影响力指数位于全国第五,但驱动力指数排名较低,位于全国第十,如表1所示。

表1　2021年中国省市文化产业发展指数排名前十的省市

综合	综合指标	生产力指数排名		影响力指数排名		驱动力指数排名	
1	北京	1	广东	1	北京	1	浙江
2	广东	2	山东	2	上海	2	北京
3	浙江	3	浙江	3	浙江	3	广东
4	上海	4	北京	4	广东	4	上海
5	山东	5	上海	5	江苏	5	山东
6	江苏	6	江苏	6	山东	6	四川
7	湖北	7	福建	7	湖北	7	福建
8	福建	8	河南	8	安徽	8	湖北
9	四川	9	四川	9	西藏	9	河南
10	河南	10	湖北	10	四川	10	江苏

数据来源:《2021中国省市文化产业发展指数报告》

在全国上下深入学习贯彻党的十九大会议精神,坚定文化自信,推动社会主义文化繁荣兴盛的新形势下,江苏省在大力发展文化创意产业浪潮中,不断创新和探索文化创意产业新模式,取得了可喜的成绩。

(一)公共文化服务体系完善

"十三五"时期,江苏文化建设取得显著成就,人民群众文化获得感、幸福感显著提升。江苏省政府紧紧围绕建设"强富美高"新江苏,大力构筑思想文化引领高地、道德风尚建设高地、文艺精品创作高地,全面提升文化事业和文化产业发展水平,"三强三高"文化强省建设迈上了新台阶,实现了新跨越。

1. 公共文化基础设施日渐完善

截至2021年底,全省共有文化馆、群众艺术馆116个,公共图书馆122个,博物馆366个,美术馆48个,综合档案馆112个,向社会开放档案341.3万卷。共有广播电台4座,电视台4座,广播电视台10座,中短波广播发射台和转播台21座,广播综合人口覆盖率和电视综合人口覆盖率均达100%。全省有线电视用户1384.3万户。全年生产电视剧12部433集;审查电影36部,其中故事性电影31部,纪录片电影3部,动画片电影2部;出版报纸18.7亿份,出版期刊1.2亿册,出版图书7.3亿册。

表2 江苏省文化单位机构数 (单位:个)

文化机构	2001年	2006年	2011年	2016年	2021年
文物保护管理机构	58	65	59	50	47
博物馆	87	100	245	317	366
公共图书馆	101	104	112	114	122
文化馆	120	115	117	113	116
文化站	1545	1362	1312	1282	1265

数据来源:国家统计局,江苏省统计局

2. 公共图书馆规模逐年扩大

进入21世纪以来,江苏省公共图书馆的规模江苏省公共图书馆的规模逐年扩大,并向数字化、专业化方向不断发展,提供服务的能力也在不断提升,有效地满足了人民群众日益增长的文化需求,全面且持续地提高了省内人民群众的文化素养。截至2021年底,全省县级以上公共图书馆藏书量达11160.84万册,比2001年增加8453.77万册,年均增长7.4%;公用房屋建筑面积162.42万平方米,增加131.42万平方米,年均增长8.6%;阅览座位数7.98万个,增加5.78万个,年均增长6.7%;电子阅览室终端数6748个;举办展览4071次,十年增长近7倍,如表3所示。

表3 江苏省公共图书馆基本情况

公共图书馆	2001年	2006年	2011年	2016年	2021年
总藏量(万册)	2707.07	3410.2	5381.85	7602	11160.84
公共房屋建筑面积(万平方米)	31	49.1	67.76	116	162.42
阅览座位数(万个)	2.2	2.6	3.98	5.4	7.98

续表

公共图书馆	2001 年	2006 年	2011 年	2016 年	2021 年
电子阅览室终端(个)	—	—	4337	6009	6748
举办展览(次)	—	—	640	1237	4071

数据来源:国家统计局,江苏省统计局

3. 人民群众文化活动多姿多彩

通过扶持文艺团体,购买文艺演出服务等形式,开展群众文化活动,服务群众文化需求。2021年江苏省群众艺术馆和文化馆(站)机构数为1381个,从业人员达7476人,覆盖各县(区)乡镇(街道);2021年群众文化活动场所举办展览16684次,比2001年增加了10661次,年均增长5.3%;2021年组织文艺活动100570次,比2001年增加了84501场,年均增长9.6%;2020年总支出合计10.85亿元。

表4　江苏省群众文化场所情况

群众文化场所	2001 年	2006 年	2011 年	2016 年	2021 年
机构数(个)	1665	1477	1429	1395	1381
从业人员(人)	6206	5324	6557	7215	7476
举办展览(次)	6023	7869	6952	8785	16684
文化活动(次)	16069	23997	30534	58503	100570
总支出(亿)	—	3.1	9.55	13.99	20.85

数据来源:国家统计局,江苏省统计局

4. 广播电视覆盖率大幅提升

江苏省积极推进广播电视"村村通""户户通"工作。2015年广播电视已达到省内人口全覆盖率,有线广播电视数字化、网络化也得到快速推进。截至2021年底,全省共有广播电视台74个、电视转播发射台(座)108个、职工人数6.3万人,制作广播电视节目共76.7万小时。与2001年相比,职工人员、公共广播节目播出时间、公共电视节目播出时间,分别年均增长4.5%、2.2%、3.5%。

表5　江苏省广播电视情况

广播电视	2001 年	2006 年	2011 年	2016 年	2021 年
职工人数(万人)	2.62	3.54	5.24	5.35	6.3
广播节目制作(万小时)	36	50	58	60.9	57.4
电视节目制作(万小时)	9.69	21.6	19.1	19.5	19.3
广播电视覆盖率(%)	99.6	99.9	100	100	100
电视人口覆盖率(%)	99.5	99.9	99.9	100	100

数据来源:国家统计局,江苏省统计局

(二)文化艺术创作精品纷呈

党的十九大以来,江苏文艺界紧紧围绕文化强省"三强三高"目标任务,号召和组织全省广大文艺工作者坚持以新思想为指引,深入学习贯彻习近平总书记有关文艺工作的重要论述,努力培育营造文艺精品层出不穷、文艺人才青蓝相继、品牌影响声名远播、文化标识特色鲜明的文艺"生态系统",加快构筑文艺精品创作高地,为"强富美高"新江苏建设贡献文艺力量。

1. 优秀出版物众多

截至 2021 年底,江苏省出版图书 2.8 万种,新出版图书种类 1 万种,图书总印数 7.9 亿册,出版期刊 452 种,总印数 1.2 亿册,出版报纸 133 种、总印数 19 亿册。进入 21 世纪以来,江苏各类出版物一直保持快速增长,相比 2000 年,图书出版种类同比增长 5.5 倍;期刊出版种数增加 29 种,种类更加丰富。大量品种多样的出版物满足了群众文化生活需求,同时也涌现出较多精品佳作。凤凰出版传媒集团是全国文化体制改革先进单位,连续十一年在新闻出版业总体经济规模综合评价中名列第一,连续十三届入选"全国文化企业 30 强"。《钟山》《雨花》《扬子江》等期刊在全国享有较高声誉,《新华日报》《扬子晚报》同时入围"亚洲 500 最具价值品牌"排行榜。2018 年 11 种项目荣获第四届中国出版政府奖,56 种项目入选国家"十三五"重点出版物出版规划,11 种报刊入选全国"百强报刊",18 种期刊入选"中国最具国际影响力学术期刊""中国国际影响力优秀学术期刊",多项新闻出版评比位列全国各省区市第一。江苏省实施精品出版"攀峰"行动,抓好国家、省重点出版物规划系列项目,推出"马克思主义哲学前沿研究丛书""当代中国马克思主义理论研究丛书""抗日战争专题研究""童心向党·百年辉煌主题绘本系列""中国大运河专志系列"及《大运河画传》等重点图书,打造《江苏文库》《全清词》《全清戏曲》等大型出版项目。

2. 广播影视影响不断提升

江苏广电集团在全国省级广电系统积极"打头阵、做示范",多次获得新闻、内容、技术类国际国内重要奖项,入选"全国文化企业 30 强",连续入选"中国 500 最具价值品牌排行榜"。江苏有线始终保持行业领先地位,成为全国有线网络用户规模、营收规模和利润总额均居前列的广电网络运营商。2010 年至 2021 年,连续十二年入选"全国文化企业 30 强"。中国(南京)动漫创意大会成为全国影响最大的动漫活动之一,幸福蓝海集团三度荣获"全国十佳电视剧出品单位",多部作品荣获"五个一工程"奖、飞天奖、金鹰奖、白玉兰奖等知名奖项,幸福蓝海院线的票房已跻身全国前十、江苏省第一。

3. 文艺创作精品丰富多彩

为丰富群众文化生活,江苏省大力开展文化基础设施建设,建成江苏大剧院、紫金大戏院、江南剧院等为代表的一批文化艺术场馆。文艺精品创作更加繁荣,话剧《雨花台》、苏剧《国鼎魂》、淮剧《小镇》、滑稽戏《陈奂生的吃饭问题》、歌剧《鉴真东渡》《拉贝日记》、长篇小说《刻骨铭心》、短篇小说《七层宝塔》、电影《解放·终局营救》、电视剧《春天里》、纪录片《你所不知道的中国》等艺术精品广受好评,"紫金"文化品牌、"扬子江"文学品牌美誉度不断提高。虽然 2020 年初新冠疫情肆虐,但江苏艺术表演团体继续保持了高水平的艺术表演创作。截至 2020 年,江苏艺术表演团体 704 个,年演出 9.89 万场,国内观众达 30691 万人次。

4. 工艺美术生产传承创新

江苏文化底蕴丰厚,传统工艺美术品生产历史悠久,以国家级、省级非物质文化遗产代表性项目名录为基础,对具备一定传承基础和生产规模、有发展前景、有助于带动就业的传统技艺项目,推荐纳入国家传统工艺振兴目录,对列入传统工艺振兴目录的项目予以了重点支持。鼓励非遗传承人、设计师、艺术家等参与乡村手工艺创作生产,推动纺染织绣、金属锻造、传统建筑营造等传统手工艺传承创新,既保护文化遗产、丰富文化市场,又带动了大量就业。首批全国"大国非遗工匠"评选中江苏 19 位大师人选,南京云锦、无锡紫砂、扬州漆器、苏州苏绣等传统工艺品生产融合现代工艺和艺术审美,精品力作不断涌现。

(三)文化产业发展迅速

20 世纪以来,江苏省立足于区域优势,得到了迅速发展,社会在政治、经济、教育等方面都取得了很大的进步,人民对精神方面的需要愈发强烈,从而带动了文化产业的发展,文化市场得到了持续繁荣,人民文化生活日益丰富。

1. 财政文化支出快速增长

省政府不断加大财政对文化产业的投入力度,推动文化事业发展,专门设立了文化发展基金。2007 年将省级专项资金江苏艺术基金纳入部门预算,同时将南京图书馆、江苏省美术馆、江苏省文化馆和南京博物院公共文化设施免费开放运转经费纳入部门预算。2021 年江苏省文化体育与传媒支出 271 亿元,位列全国第二,仅次于广东省的 417.22 亿元,同比 2020 年财政支出的 311.68 亿元减少 40.68 亿元。

2. 非物文化遗产保护有效

江苏省一直重视非物质文化遗产的保护工作,利用财政、基金等多种手段进行非物质文化传承保护,并积极加入非物质文化宣传工作中。以大运河文化带江苏段为主脉,打造纵贯全省的运河沿线城市文旅长廊,传承保护长江文化。2019 年江苏省非物质文化遗产保护支出 2816 万元,举办文化展览 1022 次,演出 7858 场,相比 2018 年分别增长 95.48%、2.4%、95.08%。

3. 文旅融合发展势头良好

江苏省是全国闻名的旅游文化大省,截至 2021 年,A 级风景区共六百多家,旅行社 3000 多家,其中 5A 级风景区 25 个,排在全国第一。江苏省也一直重视文化与旅游融合发展,紧紧围绕"以文化促进旅游品质提升、以旅游促进文化广泛传播"这一工作思路,实现文旅相互促进、相互融合。在 2021 年庆黄金周期间,南京市文旅系统坚持统筹疫情防控、安全生产与保障文化旅游市场健康有序运行两手抓,全市文旅市场质效提升,文旅融合盛宴精彩纷呈,惠民活动形式多样。据初步统计,在全市文旅场所限流 50% 的条件下,全市接待国内外游客仍达到 803.01 万人次,恢复至 2019 年的 73.4%;实现旅游收入 83.55 亿元,恢复至 2019 年的 75%,其中,中山陵、夫子庙、玄武湖、总统府、雨花台、牛首山、大报恩寺景区累计接待游客 289.04 万人次,实现旅游收入 2931.17 万元;江苏园博园、华侨城欢乐谷、红山森林动物园景区累计接待游客 29.02 万人次,营业收入 3221.57 万元。乡村旅游依然成为假日旅游首选之一。纳入监测统计的 62 个乡村旅游区累计接待游客 126.5 万人次。其中,江宁黄龙岘、浦口不老村、高淳慢享大山等全市八大重点乡村旅游区累计接待游客 29.3 万人次,较 2019 年增长 23.1%。南京在国庆出游意愿榜单中排名第二,并成功入选国庆假期游客过夜热门城市前十。

4. 文化市场发展繁荣有序

改革开放以来经济发展迅速,市场活力被激发,文化消费新产品、新模式不断涌现。江苏省政府出台各类政策,鼓励文化和旅游、互联网融合发展,采取政府补贴、市场引导等形式丰富、繁荣文化市场,同时不断加大文化市场执法,江苏文化市场发展繁荣有序。文化体制改革纵深推进,"两效统一"体制机制进一步健全,文化宏观管理体制更加完善、生产经营投资机制更具活力,文化法律法规体系和政策体系更加完善,文化市场综合行政执法规范高效,文化领域治理体系和治理能力现代化水平明显提升。

党的十九大以来,江苏省励志建设高标准文化市场体系。健全文化要素市场运行机制,构建更加规范有序的市场环境,提升资源配置效率。推动"文化+"融合发展,将文化元素融入制造产品研发设计等价值链高端环节,实现文化资源多次开发、多重效益。完善文化科技创新体系建设,加大重大共性技术研发,打造一批文化创意研发机构,培育一批文化融合领军企业,建设一批国家文化和科技融合示范基地。

二、江苏省文化创意产业发展存在的问题

2021年,江苏省文化创意产业的发展取得了卓越的成绩,但与此同时,当前文化发展还存在一些问题和不足,城乡、区域之间文化发展仍然不平衡,历史文化资源转化为文化生产力亟须加强,公共文化服务质量和效能有待提升,文化产业体系和市场体系有待完善,文化创新创造活力有待充分激发,文化发展水平、文化领域治理能力与现代化建设新要求还不相适应。

(一)产业发展区域不平衡

1. 区域经济水平参差不齐

江苏省按长江、淮河可分为三个区域,分别是苏北、苏中、苏南。三者的经济发展水平存在较为明显的区域差异。2021年苏南、苏中、苏北的地区生产总值分别达66647.9亿元、23748.6亿元和26731.9亿元,与此同时,2021年苏南地区的居民人均可支配收入为60920元,苏中地区的居民人均可支配收入为44315元,苏北地区的居民人均可支配收入为33425元。可以看出,其实苏南大于苏中、苏北的。苏南地区的经济发展水平和城镇化水平均显著高于苏中和苏北地区,文化创意产业的发展水平在总体上也呈现出苏南高于苏中和苏北地区的基本态势。从区位优势来看,苏南地区优势明显,毗邻上海、浙江等文化创意产业发达的地区,能够有效利用外部经济和知识溢出效应大力发展文化创意产业;苏中地区由于毗邻苏锡常等经济比较发达的地区,也同样受到一定的正向外部性作用,为该地区文化创意产业的发展提供较为良好的条件。相比之下,苏北地区与安徽、鲁南等经济相对落后,文化创意产业区较为落后的地区接壤,区位条件比较差,因而在某种程度上不利于文化创意产业的萌芽发展。

2. 区域发展战略存在差异

纵观整个中国,在经济社会发展的各项领域中,江苏省一直处于全国前列,文化创意产业也大致如此。但是从整个江苏地区来看,区域之间发展还很不平衡,苏南在整个江苏省都是各项发展指标最优的,从经济总量、资源环境以及科教人才来说都有巨大优势,也因此在文化创意产业发展上领先于苏北、苏中地区。苏南地区影视动漫、出版发行、软件服务、广告服务等文化创意行业起步早、发展快、效益显著,已成为推动江苏文化创意产业发展的重要支撑。而苏北和苏中地区经济发展相对落后,第三产业发展相对落后,且需要通过承接苏南地区转移出来的制造业来振兴当地的经

济。相对而言,没有很好的政策去支持文化创意产业的发展。当然,江苏省为了缩小苏北与苏南、苏中地区的经济发展环境差异,省政府近年加大了对苏北地区发展经济的政策支持力度,努力为苏中地区提供良好的营商环境。与此同时,苏中地区逐渐处于一种相对薄弱的境地,既缺乏具有针对性的政策支持,又缺乏足够的竞争优势和资源,文化创意产业发展的处境变得十分尴尬,需要适当调整经济发展战略来弥补产业短板。

3. 文化人才质量存在差异

随着文化产业的大发展,人才资源成为文化产业发展最重要的资源,文化产业人才队伍的建设已经成为未来文化产业获得大发展的前提,人才在文化产业发展中越来越具有决定性意义。从全国看来,江苏省自古以来人文昌盛,拥有的高等院校数量 167 所,排名位居全国第一,双一流高校数量 16 所,排名位居全国第二。但高等院校的分布在江苏省内十分不均匀,省内高校主要集中分布在苏南地区,苏中和苏南地区较少,双一流院校仅一所在苏北地区,其余都在苏南地区。这些高等院校人才大多愿意留在经济发达、文化昌盛的苏南地区,这无疑在一定程度上抑制了苏中地区和苏北地区的文化创意产业的发展,所以在制定相关政策上,苏北、苏中地区需要加大吸引人才力度,促进文化人才质量稳步提升。

(二)企业规模小,融资难

1. 文化产业整体规模偏小,疫情冲击较大

从全国文化产业发展指数来看来看,综合排名较高,全省发展指数势头良好,但全省的文化产业发展水平与国内外的产业发展先进地区相比仍存在不小差距,主要体现在龙头企业上的差距,省内产业竞争力较弱。文化产业作为经济发展新兴的产业,发展时间相对其他产业较短,虽然江苏省经济实力较强,但省内文化创意企业规模整体偏小,除了个别龙头企业之外,大多数企业成立时间较短,且存在企业同构、过度竞争的问题。其次,由于 2020 年新冠疫情的影响,文化产业受到较为严重的冲击,以新闻、出版、广电、文化等传统文化为主要内容的传统文化产业比重逐渐下降,而以网络文化、广告、线上博览等为新兴文化产业的比重得到提升。但从总体来看,疫情对文化创意产业的冲击远比其他传统产业大。

此外,文化创意产品的地域性较强,除非是知名品牌,或者一些做工好、制作精良的文化产品,本地产品很难在全国范围内引起较大的关注。文化创意产业中小企业由于疫情的影响,失去了销售渠道,导致被迫停产甚至破产,这对文化创意产业的发展影响较为严重,最终会导致越来越多的文化创意产品从市场上消失,一些需要传承的文化传统产品也失去在现代社会继续发展和承载的宝贵机会。

2. 企业融资较难,企业发展受阻

事实上,全省从事文化产业的企业大多数都是小微企业,由于整体规模小,运营不规范、诚信体系建设滞后等问题,导致企业存在"融资难,贷款贵"的问题。相对一些龙头企业来说,很多文化创意企业规模虽然并不大,但是很有创新活力,想进一步做大做强,拓展自身业务,就需要更多的资金支。金融是文化创意产业发展的"血液",省委省政府应该积极引导全省各类金融机构,针对文化创意企业特点和发展定位,进一步创新文化金融服务体制机制,创新文化金融产品和服务,在文化与资本之间架设桥梁,促进文化要素与资本的流通融合,吸引更多的社会资金投入文化创意产业,畅

通融资渠道。

（三）专业从业人员不足，高端创意人才相对匮乏

文化创意产业是基于一定经济发展条件后兴起的产业、我国在改革开放之后，经济得到了迅速提升，国家才开始重视文化创意产业的发展，但我国的教育体系内缺乏针对性的专门组织机构，导致该行业的从业人员都是自发自主进入该行业，且会出现从业人员较少、专业能力不精等局面。江苏省文化创意产业普遍存在人才缺口较大的突出问题，其中以下两方面人才的缺失情况较为严重：

1. 从事文化创意产业高端人才匮乏

文化创意产业相对其他传统行业来说，发展时间较短，产业链不够完善，从事该行业高端需求中的创意、技术、营销和经营等专业人才匮乏，且大多数都集中在政府相关企业，市场上的专门人才更少。同时，北上广深等一线城市对文化创意产业人才的虹吸能力导致江苏省每年都存在大量的人才流失，这也是导致省内文化创意人才匮乏问题严重的重要原因之一。

2. 缺乏实践研究和探索发展的专业人才

由于政府相关部门中的统筹协调、科学管理的人才较少，导致江苏省自身虽然拥有较好的文化底蕴和开发价值的文化资源，但并没有得到充分的发展，一些基于文化创意的产品带来的经济效益较低，且运营和管理不畅，导致其影响力不强，无法引起较大的关注。其次，由于从事文化产业的高端人才匮乏，导致整个上层结构不够重视文化运营、管理、输出等问题，一些好项目往往也会存在入不敷出的情况，从而导致相关资金不敢轻易投资，限制了企业的发展。

文化创意产业与旅游产业之间存在相辅相成、相互促进的密切关系，一些具有实践和探索精神的人才能够利用省内旅游文化产业的发展，制作出一些紧密贴合当地旅游文化精神面貌的产品。然而，省内文化创意产业实践人才相对匮乏，导致不少文化创意产品与当地的旅游文化的关联度较低或者文化创意产品的外观质量欠佳，游客看到的是一些千篇一律的产品，购买欲望大大降低。所以说，文化创意产业实践人才的缺乏是制约江苏文化创意产业与旅游产业有机融合的一个重要原因。

（四）专项发展规划缺位，产业标准体系缺失

1. 专项产业发展规划缺位，产业发展受限

政府对文化创意产业的合理规划和政策支持，是健康发展的前提。目前，江苏省文化创意产业取得了不小的成绩，奠定了比较坚实的产业基础，这离不开江苏省各级政府的政策支持和规划安排。但从前瞻性、整体性和系统性的视角来看，从省级层面进行专项的、针对性的产业扶持发展，进一步明确省内文化创意产业园的发展思路、功能定位和空间布局，制定系统的、全面的、具有可持续发展的政策制度，可以引导省内文化创意产业园健康有序、全面协调的发展。

2. 产业标准体系缺失，市场发展杂乱

2021年5月，江苏省文化和旅游标准化技术委员会成立，为文化产业发展制定了相应的标准，在创意保护、企业认定、项目扶持、园区规划方面上有了新的标准，为市场良性发展起到重要支撑作用。但在这之前，虽然江苏省已经建成一大批文化创意产业园区，文化创意产业标准化的相关研究也取得了一些成绩，但也存在一些问题。省内文化创意产业的发展呈现一种杂乱无序的局面，发展

规划体系与标准缺乏,在一定程度上限制了文化创意产业的健康发展,也会对省内文化创意产品的质量产生一定的负面影响。因此,在江苏省文化和旅游标准化技术委员会成立之后,将进一步确立该产业的发展标准,为省内文化创意产业的健康发展保驾护航。

（五）疫情冲击不断,文旅发展受限

1. 企业成本增加、营业收入下降

新冠疫情的高传播性导致了江苏省各地的防控升级,线下消费被强制隔断,无论是景区、酒店还是演出场所、电影院等都受到了极大的限制,使文化创意产业企业的前期投入得不到挽回,且因为疫情防控需要额外增加成本,营业收入骤降,更有甚者直接进入亏损模式。而江苏省文化创意产业中小微企业较多,这些企业为了节省成本,则会选择停工停产,疫情过后,也没有立刻开展复工复产。这类企业员工与企业的粘性小,事实上很大一部分企业的员工重新回到原岗位的可能性不大,要么是企业已经不在了,要么员工已经自寻生路。

2. 居民出行意愿下降,文化市场复苏时间较长

因新冠疫情的影响,居民预期收入下降,而基本生活用品价格上涨,大量的消费支出将集中于刚性消费,将会挤占部分文化消费支出。首先,疫情频繁小规模爆发,各地政府为了解决疫情,直接采取一刀切的模式,对居民生活造成了很大的不便。其次,虽然疫情得到了解决,但疫情的潜在风险还是对居民出行意愿造成了较大的影响,消费者的信心恢复则需要时间,疫情之后也不太可能会出现报复性文化消费,文化市场的复苏时间也会相对其他产业较长。

三、江苏省文化创意产业发展的对策建议

"十四五"时期是全面建设社会主义现代化的开局起步期,也是江苏建设文化强省、构筑文化高地的关键阶段。当前正处于省内文化创意产业发展难得的黄金时期,需要政府相关部门将文化创意产业发展所需要的生产要素整合起来,制定长远且具有可行性的发展规划,加快经济转型,推动文化创意产业的持久健康发展。要看到国内外形势发生深刻变化,文化强省建设面临新的更高要求。开启全面建设社会主义现代化新征程、深化"强富美高"新江苏建设,迫切需要实现物质文明与精神文明协调发展,提高全社会文明程度,促进人的全面发展与人的现代化。进入新发展阶段、贯彻新发展理念、构建新发展格局,迫切需要营造良好社会氛围、提供强劲精神动力、激发全社会创新创造活力。社会主要矛盾发生重大转化,人民群众对美好生活更加向往,迫切需要加快文化供给侧结构性改革,提供更加丰富优质的精神文化产品和服务,推动实现共同富裕。新一轮科技革命和产业变革加速发展,重大颠覆性技术不断涌现,迫切需要运用新技术发展和传播先进文化,加快提升网络综合治理能力。

文化创意产业作为新兴朝阳产业,得到了各地政府乃至国家的高度重视,成为经济增长的重点领域。然而,必须认识到在发展过程中会存在旧的文化体制机制的制约,相关政府的智能管理部门的功能和范围需要调整,以前的一些政策法规不适应文化创意产业发展现状,同样需要修正,与时俱进。这就需要政府认识到营造良好产业发展环境,就需要进一步深化改革,建立健全相关法律法规。江苏省文化创意产业的发展需要政府和企业的共同努力。政府方面,要在未来的时间里进一

步加大对省内文化创意产业的扶持力度,合理调整扶持方式,完善社会服务体系,使文化创意产业能够健康有序地蓬勃发展。企业方面,要完善企业的经营管理制度,提高研发和创新能力,加强与其他优秀文化创意产业的交流,努力开发和创造出更多为人民大众所喜闻乐见的文化创意产品,使企业自身能在激烈的市场竞争中存活下来并发展壮大。具体建议对策内容如下:

(一)科学规划产业发展布局、营造良好产业发展环境

1.科学规划产业发展,建立健全法律法规

任何一个产业的发展都离不开政府的支持,无论国内还是国外,政府对产业的发展起到了强大的推动作用,既能从宏观上政策引领,也能从微观上执法监管,可以说政府的作为可以直接关系产业的兴衰。江苏的诸多城市都是历史文化名城,要实现文化遗产保护中的创新,就必须将创意产业融入江苏城市文脉,通过发展文化创意产业保护城市的文化遗存,延续城市文脉,通过历史与未来、传统与现代的交叉融汇,为江苏城市增添历史与现代交融的文化景观。政府方面需要研究制定全省创意产业发展中的重大战略和政策,统筹协调解决全省创意产业发展中的重大问题,协调推进重大项目发展。然而,必须认识到在发展过程中会存在旧的文化体制机制的制约,相关政府的职能管理部门的功能和范围需要调整,以前的一些政策法规不适应文化创意产业发展现状,同样需要修正,与时俱进。这就需要政府认识到营造良好产业发展环境,就需要进一步深化改革,建立健全相关法律法规。

政府需要出台相关制度文件,在产业发展的过程中起到规范引领作用,促进产业又好又快发展。政府应该简政放权,优化管理结构,在产业行政审批,办事流程上做到统一、高效和精简;此外,江苏应该在相关法律法规上下足功夫,无论是有关产业项目建设、政府资金投入、市场监管以及扶持措施都需要得到政府保障。只有法律条文的约束才能使体制机制平稳运行,审时度势,对法律条文的修改也不例外,废除无价值与市场情况不符的,对有价值的进行补充涵盖新内容。江苏省应该坚持正确的文化创意产业立法理念,科学合理构建法律体系,有效落实,加强执法监管,为文化创意产业提供良好的法律政策环境,促进产业持续、健康发展。

2.坚持社会、经济效益相统一,深化文化体制改革

坚持社会、经济效益相统一,完善文化管理体制机制,深化文化体制改革,加强和完善政策调节、市场监管、社会管理、公共服务职能。建立健全各项基础性制度,落实市场准入负面清单制度,完善文化市场准入和退出机制。建立健全江苏自由贸易试验区文化市场有序开放制度,探索行政审批服务容缺受理、并联审批等机制,强化事中事后监管。深化文化领域行业组织改革和建设。其次,分类推进文化单位改革。推进公共文化机构法人治理结构改革和内部运行机制创新,探索开展国有博物馆资产所有权、藏品归属权、开放运营权分离改革试点。完善图书馆、文化馆、美术馆等文化单位管理体制和内部运行机制。建立健全文化文物单位从事文化创意产品开发经营制度,落实和完善高层次人才激励机制。最后,深化国有文化企业改革。完善省属国有文化企业法人治理结构,健全董事、监事、高层管理人员设置,制定外部董事选聘和管理相关制度。建立健全体现国有文化企业发展规律和管理要求的激励制度,探索国有上市企业股权激励、混合所有制文化企业员工持股,稳妥推进职业经理人制度和特殊管理股等试点工作,健全生产要素由市场评价贡献、按贡献决定报酬的机制。推进国有文化企业产权制度改革,探索开展混合所有制改革试点。完善国有文化

企业社会效益评价考核办法。建立文化企业坚持正确导向、履行社会责任的制度体系和政策保障体系。

3. 优化文化产业布局,营造良好发展环境

制定文化产业竞争力提升计划,优化文化产业布局,强化规划引导,打造特色集群,建设全国文化产业高质量发展示范区、长三角文化产业一体化发展示范区。发挥文化创意引领功能,建设扬子江创意城市群,办好"紫金奖"文化创意设计大赛、中国(南京)大学生设计展、中国苏州文化创意设计产业交易博览会和中国(无锡)国际文化艺术产业博览交易会,促进文化创意产业高地建设。发挥沿运河城市文化资源禀赋和产业基础优势,建设大运河特色文化产业带。实施江苏电影发展行动计划,加大省内电影资源整合力度,支持无锡建设国家电影产业创新示范园区,加快江苏(国家)未来影视文化创意产业园、扬州光线、常州西太湖等影视基地和江宁科幻谷建设,打造完整的现代电影产业链。推进江南戏曲影视基地建设,打造中国戏剧梅花奖数字电影工程摄制、省电影局戏曲电影摄制基地。办好中国·江苏太湖影视文化产业投资峰会、常州国际动漫艺术周、蓝星球科幻电影周。完善江苏省网络游戏管理服务平台,吸引集聚游戏类龙头企业落户江苏。推进江苏国家版权贸易基地建设和版权示范城市、示范单位、示范园区(基地)建设,办好江苏(南京)版权贸易博览会,实施"优秀版权作品产业转化计划"。规范各类文化产业园区、基地建设,营造良好发展环境。

(二)加强政府保障,确保规划实施

1. 加强组织领导,加大投入力度

江苏省政府要从全局和战略高度,把文化创意产业发展任务纳入本地区经济社会发展规划、党政议事日程、财政预算。坚持和完善党委统一领导、党政部门齐抓共管、宣传部门归口管理、有关部门分工配合、社会力量有效参与的工作机制。省政府应加强统筹指导,各有关部门结合自身职能,抓好本系统本领域文化改革发展工作。网信、文旅、广电等部门抓好各自领域专项规划研究制定和组织实施。发改、财政、自然资源、商务、税务等部门按照职责分工,切实落实有关政策。坚持把文化作为重点支出领域,按照财政事权和支出责任做好预算安排,持续加大财政投入力度,强化农村文化建设经费保障。积极争取中央预算内投资,大力支持重点文化工程项目建设,确保工程项目如期建成。加大政府购买服务力度,支持基本公共文化服务供给,推动扶持党报党刊、电台电视台、时政类报刊社、公益性出版社、文艺院团改革发展。加强文化企业国有资本经营预算管理,支持国有文化企业发展。

2. 强化政策支持,推进法治建设

全面落实中央及省促进文化改革发展各项政策,完善财政、税收、金融、用地等文化政策协同体系,加强资金、土地、人才等要素保障。财政支出优先投向规划确定的重大任务和重大工程项目,推动金融资本优先支持规划确定的重大战略、重大改革举措和重大工程建设等。落实经营性文化事业单位转制为企业的税收政策、宣传文化增值税优惠政策。对国有文化企业内部全资、控股子公司间进行的企业法律形式改变、债务重组、股权收购、资产收购等,按规定落实特殊性税务处理政策。落实实体书店相关扶持政策。加强文化立法、执法、司法与文化体制改革重大政策衔接,健全文化领域法规体系,不断提高文化领域法治水平。落实《中国共产党宣传工作条例》。研究制定出台文化产业、信息网络传播视听节目、应急广播、广播电视公共服务、大运河遗产保护、哲学社会科学等

方面地方性法规和规章,修订文物保护、农村公共文化服务等地方性法规。贯彻落实广播电视、出版、版权、电影、互联网信息服务、非物质文化遗产保护、文化市场、志愿服务等法律法规。加大文化市场综合行政执法力度。加强文娱领域综合治理。

3. 维护文化安全,强化考核评估

贯彻落实总体国家安全观,统筹文化发展和文化安全,强化文化安全意识,健全文化安全体系,提高防范和抵御安全风险能力,筑牢文化安全屏障。提升管网治网能力水平,规范数据资源利用,防范大数据、区块链等新技术带来的风险,推动全媒体传播在法治轨道上运行。积极引导行业协会发展,加强行业自律,规范市场秩序。加强文化领域安全生产,构建全方位安全生产责任体系,提升本质安全水平。结合实际研究制定相关配套政策和细化措施,确保规划确定的各项重点任务落实落地。完善年度监测分析、中期评估、总结评估的规划动态评估体系,严格规划动态调整和修订机制,建立重大工程项目、重大政策、重大改革举措定期对账督办机制。省文化改革发展领导小组及其办公室加强统筹协调,强化督导检查,适时开展评估,研究解决改革中的新问题,推进各项工作梯次接续、前后衔接、纵深推进、取得实效。

（三）拓展中小企业融资渠道,鼓励发展龙头企业

1. 拓展中小型文创企业融资渠道

影响产业发展的一个重要问题就是资金问题,文化创意产业也不例外。产业融资困难制约着产业竞争力的提升,有效的资金可以为产业规模扩大、管理创新、技术研发、人才培养等诸多方面提供帮助。为更好地提升文化创意产业竞争力,江苏省应该建立多元化、多渠道的融资机制。一是政府自身在财政支出上增加文化创意产业预算,加大资金的投入力度,落实相关产业政策,在产业发展较好的地方或项目上给予相应资金支持;二是积极吸收民间资本,拓宽资金渠道,创新产业发展融资新模式,可以借鉴市政基础设施工程中的 PPP 模式,采取政府和社会资本合作,达到更为有益的效果;三是完善担保机制,促进金融机构贷款向产业倾斜,将文化创意产业作为重点产业进行宣传推介,使金融机构可以放心贷款,重点项目的融资贷款问题可以有效、快速解决。

政府鼓励金融机构搭建投融资平台,形成成多渠道多元化的投入机制,这对培育文化创意企业具有十分重要的作用。对此,可以从三个方面着手:一是加快引进风投公司,组建创投公司、担保公司和小额贷款公司,提高扶持文化创意企业发展能力。二是开展融资洽谈活动,进一步拓展企业与金融机构的联系渠道,促进银企建立战略合作关系,为企业融资创造条件。三是设立创意产业发展基金,对列入国家及省各类资金补助的项目,按照国家和省有关规定予以优先配套支持。四是积极稳妥地开放文化市场,鼓励社会资本、境外资本进行文化创意产业领域里的投资,形成政府投入和社会投入相结合,国内外资本相融合,多元化、多渠道的文化创意产业投入机制。

2. 鼓励发展文创龙头企业,打造品牌效应

重大项目在推动产业发展中具有明显的示范效应和功能性作用。实施文化创意产业重大项目工程,利用南京"世界文学之都",扬州、淮安"世界美食之都"的影响力,因地制宜创造相关国家级文化产业基地,加大对骨干、龙头企业的政策扶持力度,引导企业进行高端化、自主化、创新化发展,加大企业高端文化产业投入,形成有江苏本土文化特点的产品。鼓励支持有实力、有创意性的企业进

行并购重组,加快企业规模化、集团化发展步伐,培养若干超百亿、超十亿并具有行业影响力的知名企业和龙头企业,使其成为文化创意产业发展的标杆企业,打造品牌效应,引领文化创意产业中小企业发展。

（四）扩充文化人才队伍,培养高端创意人才

文化创意产业是知识、技术、创新相互融合的新兴产业,其发展离不开文化创意人才,人力资本是产业发展的重要资本,人才对文化创意产业竞争力的提升具有关键作用。创新也是文化创意产业发展的关键,而人才作为创新的来源,发展江苏省文化创意产业,提高省内创意产品的质量也需要大量的专业人才。

1. 利用高校教育资源,打造人才培训基地

首先,要多渠道培养人才,江苏省作为教育大省,省内高校资源丰富,因此要充分整合利用高校、科研院所资源,加强产学研融合,为文化创意产业输送更多创新人才。其次,加强文化创意产业园区与江苏高等院校互动,联合设立与文化创意产业相关的学院,建立文化创意产业人才培训基地,开设相关课程,着力加强对高端创意人才的教育和培养。

2. 壮大文化人才队伍,加大人才培养力度

深入实施紫金文化人才培养工程,加大高层次文化人才培养力度,推行"一人一策、一事一议"制度。推进文化名家影响力提升行动,探索建立紫金文化名家工作室和江苏文化人才发展研究院,培养造就高水平创作人才。实施新金陵画派青年人才培养计划、"80后""90后"文学人才培养工程。打造 G42 沪宁沿线文化人才项目,推动长三角区域文化人才共建共享。实施基层文化人才轮训计划,建立分级负责、分类实施的培训体系,提升基层文化人才能力素养。加大全媒体人才培养力度。加大对民间文艺社团、业余队伍和文艺骨干的培养扶持力度,着力培养扎根基层的乡土文化能人和民间文化传承人。建设富有地域特色的"红色文艺轻骑兵",充实新时代文明实践志愿服务队伍。

3. 完善人才发展机制,开通人才绿色通道

创新文化人才工作理念和举措,优化文化人才政策环境、发展环境,建立健全全方位、全周期的人才服务生态体系。优化文化人才引进机制,面向海内外引进文化领军人才和创新团队,集聚更多文化名家和艺术大师。完善文化人才使用体制机制,通过项目制返聘和推荐担任省政府参事、省文史馆员等,实现人才效益最大化。开通高层次和急需紧缺人才高级职称考核认定绿色通道,探索人才培养激励新途径。健全以品德、创新能力、质量、实效、贡献为导向的人才评价体系,探索完善学术、市场、社会等多元评价机制,激发人才创新活力。探索建立具有特殊贡献的文化企业人才特别奖励制度、文化企业人才体现创新要素价值的收益分配机制。开展优秀文化人才"群像群塑"活动,大力宣传典型事迹和先进经验,营造全社会尊重、关心和支持文化人才发展的良好氛围。

（五）推动产业融合和产业集聚

1. 重视产业集聚效应

集聚效应作为经济发展过程中的常见现象,对产业的发展起到了重要的推动作用,针对文化创

意产业,重视集聚效应有助于形成地区文化品牌,促进产业内部的良性竞争。江苏文化创意产业发展虽然已经初具规模,但还未发挥很好的集聚效应,市场占有率相对不高,因此可以通过培育重点文化创意产业园区、龙头企业以及开发重点项目等形成产业集群和完整的产业链,提升产业竞争力。江苏省在现有基础上,已经发展了众多文化创意园区,包括江苏(国家)未来影视文化创意园区、苏州阳澄湖数字文化创意产业园、常州创意产业基地等,但是总体来看大多数集中于苏南以及南京地区。显然,文创产业在省内的发展不够平衡,存在差异。江苏省应该重视地区间的协调发展,出台政策引领省内各地区产业集聚平衡,在苏北、苏中、苏南三个地区都可以形成强有力的产业集聚现象,促进省内文化创意产业空间布局合理。同时,培育区域特色重点品牌,以重点大项目带动产业发展,发挥优势,共同发展,提升文化创意产业竞争力。

2. 促进相关产业融合

文化创意产业具有低能耗、高科技附加值、高相关产业融合度等特点,是当前国家供给侧机构性改革背景下重点扶持和发展的产业。江苏省建设"强富美高"新江苏的发展目标下必然要调整经济结构,促进相关产业转型升级,因此推进文化创意产业结构调整高度契合目标,加强对传统文化产业如制造、印刷等进行升级改造,运用互联网技术、大数据技术、多媒体技术提高产业的技术含量和科技附加值。江苏以创新、跨界、融合思维谋划文化创意产业发展,坚持"文化创意产业＋互联网""文化创意产业＋资本市场""文化创意产业＋科技创新""文化创意产业＋文化消费""文化创意产业＋文化贸易",走出文化创意与相关产业融合发展新路径,抓创新驱动、抓需求培育、抓成果转化、抓重点突破,强化文化创意的先导作用,实现与相关产业全方位、深层次、宽领域的融合发展。

(六)协调区域产业发展差异,发挥地区比较优势

1. 协调区域产业协调发展

江苏省近年来在文化创意产业上建设了众多文化创意园区包括江苏(国家)未来影视文化创意园区、苏州阳澄湖数字文化创意产业园、常州创意产业基地等,这些产业园区大多数都集中在南京以及苏南地区,而苏北、苏中地区较少,省内发展不够平衡,存在明显的区域差异。省内应该重视地区间的协调发展,出台政策使苏南、苏中和苏北都可以发展强有力的产业园区,在省内创意产业空间上合理布局,打造属于自己的区域文化特色。引导资金建设重大项目,带动区域产业发展,发挥区域产业优势,共同发展,提升各区域文化创意产业竞争力。同时,针对地区差异性,组织苏南地区的文化创意产业在苏中、苏北布局,带动当地文化创意产业发展。从经济层面上,利用政策补贴,缩短地区间的经济发展水平,进而带动江苏文化创意产业整体竞争力的提升。

2. 培育创新环境,发挥地区比较优势

产业结构趋同问题已经成为江苏省文化创意产业园区发展中急需解决的问题之一。长三角地区是中国文化创意产业发展的先行地区,江苏省应紧随长三角地区的发展潮流,在把握长三角地区文化创意产业的总体发展趋势的同时,挖掘苏南、苏中和苏北的城市文化内涵,结合自身优势,确立自身的发展特色和方向。首先,加大创意能力,不仅在文化产业中创造出符合时代潮流的产品,更要在传统产业中融入创意元素,将一些传统行业演化成新的文化产业,实现传统行业的创意化。为

此,江苏省需要加大对创意产业的培养力度,重视文化创意产业教育,培育出更多高端文化创意人才。其次,良好的文化发展环境对于文化创意产业的发展也起到至关重要的作用,一个好的创新环境必然少不了对于创新的保护制度,因此首要工作就是开发和完善知识产权保护制度。另外,文化创意产业是一个知识密集型的产业,归根结底人才是首要的生产要素,因此要从个人、家庭、学校和社会全方位地加大创新型人才的培养,注重培育青少年文化艺术方面的特长。最后,加强文化创意产业集群发展和产业分钟。文化创意产业集群发展要综合考虑各地的比较优势和竞争优势。综合竞争力较强的南京、苏州、无锡和常州等城市可优先发展影视和动漫制作、时尚设计等附加值较高的子产业;苏中、苏北地区可以将文化创意与旅游业相结合大力发展创意旅游,提升传统旅游业的活力,还可以将文化创意产业与农业相结合发展生态农业、观光农业等。另外,江苏有着深厚的历史文化,因此要充分挖掘传统文化的特色,例如"南京云锦""苏州刺绣""无锡泥人""扬州漆器"等地域特色文化资源。

（七）加强文化创意市场体系,拓展营销渠道

1. 开拓文化创意消费市场,提高市场占有率

任何一个产业的发展离不开市场的作用,尤其在中国社会主义市场经济制度下,文化创意产业的发展需要完善的产业市场体系。江苏省在现有产业规模的基础上,应充分拓展文化创意有关的消费市场。十八大后我国进入了新时代,其主要矛盾转变为人民日益增长的美好生活需要和不平衡不充分发展之间的矛盾。文化产业发展好的省份经济程度也高,也间接说明了在经济水平得到保障的条件下,越来越多人会关注文化和精神方面的需求。所以,江苏省应该推动消费模式创新,加速消费产品升级,不断满足人民群众多元文化消费需求。推动文化产业"上云、用数、赋智",鼓励线上线下消费联动,培育"网络体验＋消费",支持"云游戏""云旅游""云娱乐""云展览""云剧场"和共享消费等新型文化消费模式,打造数字景区、数字酒店、数字商场等文化消费示范项目。实施文旅消费扩容提质工程,放大国家文化和旅游消费示范城市带动效应,新建国家文化和旅游消费示范城市1—2个、试点城市2个左右,建成国家级夜间文化和旅游消费集聚区10个左右、省级集聚区30个以上。依托城市商业综合体、大型文旅景区等打造一批文化体验园、体验馆、体验厅,建设融文化创意、度假休闲于一体的文商旅综合体、高品位步行街。鼓励各地制定促进消费优惠政策,完善常态化消费促进机制,持续办好省级文化和旅游消费季活动。加强文旅消费便捷支付示范区建设。

2. 拓展文化创意营销渠道,提升企业综合竞争力

随着互联网技术的发展,多媒体、自媒体等技术的不断创新,传统的营销方式在文化创意产业的应用中显得格格不入,为了更好地在产业市场中抢占份额,在注重内容为王的基础上强调营销制胜。江苏应积极采用多种营销方法,线上利用新媒体中各类载体策划营销活动,建立文化创意网站、设置微信公众号,利用微博以及网站广告投放等方式;线下采用报纸、宣传海报、图书等纸质媒介进行宣传营销,同时举办各类大型活动,如文化节、旅游节、美食节等主题活动,让更多人参与进来,促进文化消费,取得营销效果。建立多元化营销渠道,扩大消费需求,完善产业市场体系,形成良性竞争,有利于促进产业提质增效,实现竞争力的提升。

（八）注重疫情后文化产业的复苏和转型

1. 加大政策资金支持，加大文化创意产业复苏

加强财政支持力度，推出更多财政扶持政策。江苏省财政整合历年支持文化企业发展的专项资金，设立省级文化产业抗疫补偿专项资金，重点扶持受疫情影响大的文化娱乐休闲服务、文化传播、文化投资运营等行业企业。增加对受疫情影响较大的文化企业的租金补贴、稳岗补贴、职业技能培训补贴等，帮助企业渡过难关。加大对文化产业基础设施、重点项目的支持力度，特别要加大对新媒体发展、传统媒体向新媒体转型项目、数字文化产业发展项目支持力度。灵活运用政府购买服务、政府和社会资本合作（PPP）等方式，通过"以奖代补"方式，鼓励和引导地方政府推进新型文化产业示范项目建设。通过政府文化采购、发放文化消费券和行业专用券等方式，积极发挥市场调配文化资源的竞争机制，激发文化市场活力。

2. 完善金融服务功能，加大信贷资金支持力度

协调金融机构加大对文化企业信贷支持力度，对受疫情影响还款确有困难的文化企业，特别是小微企业，金融机构不得盲目抽贷、断贷、压贷。对受疫情影响严重的文化企业到期还款困难的，可予以延期或续贷。推动政策性银行加大对文化产业重点项目、重点产业、重大领域的信贷投资支持力度，重点支持文化企业恢复生产。通过政府融资平台和民间资本积极发展"政府引导中小企业母基金"，加速推动各类股权投资基金的设立，提高直接融资比例，降低企业负债融资比重。优化金融服务，各银行及金融机构要通过增加信用贷款和中长期贷款、提高授信额度和资金审批效率、提供最优贷款利率和减免金融服务手续费等方式，支持相关企业战胜疫情灾害影响。大规模扩大公益性担保基金规模，逐步使基金总规模达到能够担保本地总信贷量，为中小微文化企业提供贷款担保并提供优惠利率贷款；利用"投贷奖"金融联动扶持，加大信贷投放。

3. 实施有效减税降费，降低企业生产经营成本

税务部门要视情况适当延长纳税申报期，对受疫情影响办理申报有困难的纳税人可在此基础上依法申请进一步延期。积极拓展"非接触式"办税缴费服务，按照"尽可能网上办"的原则，提高涉税事项网上办理覆盖面。继续实施对文化企业的大幅度减税降费政策，改变目前以"增值税专用发票"进项销项抵扣机制的增值税征收机制，将企业一切成本支出按一定比率计算进项税并实施抵扣。减免 2021 年文化企业的企业所得税、房产税等各种应缴纳税，加大增值税优惠扶持力度，减免或降低疫情过后各项应缴税税率。通过"房租通"进行房租减免或补贴，一定期限免征个人所得税和企业所得税、对于承租国有（集体）资产类经营用房的中小文化企业，可减免或减半征收 1—3 个月的租金。充分利用国务院减免企业社保费、缓缴住房公积金相关政策，年内免征企业养老、失业、工伤保险单位缴费，除了常规的延迟缴纳社会保险费无须申请即可免交住房公积金单位缴费。在国家政策减免的基础上，适当降低下半年应缴社保费用中单位部分的比例及额度，直接降低企业成本，减轻企业资金压力。

4. 充分利用新兴技术实现文化企业迭代更新

疫情对文化产业发展有"危"有"机"。疫情虽然给文化企业带来了巨大的影响，也让文化企业看到了采用新兴技术实现企业迭代更新的紧迫性。近年来，数字文化消费的增长率大大高于传统实体型文化消费的增长率，特别是在这次疫情期间，数字文化产品再一次彰显优势，出现消费爆发

式增长,如网络视听、网络游戏、在线教育、数字音乐、知识付费等行业逆势上扬,数字文化娱乐的普及度和用户黏性都有所增加。文化企业应抓住机遇,利用此次新增的市场和消费者,将疫期的消费热潮拓展为产业链盈利高潮,转化为可持续发展的动力。数字技术应用不只是一种工具、一种服务,它对于产品生产、平台建设、产业生态系统的不断迭代和演进具有重要影响,能够催生很多新经济业态和新发展模式。因此,发展数字文化产业应该成为文化企业的长久战略思维,成为决胜未来的重要举措。要加快智能技术、5G、超高清、增强现实、虚拟现实以及云计算、大数据等新兴数字技术与文化产业的结合,积极发展数字阅读、影视视频、动漫游戏、网络直播、知识付费、在线教育、短视频等新兴文化业态。通过数字技术进行内容创意、产品传输、平台销售以及在线消费,促使文化企业加速数字化转型。

参考文献

[1] 江苏省统计局.江苏省统计年鉴 2021[EB/OB].江苏省统计局网站,2022.

[2] 江苏省文化厅.2019 年度全省文化发展相关统计分析 [EB/OB].江苏省文化和旅游厅网站,2020.

[3] 国家文化部.2021 年中国省市文化产业发展指数报告 [EB/OB].江苏省文化和旅游厅网站,2022.

[4] 常伟.江苏文化创意产业发展研究[J].文化研究,2020(09):83-85.

[5] 周建新,胡鹏林.中国文化产业研究 2020 年度学术报告[J].深圳大学学报,2021(01):54-66.

[6] 张锐雯.后疫情时代中国数字文化产业探析[J].产业发展,2021(05):57-61.

集聚区篇

第一章 江苏省"两业融合"试点典型区域

一、徐州经济技术开发区

（一）园区概况

徐州经济技术开发区创建于 1992 年 7 月，2010 年 3 月晋升为国家级经济技术开发区，辖区面积 293.6 平方公里，享有省级审批权限。徐州经济技术开发区是徐州市对外开放的先导区、产业升级的示范区、创新创业的活力区、生态宜居的新城区。2015 年，开发区建成区面积 100 多平方公里，建设了装备制造产业园、光伏产业园、清洁技术产业园等专业园区。徐州经济技术开发区是国家国际新型工业化装备制造产业示范基地、国家火炬计划工程机械和新能源特色产业基地、国家生态工业示范园区、中国低碳新锐园区、国家知识产权试点园区、国家战略性新兴产业集群管理试点、海外人才中国创业示范基地、国家优质品牌示范区。管理服务专项评价列江苏省开发区之首。

（二）发展定位

积极探索推进"两业"深度融合发展的有效机制，聚焦重点领域和关键环节开展先行先试。以延长制造业服务链、积极推进智能制造、强化大院大所合作、搭建公共服务平台、推进制造业分离外包为主要任务。以深耕服务，全力优化营商环境，实施金融助力，增强"两业融合"粘度；进行人才保障，夯实"两业融合"支撑；做好政策引领，推动"两业"深度融合为关键。

依托高铁商务新城、高端智能制造产业园、大许高铁快运物流基地等载体，放大江苏自贸区联动创新区政策效应，打造国家级"两业融合"示范区、淮海经济区智能制造和科技服务基地。徐州高新区依托科技创新谷、产业技术研究院、安全科技产业园、华录淮海数据湖、苏宁淮海智慧电商产业园等平台载体，打造淮海经济区产业科技创新核心区。

（三）融合经验

一是加速智能化升级。制定智能化转型十条改革新政，加快培育上云标杆、"互联网＋"制造等应用试点示范企业，累计通过两化融合管理体系贯标企业 20 家，国家级智能制造试点示范企业 3 家、省级示范智能车间 39 家、五星级上云企业 15 家，先后获评江苏省工业大数据应用示范区、江苏省智慧园区。

二是打响云服务品牌。推动徐工信息、昂内斯等标杆企业向平台型、生产性服务业企业延伸，打造一批极具引领力的跨行业跨领域工业互联网云平台，赛摩智能、华恒机器人 2 家企业入选江苏省智能制造领军服务机构，赛摩淮海云协同制造获评工信部双创平台示范项目，昂内斯用电安全

"云平台"顺利承接国家级服务标准化项目,特别是徐工信息汉云平台成功晋级国家跨行业跨领域工业互联网平台十强,服务企业超 2000 家、涵盖 80 余个行业。

三是搭建高能级平台。挖掘各类平台集聚引领作用,推动建设一批深化"两业融合"发展的优质载体,建成淮海人力资源服务产业园、淮海经济区产业基金园、淮海经济区法律服务园等一批生产性服务业功能区,国家工程机械产品质量监督检验中心、江苏省特种机器人产品质量监督检验中心、中国(徐州)知识产权保护中心等一批公共服务平台,坚定不移以服务专业化引领制造业向价值链中高端迈进。

二、淮安综合保税区

(一)园区概况

2012 年 7 月 19 日,国务院正式下文批准设立淮安综合保税区。淮安综合保税区是由原先的淮安出口加工区升级而成,综合保税区拥有研发加工制造、口岸作业、仓储物流、国际中转、转口贸易等九大功能,是目前国内开放层次最高、政策最优惠、功能最齐全、运作最灵活、通关最便捷的海关特殊监管区域。它也是江苏省长江以北第一家在出口加工区基础上转型升级而成的综合保税区。综合保税区对淮安全市及江苏北部地区发展将发挥重要的政策服务、大项目聚集和国际化平台作用。淮安综保区将由原先的 1.36 平方公里单块园区发展成包括 2 个片区、共 4.92 平方公里的"一区两片"格局(出口加工区周边的南片区和空港北片区)。根据规划,淮安综合保税区设保税物流、先进制造业、配套项目和口岸作业等四个功能分区,重点发展以 IT 为代表的先进制造业及以保税物流为主的现代生产性服务业。

(二)发展定位

随着数字经济的发展,江苏淮安综合保税区以大数据、云计算、物联网为代表的新一代信息技术产业,以航空航天、高端装备为代表的特色产业以及以新能源、生物医药等为代表的新兴产业已经形成产业集群,重点发展电子信息、生物医药、智能装备、汽车零部件、新材料等主导产业,助推先进制造业与现代服务业融合发展,成为推动高质量发展的创新能极。同时,与淮安空港、运河口岸、连云港港口等实现联动互通,形成全国重要的电子信息制造业基地和国际化现代物流基地,有力推动淮安乃至周边地区开放型经济的快速发展。

(三)融合经验

综合保税区集聚发展现代物流、工业设计、科技服务、商务服务、电子商务等生产性服务业,促进制造业与生产性服务业更高水平上有机融合。引导建立主要面向集群的工业设计公共服务平台,支持制造企业建设高水平的工业设计中心,支持专业化、开放型的知名工业设计企业落户集群。此外,引导集群制造企业以服务产品全生命周期为目标,开展服务型制造试点示范,推动从提供产品向提供"产品＋服务"整体解决方案转变,实现制造业价值增值。完善生产、检测、认证、信息服务、人才培训、创业辅导等公共服务平台功能,提升集群公共服务水平。

三、扬州经济技术开发区

（一）园区概况

1993 年 10 月园区被江苏省人民政府批准为省级扬州经济开发区。2002 年 1 月 14 日,扬州市人民政府《关于明确市开发区和广陵区、郊区、邗江区行政管理区域的通知》(扬府发[2002]7 号);根据省政府《关于同意调整扬州市市区部分行政区划的批复》(苏政复[2001]221 号)文件精神,扬州市明确扬州经济开发区和广陵区、郊区、邗江区行政管理区域。将邗江区施桥镇、八里镇划归扬州经济开发区代管。其代管区域 72.06 平方千米,人口 9.95 万人。2008 年 6 月,将仪征市的朴席镇(不含沿江村及土桥村的沿江高等级公路以南区域)划归扬州经济开发区代管。调整后的开发区面积 122.92 平方千米,人口 13.63 万人。开发区现代管扬子津街道、文汇街道和施桥镇、八里镇、朴席镇。

（二）发展定位

扬州经济技术开发区奉行"为投资者服务,让投资者盈利"的宗旨,坚持按国际惯例和市场经济规则办事,成立了行政服务中心,努力打造全过程、全方位、全天候"三全"服务品牌,全力营造"亲商、安商、富商"的投资环境。以其江海相连的区位优势,配套完善的投资环境,特色鲜明的产业基础,成为长江三角洲投资兴业的优选之地。

区内设有出口加工区、太阳能光伏产业基地、半导体照明产业基地、汽车装备产业基地、港口物流园区等特色园区,基本形成了以半导体照明为重点的电子信息、太阳能光伏、汽车装备、港口物流等主导产业;有临港新城、朴席生态新城等商务、休闲、生活配套区,投资者创业投资、兴业经商皆能各得其所;有新光源公共服务中心,标准检测中心、设施共用中心、研发协作中心、创业孵化中心等八大系统运转高效;有江海学院等高级技术学校,人才资源丰富,技术支撑有力。目前,已拥有中国扬州出口加工区、扬州国家半导体照明产业化基地、国家绿色新能源特色产业基地、国家智能电网特色产业基地、国家火炬计划扬州汽车及零部件产业基地、国家科技兴贸创新基地、国家生态工业示范园区、中国国际人才市场扬州市场、国家循环经济试点单位、国家级高新技术创业服务中心、国家光电产品检测重点实验室等 16 个"国字号"品牌。

（三）融合经验

扬州经济技术开发区位于目前全世界经济发展最富有活力的长三角地区,坚持先进制造业和现代服务业"双轮驱动",在聚力聚焦招引和推进制造业项目的同时,积极布局"新赛道",推动全区产业提质增效和转型升级。2021 年,该区启动实施了"1115"重大项目工程,其中,每年要实施服务业项目 100 个以上。至 2020 年底,全区实际完成服务业项目 102 个,总投资 133 亿元。目前,扬州经开区初步形成了科技服务、现代物流、软件信息、金融商务、高端商贸、康养服务、文旅服务、跨境电商、高端保税服务、大数据服务等十大现代服务产业。

四、高邮经济开发区

（一）园区概况

高邮经济开发区（马棚街道）是 1993 年 11 月由省政府批准设立的省级经济开发区，是世界最大的羽绒服装生产基地、全球最大的手提电脑键盘柔性线路板生产基地。园区总面积达 101 平方公里、建成区 20 平方公里，规划开发面积 75 平方公里。内设科技园、光伏园、波司登高邮工业园、高邮电池工业园、生命健康产业园等。开发区交通便捷，东临京沪高速公路，西依京杭大运河，连淮扬镇铁路穿区而过，距扬州泰州机场仅 20 分钟车程，形成了冶金机械、电子电气、医药健康、纺织服装、新能源五大支柱产业。

（二）发展定位

大力促进园区转型发展。经济开发区按照"科学布局、滚动开发、功能配套、特色明显"的总体要求，明确产业定位、优化产业布局，开展南北共建，努力实现提档升级。开发区按照"南城北厂、东市西港"的总体设计，合理设置功能分区，科学规划发展布局。横泾河以南、澄子河以北区域为城市功能培育区，横泾河以北区域为传统产业提升区和新兴产业发展区，园区东侧、高速公路沿线为重点专业市场区，园区西侧、运河沿线为现代港口码头综合区。重点围绕高邮经济开发区不断创新思路，按照"南城北厂、东市西港"的产业布局，围绕"一村（韩国工业村）、两园（江苏省光伏产业园、储能产业循环经济示范园）、三条链（以秦邮特种金属材料为骨干的机械制造产业链、以康博高纯硅为重点的光伏产业链、以锦绣前程电子触摸屏为龙头的电子电气产业链）"的产业规划，招引大项目、培植大企业、打造新平台、破解新难题、彰显新优势。

（三）融合经验

高邮经济开发区具有八大支柱产业群：汽车产业、钢铁产业、电池产业、机械制造产业、纺织服装产业、医药食品产业、电子电气产业、太阳能光伏产业，是实现先进制造业和服务业的重要基础。实现产品开发周期、产品成本、产品质量、生产效率全面优化，探索形成"先进制造＋智能制造""先进制造＋工业互联网应用""先进制造＋柔性化定制""先进制造＋衍生服务"4 种路径模式。整合核心业务资源，提升数字化设计与制造能力，积极开展智能工厂总体设计、数字孪生等服务，提高先进制造业的比重，加大现代服务业的比例，形成先进制造业与现代服务业双向联动发展的格局。

五、扬州杭集高新技术产业开发区

（一）园区概况

扬州杭集高新技术产业开发区，位于扬州市生态科技新城杭集镇工业园核心区域，是 2016 年 5 月由省政府批准设立的省级高新区，实行省级高新技术产业开发区政策。杭集高新技术产业开发区被誉为中国牙刷之都、中国酒店日用品之都。

（二）发展定位

杭集高新区产业特色非常鲜明，其牙刷产品的国内市场占有率达 80%，国际市场占有率达 30%。牙刷产业集群中有相关企业 80 余家，从业人员 1 万多人。从产业制造来看，杭集高新区与中科院沈阳自动化所合作，开发日化用品自动化生产机器人，晨泓刷业机械、恒生模具等一批机器人研发制造企业发展壮大。从产业上游来看，积极开发先进高分子材料、生物基材料，上市企业金材科技以及爱默生新材料、锦禾高科等一批骨干企业蓬勃发展，产品品质不断提升。从产业配套来看，投入运营杭集创意设计园、口腔护理用品研究院、旅游日化产品电子商务平台等创新服务载体，现代化设计、互联网技术手段得到充分运用。

（三）融合经验

杭集高新区采取"腾笼换鸟"的方式，进一步优化细化"南拓北优"实施方案。杭集高新区经济将在南园科学布局高端日化、医美健康、消费品展销、保税物流等板块。北园采取"产业社区"单元更新方式，合理划行归市、重塑空间形态，计划 3 年打造 50 万平方米都市型特色产业社区，以"示范制造＋研发办公＋总部大厦＋新兴科研院所"为方向，引领传统产业补链扩链和新兴特色产业培育，助推杭集传统产业转型"蝶变"。杭集高新区将持续深入实施创新驱动发展战略，更加聚焦"顶天立地、特色发展"，加大项目招引、加快智改数转，做大增量、做优存量，做强特色产业集群，深化体制机制改革，全力打造国内一流、具有国际影响力的现代化高新产业园区。

六、苏州工业园区

（一）园区概况

苏州工业园区，隶属于江苏省苏州市，位于苏州市城东；于 1994 年 2 月经中华人民共和国国务院批准设立的经济技术开发区，1994 年 5 月实施启动；行政区划面积 278 平方公里（其中，中新合作区 80 平方公里），是中国和新加坡两国政府间的重要合作项目，被誉为"中国改革开放的重要窗口"和"国际合作的成功范例"。

（二）发展定位

园区以电子信息制造、机械制造为主导产业，同时汇集了金融、总部经济、外包、文创、商贸物流、旅游会展业等现代服务业和光电新能源、生物医药、纳米技术等环保新兴产业。目前，已经形成拥有 2000 多家企业进驻，实现地区生产总值约 2000 亿元，实际利用外资 19.6 亿美元，创造就业岗位超过 45 万个的大型产业集聚区。

（三）融合经验

近年来，苏州工业园区持续推动先进制造业和现代服务业融合发展，积极培育新业态新模式，加快探索新路径新领域。园区把生产性服务业作为自贸区产业发展重点,加强中新现代服务业合作,承接上海在生产服务功能上的溢出,加快发展金融服务、现代物流、人力资源服务、高端商务服务、会展服务五个重点行业。顺应产业发展趋势,用好各类人才政策,加大对生产性服务业领军人才、高端人才、国内外高层次复合型人才的培养和引进力度;引导外资企业前来设立生产性服务企业、各类功能性总部和分支机构、研发中心、营运基地等。

2021 年,园区工业总产值达到 6345.53 亿元,同比增长 17.5%,实施各类"智改数转"项目 1461 个,近 200 家企业获评各级智能工厂、智能车间、标杆工厂等智能化相关荣誉;全年实现服务业增加值 1674.4 亿元,占 GDP 比重 50.3%,同比增长 8.8%,其中生产性服务业增加值达 1133.19 亿元,占服务业增加值比重达 67.7%。截至目前,园区 6 家企业入选省级生产性服务业领军企业,占全市近四分之一,30 家企业获评市级生产性服务业领军企业,占全市 54%;在信息技术服务、研发设计、金融服务、检验检测认证等苏州市重点发展的九大重点生产性服务业领域,园区已集聚规上企业 350 家。

七、兴化经济开发区

(一)园区概况

兴化市积极尝试"两业"深度融合发展试点打造,结合"两区三园"产业格局与发展基础,研究相关文件政策,以提升制造业核心竞争力、促进产业转型升级为目标,在重点园区推动开展"两业"融合发展试点工作。2021 年,兴化经济开发区成功申报成为江苏省以健康食品为主题的"两业"融合发展示范样板。此次成功入选,实现了该市"两业"融合的"零突破"。

(二)发展定位

近年来,兴化经济开发区立足健康食品和调味品产业定位,呈现出以特色制造业为战略主导,现代服务业多领域发展的良好局面。区内中国农业大学(兴化)健康产业研究院、国家级食品检验检测中心等多家创新研发平台,长期提供技术服务、成果转化和检验检测支持。其中,恒兴科技园项目作为兴化经济开发区重点打造的"区中园",被列入 2021 年、2022 年江苏省服务业重点项目。

(三)融合经验

构建精准匹配的政府服务,是推进"两业"融合发展的重要保障。聚焦融合、聚力引领,兴化市不断调整完善相关运行机制,定期会商"两业"融合发展推进中遇到的重要问题,做"优"重点产业的配套服务,做"强"经济运行发展的研判和分析,做"足"两业融合发展的相关政策储备及上争文章。

兴化市不断细化"兴化方案",刷新"两业"融合发展的参与度,围绕支撑"3+N"制造业向高端攀升,突出大力发展生产性服务业的主攻方向,坚持龙头带动、链群互动,积极培育集"先进制造+增值服务"为一体的典型企业,打造"两业"融合示范载体,以"破局"思维继续开创服务业发展新局面。

八、常州市经济开发区

（一）园区概况

江苏常州经济开发区，简称"常州经开区"，其前身是江苏省常州戚墅堰区，位于常州市区东部，是沪宁创新走廊与长江经济带的重要战略节点，地处长三角一小时经济圈的核心，与南京、上海等距相望，属于常州市中心城区。自组建以来，经开区始终以打造国家级经济技术开发区为目标，坚持高起点谋划、高标准建设、高效能管理、高层次招商、高水平服务，在产业发展、开发开放、科技创新、节约集约、生态文明等方面快速提升，逐步成为全市体制机制创新先行区、高新技术产业集聚区、生态文明示范区、产城融合样板区。作为江苏省第二批"先进制造业和现代服务业融合"试点区域，常州经开区近年来紧抓国家、省、市促进两业融合发展契机，加快探索发展新路径，产业规模不断壮大、产业结构不断优化、转型升级大步迈进，先进制造业和现代服务业呈现加快融合发展态势。

（二）发展定位

围绕先进轨道交通装备、功能新材料、绿色家居、智能电力装备等主导产业，开展制造业服务化转型、生产性服务业提升发展，培育一批实力强、影响大的省级服务型制造示范企业、项目和平台，构筑更具活力的产业创新融合生态。

（三）融合经验

常州经开区积极推进平台建设，依托轨道交通产业园等园区特色，深入挖掘各类平台的集聚效应。大力引进智能、设计、信息等领域各类研发机构，为企业提供优质计量、标准、检验检测、认证认可等服务，促进企业优化升级。同时，发挥龙头企业的带动作用，促进优质资源在区域间流动共享。坚持以服务制造业高质量发展为导向，深入推动两业融合发展，积极探索数字赋能、循环利用等融合方式，推动制造业不断向价值链高端攀升。瞄准特色产业定位，聚焦产业需求，链式引才，持续开展"常聚龙城智汇经开"双招双引活动，举办成都、长沙、深圳创新创业大赛，不断拓展人才工作的源头活水，打造人才发展新高地，为两业融合发展提供智力支撑。

专栏1　探索改革创新 推进示范带动 张家港市全力打造"两业融合"县域样本

2021-02-02　17:51　中国发展网

［中国经济导报、中国发展网讯 钱庆华 记者袁雪飞报道］江苏先进制造业和现代服务业融合试点工作开展以来，张家港市作为全省唯一全县域整体开展两业融合试点的城市，积极探索机制体制创新，打造公共服务载体，全力打造全省乃至全国"两业融合"县域样本。沙钢集团、永钢集团、澳洋健康等江苏省"两业融合"龙头骨干企业试点也在顺利推进。

机制体制创新　公共服务先行

开展"两业融合"试点以来，张家港市制定实施了《张家港市先进制造业和现代服务业深度融合

试点方案》，由该市服务业发展领导小组组织领导此项工作，市发改委负责统筹协调推进，全力推动机制体制创新，构建了机制平台、考核平台、规划平台、政策平台、统计平台、金融平台、人才平台、沟通平台这"八大平台"，作为"两业融合"试点的制度保证。

同时，该市还引导本土平台公司与腾讯公司战略合作，建设江苏腾瑞智联两业融合区域性综合服务平台，平台围绕"助力智能制造、推动企业上云、构建产业互联"三大核心功能，打造以智能制造服务、产业互联服务、创新孵化服务、专题培训服务、综合展示服务为一体的张家港产业互联网融合发展中心。

张家港市在"两业融合"试点工作中不断完善生产生态、服务生态、创新生态，构建特色鲜明、功能完善、辐射力强的县域产业生态系统。生产生态建设方面，依托物联网、大数据、人工智能等新一代信息技术推动制造业和服务业升级，促进制造业与生产性服务业深度融合。以新技术、新业态、新模式改造传统制造业和服务业，提高服务业与制造业的匹配程度，加快形成服务型制造体系。

截至2020年，张家港全市共有国家级智能制造（绿色集成）试点示范项目2个，3家企业中标国家智能制造专业服务商，109家企业通过国家两化融合贯标认定。累计获评省级智能工厂、工业互联网标杆工厂3家，省级示范智能车间68家，获评苏州市级示范智能车间86家，张家港经开区获评省"互联网＋先进制造业"示范基地，127家企业获评省星级上云企业（其中五星级上云6家、四星级上云59家，四星以上占比超50％）。

服务生态建设方面，支持研发设计、知识产权、创业孵化、科技金融、营销管理等现代服务业发展，培育覆盖全周期、全要素的高新技术服务产业链，鼓励龙头企业建立服务平台，促进先进制造业和现代服务业融合发展。创新生态建设方面，推动技术创新与产业融合互促共进，大力发展创新联盟、技术中介等新型创新组织，强化创新型龙头企业的引领作用，促进企业间紧密互动联合，推动形成企业主导、产学研用一体发展的创新体系。

该市还积极探索"两业融合"的新业态、新模式。比如加快推进智能制造。实施智能制造"1211"计划，即"培育国家级项目10个、省级示范项目20个、省示范智能车间100个、智能工业重点项目100个"。在"两业融合"中加快工业互联网创新应用，聚焦特种钢、新材料、新能源汽车这3个千亿级集群与光伏、纺织、粮油食品等百亿级优势产业，支持沙钢、永钢等龙头企业，联合ICT龙头企业，培育发展一批行业级、企业级工业互联网平台与工业大数据平台。深度推进与腾讯云、紫光云等战略合作，推动张家港工业互联网平台建设。同时，在加快推进服务型制造、优化供应链管理、发展工业文化旅游等方面也进行了有益的探索，首批入选全国供应链创新与应用城市试点，着力打造大数据支撑、网络化共享、智能化协作的现代供应链体系，还以江苏永钢集团有限公司和江苏大唐纺织有限公司两家江苏省工业旅游点为重点，发展工业旅游。

支柱产业先试 重点领域先行

张家港市在"两业融合"试点工作中注重示范带动作用，着力培育一批"两业融合"的试点集群和试点区域。该市充分依托年产值近5000亿元的冶金、纺织、化工、机电、粮油食品"五大支柱产业"，年产值约2300亿元的新材料、新能源、高端装备制造等战略性新兴产业，大力推动产业链上下游延伸、二三产业跨界融合，促进先进制造业与现代服务业融合发展，着力培育4个试点集群。同时，充分依托2个国家级开发区、1个省级开发区、1个省级特色产业园区、4个省级服务业集聚区、11个苏州市级服务业集聚区，谋划和实施一批先进制造业与现代服务业融合的投资项目，重点培育一批骨干支撑企业,加快推动制造业的数字化、智能化、绿色化、网络化、服务化转型,加快先进制造业和现代服务业相融相长、耦合共生。积极探索重点行业重点领域融合发展新路径。

为了更好地利用原有产业基础,该市在试点中注重发挥产业优势,推进重点领域重点行业先行先试,推动原材料工业和服务业融合、装备制造业和服务业融合、完善汽车制造和服务全链条体系、促进现代物流和制造业高效融合、强化研发设计服务和制造业有机融合、加强新能源生产使用和制造业绿色融合、推进健康养老等服务业重点领域和制造业创新融合、提高金融服务制造业转型升级质效提升等工作。如重点打造智能装备、临港装备、再制造等三大产业基地,提升装备制造业和服务业融合水平;新能源汽车产业集群充分发挥长城宝马光束汽车项目集成放大效应,以张家港经开区为核心载体,持续提升传统汽车零部件产业,推动新能源整车及零部件做大做强,积极培育智能网联汽车核心零部件产业,主动对接融入全省汽车及零部件(新能源汽车)集群战略;重点扶持物润船联依托全国首家"无车承运人"试点和全国首家"无车(船)承运企业代开增值税发票""互联网物流平台第三方税务代征"试点,利用长江航运大数据,通过"互联网+供应链+无车/船承运"模式,发展智慧物流,促进现代物流与制造业高效融合;鼓励金融机构实施差异化信贷政策,增加制造业中长期贷款,股权投资、债券融资等更多向制造业倾斜。重点加大对智能制造、制造业科技创新、工业互联网领域的金融支持等。

专栏2　产业强区,厚植发展优势,常州天宁经济开发区跑出"加速度"

2022-03-07　16:50:58　来源:现代快报网

2021年,常州天宁经济开发区产业发展迈入"快车道",扩规模、延链条、增效益,不断提升产业链韧性和核心竞争力,打造现代产业高地。

注册外资实际到账1.7亿美元;完成高新技术产值124亿元,同比增长10.1%;新增规模以上企业81家,获评国家级"两业"融合试点单位,全年荣获省市区各项荣誉185项,省级开发区综合考评实现五连升,跃居第22位;亚玛顿被认定为工信部制造业"单项冠军";汉韦聚合物、视博云入选省级潜在"独角兽"企业;新增远东连杆、海图电子等6家省级"专精特新小巨人";航天云网、海尔卡奥斯两大国家级双跨平台成功落地……奋力推进常州市委"532"发展战略和天宁区委"3511"发展战略,全力推进"三新经济"发展,努力建设未来智慧城,常州天宁经济开发区交出了一份厚重提气的成绩单。

聚力创新

"三新经济"释放新活力

正是找准定位、谋定后动,天宁经济开发区倾力挖掘新产业、新业态,成为开发区稳增长的定海神针。2021年,开发区"三新经济"产业纳税销售突破300亿元,同比增长超20%。

2020年进驻开发区的江苏视博云信息技术有限公司,致力于云计算领域底层核心技术的开发与应用,在国内率先提出"云流化"概念,填补了国内云计算领域底层核心技术的空白。如今,该公司研发的VR剧本杀、XR云职教、XR云文旅等新业务将引领"元宇宙"热潮。

记者了解到,在产业发展大会上,开发区对标常州"532"战略定位和天宁"3511"决策部署,又划定了新目标:坚定"三新经济"产业发展方向不动摇,探索培育1—2个具有展示度的产业集群,加快形成园区支撑、链式布局的产业发展生态,力争到 2025 年底,规模以上"三新企业"总数达 350 家,"三新经济"发展总量超过 1300 亿元。

据介绍,依托良好的工业基础,开发区抢占工业互联网战略制高点,实施"互联网＋先进制造业"行动和"千企上云"工程,先后引入了航天云网、海尔卡奥斯等国内知名企业,探索形成了"一横多纵、五星上云、政企联动"的常州模式。

作为全国一流的检验检测认证产业园,将加快推进三四期载体建设,重点招引欧陆检测、威凯检测等龙头型项目,积极引进试剂耗材、仪器设备、实验室管理等上游服务机构,构建全领域、全链条服务体系,打造全国第一、世界一流的检验检测认证产业高地。网络视听游戏、新一代信息技术等产业园加快发展,累计集聚生态企业超 400 家,在新赛道上塑造了竞争新优势。其中围绕网络视听游戏产业将提速"两平台八中心"建设,围绕人工智能、大数据、虚拟现实等新技术融合应用,打造全国最大的网络视听产业基地,力争到 2025 年,集聚企业 100 家,产业规模突破 200 亿元。

此外,开发区在重点项目上持续用力、攻坚突破。目前,东方侏罗纪、数字经济产业园入选省重点项目;亚芯半导体、雷尼尔、5G 科创中心成为市级重点项目;此外还有福北工业园二期、白金制药等 47 个区重点项目,项目总投资 580 亿元,年计划投资 116 亿元。

助力企业"智改数转"

竞逐智造新赛道

"智改数转"是企业提质增效、抢占发展制高点的关键之举,也是推进制造业转型升级、实现高质量发展的必由之路。今年,常州市提出未来三年工业企业"智改数转"行动目标,到 2025 年"智改数转"项目要超 1.5 万个。当前,天宁经济开发区把"智改数转"作为制造业转型升级的主攻方向,帮助区内企业加速驶入高智能的"数字化发展"新赛道。

常州凯得新材料科技有限公司是一家专注于功能性聚乙烯薄膜研究、开发、生产及销售的高新技术企业。早在 2019 年,公司就投入 1000 多万元,进行了智能化车间改造,建立了仓储模型和配送模型,生产计划下达后可实现高效精准的配送,并通过 MES 系统实现可视化管理。如今,生产效率提高了 19%,产品报废率降低 30%、总能耗降低 15% 以上,并且能够运用大数据对产线进行效率分析,使产品质量和生产效率均达到行业领先,同时实现了对车间环境智能监控、资源能源消耗智能监控等功能。

推进智能化改造和数字化转型,是提升产业链供应链自主可控能力、打造未来竞争新优势的迫切需要,对制造业企业而言,"智改数转"已不再是"选择题",而是关乎生存和长远发展的"必修课"。常州米德克光电科技有限公司从生产、销售、人事、财务没有一套共通的办公平台软件,造成大量数据堵点;生产现场制造数据缺少沉淀和分析手段,生产制造数字化运用缺少抓手……创新的"天花板"制约了企业的进一步发展。在天宁经开区意见的指导下,米德克开始了智能化改造、数字化转型之路。公司将建立高效管控的制造执行系统(MES),今年将投入 500 万元,加速推动智能车间建设。如今,该公司从一家初创企业成长为青创板挂牌企业。

下一步,天宁经开区计划加快诊断工作推进,帮助提速"智改数转",为实体经济稳定发展保驾护航。

硬核支撑

做好产业生态"护林员"

一流产业生态环境是筑巢引凤"金字招牌"。城市区域经济之间的竞争实际上是产业生态的竞争,谁能够率先建立起完整的产业生态系统,就能够在经济发展中占据先机。

坛墨质检是一家专门生产标准物质的企业,之前的总部在北京,2018年落户常州,发展迅速,成绩斐然,自主研发的产品有3万多个,多个产品填补国内空白,技术水平处于国际先进地位。

"2月初,常州市委发布了促进产业高质量发展的实施意见和30条重磅政策,天宁区委也发布了促进产业高质量发展政策措施,我们将抓好落实;同时深化金融赋能,用足用好苏科贷、苏微贷、园区宝等政策性贷款和中小企业融资扶持专项基金,建立健全营商环境制度体系;充分释放政策效应,大力实施高新技术企业、'专精特新'企业培育工程,着力引育一批战略'帅才'、产业'英才'、青年'俊才'等。"开发区党工委书记周海鹏表示,"我们将当好产业生态的'护林员',推动各项政策直达快享、及早发力,以'真金白银'助推企业专注前行、再攀高峰,为产业高质量发展提供更坚实的保障。"

与此同时,天宁经济开发区通过构建产业生态系统创新生态链吸引集聚人才、技术、资金、物流、信息等要素高效配置和聚集协作引导产城融合发展,形成城市与产业良性互动的发展格局。如今,智慧大道、大明北路、长青路、北塘河东路等主干路网,构建起未来智慧城"五横五纵"畅达路网;学校、医院、人才公寓等工程建设,构筑便捷的生活配套服务圈;智慧化管理将不断完善公共服务、商业业态等城市功能……未来智慧城现代化建设新画卷徐徐展开。

未来,天宁经济开发区还希望充分调动起更多社会要素共同打造全产业链,集聚、全要素整合、创新链协同发展的技术创新高地,让现代感、时尚潮、国际范在这里充分涌动,成为海内外高端人才最渴望的"诗和远方"。

第二章　江苏省新增县域电商产业集聚区

一、南京市高淳固城湖螃蟹产业集聚区

（一）园区概况

高淳固城湖螃蟹产业集聚区位于南京固城湖螃蟹市场内，建设面积18.4万平方米，占地183亩。集聚区服务全区微电商主体达6000多家、品牌授权服务电商300多家、批发经营主体300多家。2021年，高淳区固城湖螃蟹电商整体零售额达6亿元左右，批发流通额30亿元左右。

（二）园区定位

园区设有螃蟹水产品批发零售交易核心区、渔需物资、新营销中心、特色餐饮、金融服务、管理服务、电商培训、仓储物流、商业等多个特色功能区，以及品牌运营中心、农产品检测中心、智能化服务中心等，致力于打造高品质的产业生态圈。

（三）园区优势

高淳固城湖螃蟹产业集聚区成功跻身省级县域电商产业集聚区，将全面建设线上线下融合的电商集聚区，让传统的商业地标焕发出新的活力。以"固城湖螃蟹"公用品牌为重点，深度整合产品、人才、媒介资源，提供技术支持、直播培训、产品对接、品牌建设及其他衍生增值服务。

截至目前，该区成功创建江苏省电子商务示范基地1个、江苏省电子商务示范企业2个、乡镇电子商务特色产业园（街）区1个、示范镇2个、示范村10个、十强村1个，南京市电子商务示范企业6个、南京市数字商务企业3个、市级重点培育直播电商基地2个、市级重点培育直播电商机构2个，创建数量位居全市前列。

（四）远景规划

下一步，高淳固城湖螃蟹产业集聚区将与推进乡村振兴紧密结合，围绕做大、做强、做优县域电子商务产业，全面建设线上线下融合的电商集聚区，到"十四五"末，争取建设成为拥有较为完善的电子商务产业政策体系和高效的公共服务体系的服务平台，园区电子商务服务企业、应用企业的聚集地，成为推动园区内电子商务服务业规模化、产业化发展的示范区，为高淳区数字农业经济发展奠定坚实基础。

二、惠山区阳山镇电商产业集聚区

（一）园区概况

阳山镇地处江南水乡，南临美丽的太湖，北靠京杭大运河，历史悠久，人文荟萃，经济发达，环境优美，水陆交通便捷，旅游资源丰富。阳山镇以水蜜桃为主的多种经营稳步发展，水蜜桃基地建设和果树示范园建设日益加强，先后被列为江苏省农业标准化示范区及江苏省模范果园。水蜜桃已发展到20多个品种，1999年荣获"中国99昆明世博会唯一指定无公害水蜜桃"称号，享受永久冠名权；2006年被农业部授予"中国名牌农产品"称号。2006年盛产水蜜桃1.55万吨，镇水蜜桃市场已成为无锡地区水蜜桃销售集散中心。阳山水蜜桃畅销上海和苏锡常等大中城市，受到广大消费者的青睐，"果中皇后"美誉远扬。

（二）园区定位

以阳山水蜜桃为代表的惠山优质农产品赋能数字化技术、渠道和运营，有效拓展上行通道，走进千家万户，走向世界各地。

（三）园区优势

突出示范创建，主体培育取得实效。坚持以示范创建为突破口，通过争创示范基地、企业、社区等带动整个电商产业快速发展。惠山区被评为省级电子商务进农村示范县，阳山镇被评为省级电子商务十强镇。

重视实体经济与数字经济的深度融合，聚焦消费促进、助推电商发展，主动融入长三角生活消费圈，紧扣扩大内需战略基点，深入实施数字商务赋能产业发展战略，大力推进传统外贸企业数字化转型集聚，建设全省首个"RCEP跨境电商服务中心"。

（四）远景规划

进一步打破地理空间限制、助推经济转型发展，激发市场活力、释放消费动力、提升消费信心，奋楫当先、乘风而上，扬帆数字经济新"蓝海"。

三、睢宁县电商产业集聚区

（一）园区概况

睢宁·沙集智慧电商产业园位于徐州市睢宁县沙集镇东风村，面积约92.01亩。睢宁县政府于2011年同意设立沙集电商创业园。园区规划总占地面积1800亩，其中启动区630亩，拓展区670亩，远景规划区500亩。沙集电商产业园共拥有服务型电商企业5家，产销型电商企业36家，9家企业年交易额超千万元，5家超2000万元，成为江苏乃至全国农村电子商务发展的一张靓丽名片。

（二）园区定位

整个园区分为生产加工区、物流仓储区、电子商务区、商务服务区、生活区等五大功能区；同时，基础设施总投资超 5 亿元，道路规划建设共 10 条，分为"五纵五横"，同时配套绿化、路灯、雨水管网等设施。集聚示范区以家具电子商务为特色，集电子商务、加工制造、现代物流、实体交易、展览展示、人才培训、商务服务和创业孵化功能于一体。2006 年，睢宁电商在转型发展中起步，2011 年，形成了全国知名的农村电子商务创业发展典型"沙集模式"。睢宁 85％以上电商家居企业集中在沙集、高作、凌城、邱集四镇，形成了电商家居产业集聚区。2021 年，睢宁县委提出实施"五五工程"，加快建设以沙集为核心，高作、凌城和邱集四镇为重点的电子商务转型示范区，积极探索电商转型发展路径，培育千亿级电商家居产业，打造全国电商转型示范基地和县域电商家居产业中心。

（三）园区优势

随着家具电商的进一步发展，对政府公共服务平台的需求增加，沙集镇成立了电子商务综合服务中心，主要设有电商运营中心、电商培训中心、电商企业孵化中心、电商人才交流中心、电商金融服务中心、电商家具检测中心、电商展示中心。电商运营中心主要负责沙集镇整体电商家具产业的调研、产品定位、管理分类、开发规划、运营策划、产品管控、数据分析、分析执行以及跟进。电商孵化中心每月开展的各类交流活动在 1—2 场，每年孵化的企业不少于 5 家，每年孵化的网商不少于 100 个，每年由孵化基地孵化出的新增网店不少于 200 个。特别是，电商金融服务中心与睢宁农商银行、中银富登村镇银行、邮政储蓄银行等银行联合，为需要资金支持的网商提供贷款服务，简化手续、流程，提高效率，缓解广大网商用钱难、用钱急等问题。检测中心与上海家具检测中心合作，目前为网商免费提供家具质量检测。集聚区依托南京林业大学家具设计学院科研体系打造研发团队，目前团队 10 名核心成员全部具有研究生以上学历，其中教授 1 人、博士 2 人；针对电商家具企业需求打造形成 4 大套系设计方案，包括设计方案 116 件，申请专利 10 件。围绕设计研发院，园区还继续推动与各有关高等院校、行业协会搭建合作平台，协力推动产品品质不断提升，更好适应全球范围不同层次用户的多样化需求，持续打造沙集家具电商新的竞争优势。

（四）远景规划

未来，园区将聚焦家具产业供应链，通过共享采购、集合采购、源头采购、流量采购等多种形式，汇聚形成新的资源优势，增强家具电商整体合力，构建产业共赢生态系统。沙集镇将以网销家具产品质量提升示范区建设为抓手，全面促进网销家具产品质量提升；通过捕捉电商新玩法，激发网商创新求变的主动性，培养更多本地"网红""大咖"；通过招引大项目、大企业，放大产业发展"鲇鱼效应"。

四、溧阳市社渚镇青虾产业集聚区

（一）园区概况

溧阳社渚青虾产业集聚区位于地处苏皖交界的溧阳市社渚镇。溧阳社渚青虾产业集聚区占地面积30000平方米,现有入驻企业30家,其中电商及相关经营户24家。近年来,社渚青虾从零散生产到规模化养殖,产值实现"三级跳",还带动饲料业、运输业及劳务市场发展,相关配套的休闲观光中心、熟食品生产中心等新动能区也投产建设,成功打造一、二、三产业融合发展的乡村新业态。集聚区年销售额超过10亿元,其中电商交易额3亿元。

(二)园区定位

社渚镇是中国最大的青虾养殖镇区,素有"中国青虾第一镇"的称号。溧阳青虾先后被认定为"国家地理标志产品""中国农业品牌目录农产品区域公用品牌""中国特色农产品优势区"。

(三)园区优势

社渚镇区位优势明显,水域资源丰富,具有青虾养殖的良好条件。5年来,全镇青虾养殖池塘标准化改造与建设有序推进,全镇现有标准化池塘青虾养殖面积56000亩,标准化池塘占青虾养殖总面积的86%。2021年全镇有可养殖水面7万余亩,其中青虾养殖面积6.5万余亩,全镇从事青虾养殖的农户1450多户,有相关养殖企业43家,青虾营销经纪人185名,拥有2个万亩和9个千亩青虾养殖示范基地,青虾亩产值5000—8000元,最高的超过万元,亩纯利润3000—4000元,2020年全镇年产青虾6800余吨,年产值8.5亿元。为了促进青虾产业发展,社渚镇利用闲置厂房创建青虾批发市场,设立电商交易集中区、水产交易大厅、虾苗水草交易区、冷冻仓储区、物流配送区等,青虾日交易量达到5000斤。交易中心利用淘宝、京东等第三方平台及自有平台,整合社会物流配送和自建专业配送,开辟线上线下融合的交易模式,扩大销售半径、提升销量、增加养殖户收益。

(四)远景规划

溧阳青虾产业集聚区将进一步加快基础设施建设,完善电商公共服务功能,加快电商应用普及和培训,将智慧青虾交易中心建设成为推动青虾电商产业集聚区数字化、网络化、智慧化发展,线上线下联动,丰富交易场景,拓展交易空间的重要平台;力争到2025年,集聚区青虾电商交易额达到6亿元。

五、常熟云裳小镇电商产业集聚区

(一)园区概况

位于苏州常熟市莫城区域,总规划面积3.62平方公里,北依千亿级市场中国常熟服装城,东临风光秀丽的昆承湖,西近5A级景区尚湖度假区。小镇整体规划纺织服装特色产业基地、文化旅游观光地、生态宜居地,打造中国服装产业新智造示范基地、中国服装产业创新示范基地和全球时装产业创意之都。

(二)园区定位

依托小镇省级工业示范园、众创空间等基地,整合超级播、南瓜谷等一批品牌电商,以"党建引领＋电商赋能"为重点,围绕电子商务产业链、创新链、价值链"三链融通"和生产、生活、生态"三生融合"的目标定位,强化小镇内企业间横向联系、互动合作及双向服务,充分发挥电商重点企业示范带头作用,注重培育时尚创意基地、智能产业链等数据营销、供应链、综合技术解决方案服务提供商,定期联合第三方企业开展主播培训、IP 孵化与运营等综合服务,加快形成集群效应,完善行业生态体系。

"云裳"代表了小镇未来发展方向。未来常熟云裳小镇要注重"云"产业,重点依托"互联网＋"、云计算、工业互联网、AI 等关键技术,大力发展区域纺织服装产业生产交易的大数据云平台,推动区域电子商务、撮合交易、智能工厂、共享工厂和智能物流的发展。同时,"裳"除了代表产业,更要激活"尚"元素,以时尚创意为导向,通过引和育,攻坚设计师和时尚发布,不断增强常熟在时尚趋势发布领域的全国乃至全球影响力,力争成为中国服装产业新智造示范基地、中国服装产业创新示范基地和全球时装产业创意之都。

(三)园区优势

小镇毗邻的常熟服装城是全国最大的服装批发市场,连续三届名列"中国十大服装专业市场"榜首。现已建成莫城电子商务产业园、产业互联网园区、江南时尚创意产业园等特色园区。区内拥有 81 家服装生产企业、41 家创意设计企业和超百家电子商务企业。被授予"纺织服装创意设计试点园区""江苏省纺织服装特色小镇""江苏省工业品三品示范平台""中国纺织服装电子商务公共服务示范基地""中国纺织服装电子商务公共服务示范基地"称号。

(四)远景规划

云裳小镇将依托自身数字化优势,在做强自身产业链的基础上,推进生产要素的快速流动和精准匹配,进一步完善基础设施建设,不断强化招才引智工作,集聚创新资源,加大公共服务供给,持续构建创意设计生态,打造数字经济引领产业转型的全国样板。

六、海门区三星镇电商产业集聚区

(一)园区概况

中国叠石桥国际家纺城位于南通市海门区三星镇境内。1984 年,南通成为沿海 14 个对外开放城市之一,在离市区三十多公里的东部郊外,三个乡镇交界处的叠石桥有一个并不起眼的绣品市场。三十多年以后,寂寂无名的沿海村庄摇身一变,仅就规模而言,成为跟纽约第五大道、法兰克福一较高下的世界家纺中心。2020 年,叠石桥交易额超过 2300 亿元,供应全球 60％的家纺用品。不足 100 平方公里的土地,聚集了织、染、印、成品、研发、销售和物流等家纺全产业链。历经近 30 年的培育和发展,市场规模不断扩大,现在总建筑面积 150 万平方米,拥有核心交易区、绣品城、精品楼、名品广场、家纺城一期和二期、商贸城和布艺广场六大家纺产品经营区域,拥有 2 万多商铺,经营 600 多个系列家纺产品。叠石桥市场家纺产品畅销全国 200 多个大中城市,远销五大洲 70 多个国家和地区,家纺床品全国市场占有率达 40％,列全国布料及纺织品市场第四名。家纺城内近 1 万家各类家纺店铺中,70％的商铺借助电子商务网络开展交易,位居全国专业市场之首。2021 年,叠石桥家纺线上销售总额突破 550 亿元。

（二）园区定位

2015 年，叠石桥变成了家纺"网销天堂"。叠石桥电商城于 2015 年年初组建，由政府主导，相关政策扶持，实行企业化运营，叠石桥市场自发形成、散落在外的电商资源进行整合，引导、规范及服务于叠石桥电商产业，将已形成的电商产业链加以完善及延伸，打造叠石桥电商服务平台，使项目成为叠石桥家纺电商孵化器。数据显示，叠石桥每天发出 240 万单快递包裹，网上每卖掉 10 单家纺就有 7 单从这里发货。目前，叠石桥家纺城已经是规模最大、品类最全的世界家纺中心，产品包括窗帘、布艺、靠垫、床品、地毯、浴巾、厨房纺织品、床笠、床罩、蚊帐、凉席、毛毯、抱枕等，并且都是一手货源。

（三）园区优势

三星镇是"中国家纺绣品名镇"，也是全国家纺产品集散中心、江苏省民营经济集群示范区、江苏省电子商务示范基地，是江苏乃至全国家纺电商重要基地。目前，三星镇已形成叠石桥国际家纺城核心交易区为龙头，叠石桥国际家纺城一期和二期、叠石桥电商城、极有家家居产业带直播基地、叠石桥跨境电商产业园、名品广场、中国家纺品牌培育馆、中国家纺博物馆、中国家纺流行趋势馆、中国家纺指数发布中心、叠石桥家纺研发设计中心为辅的产业集聚格局。三星镇于 2017 年、2019 年、2021 年三次获评省电子商务示范基地，叠石村、召良村、广丰村获评省农村电商示范村。

（四）远景规划

将进一步发展跨境电子商务，通过"实体市场＋线上推广"平台的搭建，有效实现线下市场和线上市场的联动融合发展，借助电子商务手段，在叠石桥家纺的实体批发市场之外，打造一个新的产业增长极。

七、东海水晶电商产业集聚区

（一）园区概况

国家电子商务示范基地东海水晶城位于闻名中外的水晶之乡江苏省东海县。依托"全国首批沿海对外开放县""全国县域经济百强县""国家知识产权强县示范工程县"的资源禀赋，东海水晶城以水晶特色产业集群为引领，深化"一城一区一中心一基地"（水晶城、B 型保税物流区、跨境电商孵化中心、直播电商基地）建设，不断优化特色产业供应链、产业链和价值链，推进电子商务和特色产业融合发展，全力打造"世界水晶之都"。

（二）园区定位

东海水晶城依托国际化水晶市场打造 4000 平方米的水晶跨境电商交易中心，以及跨境网红直播集装箱街区。通过探索"水晶＋跨境直播"发展模式,带动就业创业,为电商从业者提供供应链平台及孵化创业服务,形成集研发、智能制造、销售、仓储物流、培训于一体的水晶行业跨境电商生态圈,为无场地、无货源电商创业者提供技能培训、品牌打造、产品供应及孵化创业等服务。从产业水平、配套支撑、管理服务等方面进一步推进跨境电子商务发展,形成较为完善的跨境电子商务监管配套、供应链配套、人才完善的一站式东海本土跨境电商综合服务平台,为水晶行业中小创业者提供便利服务。同时,邀请跨境电商网红入驻直播,面向美国、澳大利亚、新西兰、马来西亚、新加坡等不同国家和地区进行线上直播销售,助力水晶产业线上发展,推动东海水晶产业跨境电商交易量不断攀升。

(三) 园区优势

东海水晶城积极打造跨境服务平台,服务跨境电商企业新发展,同时,吸引高端跨境电商和服务贸易资源集聚式融合发展,加快构建面向全球的东海水晶跨境电商平台。通过差异化定位、集约化打造、多维度互补,整体提升产业核心竞争力。截至目前,东海水晶城已与 12 家国内外知名跨境电商平台开展合作,设立服务站点,建立招商工作群。通过打造东海水晶跨境贸易服务体系,辐射更多本土水晶商户、水晶电商企业,助力走向全球、搭建东海跨境电商交易中心。

成立跨境电商产品设计工作室,打造以东海水晶产品创新、文化创意为核心,涉及水晶产品设计、水晶 IP 设计等领域的综合性、多功能创新设计中心。该中心拥有 18 位国家、省、市雕刻大师,入驻创新设计团队 30 人,具备良好的创作环境和便利的服务设施,并利用政策鼓励、降低场地租金等措施,吸引设计企业、机构、个人来此创办企业或创意工作室。同时,打造跨境电商产品智能设计中心,将智能制造融入水晶产业发展中。目前拥有自动化雕刻设备 30 台,设计人员 16 人,以精细化管理、智能决策为依托的现代生产制造与运营管理体系,实现生产和经营过程的数字化、网络化、智能化、信息化集成互联。通过对智能技术和工具的应用,提升水晶产品合格率、精密度,降低原石损耗,在解决人力成本的同时,实现产业规模的提升。

打造跨境电商培训服务体系。充分依托自身人才优势及电商协会、培训基地等载体,积极开展跨境电商专题培训、跨境电商赛事、跨境电商人才建设等活动,培养跨境电商人才,激发创业创新活力。先后承办两期"金牌珠宝主播"国家级培训班及电商培训大讲堂、宝石检测员研修课等各类技能型培训班,涵盖国内电商、跨境电商、直播电商等各个领域及多个国内外主流电商平台。

打造跨境电商数据服务体系。提供国内跨境电商交易数据、各大跨境电商平台交易额、跨境零售进出口数据及国内各省市电商进出口总值、外贸电商进口数据等。通过跨境电商数据服务,帮助跨境电商卖家实现跨境电商数字化转型发展。

(四) 远景规划

园区将成立全国首家水晶直播电商产业园,该产业园占地面积约 200 亩,总投资约 1.2 亿元。产业园一期工程已投资 4000 万元,建成国内和跨境两个直播电商集聚区,可同时容纳 200 多名网红直播。通过设立直播基地,协力助推东海电商直播产业发展,树立东海水晶品牌。面向全球,推动东海跨境电商发展。

八、扬州维扬经济开发区电商产业集聚区

（一）园区概况

江苏省维扬经济开发区坐落在风景秀丽的瘦西湖畔，是省级经济开发区。开发区规划总面积30平方公里，经过九年的潜心经营，完成了首期10平方公里的建设，吸引了世界上20多个国家和地区、240多家企业入驻，成为集研发、生产、流通、生活、休闲为一体的功能齐全、设施完善、环境优美、服务周到的新型都市开发区，形成了以机电装备、轻工轻纺、汽车贸易及物流和文化创智为主体的四大特色产业。

扬州维扬经济开发区电商产业集聚区占地面积约为6平方公里，毛绒玩具产业2021年实现电商交易额近100亿元。目前，开发区入驻电商相关企业超过2000家，带动就业人数超8000人，2021年累计实现电商交易额超120亿元，其中毛绒玩具电商交易额贡献率达83.3%。

（二）园区定位

集聚区以五亭龙国际礼品玩具城为核心，大力发展电商产业，辐射带动周边乡镇（街道）共同发展毛绒玩具产业电商，形成亮点突出、多点开花的发展局面。园区引导生产加工企业升级传统生产模式，开发细分市场、开展个性化产品设计、培育自主品牌、提升供应链敏捷性，向小批量、多品种、快捷交付的柔性生产模式转变，增强企业的供应链管理能力和价值链掌控能力。

（三）园区优势

维扬经济开发区积极推进电商产业发展，以特色集聚区建设为抓手，加快推动电商产业与特色产业融合发展。聚集区以五亭龙国际玩具礼品城为核心，大力发展电商产业，辐射带动周边乡镇共同发展，形成亮点突出、多点开花的局面。

（四）远景规划

下一步，将引导并支持优势产业和特色产品应用电子商务扩大销售，推进"实体经济＋电子商务＋现代流通"的产业发展模式。园区将继续推动电商产业特色集聚区建设，积极向上争取政策供给，进一步优化发展生态，拓展电商渠道，加快电商产业链上下游企业集聚，大力推动毛绒玩具产业数字化转型，力争到"十四五"期末，实现电商交易规模200亿元以上，打造国家级电商园区1个、省级以上电商示范企业2—3家，引领区域电子商务高质量发展。

九、泗洪县特色水产电商集聚区

（一）园区概况

泗洪县特色水产电商集聚区位于半城镇，目前半城镇从事水产养殖户及水产相关企业约6300

余家,年水产电子商务交易额达 3.2 亿元。半城镇电商产业园建设面积 2.5 万平方米,是集服务中心、综合办公、产品生产、加工仓储、销售流通、电商培训等为一体的新型电商产业园区,已孵化电商企业 52 家。

(二)园区定位

集聚区确立"一带一路"的空间布局,谋求发展新突破,提升经济、生态、社会综合收益,"一带"即沿洪泽湖沿线打造优质水产养殖产业带,目前已建成 2000 亩优质蟹苗良种场以及 600 亩长江蟹保种基地;"一路"即沿 330 省道打造电商产业园区,培育和招引优秀水产品电商企业,拓宽水产品销售渠道,发挥集聚效应,推动三产融合,振兴乡村经济。

(三)园区优势

近年来,宿迁市围绕巩固拓展脱贫攻坚成果同乡村振兴的有效衔接,深化推动电子商务与农村特色产业融合创新发展,赋能农村产业数字化转型,加快形成具有鲜明特色、示范引领作用的县域电商产业集聚区,促进农村电商高质量发展,助力农民收入和农村消费双提升。目前拥有约 7 万亩的水产养殖基地,亩均效益实现 5000 元以上,年产值约 6.7 亿元以上。全镇水产养殖户及水产相关企业约 6300 余家,其中约 3500 家应用电子商务销售水产,产业带动年人均增收 12000 元以上。

(四)远景规划

下一步,将围绕做大、做强、做优县域电子商务产业,以省级县域电商产业集聚区建设为引领,突出示范带动作用,促进业态模式创新,进一步做好顶层设计、加强政策支持、壮大市场主体、优化服务配套,不断推动农村电子商务提质增效、特色发展,为"四化"同步集成改革示范区建设和打造"电商名城"贡献更多力量。将围绕农产品上行特别是特色水产电商集聚区打造,进一步完善本地的冷链仓储物流的建设,提升物流的上行效率,降低冷链物流的成本,为农村电商的发展保驾护航,发挥集聚效应,实现抱团发展。

十、沭阳县新河电商产业集聚区

(一)园区概况

新河电子商务园位于江苏省宿迁市沭阳县花都中大街附近。该镇电商创业环境优越,现已建成千万元以上投资高效农业项目 18 个、百亩以上高效花木基地 56 个、花木电商供货市场 7 家;建成省级电商示范街区 3 个、电商实训基地 16 个,以及全国首家花卉绿植淘宝直播基地、全省首家乡镇电商快递园、全市首家乡镇电商公共服务中心,打造"零门槛"电商创业平台。2015 年获评全国首家"淘宝村"全覆盖的"淘宝镇",全镇现已发展网店 1.1 万家,快递年发件 8000 万件,线上年销售额 50 亿元,带动从业近 3 万人。全镇 70% 以上的大学毕业生选择回乡创业,外来创业人员近万人,形成"家家忙创业、户户搞经营、人人有钱赚"的浓厚创业氛围,呈现"无闲人、无闲地、无空房"的乡村振兴景象。

（二）园区定位

沭阳县新河镇围绕"一地一区一园一镇"发展定位（全国家庭园艺集散地、江苏花木电商创业核心区、宿迁休闲观光后花园、沭阳最宜居宜业宜游特色小镇），采取"诚信立镇、花木强镇、电商富镇、文化兴镇、生态美镇"发展思路，有效促进花木种植、电子商务、旅游经济融合发展，走出了一条绿色发展、电商富民新路径，成为高质量发展排头兵、乡村振兴新典范。目前，新河镇电商产业高度集聚，2015 年成为全国首个"淘宝村"全覆盖的"淘宝镇"，全镇现有网店 1.1 万家，线上年销售额 50 亿元，快递年发件 8000 万件，带动从业近 3 万人。先后获得"淘宝镇""省电子商务示范镇""省电子商务示范十强镇"等荣誉。

（三）园区优势

新河镇花木产业基础深厚，有着 400 多年的花木种植历史，是宿迁花木发源地和主要集散地。一是发展特色，做强品牌。依托镇内外 20 万亩的花木基地优势资源，大力推动"一村一品"建设，10 个行政村个个争特色、村村创品牌，先后注册商标 2200 多个，其中周圈盆景、解桥干花、堰头月季、沙河园艺、新槐绿植、春生稻草人等逐步形成知名品牌，成为推动花木特色产业持续发展的重要抓手。二是建设载体，打响品牌。该镇围绕电商发展需要，根据发展规划，不断完善优质网货供应体系，所有花木产品全部上网销售，形成全国知名的园艺电商核心区。阿里巴巴后台数据显示，目前该镇园艺产品销售量位居全国第一，在农产品类别中排名全国第三，淘宝网上销售的园艺产品中 20％来自新河镇。三是优化环境，鼓励创业。该镇率先在全市建成首家电商公共服务中心，各村设立电商服务站。近年来，新河镇 70％以上的大学毕业生选择返乡创业，外来创业人员超过 1 万人，全镇 10625 户居民中，平均 0.7 户就有 1 个创业户，6 个村民中就有 1 个人从事电商创业。

（四）远景规划

为深入实施乡村振兴战略，促进经济社会持续高质量发展，新河镇将实施三项提升计划，打造快递特色小镇，建立规范高效的快递行业体系，促进花木电商经济高速发展。一是实施快递产业配套提升计划。对新河快递物流园设施设备进行完善改造，对园内 9 家快递公司和散布在街道的 19 家快递公司改造升级。二是实施快递运转体系提升计划。建立健全县—镇—村三级联动体系，增加村居揽件点数量和密度，优化村收集—镇运转工作机制，保障花木产品快流通、快运转，确保货物零积压。三是实施快递行业管理提升计划。建立镇村两级快递管理机构，抓好快递企业运营监管、政策扶持、帮办服务，健全快递协会管理自治机制，优化市场环境，规避无序竞争。建立快递企业运营报告机制，运用大数据准确掌握快递收发件情况，建成全省物流最高效、最便捷的快递小镇，实现年快递发件 1.5 亿件、销售额 100 亿元目标。

举 措 篇

一、江苏省加快推动制造服务业
高质量发展的实施方案

制造服务业是面向制造业的生产性服务业,是提升制造业产品竞争力和综合实力、促进制造业转型升级和高质量发展的重要支撑。加快发展制造服务业,是江苏推动先进制造业和现代服务业深度融合发展的坚强基础,是推动生产性服务业向专业化和价值链高端延伸、推动现代服务业高质量发展的重要抓手,是基本建成具有国际竞争力的先进制造业基地、建设制造强省的必然要求。为贯彻落实国家发展改革委等 13 部委《关于加快推动制造服务业高质量发展的意见》(发改产业〔2021〕372 号),加快推动制造服务业高质量发展,促进先进制造业和现代服务业深度融合,制定如下实施方案:

一、总体要求

(一)指导思想

以习近平新时代中国特色社会主义思想为指导,全面贯彻党的十九大和十九届历次全会精神,深入落实习近平总书记对江苏工作重要讲话指示精神,坚决践行"争当表率、争做示范、走在前列"新历史使命,聚力建设制造强省,以推动高质量发展为主题,以服务"基本建成具有国际竞争力的先进制造业基地"为目标,以先进制造业集群培育和产业强链为方向,聚焦重点领域和关键环节,培育壮大制造服务业主体,加快提升面向制造业的专业化、社会化、综合性服务能力,大力促进制造业创新能力提升、供给质量优化、生产效率提高、绿色发展转型、发展活力升级、高效融合发展,推动先进制造业和现代服务业相融相长、耦合共生,统筹推进产业基础高级化和产业链现代化建设,提高制造业产业链整体质量和水平,为积极构建国内国际双循环相互促进的新发展格局、自主可控安全高效的现代产业体系,加快推动全省经济高质量发展提供有力支撑。

(二)发展目标

力争到 2025 年,重点领域制造服务业智慧化、融合化、专业化、品牌化、高端化、国际化发展水平明显提升,先进制造业和现代服务业产业融合程度明显加深、产业结构持续优化、发展层次不断提升,制造服务业在促进江苏制造向江苏创造转变、江苏速度向江苏质量转变、江苏产品向江苏品牌转变等方面的作用显著增强,在制造服务业领域培育形成高质量发展集聚示范区、领军企业各200 家左右,两业融合标杆引领典型 100 家左右。

二、明确制造服务业发展方向和重点领域

立足全省制造业发展实际情况,大力实施生产性服务业十年倍增计划,聚焦推动制造业转型升级和高质量发展,围绕科技服务、专业化技术服务、信息服务、节能环保、金融服务、商务咨询等重点方向,以高质量的制造服务业推动江苏制造向全球价值链中高端迈进,实现江苏经济高质量发展。

(一)打造高端科技服务体系,提升制造业自主创新能力

大力发展研发设计、创业孵化、技术转移、科技金融、知识产权、科技咨询、检验检测、认证认可等科技服务业,加快构建全价值链科技服务体系。系统推进基础研究、关键核心技术攻关,健全以企业为主体的产学研一体化协同创新机制。加快工业设计创新发展,提升制造业设计能力水平,推动江苏制造向江苏创造转变。完善知识产权交易和中介服务体系,鼓励国际先进技术成果转移转化,推进高质量科技创新成果转移转化。(省科技厅、省工业和信息化厅、省知识产权局按职责分工负责)

(二)发展专业化技术服务,优化制造业供给质量

支持企业和专业机构发展面向制造业的研发、制造、交付、维护等产品全生命周期管理服务,提升全产业链供给体系对需求的适配性,实现制造业链条延伸和价值增值。发展现代物流服务体系,提升物流自动化、智能化水平,带动制造业流程再造、模式创新、质态提升。支持制造业企业面向行业上下游开展集中采购、供应商管理库存(VMI)、精益供应链及供应链金融服务等供应链管理服务,拓展产品质量追溯、虚拟生产、报关报检等各类专业化供应链业务。培植检验检测服务产业新优势,全力打造检验检测认证服务品牌,提升检验检测行业公信力、服务水平和贡献率。大力培育计量测试等高技术制造服务业,培育建设产品质检中心和产业计量测试中心。(省发展改革委、省科技厅、省工业和信息化厅、省商务厅、省市场监管局按职责分工负责)

(三)发挥新型信息服务优势,提高制造业"智"造水平

利用 5G、大数据、云计算、人工智能、区块链等新一代信息技术,加快推进新一代信息技术与制造全过程、全要素深度融合,引导制造企业建立精细化管理、智能化决策的现代生产制造与运营管理体系。加快工业互联网创新应用,推动制造业企业数字化、网络化、智能化和服务化升级。加快工业互联网标识解析服务拓展,将工业互联网标识与企业内部以及供应链的关键流程深度结合,提升制造供应链柔性反应能力。加快制造技术软件化进程,支持开发自主知识产权的高端工业软件,提升关键工业软件供给能力。加快人工智能产业技术创新体系建设,夯实智能传感器、人工智能芯片和基础软件等产业核心基础,推动人工智能与制造业深度融合。推动区块链技术与智能制造场景有效结合,搭建基于区块链等技术的共享设计、共享制造和共享数据平台。鼓励发展工业大数据分析,支持提供工业大数据解决方案,拓展工业大数据应用场景。(省发展改革委、省科技厅、省工业和信息化厅按职责分工负责)

（四）做精做优节能环保服务，推动制造业绿色转型发展

重点发展生态保护和节能减排工程咨询、能源审计、碳排放量化与评估、检查与监测、碳排放交易、环境污染第三方治理、环境综合治理托管、节能环保融资等节能环保服务。推广多种形式的合同能源、合同环境管理服务模式，探索实行智慧能源管理、智慧环境监测服务。推动节能环保服务由技术改造项目技术服务，向咨询、管理、金融等多产业领域、全生命周期的综合服务延伸拓展。发展回收与利用服务，健全再生资源回收利用体系，创新发展"互联网＋回收"模式，鼓励家电生产企业开展回收目标责任制行动，畅通汽车、家电、电子信息、钢铁等产品生产、消费、回收、处理、再利用全链条。（省发展改革委、省工业和信息化厅、省生态环境厅、省商务厅按职责分工负责）

（五）大力发展金融服务，激发制造业发展活力

鼓励发展科技金融、绿色金融、数字金融、消费金融、信托投资、融资租赁（金融租赁）、证券承销与保荐、责任保险、信用保险等金融产品和业务。推动科技金融与创业孵化紧密结合，鼓励金融机构设立科技金融专营机构，拓展科技信贷、科技保险等科技金融应用。鼓励金融机构扩大新型抵（质）押贷款服务。大力发展绿色信贷、绿色融资担保、绿色债券、绿色保险等绿色金融。构建数字金融新生态，推动金融科技规范有序发展。充分利用多元化金融工具，鼓励制造服务业企业通过股权融资和债券融资方式筹措资金，更好发挥多层次资本市场作用。（省科技厅、省地方金融监管局、人民银行南京分行、江苏证监局、江苏银保监局按职责分工负责）

（六）推进商务咨询服务健康发展，助力制造业转型升级

重点推进咨询、法律、广告、会议展览、企业总部管理、人力资源等商务咨询服务发展。大力发展人力资源和人力资本服务业，支持专业机构发展人才招聘、人才培训、高级人才寻访、人力资源服务外包和管理咨询等新兴业态，鼓励发展人力资本价值评估、评测和交易等服务。加快培育龙头咨询机构及具有影响力的信用评级机构，加大咨询领域知识产权保护力度，积极打造自主品牌。鼓励行业协会、科研院所及有条件的企业整合行业资源，打造细分领域专业化、特色化咨询服务平台，设立咨询业双创平台。加快制定咨询服务质量评价标准。推进咨询业数字化转型。完善咨询业统计调查制度，加强咨询业主要指标统计监测及行业运行情况分析。扩大政府购买咨询服务范围和规模，保障咨询机构业务独立性。（省发展改革委、省司法厅、省人力资源和社会保障厅、省商务厅、省市场监管局、省统计局、省知识产权局按职责分工负责）

三、推进制造服务业高质量发展重点行动

统筹谋划、重点突破，着力推进九大重点行动，实现制造业与制造服务业耦合共生、相融相长。

（一）制造业研发设计能力提升行动

精准布局新型研发机构，支持发展混合所有制产业技术研究机构，鼓励和支持民营企业开展关键核心技术攻关，增强高水平产业技术供给。深化产学研协同攻关，综合运用定向择优、联合招标、

"揭榜挂帅"、股份合作等方式,支持有条件的企业在海外设立研发中心,建立联合实验室等创新平台。加大高端外资研发机构引进力度,吸引海外知名大学、研发机构、跨国公司在江苏设立全球性或区域性研发中心。积极推进系统设计、绿色设计、文化创意发展,推动龙头骨干企业创建省级以上工业设计中心,支持创建国家级工业设计中心。搭建科技资源统筹服务平台,创新科技资源开放共享机制。(省科技厅、省工业和信息化厅、省知识产权局按职责分工负责)

(二)制造业数字化转型赋能行动

围绕16个先进制造业集群发展的重点领域,深入实施工业互联网创新发展工程和5G+互联网融合发展工程,支持创建国家"5G+工业互联网"融合应用先导区。发挥标识解析节点体系服务能力,建设基于标识的公共服务平台。实施中小企业数字化赋能专项行动,加快工业设备和企业上云用云步伐,支持面向企业级和行业级用户打造定制化平台解决方案。全面开展智能车间和智能工厂建设,总结推广智能制造标杆企业的先进经验和典型模式,形成一批典型应用场景。全面推进工业信息安全保障平台建设,构建工业企业网络安全保障体系。(省发展改革委、省工业和信息化厅按职责分工负责)

(三)制造业供应链优化升级行动

完善战略性新兴产业供应链关键配套体系,不断提升制造业供应链核心竞争力。分行业做好供应链战略设计和精准施策,完善供应链体系,为制造业企业提供采购、物流、分销等专业化一体化生产服务。实施"供应链服务企业成长工程",大力培育新型供应链服务企业,引导传统流通企业向供应链服务企业转型。推动供应链综合服务平台建设,支持提供覆盖生产、消费全生命周期的"一站式"供应链服务。开展重点产业链供应链安全监测评估,建立健全重要资源和产品全球供应链风险预警系统。创新数字化供应链管理模式,推进网络化协同制造,开展供应链创新与应用试点。(省发展改革委、省工业和信息化厅、省交通运输厅、省商务厅按职责分工负责)

(四)两业融合发展试点示范行动

加快培育发展定制化生产、柔性制造、共享制造、协同制造、全生命周期管理、供应链管理、总集成总承包等新业态新模式,积极推进两业融合发展标杆引领工程。发展服务型制造,鼓励企业从产品制造商向系统解决方案提供商转变,支持创建国家级服务型制造示范城市、企业、项目、平台。推动服务向制造拓展,鼓励服务企业发挥数据、技术、渠道、创意等要素优势,通过个性定制、委托制造、品牌授权等方式向制造环节拓展,实现服务产品化发展。鼓励先进制造业集群、产业链龙头骨干企业创建两业深度融合知名企业品牌和区域品牌,牵头组建跨行业、跨区域的两业融合发展产业联盟。(省发展改革委、省工业和信息化厅、省商务厅等按职责分工负责)

(五)制造服务业品牌质量提升行动

深入开展制造服务业领域标准化提质工程,推进标准领航质量提升工程,健全制造服务业质量标准体系。积极推进国家级、省级服务业标准化示范项目,建设一批服务业标准化试点示范单位。注重提升工业产品质量,实施全产业链质量管理,重点建立和升级改造一批可量值溯源的高准确度等级计量标准。鼓励企业围绕研发创新、设计创意、生产制造、质量管理和营销服务全过程制定品牌发展战略。深入开展制造服务业高端品牌培育、特色品牌集聚、国际品牌创建、知名品牌保护,打造一批享誉世界的制造服务业"江苏精品"品牌。持续组织开展"中国品牌日"江苏特色活动,提升江苏品牌建设水平。(省发展改革委、省工业和信息化厅、省人力资源和社会保障厅、省商务厅、省市场监管局等部门按职责分工负责)

(六)制造服务业主体培育行动

积极推进现代服务业高质量发展领军企业培育工程,实施引航企业培育计划,加强制造服务业龙头型、领军型企业培育。鼓励制造服务业企业开展并购重组、做大做强,打造一批在国际资源配置中占主导地位的世界级制造服务业企业。实施"千企升级"行动计划,壮大一批具有行业影响力的骨干企业,支持骨干企业成长为独角兽、瞪羚、专精特新"小巨人"、单项冠军企业。加快培育中小微企业集群生态,引导中小微企业打造"隐形冠军"。培育发展制造服务业新型服务平台和社会组织,鼓励开展协同研发、联合设计、资源共享和成果推广等活动。(省发展改革委、省科技厅、省工业和信息化厅、省国资委按职责分工负责)

(七)制造服务业载体建设行动

推进江苏先进制造业集群围绕产业链培育创新链、立足创新链打造价值链,鼓励各设区市建设制造服务业集聚区。围绕科技服务、质量管控、信息服务、节能环保、金融商务、现代物流及其他新兴业态模式等重点方向及领域,积极创新运营管理模式,建立完善的公共服务平台,加强集聚区产业链招商、联合布局、协同创新,加大集聚区重点项目布局、科技资源导入、高端人才引进、政策制度试点等支持力度,推进制造服务业集聚区智慧、融合、专业、品牌、高端、国际化发展。(省发展改革委、省工业和信息化厅、省商务厅等按职责分工负责)

(八)制造业绿色化改造行动

探索发展绿色新模式,支持有条件的地区创建国家绿色发展示范区,搭建一批绿色发展促进平台。推进钢铁、石化、焦化、建材等行业绿色化改造,推广使用核心关键绿色工艺技术、装备及服务,打造一批具有示范带动作用的绿色产品、绿色工厂、绿色园区。建设资源综合利用基地,促进工业固体废物综合利用,深入实施循环化改造,促进能源高效利用、能源梯级利用、水资源节约集约利用、废弃物综合利用和污染物安全处置。开展重点行业碳达峰、碳中和专项行动,制定碳达峰实施方案和碳达峰碳中和政策、法规,推进低碳技术突破。培育一批江苏省大型节能环保龙头企业,新增一批节能环保服务业集聚区。(省发展改革委、省工业和信息化厅、省生态环境厅、省商务厅按职责分工负责)

(九)制造服务业扩大开放行动

深度融入全球产业链分工体系,加大全球优质服务资源引进力度,扩大咨询、研发设计、节能环保、环境服务等知识技术密集型服务进口。引导制造业企业取得国际认可的服务资质,带动江苏产品叠加技术、标准、认证和服务"走出去"。搭建制造服务业领域多层次国际交流合作平台,加强与国际知名企业、联盟、咨询机构和社会组织的交流合作。大力发展服务贸易，实施数字贸易提升计划，全面深化南京、苏州服务贸易创新发展试点。打造国际化法治化营商环境，鼓励中国（江苏）自由贸易试验区积极扩大先进技术进口和规则标准出口。（省发展改革委、省商务厅、省市场监管局按职责分工负责）

四、保障措施

（一）优化发展环境

持续放宽市场准入，进一步破除隐性壁垒。支持从制造企业剥离的制造服务业企业按规定申报高新技术企业和技术先进型服务企业。鼓励制造服务业企业积极承接离岸和在岸服务外包业务。健全制造服务业统计调查制度，逐步建立健全制造服务业重点领域统计信息共享机制，逐步形成年度信息发布机制。鼓励及时推广、适时复制制造服务业发展成功经验做法。（省发展改革委、省科技厅、省财政厅、省商务厅、省统计局按职责分工负责）

（二）强化组织保障

充分发挥省服务业发展领导小组及领导小组办公室组织领导作用，强化制造服务顶层设计，加强统筹协调和工作指导，省级有关单位研究制定出台相关政策措施。各地区、各有关部门强化主体责任，形成合力，细化实化工作任务和完成时限，建立高效协同的工作推进机制，确保制造服务业发展取得实效。（省发展改革委牵头负责）

（三）创新要素保障

加快培育数据要素市场，建立制造服务业数据资产名录，探索建立数据确权体系，探索开展跨境数据流动试点。加强财税支持力度，充分运用好现代服务业发展专项资金，消除服务业和制造业在适用优惠政策和能源资源使用上的差别化待遇。支持金融机构综合运用互联网大数据等金融科技手段创新金融支持方式，鼓励企业利用市场化方式融资。优化土地资源配置，划定工业用地保护线，探索增加混合产业用地供给，推行长期租赁、先租后让、租让结合和弹性出让等供应方式，鼓励采取低效用地再开发、盘活存量土地等方式支持制造服务业发展。强化服务业人才支撑，深入开展"英才名匠"产业人才培训项目，加强人力资本金融创新平台和人力资源与资本市场建设，完善人才评价激励机制。（省网信办、省发展改革委、省教育厅、省工业和信息化厅、省财政厅、省人力资源和社会保障厅、省自然资源厅、省市场监管局、省地方金融监管局、人民银行南京分行、江苏银保监局按职责分工负责）

二、江苏省现代服务业高质量发展领军企业培育工程实施方案

为深入贯彻落实《江苏省"十四五"现代服务业发展规划》（苏政办发〔2021〕34号）和《服务业创新发展江苏行动纲要（2017—2025年）》（苏发改服务发〔2017〕1474号），充分发挥市场主体作用，推进现代服务业企业做强做大，强化骨干龙头企业引领作用，提升我省现代服务业产业发展辐射力和品牌影响力，现就"十四五"时期组织实施省级现代服务业高质量发展领军企业培育工程，制定如下实施方案。

一、总体要求

以习近平新时代中国特色社会主义思想为指导，深入贯彻党的十九大和十九届二中、三中、四中、五中全会精神，全面落实习近平总书记对江苏工作重要指示精神，坚定不移贯彻新发展理念，以推动高质量发展为主题，以深化供给侧结构性改革为主线，以创新发展为根本动力，以满足人民日益增长的美好生活需要为根本目的，引导企业提升产业创新能力，加强产业链整合和价值链攀升，推动企业加快向规模化、链条化、高端化和国际化发展，打造一批在国内和国际市场中具有影响力的现代服务业高质量发展领军企业，提升江苏省现代服务业企业创新力、竞争力和品牌力，为全省基本建成国际一流、国内领先的现代服务业高地提供重要支撑。

二、主要目标

围绕构建江苏特色"775"现代服务产业体系，分类指导培育现代服务业企业，多要素支持现有省级服务业重点企业发展，到2025年，着力培育打造300家左右创新能力强、发展潜力好、引领作用大，具有全国竞争力和国际影响力的江苏现代服务业高质量发展领军企业。其中，在科技服务、软件和信息服务、金融服务、现代物流、商务服务、现代商贸、文化旅游7个优势型服务业重点产业领域，培育认定高质量发展领军企业200家左右；在健康服务、养老服务、教育培训、家庭服务、体育服务、人力资源服务、节能环保服务7个成长型服务业重点领域，培育认定高质量发展领军企业50家左右；在大数据服务、工业互联网应用服务、人工智能服务、全产业链工业设计、现代供应链管理5个先导型服务业领域，培育认定高质量发展领军企业50家左右。

三、重点任务

（一）注重科技赋能，增强企业创新源动力。增强技术创新能力。突出领军企业技术创新主体

地位,提高研发投入占销售收入总额的比例,推进技术创新,积极培育自主知识产权。鼓励领军企业合理有效利用创新资源,积极参与公共研发平台、研发机构建设,力争在细分行业关键领域技术革新、产品研发或者升级改造方面取得突破性进展。发展新型业态模式。充分加快 5G、大数据、云计算、人工智能、工业互联网、车联网、区块链等技术与现代服务业的融合发展,加快推进服务业企业数字化升级,大力发展平台经济、智慧经济、低碳经济、共享经济、创意经济、体验经济等业态,促进线上线下资源的有效整合和利用。

（二）提升质态优势,增强企业示范影响力。提高企业规模效应。鼓励领军企业制定完善的企业发展规划等,立足共性服务技术和关键技术的自主创新,重点推进一批行业特色鲜明、带动作用明显的示范项目。支持高质量发展领军企业向规模集团化、服务专业化、功能体系化发展,鼓励本土企业积极发展总部业态,实施跨行业、跨区域、跨所有制兼并重组等整合企业资源,打造一批连锁型、平台型现代服务业企业集团。加快企业标准化和自主品牌化建设。引导领军企业树立品牌意识,持续开展自主品牌建设,在服务业重点领域培育打造一批在全国乃至全球范围内有影响力的江苏服务品牌企业和具有地方特色的区域服务品牌。鼓励通过收购、兼并、参股国际品牌,推动国内外著名商业品牌在江苏集聚。健全服务业标准体系,支持领军企业参与全国乃至国际行业标准的制定、实施和推广。

（三）延伸产业链条,增强企业引领辐射力。引领产业链上下游协同发展。从产业链上下游的关键"生态位"企业入手,培植具有"链主"地位的领军企业,围绕产业链布局创新链、信息链、服务链、人才链、资金链等多个链条,合理配置要素资源,的链合创新,拓展服务业新领域、新功能,构建多链融合产业生态系统。促进产业深度跨界融合发展。推动现代服务业向制造业拓展,鼓励领军企业发挥数据、技术、渠道、创意等要素优势,通过个性定制、委托制造、品牌授权等方式向制造环节拓展,实现服务产品化发展,提升服务产品质态和内涵。加快推进服务业数字化发展,充分发挥信息技术服务、商务服务等对制造业支撑的作用,推动制造业服务化。在文化旅游、现代物流等行业促进服务业和农业融合发展。深入运用"互联网＋""文化＋"等新理念新手段促进服务业内部融合发展,提升服务业附加值。

（四）夯实要素支撑,增强企业发展新活力。充分利用多元化融资通道。鼓励领军企业利用资本市场注册制改革机遇发展壮大,支持科技类成长企业通过科创板、创业板、新三板精选层上市挂牌融资。为成长型服务业企业提供更多普惠性金融服务,培育更多优质后备上市资源。扩展多样性经营模式。运用连锁经营、特许经营、合同管理、战略联盟等新兴组织形式,高效实现市场资源要素配置,支持领军企业规模化、网络化成长。强化"高精尖缺"创新人才引培力度。引导领军企业充分发挥聚才用才作用,鼓励以项目为载体,重点培养和大力引进具备行业领军水平和国际市场开拓能力的高层次创新创业人才,既通晓先进技术又擅长现代经营管理的复合型高级管理人才以及专业化、高素质、适应服务业行业发展需要的实用性高技能人才。

（五）推进扩大开放,增强企业国际竞争力。拓展服务业业务领域。鼓励领军企业依托江苏自贸试验区（南京、苏州、连云港）等国家级载体,率先在现代金融、科技服务、现代物流等扩大开放领域先行先试,有序开展境外投资合作,全面扩大服务业务领域。提升国际化服务资源配置能力。支持和引导有条件的领军企业主动融入"一带一路"交汇点建设,探索与长三角地区产业协同开放发展,创新服务资源配置方式,以跨国并购、绿地投资、联合投资等多元方式,高效配置全球人才、技术、品牌等核心资源,提高服务业利用外资质量和水平。以自主知识产权助力服务业企业参与更高水平国际合作。鼓励有自主品牌和自主知识产权的领军企业充分发挥资源优势和市场优势,在境外开展技术研发投资合作,延展知识产权服务链,提高国际化经营水平和影响力。

四、支持措施

(一)优化财政支持方式。贯彻落实国家支持现代服务业创新发展的各项税收优惠政策。充分发挥省级现代服务业发展专项资金的引导作用,持续优化使用股权投资、融资增信、贷款贴息、项目补助和政策奖励等多种方式,对入选高质量发展领军企业给予支持,鼓励企业实施符合现代服务业发展趋势、代表产业发展前沿和引领产业创新的示范项目。省服务业股权投资基金重点支持符合条件的领军企业相关项目,吸引各类社会投资和金融机构加大支持力度。

(二)强化人才引培激励。着力引进培育符合现代服务业重点发展方向的人才和团队,推出具有地方特色、发挥引领作用的人才工程,加快集聚行业发展亟需人才。健全以企业为主体的多层次人才培养机制,加强服务业高级管理人才研修培训,利用北大、清华、中大等平台定期组织开展现代服务业人才培训,鼓励各地出台对相关紧缺人才引培的配套措施。会同有关厅局鼓励支持领军企业负责人申报"江苏服务业专业人才特别贡献奖",发挥高层次典型人才示范引领作用。

(三)强化行业领军地位。对具有江苏特色、行业引领作用明显的高质量发展领军企业示范项目,优先推荐列入省服务业重点项目或者省重大项目清单。加大推广领军企业转型升级、创新创优的典型经验和先进模式,在新华日报"江苏服务业"专刊开辟专栏对高质量领军企业发展典型案例宣传报道等。利用各类展会等加大对领军企业的推介,扩大江苏服务品牌的知名度和影响力。

五、组织实施

高质量发展领军企业认定采取分级培育、地方推荐、省级分批命名、协同推进的方式实施。省发展改革委会同各设区市发展改革委开展前期培育、推荐申报工作,根据各市培育和推荐情况,组织评审、综合评价、认定和管理。各级发展改革部门要主动深入企业开展服务,进一步加快各相关部门资源、信息互通,为高质量发展领军企业发展提供必要的支撑保障。将高质量发展领军企业培育纳入省发展改革委高质量发展绩效考核内容,促进各设区市常态化推进服务业发展工作。

(一)分级共同培育。省、市两级要建立完善重点企业培育库。设区市发展改革委结合本地现代服务业发展实际,制定培育方案和配套政策措施,全面推进高质量发展领军企业前期培育。在现有服务业企业培育基础上,突出围绕"775"现代服务产业体系,遴选一批示范作用大、引领效应强、创新能力高、发展潜力好的现代服务业企业,分行业充实到市级重点企业培育库。省级高质量发展领军企业在市级重点企业培育库基础上培育认定,并对现有省级生产性服务业领军企业、互联网平台经济重点企业、养老服务业创新示范企业(基地)进行综合评价,纳入江苏省服务业公共服务云平台相关数据库统一管理,形成省市分级共同培育模式。

(二)地方组织推荐。各设区市发展改革委要对入库企业发展实绩等进行评价,指导入库企业紧扣本实施方案的各项重点任务要求,加大创新投入,建设示范项目,按照申报指南具体要求,统一出具推荐意见,择优推荐申报高质量发展领军企业。

（三）省级分批认定。省发展改革委编制申报指南和评审办法,设置重点支持行业领域、连续运营能力、行业影响力、安全守法经营等共性评价标准,并以企业类别的典型特征为依据,以营业收入、利税总额、研发投入等指标设置分类评价标准,依规组织开展评审认定工作。

（四）开展动态管理。省发展改革委会同各地、各有关部门及行业协会对企业培育库分类管理,加强在库企业跟踪监测,动态更新入库培养目标。结合《江苏省"十四五"现代服务业发展规划》中期评估,及时掌握已培育认定的领军企业的主要行业领域和地域分布等特点,适时调整支持措施和方向。重点跟踪和培育龙头骨干型企业,开展高质量发展领军企业信息样本点采集建设,组织相关企业定期填报重点经营指标等,及时了解企业发展情况,适时开展综合评价。督促各设区市完善服务业发展信息通报制度,总结一批高质量发展领军企业发展的先进经验做法,在全省复制和推广。对经评价不符合标准的领军企业,将撤销认定并予以公告。

三、江苏省发展改革委关于认定第一批省级现代服务业高质量发展领军企业的通知

苏发改服务发〔2022〕302 号

各设区市发展改革委，省各有关单位：

为贯彻落实《江苏省"十四五"现代服务业发展规划》要求，根据《江苏省现代服务业高质量发展领军企业培育工程实施方案》（苏发改服务发〔2021〕1052 号）（以下简称《实施方案》）和《省发展改革委关于开展省现代服务业高质量发展领军企业培育工程第一批领军企业申报推荐工作的通知》（苏发改服务发〔2021〕1180 号）（以下简称《申报通知》），我委开展了第一批省级现代服务业高质量发展领军企业的评审认定工作。经组织申报、形式审查、专家评审、信用核查等程序，现认定南京巨鲨显示科技有限公司等 50 家企业为第一批省级现代服务业高质量发展领军企业。

请有关设区市发展改革委按照《实施方案》要求，指导相关企业科学制定发展目标，大力推进一批行业特色鲜明、带动作用明显的示范项目，合理有效利用创新资源，力争在"775"现代服务业产业体系中的前沿技术、先进模式和新兴业态领域取得突破性成果，引导相关行业向价值链高端攀升。省发展改革委将会同各地及省有关部门，强化政策保障和支持，跟踪推进企业行业示范项目等相关工作，对企业培育库分类管理，组织开展高质量发展领军企业信息样本点采集建设和动态监测评估，实行动态调整和绩效管理。相关企业要明确专人按要求通过江苏省服务业公共服务云平台定期填报重点经营指标、指标预测及创新发展情况，为全省服务业运行分析和决策咨询提供第一手资料。

对入选第一批省级现代服务业高质量发展领军企业的，将根据《实施方案》和《江苏省现代服务业发展专项资金管理办法》给予奖励，用于支持开展行业示范引领工作；同等条件下，在资金、项目、人才、宣传等方面予以适当倾斜。各设区市发展改革委及省有关部门要对高质量发展领军企业加强分类指导，围绕资金、项目、人才等资源要素强化支持力度，落实有关政策，确保"高质量发展领军企业培育工程"顺利推进，真正发挥企业示范影响力和引领辐射力，带动我省广大服务业企业加快转变发展方式，提升江苏省现代服务业企业创新力、竞争力和品牌力，为全省基本建成国际一流、国内领先的现代服务业高地提供重要支撑。

江苏省发展改革委
2022 年 3 月 17 日

四、江苏省发展改革委关于开展 2021 年江苏省现代服务业高质量发展集聚示范区申报推荐工作的通知

各设区市发展改革委：

为贯彻落实《江苏省"十四五"现代服务业发展规划》(苏政办发〔2021〕34 号)和《服务业创新发展江苏行动纲要(2017—2025 年)》(苏发改服务发〔2017〕1474 号)，加快推动现有省级服务业集聚区提档升级，培育省级现代服务业高质量发展集聚示范区，根据《江苏省现代服务业高质量发展集聚示范工程实施方案》(苏发改服务发〔2021〕1050 号)，请你们组织开展 2021 年江苏省现代服务业高质量发展集聚示范区申报推荐工作。现将有关事项通知如下：

一、申报要求

（一）申报的集聚区须为设区市的市级现代服务业集聚区；

（二）集聚区主导产业明确、产业链完整，主营收入占比超过 70%，有多家同类企业、产业链上下游相关企业、配套服务企业或机构入驻集聚区；

（三）集聚区已编制或修编产业发展规划，并经上级主管部门批复；

（四）集聚区在近两年经济规模持续扩大，年营业收入水平处于所在设区市同类集聚区的前列；

（五）集聚区有完整的公共服务体系，能够为入区企业提供投融资、合作交流、人才培训、信息管理、技术创新、知识产权保护、实验测试、检验检测等公共服务；

（六）集聚区有专门的管理机构，专职管理人员不少于 5 人；

（七）集聚区统计指标体系健全，能够完整、准确、及时提供统计数据；

（八）集聚区四至边界清晰，建筑面积 20000 平方米以上，集约利用土地，投资强度 350 万元/亩以上；

（九）除满足上述要求外，集聚区按照"775"现代服务产业体系重点建设的 19 个产业领域分类，其营业收入规模分别要求如下：

1. 现代物流(现代供应链管理)、现代商贸等产业领域的集聚区，原则要求 2020 年营业收入达 50 亿元以上。

2. 科技服务、软件和信息服务(大数据服务、工业互联网应用服务、人工智能服务)、商务服务(全产业链工业设计)、金融服务等产业领域的集聚区，原则要求 2020 年营业收入达 20 亿元以上。

3. 文化旅游、健康服务、养老服务、教育培训、家庭服务、体育服务、人力资源服务、节能环保服务等产业领域的集聚区，原则要求 2020 年营业收入达 10 亿元以上。

4. 鼓励各地申报营业收入规模处于所在设区市同行业前列的集聚区,对业态模式创新、产业集聚度高、引领示范作用大,在全省同行业中位于前列的集聚区,可适当放宽营业收入、投资强度等指标要求。

二、政策措施

(一)对认定的江苏省现代服务业高质量发展集聚示范区给予适当资金奖励,用于补助集聚区载体建设、公共服务平台建设。

(二)江苏省现代服务业高质量发展集聚示范区区内企业申报省级现代服务业发展专项资金,在同等条件下给予优先支持。

(三)江苏省现代服务业高质量发展集聚示范区管理机构人员可优先参加省发展改革委组织的服务业人才专题培训。

(四)每年对江苏省现代服务业高质量发展集聚示范区进行考核,实行动态管理。

三、申报材料

(一)申请认定江苏省现代服务业高质量发展集聚示范区基本情况表;

(二)设区市级服务业集聚区证明文件;

(三)集聚区主要服务业企业的基本情况及 2020 年营业收入统计报表;

(四)集聚区发展规划及批复文件;

(五)设立集聚区、管理机构的批件;

(六)土地使用批件;

(七)基础设施及公共服务平台建设相关证明材料。

以上提交材料为复印件的,需加盖公章。

四、申报程序

(一)现有省级现代服务业集聚区、省级生产性服务业集聚示范区不参加申报。我委将另行统一组织综合评价,对符合条件的认定为江苏省现代服务业高质量发展集聚示范区。

(二)申请认定江苏省现代服务业高质量发展集聚示范区实行网上申报。具备条件的服务业集聚区通过江苏省政务服务网(http://www.jszwfw.gov.cn/)"江苏发改委旗舰店"在线填报江苏省现代服务业高质量发展集聚示范区申报材料(网上申报技术咨询:武惠阳 15996341567,朱金奕 13770763350)。

(三)各设区市发展改革委组织初步遴选,针对集聚区的发展实际和工作成效进行综合评价,积极推荐并指导具备条件的集聚区在线自主申报,并进行审核把关。对于符合条件的,出具推荐意见,正式行文上报省发展改革委。

(四)实行网上申报提交电子件的同时,还需提交纸质件。请各设区市发展改革委指导集聚区将纸质申报材料装订成册,申报材料封面注明"江苏省现代服务业高质量发展集聚示范区申报材料(产业领域类别)",一式两份,于 2021 年 12 月 20 日前随设区市发展改革委推荐申报文件,通过中国邮政 EMS 邮寄至省发展改革委服务业处(南京市北京西路 70 号 9 号楼,邮编 210013,电话:025－86637910)。逾期不予受理。

特此通知。

江苏省发展改革委

2021 年 11 月 17 日

五、江苏省发展改革委在宿迁市召开南北共建园区高质量发展工作推进会

为加快推进省级南北共建园区高质量发展创新试点和省级特色园区建设工作,12月2日,省发展改革委在宿迁市召开南北共建园区高质量发展工作推进会。林康副主任出席会议并讲话。省委组织部、省委编办、省科技厅、工信厅、财政厅、自然资源厅、商务厅、统计局等省有关部门相关处室负责同志,15家共建园区主要负责同志,苏南苏北设区市及相关县(市、区)发改委负责同志志参加会议。苏州宿迁工业园区等4家园区作了交流发言,省有关部门相关处室负责同志提出了工作要求。

林康副主任强调,在更高层次推动南北共建园区高质量发展,是省委省政府贯彻落实习近平总书记视察江苏时提出的"做好区域互补、跨江融合、南北联动大文章"重要指示精神的一项重大决策部署。南北共建园区经过15年的发展,探索形成了"苏南三为主、苏北三到位"的跨区域合作共建机制,深化拓宽了南北结对关系和合作渠道,初步形成优势互补、合作共赢的格局,产生了明显的溢出效应。林康副主任指出,省第十四次党代会提出"创新完善南北发展帮扶合作机制",结合新形势、新任务、新要求,要深化思想认识、聚焦任务要求、落实抓手举措,扎实推动南北共建园区高质量发展。一要充分认识新形势下南北共建园区高质量发展的重要意义。切实将共建园区高质量发展作为畅通省内经济循环的重要抓手,实现优势互补合作共赢的重要路径,完善区域协调发展新机制的重要探索。二要坚定不移地推动南北共建园区高质量发展。要落实党委政府主体责任、坚持"一园区一特色"做强主导产业、推进绿色低碳和集约集聚发展、落实"三为主、三到位"共建政策要求、创新探索共享共赢的新机制。三要认真统筹谋划园区建设发展各项工作。以高质量发展为根本导向开展年度评估,建立监测机制,对标对表、改进不足;省级创新试点园区和省级特色园区要抓紧按程序报批发展规划、健全完善规划体系并抓好贯彻实施;进一步探索创新园区开发建设模式、招商引资模式、投资开发公司运营模式、主导产业专业化服务模式,提升园区特色化发展水平。

六、2021 江苏物流业高质量发展专题培训在南京成功举办

  10 月 28 日,由江苏省发展改革委主办的 2021 江苏物流业高质量发展专题培训在南京成功举办。中国物流与采购联合会副会长贺登才、南京财经大学副校长乔均、江苏省物流产业促进会戴庆富会长等领导和嘉宾应邀出席会议。江苏省发展改革委二级巡视员张瑞丽出席会议并致辞。来自全省发展改革系统、物流行业协会(学会)、物流园区和重点物流企业负责人参加了会议。

  本次培训会以"新格局、新机遇、新物流"主题,深度解析我国物流业的发展政策思路和江苏"十四五"物流规划,探讨后疫情时代全球供应链变革创新、国家物流枢纽经济示范区建设路径以及物流绿色化数字化等重要议题。通过政策解读、专家讲座、互动沙龙等多种形式组织交流研讨,为"十四五"时期推进我省物流业高质量发展建言献策。

  江苏省发展改革委二级巡视员张瑞丽在致辞中通报了"十三五"以来全省物流业发展情况,并指出"十四五"时期要精准把握新发展阶段、认真贯彻新发展理念、支撑构建新发展格局,努力把江苏打造成为全国物流高质量发展示范区、物流数字化建设先行区、物流降本增效综合改革试验区。

  在专家讲座环节,中国物流与采购联合会副会长贺登才以《新阶段现代物流发展趋势与"十四五"规划思考》为题,讲述了现代物流的发展历程,分析了新阶段现代物流的新定位和新趋势,讲解了"十四五"时期物流发展重点与发展思路;国家发改委综合运输研究所所长汪鸣以视频的形式介绍了物流枢纽经济的基本特征、组织结构、发展链条及未来的发展趋势;津通集团有限公司董事长贡毅以《后疫情时代全球供应链变革创新》为题,讲解了"百年之变"的全球经济发展新特征、后疫情时代全球供应链变革新机遇,分析了疫情后全球供应链可能发生的变化;江苏省物流与供应链研究院院长毛海军以《"十四五"时期江苏现代物流业发展机遇与重点》为题,讲述了江苏物流业发展基础、"十四五"时期江苏物流业的发展思路和重点方向;江苏省发展改革委经贸处主要负责同志从国家和江苏层面,介绍了"十四五"时期现代物流发展面临新形势新任务和推动物流业高质量发展的总体思路,通报了发展改革系统正在开展的重点工作。

  会议开展了以"物流数字化绿色化之路"为主题的沙龙。沙龙由南京财经大学副校长乔均主持,邀请了中储智运创始人兼总工程师李敬泉、江苏海晨物流股份有限公司 CDO 梁化勤、拓扑丝路创始人兼 CEO 胡敬飞、江苏中服焦点跨境贸易服务有限公司总经理蒋伟、徐工智联物流服务有限公司副总经理吴琼、江苏顺丰速运有限公司副总经理李世里等就如何推动物流数字化和绿色化进行了讨论。同时,大会还举办了"全省物流园区专题论坛"。中国物流与采购联合会副会长贺登才、江苏省物流与供应链研究院院长毛海军、京东物流 5G 园区业务总经理者文明、上海证券交易所债券业务部江苏区域主管臧宇豪,分别围绕物流园区枢纽化、物流园区智慧化、物流园区绿色化、物流园区资产证券化等发表了主旨演讲,江苏省发展改革委经贸处主要负责人重点通报了"十四五"时期推动物流园区高质量发展的重点工作和主要举措。

七、准确把握经济运行的形势特征精准施策推动绿色低碳高质量发展

2021年10月25日,委党组书记、主任李侃桢主持召开第109次委党组会(中心组学习扩大会),传达学习习近平总书记在中共中央政治局第三十四次集体学习时的重要讲话精神,传达学习全国疫情防控工作电视电话会议、长三角生态绿色一体化发展示范区两周年建设工作现场会精神,传达学习省委、省政府关于研究前三季度经济形势时的部署要求,研究部署下一阶段工作。

会议指出,习近平总书记在中共中央政治局第三十四次集体学习时的重要讲话,站在党和国家事业发展全局的战略高度,用"三个有利于"深刻阐明了数字经济健康发展的重大意义,全面部署了系列重点任务和重要措施,为我们推动数字经济高质量发展走在前列指明了前进方向、提供了根本遵循。会议要求,要坚决贯彻党中央关于推进数字经济发展的决策部署,准确把握数字经济发展方向,充分发挥江苏实体经济基础雄厚的比较优势,推动数字经济和实体经济融合发展,积极推动互联网、大数据、人工智能同制造业、服务业、农业等深度融合,发挥好数字技术对经济发展的放大、叠加、倍增作用。要充分发挥省级战略性新兴产业发展专项资金等引导作用,遴选、培育一批数字经济领域的重大项目、重点示范,加快推进重大技术突破,增强数字经济产业链关键环节竞争力。要加快建立完善联席会议工作机制,积极推动数字经济立法,深入开展数字经济发展的政策研究,为推动数字经济高质量发展提供有力支撑。

会议强调,要坚决落实党中央、国务院决策部署和省委、省政府工作要求,充分认识疫情防控的长期性、复杂性,牢固树立常态化防控意识,将日常防控的要求贯穿于工作、生活全过程,坚决克服麻痹思想、侥幸心理、松懈心态,切实巩固疫情防控成果。要牢固树立底线思维,守土有责、守土尽责,将安全生产"三管三必须"要求落实到发展改革工作全过程,扎实做好信访维稳各项工作,确保社会大局稳定,为党的十九届六中全会和省第十四次党代会的召开营造良好社会环境。

会议要求,要坚决担负起推动长三角区域一体化发展的政治使命,协同两省一市全面总结、适时推广长三角生态绿色一体化发展示范区经验成果,扎实做好长三角区域合作和示范区理事会的"双轮值"工作,认真开展长三角一体化发展上升为国家战略三周年宣传工作,更好展现江苏担当、发出江苏声音。

会议强调,在省委、省政府的坚强领导和全省上下的共同努力下,全省前三季度经济发展取得积极成效,成绩来之不易。要准确把握经济运行的阶段性特征,坚持问题导向,对短期性困难要尽快研究提出应急性举措,对长期性问题要深入研究、评估现有政策成效,提出更有针对性的对策建议。要坚持供需两端发力、加大工作力度,确保能源保供各项工作落到实处。要抓住机遇,适时调整优化能耗双控举措,坚决遏制"两高"项目盲目发展,以更加精准的调控举措,持续推动绿色低碳高质量发展。

八、江苏省推进现代服务业高质量发展集聚示范工程

近日,省发展改革委印发《江苏省现代服务业高质量发展集聚示范工程实施方案》(苏发改服务发〔2021〕1050号,以下简称《实施方案》),明确提出"十四五"期间将着力打造一批业态高端复合、产业特色鲜明、配套功能完善的现代服务业集聚示范载体,提升服务业整体发展能级,形成高水平集聚效应,为实现我省现代服务业高质量发展提供有力支撑。这是落实《江苏省"十四五"现代服务业发展规划》(苏政办发〔2021〕34号)和《服务业创新发展江苏行动纲要(2017—2025年)》(苏发改服务发〔2017〕1474号)的要求,在"十二五""十三五"期间不断推进服务业集聚区建设的基础上,进一步打造要素吸附能力强、辐射支撑作用显著、带动示范作用明显的现代服务业创新发展、集聚发展载体。

基础扎实　目标明确

服务业集聚区建设一直是我省现代服务业发展重要举措之一,"十二五"期间,全省共认定省级现代服务业集聚区125家;"十三五"期间,全省共认定省级生产性服务业集聚区107家,均有效促进了生产要素集聚和产业发展。截至去年底,全省营业收入超500亿元的集聚区共15家,超1000亿元的9家,集聚效应彰显。南京财经大学国贸学院宣烨院长表示,服务业集聚区是以某一服务产业为主体,相关服务产业相配套,产业特色鲜明,空间相对集中,具有资源集合、产业集群、服务集成功能,现代服务业集聚度达到一定水平的区域,是现代服务业发展的重要载体。

《实施方案》按照《江苏省"十四五"现代服务业发展规划》构建"775"现代服务产业体系的要求,围绕19个服务业重点发展领域,稳步推进全省服务业载体建设,明确了"企业集中、产业集聚、资源集约、发展集群、功能集成"的发展路径。

《实施方案》提出了明确的发展目标,到2025年,全省建设形成300家左右产业特色鲜明、创新业态高端、配套功能完善、市场辐射力强的省级现代服务业高质量发展集聚示范区。营业收入超500亿元的集聚示范区达到30家,其中超1000亿元的18家。

规划先行　创新引领

《实施方案》提出了"十四五"期间打造高质量发展现代服务业集聚示范区的工作任务,包括产业规划修编、产业转型升级、科技创新水平、公共服务能力、服务品牌建设、政策支持力度六个方面。

服务业集聚区产业发展规划具有重要引领作用,《实施方案》要求组织集聚区开展产业发展规划修编工作,立足全省各地经济发展基础和资源禀赋优势,明确集聚区发展定位和发展重点,加强产业集聚,形成具有特色优势的主导产业。围绕总部经济、平台经济、制造服务业、两业融合、现代物流、现代商贸、商务服务、文旅文创、康养服务等重点方向和领域,遴选具有发展潜力的产业作为主导产业进行重点培育,入驻企业可以是相同行业领域企业,也可以是处于产业链不同位置的上下游配套企业,不断提高集聚区产业集聚度。

《实施方案》提出把集聚区打造成全省服务业转型升级的主阵地,按照"提升存量、培育增量"的发展思路,大力推进省级现代服务业高质量发展集聚示范区建设。推动生产性服务业向专业化和价值链高端延伸,增强产业链上下游资源汇聚能力,推动先进制造业和现代服务业深度融合发展,推进制造业企业向附加值高的服务环节延伸、服务业企业向制造领域拓展,支持"链条"上企业结成现代服务产业联盟。宣烨认为,若集聚区形成这样的产业联盟,是服务业延链、补链、强链的重要形式,将彰显集聚效应。

《实施方案》提出抢占服务业科技发展制高点,加快推进5G、人工智能、工业互联网、物联网、大数据、区块链技术等在集聚区的全面应用,以新兴技术、数字技术激发内生增长动力,推动集聚区智慧、绿色、低碳转型,以科技渗透催生新业态、新模式,提高集聚区核心竞争力。推动形成研发投入刚性增长机制,建立产学研用协同创新机制,推动人才、技术和资本、市场等方面的集聚和对接。

公共服务平台是集聚区产业培育和发展的有力支撑,"十四五"期间,入驻集聚区的企业要享受到专业化、高质量的公共服务,有效降低企业经营成本。各地将根据集聚区发展形态和产业特色,着力打造政务服务、信息服务、研发设计、检验检测、知识产权服务、法律服务、金融服务、物流服务、人力资源服务等公共服务平台,逐步形成功能完善、支撑明显,具有较强辐射带动效能的公共服务平台体系。各地还将支持运用市场手段搭建集聚区公共服务平台,让企业成为平台建设的投资、运营、管理和受益主体。

"江苏服务"品牌建设是集聚区建设的重要任务之一。它包括了三个层次,一是集聚区自身的品牌建设。积极开展集聚区品牌建设,统筹谋划、整体打造和展示品牌标识,加大对品牌建设的投入,营造良好品牌形象,塑造高品质、高识别度、高影响力的集聚示范服务品牌,打造一批在国内有影响的行业典型示范集聚区。二是引导区内企业积极开展自主品牌建设,在集聚区内率先形成在全国乃至全球范围内有影响力的江苏服务品牌企业和江苏服务区域品牌。三是培育引进在国际资源要素配置中占主导地位的世界级现代服务业企业,推进产品和企业向高端化、品牌化方向发展,以现代服务业高质量发展集聚示范区为主体,努力打造在省内外有影响力的优质产业集群。省工程咨询中心朱红总工认为,集聚区的服务品牌建设能进一步促进主导产业集聚,引领地方服务产业转型升级,增强区域服务品牌竞争力。

标准清晰　保障得力

《实施方案》清晰地提出了省级现代服务业高质量发展集聚示范区的建设标准。其基本条件,集聚区被设区市认定为市级现代服务业集聚区,经济规模近两年连续提升,年营业收入水平处于所在设区市同类型集聚区前列;集聚区主导产业特色鲜明,符合"十四五"服务业重点发展方向;集聚区成立专门管理和运营机构,制定产业发展规划,并经上级主管部门批复同意;集聚区公共服务体系配套完整,能够为入区企业提供投融资、合作交流、人才培训、信息管理、技术创新、知识产权保护、检验检测等服务。

《实施方案》还对申报和认定省级现代服务业高质量发展集聚示范区的程序作出了明确规定,由所在设区市发展改革委按年度申报指南组织遴选,提交材料,省发展改革委采取材料审查、专家评审、现场察看、社会公示等步骤程序,择优认定省级现代服务业高质量发展集聚示范区。为体现工作的延续性,对于现有省级现代服务业集聚区、省级生产性服务业集聚示范区,由所在设区市发展改革委按要求提交反映集聚区建设发展水平和创新示范能力的申报材料、相关报表,省发展改革委组织开展综合评价,对通过评价验收的集聚区,认定其为省级现代服务业高质量发展集聚示范区。

现代服务业高质量发展集聚示范工程是否落到实处,关键之一是组织实施。在工作机制中,省发展改革委负责组织实施,开展省级现代服务业高质量发展集聚示范区培育、认定和管理工作,制定下发年度申报指南,建立省级集聚示范区发展情况信息库,完善集聚区发展监测指标体系、绩效评估体系,开展专项调查和评价分析,对省级集聚示范区发展过程进行全面监测与绩效管理。各级发展改革部门制定具体推进措施,指导服务业集聚区创新发展和提档升级。

《实施方案》提出,在要素保障、专项资金、人才支撑、"一区一策"等方面加大集聚区建设的政策支持力度。在服务业用地、财税金融、人才引进等政策方面优先向集聚区、区内重点企业和重点项目倾斜,对符合条件的集聚区优先安排用地计划,支持集聚区探索土地按不同功能用途混合利用,鼓励集聚区采取低效用地再开发、盘活存量土地等方式建设。发挥各级服务业发展专项资金作用,创新支持方式,对集聚示范区载体建设、公共服务平台运维等给予相应奖励。强化服务业人才支撑,推动服务业高端人才在住房、配偶就业、子女教育等方面政策落地落实,吸引更多海内外高端人才能够带项目、带技术、带团队入驻集聚区。积极探索"一区一策"管理模式,提高集聚区管理机构服务能力,鼓励集聚区在营商环境建设和监管模式创新等方面先行先试。

省发展改革委相关人士表示,获得认定不是一劳永逸的,将对省级现代服务业高质量发展集聚示范区实施动态管理,适时开展绩效评价,强化评价结果运用,做到"有奖有罚"。对产业集聚程度高、主导业态突出、公共服务完善、示范作用明显、管理机构健全的集聚示范区予以表彰,不符合标准的予以摘牌。结合《江苏省"十四五"现代服务业发展规划》中期评估,及时分析省级集聚区的主要行业领域和地域分布等特点,适时调整支持措施。江苏现代服务业研究院毕朝国研究员认为,省级现代服务业高质量发展集聚示范区的培育、认定和管理,体现出科学性、系统性和规范性的特点,将有效促进服务业集聚区高质量发展,形成高水平集聚效应,提升全省服务业整体发展能级。

九、提升现代服务业对制造业转型升级的支撑作用

我省实施两业融合发展标杆引领工程

中国江苏网讯　制造业转型升级是经济高质量发展的重要路径,生产性服务业加快发展是推动制造业转型升级的必要条件。近日,为贯彻落实《江苏省"十四五"现代服务业发展规划》(苏政办发〔2021〕34号)和国家发展改革委等部门《关于推动先进制造业和现代服务业深度融合发展的实施意见》(发改产业〔2019〕1762号),进一步推动江苏两业融合发展,省发展改革委下发了《江苏省先进制造业和现代服务业融合发展标杆引领工程实施方案》,作为"十四五"期间我省两业融合工作的指导。

起步较早　成效初显

江苏在先进制造业和现代服务业融合方面起步较早。2019年9月,为贯彻落实中央深改委第十次会议精神和国家发展改革委相关文件精神,省发展改革委就组织开展了江苏省先进制造业和现代服务业深度融合试点工作,根据各地申报确定了123家龙头骨干企业、21家产业集群和15家集聚区域作为首批省级试点单位,支持跨业联动,鼓励先行先试,探索推进两业深度融合发展的创新路径、有效机制和政策举措,并取得了较好示范带动成效。同时,江苏近两年来还争取到常州天宁经济开发区、江苏中天科技股份有限公司等8个国家级两业融合试点区域和企业建设任务,数量在全国名列前茅。南京大学经济学院郑江淮教授表示,先进制造业的研发、设计和制造过程中包含很多生产性服务。先进制造业企业通常在利用自身拥有的相关生产性服务能力时,会遇到自身拥有的相关生产性服务能力不足或相对富余的问题。现代服务业企业更有可能为先进制造业企业提供成本较低、质量较高、创新较多的生产性服务。有些专用性特别强的生产性服务,可能还需要先进制造业企业自身加大投入及培养相应的人才及相关的要素等,这也是两业融合的内容。

《实施方案》的出台,是为了加快推进先进制造业和现代服务业深度融合发展,着力打造一批两业融合发展最佳实践和标杆引领典型,推动服务业提质增效和制造业转型升级,为制造强省建设和经济高质量发展提供强有力支撑。未来五年,江苏将按照"双向融合、特色发展、创新驱动、标杆引领"的原则,围绕融合发展的重点领域和关键环节,大力推进两业融合发展试点,积极促进业务关联、链条延伸、技术渗透,推动产业链纵向协同、价值链高端攀升、创新链精准赋能,加快培育融合发展新业态、新模式、新路径,培育形成一批深度融合型企业和区域标杆引领典型,推动两业融合成为我省建设具有国际竞争力的先进制造业基地、构建自主可控的现代产业体系、促进经济高质量发展的重要抓手和有效途径。

到2025年,我省两业深度融合试点工作要取得明显成效,体制机制日臻完善,发展水平和融合层次显著提高。制造与服务协同发展能力显著增强,现代服务业对制造业转型升级的支撑作用大幅提升。培育形成一批具有江苏特色、创新活跃、效益显著、带动效应突出的深度融合发展优势产

业链条、标杆企业、新型产业集群和融合示范载体,打造省级两业融合发展标杆引领典型100家,形成一批可复制、可推广的典型经验和做法。

打造标杆 优化生态

《实施方案》明确了两业融合发展标杆引领工程的重点任务。

首先是继续实施两业融合试点。重点围绕和依托省级先进制造业集群以及部分服务业制造化领域,组织实施省级两业融合试点,支持跨业联动,鼓励先行先试,探索推进两业深度融合发展的创新路径、有效机制和政策举措,推动制造业企业向服务环节延伸、服务业企业向制造领域拓展。重点支持产业链龙头企业、行业骨干企业、专精特新企业、平台型企业等各类融合主体,发挥独特优势,加快探索创新,以两业深度融合推动产业向价值链高端攀升,着力提升产业发展的质量和效益。

其次是培育融合发展新业态新模式。将制造业价值链由以产品制造为中心向以提供产品、服务和整体解决方案并重转变,鼓励发展个性化定制、智能制造与运营管理、融资租赁、总集成总承包以及整体解决方案等业务。鼓励现代服务业企业发挥数据驱动、网络运作、变革重组等方面优势,发展高端科技服务、工业设计、现代供应链、产品全生命周期管理,以及工业互联网服务,不断渗透融入制造环节,加快制造服务业智能化、产品化、定制化发展,推动江苏制造向江苏创造、江苏智造转变。支持跨界协作,推动共享制造和建立产业联盟。

再次是探索重点行业重点领域融合发展新路径。《实施方案》明确提出,促进新型电力(新能源)装备产业、前沿新材料、海工装备和高技术船舶、高端装备、生物医药和新型医疗器械、集成电路、汽车及零部件(含新能源汽车)等制造行业与互联网、金融、物流等现代服务业融合发展,加快服务环节补短板、拓空间、提品质、增效益;还提出提升产品和服务科技含量和制造业绿色化发展,强化5G、大数据、工业互联网、人工智能等新一代信息技术在两业融合发展中的创新应用,推动技术变革和生产模式、商业模式、组织模式创新;推动新能源生产和使用、绿色低碳技术、节能环保服务等与制造业融合发展。

《实施方案》还把市场主体培育和载体建设作为重点任务,提出加快两业融合发展标杆引领典型企业和示范载体建设。要求以先进制造业集群的龙头企业、智能工厂和领军骨干企业等为重点,加快延伸、拓展、提升产业链条,引领带动全产业链融合发展协同效能提升,推动行业转型升级发展,形成一批两业融合发展标杆引领典型企业。依托城市辖区(县级行政单位)、开发园区、工业集中区等,建设两业融合发展综合服务功能区和公共服务平台,完善工作机制,促进产业链有效整合、资源要素充分涌流、服务功能精准对接,创建一批特色鲜明、功能显著的两业深度融合示范园区及特色集聚区。

最后是优化两业融合发展生态体系,创新制度供给。《实施方案》提出,充分发挥市场在资源配置中的决定性作用,建立公平规范的市场准入和退出机制。鼓励有条件的地方消除税费、融资、制度性交易成本等方面的不合理障碍,强化资金、用地、人才、资源等要素及基础设施、配套信息等保障。加强两业融合质量标准建设,积极推进国家级、省级标准化试点项目,完善两业融合标准化服务市场,优化质量监管模式,健全质量信用评价机制。

科学管理 精准施策

《实施方案》对两业融合发展标杆引领工程的组织实施做了明确规定。工作机制上,省发展改革委负责组织实施,在省级两业融合试点基础上,开展省级两业融合发展标杆引领典型培育、评选和管理工作,制定下发评选指南,对省级两业融合发展标杆引领典型发展过程进行全面监测与绩效管理。各级发展改革部门负责落实《实施方案》提出的各项任务,制定具体推进措施,推动两业融合发展工作,积极培育建设省级两业融合发展标杆引领典型。评审程序上,省发展改革委分批次制定指标计划,定期组织评审确定。各设区市发展改革委根据省级两业融合试点单位的融合发展实绩及前期培育情况、工作成效进行综合评价,组织初步遴选,择优推荐试点单位申报江苏省两业融合标杆引领工程。省发展改革委采取材料审查、专家评审、现场查看、信用核查、社会公示等步骤程序,择优遴选省级两业融合发展标杆引领典型,并正式授牌。省发展改革委副主任高清表示,从产业政策方面讲,一方面,各地应加大对先进制造业企业创新和研发的激励,激发企业创新研发的自身能力和内生动力;另一方面,改善现代服务业营商环境,发挥城市作为现代服务业集聚的独特优势,加大培育和吸引现代服务业总部企业,以促进两业融合发展。

《实施方案》清晰地提出了省级两业融合发展标杆引领典型区域和企业的基本条件。区域包括县(市、区)和开发园区(纳入《中国开发区审核公告目录》)、工业集中区等,已列入省级两业深度融合试点名单,先进制造业主导产业突出,传统产业改造提升成效明显,制造业增加值占比达35%以上,区域GDP或年营业收入超过100亿元,两业融合试点成效显著,体制机制创新突破,两业融合发展环境不断优化,具有典型示范引领效应。而企业需已列入省级两业深度融合试点名单,年营业收入10亿元以上,或在细分行业市场占有率位列全国前5名,两业融合试点成效显著,培育形成鲜明产业融合特征的新业态新模式,具有典型性、代表性及影响力大等优势和特点。

与"十四五"期间我省现代服务业"331"工程的其他两项工程一样,省发展改革委对省级两业融合发展标杆引领典型实施动态管理:对具有新业态新模式、示范带动作用明显的标杆引领典型予以表彰;对评价排名靠后,不能按时落实整改要求、不满足标准的予以摘牌。结合《江苏省"十四五"现代服务业发展规划》中期评估,适时调整支持措施和方向。《实施方案》要求各级发展改革部门按级履行监督管理职能,切实提高管理水平,加强对标杆引领典型培育建设的管理服务和监督检查,确保标杆引领典型工程落到实处。及时总结先进经验和典型案例,做好宣传和推广,切实发挥标杆引领和示范带动作用。

十、江苏省服务业发展领导小组
成员单位同心协力促发展

2020年新冠肺炎疫情暴发以来,省服务业发展领导小组成员单位按照省委省政府关于促进服务业加快恢复和高质量发展的部署安排,分析研判全省服务业发展面临的形势挑战,落细落实省委省政府各项政策措施,确保政策同向发力、精准实施,对全省服务业企业克服困难、加快恢复,进而稳定经济增长起到了积极作用。

同向发力　持续推动促复苏

今年早些时候,为有效应对新冠肺炎疫情对服务业的影响,国家发改委等部委出台了《关于促进服务业领域困难行业恢复发展的若干政策》(以下简称《若干政策》),经省政府同意,省发展改革委会同16部门第一时间联合转发《若干政策》,明确部门责任分工,全面推进贯彻落实工作,持续开展跟踪协调。根据国家政策导向,省政府先后出台《关于进一步帮助市场主体纾困解难着力稳定经济增长的若干政策措施》("苏政40条")和《关于有效应对疫情新变化新冲击进一步助企纾困的政策措施》("苏政办22条"),进一步加大对服务业领域困难行业扶持力度。特别是围绕全国视频会议上重点强调的"三减两免一扶持"政策进行重点调度,聚焦服务业重点领域,全力帮助各类服务业市场主体渡过难关。

"苏政40条""苏政办22条"及2020年、2021年出台的一揽子政策措施,综合采用财政、金融、税收、社保等多项支持措施,大力度支持市场主体发展,打出了支持服务业恢复发展政策"组合拳",有效促进了现代服务业恢复发展。省统计局发布的数据显示,今年一季度,全省实现服务业增加值14980.5亿元,同比增长4%,占全省地区生产总值的比重为53.8%。其中非接触性尤其是高技术服务业继续保持快速增长,全省规模以上互联网和相关服务营业收入同比增长34.9%,其中互联网信息服务、互联网数据服务分别同比增长34.4%、122.9%。营利性服务业实现增加值2938.7亿元,同比增长6.0%,非营利性服务业实现增加值3201.7亿元,同比增长9.2%。在多重困难考验下,现代服务业总体上实现平稳开局,实属不易。

出台细则　纾困解难显实效

省服务业发展领导小组各成员单位在省委、省政府领导下,出台了助企纾困、促进服务业经济恢复的相关行业政策细则。省财政厅、省国资委、省机关事务管理局联合印发《关于减免2022年国有房屋租金操作实施细则的通知》,明确了2022年国有房屋租金减免对象、标准、方式和审批流程,给广大服务业小微企业和个体工商户注入了"强心剂"。省财政厅、省税务局联合出台《关于进一步实施小微企业"六税两费"减免政策的公告》,按最大幅度50%减征增值税,帮助小微企业更好地恢复元气、增强活力。省地方金融监管局、省财政厅、人民银行南京分行、江苏银保监局发布《关于进一步强化金融支持助力疫情防控促进经济社会持续健康发展的通知》,重点聚焦餐饮、零售、旅游、运输等特殊困难行业,力争2022年投放优惠贷款超过1000亿元。省文旅厅、省财政厅联合出台

《关于推动文旅消费提质扩容促进文旅市场加快全面复苏的若干政策措施》,明确旅行社服务质量保证金暂退比例100%,扶持文旅市场主体恢复发展专项资金8500万元,安排省级产业发展类专项资金9000万元,利息补贴1000万元。省交通运输厅等五部门联合印发《关于进一步做好出租汽车行业纾困解难有关工作的通知》,部署各地做好出租汽车行业纾困解难有关工作。省市场监管局制定《关于开展2022年度涉企违规收费专项整治行动的通知》,充分发挥市场监管部门在降本减负增效中的职能作用,推动惠企降费政策落到实处。各设区市结合本地工作实际,纷纷出台贯彻落实《若干政策》的配套支持政策或实施细则,确保当地企业尽早享受政策红利,最大力度帮助企业提振信心、减少损失、渡过难关。去年受疫情影响较重的南京、扬州两市,对承租辖区内省级国有房屋的服务业小微企业和个体工商户减免租金1.3亿元。

得益于各成员单位的政策细则,实施成效初显。省国有房屋租金减免"硬核"政策实施以来,国有企业已减免房租9.43亿元,惠及9900余家服务业小微企业和22000余家个体工商户,同时带动非国有企业减免房租。全省已减税降费101.02亿元,其中减税58.74亿元、降费42.28亿元;失业保险稳岗返还补贴4.04亿元。有针对性地推出政策性金融产品和优质金融服务,有效提升困难行业中小微企业融资便利度,综合金融服务平台累计注册企业数超96万户,上线金融产品2799个,累计帮助服务业领域5个困难行业8.5万户企业通过平台解决融资4053.4亿元。向民营养老机构发放1.4572亿元纾困补贴,每张床位一次性补贴1000元。明确旅行社服务质量保证金暂退比例100%,暂退金额5.39亿元;今年"五一"全省文旅市场平稳有序,共接待游客845.19万人次,全省旅游消费总额40.70亿元。

突出重点　挖掘提升拓潜力

不久前,省发展改革委召开省服务业发展领导小组成员单位联络员会议,要求按《省服务业发展领导小组成员单位2022年工作要点》突出重点,着力扩大消费、投资,把被抑制、被冻结的需求潜力释放出来,有效畅通产业链供应链循环,确保年度总体目标任务顺利完成。

一是要加快完善促进消费体制机制。日前,国务院办公厅印发了《国务院办公厅关于进一步释放消费潜力促进消费持续恢复的意见》,我省正抓紧制定实施方案。今后一段时期在做好疫情防控同时,相关部门要建立完善促进消费体制机制,从需求端发力,顺应居民消费升级趋势,结合实际不断创新政策举措,推动家电、电子产品更新消费,加力促进健康养老托育等服务消费,激发文化和旅游消费潜力,加快促进商业消费,促进全民健身和体育消费等。二是要积极发挥投资拉动作用。着力抓好220个省级重大项目特别是百亿级标志性项目建设,加快推进160个省服务业重点项目建设。强化重大项目要素保障和全生命周期服务,鼓励民间资本参与补短板等重大项目,全面激发民间投资活力。三是要保障产业链供应链循环畅通。畅通现代物流运输,发挥省级示范物流园区、重点储备物流园区以及重点物流企业作用,积极参与应急物资组织、运力保障、仓储配送等工作,保障我省医疗和生活物资供应,满足上下游生产、商贸企业物流供应链需求和居民消费需要。引导金融机构创新符合交通运输业特点的动产质押类贷款产品,盘活车辆等资产,对信用等级较高、承担疫情防控和应急运输任务较多的运输企业、个体工商户加大融资支持力度。

立足长远　谋划构筑新优势

从长远看,要将服务业当前纾困和长远发展结合起来,按照省"十四五"现代服务业发展规划部署,围绕构建江苏特色现代服务"775"体系,在产业融合创新、扩大对外开放、提升标准品牌等方面持续发力。

一是加快培育发展新兴产业。要高效推动先进制造业和现代服务业深度融合发展试点,促进有利于两业融合发展的新技术、新产业、新业态、新模式不断涌现,为制造业恢复发展和实体经济畅通循环提供有力支撑,把疫情影响降到最低。大力推动服务业新技术、新业态发展和消费模式创新,推进实施服务业综合改革试点,推动物联网、人工智能、区块链、大数据等技术创新与产业应用,促进生产性服务业规模扩张和质态提升,大力发展数字经济,推动产业变革和新兴产业发展。

二是持续提升综合发展水平。大力发展服务贸易,深化南京、苏州服务贸易创新发展试点,发展壮大技术贸易、文化贸易等服务贸易,大力发展信息服务、中医药服务、知识产权服务等新兴服务贸易。深入推进服务领域对外开放,积极争取新一轮服务业扩大开放综合试点。推进江苏自由贸易试验区建设,支持综合保税区服务业发展,建成一批服务业对外开放的强支点。积极推进服务标准化、规范化和品牌化,健全服务业质量标准体系,创新服务品牌培育模式,健全服务质量管理体系。

三是着力强化要素支撑保障。创新服务业财政金融支持方式,充分运用好现代服务业发展专项资金引导作用,积极吸引各类社会资金进入现代服务业领域。优化土地资源配置,鼓励采取低效用地再开发、盘活存量土地、"先租赁后出让"等方式支持服务业发展。积极营造良好的服务业人才发展环境,招引储备一批现代服务业高层次人才和领军人才,大力发展现代职业教育。

十一、江苏省发改委召开全省服务业发展工作调度暨业务培训视频会

为深入贯彻落实省委省政府关于促进服务业加快恢复和高质量发展的部署安排,认真总结2021年和今年一季度全省服务业发展情况,围绕服务业年度工作目标,研究部署下一阶段重点工作任务,5月10日下午,我委召开全省服务业发展工作调度暨业务培训视频会。我委高清副主任、服务业处全体同志在省发展改革委主会场参加会议,各设区市发展改革委及属地部分县(市、区)发展改革部门分管领导和服务业相关处室负责人在各设区市发展改革委分会场参加会议。

会上,13个设区市发展改革委就推动服务业发展作工作交流,我委服务业处介绍了一季度全省服务业运行情况和下一步工作打算。高清副主任介绍了全省服务业发展的总体情况;结合服务业发展面临的内外部形势,明确了当前四个方面的迫切任务;围绕"十四五"现代服务业发展规划的总体安排,在五个方面提出了强化提升的要求,即要进一步强化纾困解难,提升复苏发展韧性;强化规划引领,提升战略谋划能力;强化协调推进,提升统筹行动合力;强化政策供给,提升要素保障支撑;强化手段创新,提升难题破解效能。

为进一步提升全省服务业管理人员能力素质水平,会议还组织开展了服务业条线管理人员业务培训,邀请南京邮电大学数字经济研究所所长、管理学院姚国章教授作"疫情冲击下服务业数字化转型"专题讲座。

十二、江苏省认定第一批省级现代服务业高质量发展集聚示范区

为加快推动全省现代服务业高质量发展,近日,经组织申报、形式审核、专家评审、信用审查、主任办公会审议和社会公示等程序,省发展改革委认定南京浦口现代服务业集聚区等23家服务业集聚区为第一批省级现代服务业高质量发展集聚示范区。总体来看,本次认定呈现出以下三个特点:一是突出产业集聚。23家集聚区年平均营收超46亿元,主导产业营业收入占比均在70%以上,亩均累计投资超900万元,集聚企业8700多家,吸纳总就业人数超15万人;二是突出重点领域。科技服务、软件和信息服务、文化旅游、节能环保、人力资源、健康养老等六个优势型和成长型服务业领域共认定集聚示范区20个,占比超过85%,成为重点支持方向;三是突出示范带动。苏州(太湖)软件和信息服务业集聚区、中国物联网国际创新园、常州大数据产业园等一批在推动产业数字化发展、促进先进制造业现代服务业融合等方面具有较强示范引领作用的单位入选其中。

下一步,省发展改革委将强化政策指导、压实地方责任、实施动态管理,适时开展绩效评价,努力把省级现代服务业集聚区打造成为"十四五"时期全省服务业转型升级和创新发展的主阵地。

政　策　篇

一、江苏省政府办公厅关于印发江苏省"十四五"现代服务业发展规划的通知

（苏政办发〔2021〕34 号）

各市、县（市、区）人民政府，省各委办厅局，省各直属单位：

《江苏省"十四五"现代服务业发展规划》已经省人民政府同意，现印发给你们，请认真组织实施。

2021 年 7 月 19 日

江苏省"十四五"现代服务业发展规划

"十四五"时期，是江苏深入贯彻党的十九大和十九届二中、三中、四中、五中全会精神，全面落实习近平新时代中国特色社会主义思想特别是习近平总书记对江苏工作重要指示精神、深入践行"争当表率、争做示范、走在前列"新使命新要求的重要时期，是开启全面建设社会主义现代化新征程、奋力谱写"强富美高"新江苏现代化篇章的关键阶段。加快推进新时期服务业高质量发展，是江苏贯彻新发展理念的自觉行动，是江苏构建现代化经济体系的重要支撑。根据《江苏省国民经济和社会发展第十四个五年规划和二〇三五年远景目标纲要》，制定《江苏省"十四五"现代服务业发展规划》，主要阐明"十四五"时期全省现代服务业的发展思路、主要目标、重点领域和重点任务，是指导未来五年全省现代服务业发展的行动指引，是编制全省服务业领域其他专项规划的重要依据。

一、发展背景

（一）发展基础

"十三五"时期，全省服务业保持总体平稳、稳中有进、稳中向好的发展态势，服务业总量规模稳步扩大，内部结构持续优化，综合贡献明显提高，质量效益不断提升，改革开放全面提速，以服务经济为主体的现代产业体系加快形成。

总量规模稳步扩大。2020 年全省实现服务业增加值 53955.8 亿元，占全国的 9.7%，位居全国第二，"十三五"时期年均增长 7.3%，高于 GDP 年均增速 1 个百分点。服务业占比稳步提高，2018 年服务业增加值占 GDP 比重历史性突破 50%，2020 年达到 52.5%，比 2015 年提高 4.9 个百分点。服务业投资吸引力增强，全省服务业固定资产投资年均增速达 5.7%，高于固定资产投资年均增速 0.6 个百分点。服务业运行状况良好，规模以上服务业企业完成营业收入 16210.9 亿元，年均增长 7.8%；实现社会消费品零售总额 37086.1 亿元，年均增长 6.8%。

内部结构持续优化。围绕促进产业结构调整升级创新发展生产性服务业，生产性服务业增加

值占服务业的比重达到 55%,深入实施生产性服务业"双百工程",在全国率先启动开展先进制造业和现代服务业深度融合试点,培育形成 107 家省级生产性服务业集聚示范区、138 家生产性服务业领军企业、159 家两业深度融合试点单位。全省科技服务业、软件和信息服务业实现收入破万亿,商务服务、现代金融、现代物流发展水平继续保持全国前列。围绕打造高品质生活大力发展生活性服务业,创新线上线下结合的文旅产品服务,全省接待境内外游客 4.73 亿人次,实现旅游业总收入 8250.59 亿元;推出多层次、多样化健康养老服务,培育认定省级养老服务业综合发展示范基地 17 家、省级养老服务业创新示范企业 21 家,养老产品和服务供给能力明显增强。

专栏 1 生产性服务业"双百工程"

为加快重点领域生产性服务业发展,进一步推动产业结构调整升级,2016 年,出台《江苏省生产性服务业百区提升示范工程实施方案》《江苏省生产性服务业百企升级引领工程实施方案》,计划到2020 年培育形成 100 家在全国有较强影响力的生产性服务业集聚示范区,100 家在重点鼓励行业引领先进发展水平的生产性服务业领军企业。

经过五年培育,全省培育形成 107 家省级生产性服务业集聚示范区,生产性服务业发展呈现出良好发展态势,充分发挥示范引领作用。其中,省级生产性服务业集聚示范区中拥有营业收入超1000 亿元的 9 家、超 500 亿元的 15 家,入区企业超过 12.9 万家、吸纳就业人数超过 188.4 万人,实现营业收入约 2.6 万亿元、税收约 705 亿元,成为全省服务业集聚集群发展的新高地和承载新技术新模式新业态的重要载体。加强生产性服务业领军企业培育,在科技服务、信息技术服务、金融服务、现代物流、商务服务、服务外包等六大重点服务产业领域共培育领军企业 95 家,在电子商务、节能环保服务、检验检测、售后服务、人力资源服务、品牌和标准化等六个服务业细分领域和行业共培育领军企业 43 家。

专栏 2 先进制造业和现代服务业深度融合试点

2019 年 9 月,江苏积极落实中央深改委第十次会议精神和省委、省政府决策部署,率先组织开展先进制造业和现代服务业深度融合试点工作,探索推进两业深度融合发展的创新路径和有效机制。"十三五"时期,全省累计确定 123 家龙头骨干企业、21 家产业集群和 15 家集聚区域共 159 家首批两业深度融合试点单位。

为科学合理评价两业深度融合试点取得的实际效果,扎实推进两业深度融合试点工作,研究制定了《江苏省先进制造业和现代服务业深度融合试点绩效评价方案(试行)》,2020 年评选出 51 家优秀试点单位,其中,龙头骨干企业 41 家,产业集群 5 家、集聚区域 5 家,对试点经验与典型案例进行推广,为推动两业深度融合积累宝贵经验做法。

综合贡献度显著增强。全省服务业贡献率超过第二产业并保持相对平稳,2020 年服务业对地区生产总值的贡献率达到 52.2%,比 2015 年提高了 6.3 个百分点,拉动 GDP 增长 1.9 个百分点,成为拉动经济增长的重要动力。全省服务业税收完成额 7356.8 亿元,占税收总收入比重为 52.3%,较 2015 年提高 5.3 个百分点,对税收收入贡献过半,成为税收的主要来源。

新业态新模式加快发展。深入实施互联网平台经济"百千万"工程,累计认定互联网平台经济"百千万"工程重点企业 113 家,"互联网+"等新兴服务业成为服务业发展新的增长点。全省数字经济规模突破 4 万亿元,数字变革催生线上购物、直播带货、网上外卖、在线办公、互联网医疗、在线教育等新消费行为和新经济业态。软件和信息技术服务业、互联网和相关服务业营业收入保持两位数增速增长,为释放经济活力发挥显著作用。分类发展专业性总部、区域性总部和综合性总部,累计认定跨国企业地区总部与功能性机构 258 家。

专栏 3 互联网平台经济"百千万"工程

为贯彻落实《省政府关于加快互联网平台经济发展的指导意见》精神,切实提升全省互联网平台经济发展水平,省政府于 2016 年发布《江苏省互联网平台经济"百千万"工程实施方案》,"十三五"时期计划培育壮大 100 家互联网重点平台企业,实现千亿元利税收入水平,形成万亿元级产业发展规模。

"十三五"时期,围绕网络销售服务平台、大宗商品现货交易网络平台、物流专业服务平台、满足多样化需求的细分服务平台、信息资讯服务平台和互联网金融服务平台等类别,全省累计认定互联网平台经济"百千万"工程重点企业 113 家,有效激发了互联网平台企业的服务创新意识,增强了全省平台经济发展的内生动力,推动了平台企业和关联产业的集聚。

对外开放水平明显提升。2020 年全省服务业实际使用外资 164.7 亿美元,占全省实际使用外资的 58%。服务贸易加快创新发展,推进南京、苏州深化服务贸易创新发展试点建设,检验检测、特殊物品通关便利化、人才引进和服务、知识产权保护运用等服务贸易新业态新模式加快发展。服务外包加快提档升级,信息技术、云计算、管理咨询、检验检测、工程技术、医药和生物技术研发等高附加值、高技术含量的外包业务增速加快,知识流程外包占比约 40%。高能级服务业开放平台取得突破,涵盖南京、苏州、连云港 3 个片区的中国(江苏)自由贸易试验区正式获批设立。

改革创新持续深化。扎实推进服务业综合改革试点工作,遴选了 16 个区域开展新一轮省级服务业综合改革试点,形成了一批可复制可推广的经验做法。南京成为国家服务业综合改革示范典型,徐州列入国家"十三五"服务业综合改革试点城市,两市服务业综合改革和体制机制实现进一步创新深化。发挥省级现代服务业发展专项资金对全省服务业项目建设的导向、示范和引领作用,"十三五"期间累计安排 20.07 亿元专项资金,引导服务业投资"杠杆效应"明显。

专栏 4 服务业综合改革试点成效

国家服务业综合改革试点成效:(1)南京。2018 年 5 月,国家发展改革委办公厅开展了全国服务业综合改革试点评估工作。南京位列第一名。印发实施了《服务业创新发展改革实施方案》,建立了服务业发展联席会议机制、综合协调例会机制、分级分类目标考核机制"三个工作机制",以打造现代服务业集聚区作为服务业综合改革的主要突破口和抓手,持续优化服务业营商环境,精准助力服务业企业成长和集聚。(2)徐州。在国家"十三五"服务业综合改革试点评估中名列前茅。以"创新发展"为引领持续深化服务业领域改革,在"业态、机制、要素"等方面先行先试;以"开放发展"为突破持续拓展服务业发展空间,发挥"一带一路"重要节点城市作用,发展服务贸易和服务外包;以"融合发展"为抓手持续培育服务业更新动能,树立"大产业"理念,促进现代服务业与先进制造业、中心城市建设、生态改造深度融合。

省级服务业综合改革试点成效:包括南京市雨花台区、南京空港经济开发区(江宁片区)、江阴市、徐州市泉山区、徐州市鼓楼区、新沂市、常州国家高新区、苏州市常熟服装城、苏州市相城区、苏州市太仓港经济技术开发区、南通市海安商贸物流产业园、扬州市广陵新城、泰州市江苏三江现代物流园、城盐市城西南现代物流园、镇江市润州区、宿迁电子商务产业园共16个省级服务业综合改革试点区域。(1)体制机制方面,江阴市整合部门职能,优化办事流程,在行政审批方面率先实现了一枚公章管审批、一支队伍管执法、一个平台管信息、一张网络管理治理的服务体系;常州国家高新区推进"三港一区"管理机制改革,推进属地管理和"事权责"相匹配。(2)创新发展方面。南京市雨花台区首创"园中园"建设运营模式,采取"联合拿地、统一规划、联合建设、分割出让、统一配套、集中托管"的模式,以"中小企业联合拿地"的方式打造特色"园中园";徐州市泉山区创新设立全省首个区级服务企业发展"资金池",对国家、省、市资金支持项目、出口退税项目等予以先行兑付;镇江市润州区积极探索"基金+人才+载体"的一体化运作,在创投和载体驱动下引进和培育有发展潜力的项目,提供从承接引进落地建设到成果转化一站式服务。(3)发展环境方面。扬州市广陵新城在产业园引入从小学到大学教育体系、市妇女儿童医院等优质公共资源,吸引更多高端人才创业;苏州市相城区建立服务企业十项工作机制,建立六大未来产业联合会,积极发挥联合会在产业发展、企业服务、对上争取等事项上的协同共建作用。

专栏5　省级现代服务业发展专项资金

"十三五"时期,省级现代服务业发展专项资金累计安排20.07亿元,带动社会投资1300亿元以上,投资"杠杆效应"明显。专项资金采取投资补助、贷款贴息、财政奖励、切块扶持等多种方式,重点支持两业融合试点、服务业重点项目、服务业集聚区建设、服务业综合改革试点。对于符合支持方向的两业融合项目、现代服务业重点项目、省级服务业集聚区和综合改革试点区域的公共服务平台建设项目,给予项目总投资一定比例的资金补助。对符合支持方向、使用1000万元以上金融机构贷款用于项目固定资产投资(非商业地产)的服务业重点项目,给予不超过一年期银行贷款基准利率的贴息补助。对两业融合试点阶段性绩效评价靠前的区域(企业)给予财政奖励。对省级集聚区综合评价、省级服务业综合改革试点评估靠前的区域安排切块资金支持。

"十三五"时期,全省现代服务业发展取得了显著成就,但仍然存在一些问题和不足。主要体现在:现代服务业市场主体有待进一步培大育强,现代服务业与先进制造业、现代农业融合发展有待进一步深入,服务业新技术、新业态、新模式涌现速度有待进一步加快,服务业标准化建设和品牌培育有待进一步提速,服务业改革开放力度有待进一步加大等。

（二）发展环境

"十四五"时期是我国全面建成小康社会、实现第一个百年奋斗目标之后,乘势而上开启全面建设社会主义现代化国家新征程、向第二个百年奋斗目标进军的第一个五年,要立足新发展阶段、贯彻新发展理念、构建新发展格局,促进现代服务业在构建现代化经济体系中作出更大贡献、发挥重要支撑作用。

从国际看,世界正经历百年未有之大变局,新一轮科技革命和产业变革加速演进,要求江苏加快推动现代服务业开放创新发展。国际环境日趋复杂,服务业在全球跨国投资中逐渐占据主导地位,区域全面经济伙伴关系协定(RCEP)签署,我国加快推进以服务贸易为重点的高水平开放。同时,以信息数字技术为代表的科技创新和新冠肺炎疫情常态化防控也催生了众多服务新业态、新模式,服务业向网络化、智能化、个性化、互动式方向发展成为大势所趋。"十四五"时期,江苏现代服务业发展要加快开放步伐、加大创新力度,提升全球资本、技术、人才等要素整合能力,展现江苏服务业担当、贡献江苏服务业力量。

从国内看,我国迈向全面建设社会主义现代化国家新征程,社会主要矛盾发展变化带来新特征新要求,要求江苏加快提升现代服务业发展质量。实现高质量发展,是建设现代化经济体系的必由之路,我国将聚焦推动高质量发展主题和深化供给侧结构性改革主线,提升服务业发展质量成为重要内容。同时,我国正向高收入国家稳步迈进,将形成全球最大规模的中等收入群体,超大规模市场优势和内需潜力将被充分激发。"十四五"时期,江苏现代服务业发展要促进生产性服务业围绕产业链供应链的安全稳定做好专业化高端化服务,促进生活性服务业围绕人民美好生活需要提供高品质多样化服务,全面提升江苏现代服务业综合竞争力。

从省内看,党中央赋予江苏"争当表率、争做示范、走在前列"新历史使命,且多重国家战略机遇叠加交汇,要求江苏服务业发展要有新的思路、作出新的贡献。江苏实体经济发达、科技水平高、人才资源富集、消费市场巨大,形成了比较完备的产业体系和全国规模最大的制造业集群,先发先行优势明显。同时,随着"一带一路"建设、长江经济带发展、长三角区域一体化发展等多重战略机遇叠加交汇,江苏迎来在更大范围、更多区域、更深层次的协同一体化发展机遇。"十四五"时期,江苏现代服务业发展要主动、全面融入新发展格局,推动先进制造业与现代服务业深度融合发展,为江苏加快建设"一中心一基地一枢纽"提供有力支撑。

总体上,"十四五"时期江苏服务业规模增长和结构优化仍有较大潜力,经济高质量发展和居民消费升级将为全省服务业发展提供强大市场需求,服务业发展将进入高质量发展的重要提升期。但同时也将面临诸多矛盾叠加、风险隐患增多的严峻挑战,中美贸易摩擦呈现长期化和常态化特征,全球经济复苏缓慢且不平衡,服务业开放发展、市场化发展的体制机制还存在不少障碍壁垒,均在一定程度上制约着江苏服务业健康平稳发展,需要江苏在推进现代服务业创新发展、融合发展、集聚发展、开放发展、改革发展等方面敢于突破、积极作为、干出成效。

二、总体要求

(一)指导思想

以习近平新时代中国特色社会主义思想为指导,全面贯彻党的十九大和十九届二中、三中、四中、五中全会精神,深入落实习近平总书记对江苏工作重要指示精神,坚决践行"争当表率、争做示范、走在前列"新历史使命,坚持稳中求进工作总基调,立足新发展阶段,贯彻新发展理念,构建新发展格局,以推动高质量发展为主题,以深化供给侧结构性改革为主线,以改革创新为根本动力,以满足人民日益增长的美好生活需要为根本目的,以现代服务业"331"工程为突破口,推动生产性服务业向专业化和价值链高端延伸,推动生活性服务业向高品质和多样化升级,努力构建优质高效、充满活力、竞争力强的服务产业新体系,助力"一中心一基地一枢纽"建设,为推进江苏现代化经济体系建设走在前列、奋力谱写"强富美高"现代化建设新篇章提供强大支撑。

（二）发展原则

聚力创新、融合发展。充分发挥创新对现代服务业的驱动作用,营造创新环境,提升现代服务业供给质量。推动现代服务业与现代农业、先进制造业相融相长、耦合共生,促进服务业各个业态之间渗透交融、协同创新。

以人为本、品质发展。以不断满足人民日益增长的美好生活需要为出发点,切实提升人民群众获得感、幸福感、安全感。坚持质量至上、标准规范,大力实施品牌发展战略,着力塑造"江苏服务"品牌新形象。

重点突破、特色发展。聚焦现代服务业重点领域和关键环节,重塑江苏服务全新产业链,鼓励各地积极培育竞争优势,强化不同区域服务业梯次发展、错位发展,形成特色彰显、优势互补、功能协调的现代服务业发展格局。

深化改革、开放发展。深化服务领域改革,推动现代服务业高质量发展制度体系与发展环境系统性优化。积极融入新发展格局,推动现代服务业在更大范围、更宽领域、更深层次扩大开放,实施更加主动的国际化发展和区域合作战略。

（三）发展目标

"十四五"时期,生产性服务业效率和专业化水平显著提高,生活性服务业满足人民消费新需求能力显著增强,着力强化江苏服务业在主体培育、集聚示范、融合发展、品质提升、综合改革等方面的国内标杆引领作用,基本建成国际一流、国内领先的现代服务业高地。

发展实力显著增强。现代服务业规模不断扩大,发展内生动力、服务供给水平不断提升,全省现代服务业核心竞争力和综合发展优势进一步彰显。"十四五"时期,服务业增加值年均增速高于GDP 年均增速 1 个百分点左右,服务业增加值达到 7 万亿元左右规模。

产业结构持续优化。主攻发展优势型服务业,壮大发展成长型服务业,突破发展先导型服务业,层次多元、协同发展的产业体系加快构建。到 2025 年,先进制造业与现代服务业融合发展程度显著提高,生产性服务业对制造业高质量发展的支撑引领作用更加突出。

贡献份额不断增大。现代服务业对经济贡献、税收贡献和就业贡献份额实现稳步增长。到2025 年,服务业税收占全省税收总收入的比重超过 53%,服务业从业人员数量持续增长,服务业对经济增长贡献率保持稳步提升。

创新能力明显提升。现代服务业前沿技术、高端产品和细分领域取得重大突破,科技服务对产业创新的引领带动作用明显提高。到 2025 年,培育形成现代服务业高质量发展领军企业 300 家。

载体建设稳步推进。服务业集聚发展水平提高、要素吸附能力增强、辐射支撑作用显著、带动示范作用明显。到 2025 年,全省培育形成现代服务业高质量发展集聚示范区 300 家,其中营业收入达千亿级规模 18 家。

对外开放水平大幅提高。现代服务业利用外资结构进一步优化、范围进一步拓宽,全省服务贸易进出口总额位居全国前列,高附加值服务出口比重持续提升。

三、重点领域

既着眼全省产业基础、资源禀赋，又瞄准前沿、引领未来，加快构建优质高效、布局优化、竞争力强的江苏特色"775"现代服务产业体系，主攻发展七个具有竞争力的优势型服务产业，壮大发展七个具有高成长性的成长型服务产业，突破发展五个具有前瞻性的先导型服务产业，为实现经济高质量发展提供有力支撑。

（一）主攻发展优势型服务业

1. 科技服务。制定科技强国行动纲要江苏省实施方案，大力提升研发设计、创业孵化、技术转移、科技金融、知识产权、科技咨询、检验检测认证、科学技术普及等科技服务能力，加快构建全价值链科技服务体系。系统推进基础研究、关键核心技术攻关，聚焦高端装备制造、集成电路、生物医药、人工智能等重点产业集群和标志性产业链，形成一批具有自主知识产权的原创性、标志性技术成果。打造一流科创载体，建设科技资源统筹服务平台，大力推进全省重大科技平台、国家实验室、重大产业创新载体、重大科技开放合作载体建设，积极建设新型研发机构，发展混合所有制产业技术研究机构，打造全国领先、国际有影响的技术转移"第四方"服务平台，建设知识产权服务业集聚发展示范区，培育建设产品质检中心和产业计量测试中心。增强企业自主创新能力和市场竞争力，以企业为主体推动创建国家级产业创新中心、技术创新中心、制造业创新中心、工程研究中心。加强与上海科技创新中心联动发展，提升苏南国家自主创新示范区创新引领能力，支持南京建设综合性科学中心、苏州创建综合性产业创新中心，积极推动苏锡常共建太湖湾科技创新圈，建成具有国际影响力的沿沪宁产业创新带。到2025年，打造全国领先的科技服务发展高地，基本建成具有全球影响力的产业科技创新中心。

2. 软件和信息服务。聚焦工业软件、关键基础软件、安全软件、新兴平台软件、行业应用软件等领域开展关键核心技术攻关，重点突破一批软件核心技术和产品。加快制造技术软件化进程，开展基础软件、高端工业软件和核心嵌入式软件等产品协同攻关适配，培育工业软件创新中心。推动南京国家级互联网骨干直联点和江苏（国家）新型互联网交换中心建设，实施工业互联网创新工程，建设工业互联网标识解析节点（南京灾备节点）。推进中国软件名城、软件名园、信息技术应用创新先导区等载体建设，培育形成一批以龙头骨干企业为引领，特色鲜明的软件和信息服务集聚区。实施百亿软件企业雁阵培育工程，制定骨干企业分类分策培育方案，建设国家和省规划布局内重点软件企业培育库，培育细分领域专业化小巨人和单项冠军企业。推动软件产品价值评估，加大软件知识产权保护力度，加快软件标准化建设，积极培育自主开源软件生态。到2025年，全省软件和信息服务产业规模处于全国第一梯队，产业总体发展水平位于全国最前列。

3. 金融服务。鼓励发展科技金融、绿色金融、数字金融、消费金融、信托投资、金融租赁、证券承销与保存、责任保险、信用保险等金融产品和业务。推动科技金融与创业孵化紧密结合，鼓励金融机构设立技术研发机构，拓展科技信贷、科技保险等科技金融新业态应用场景。鼓励金融机构扩大新型抵（质）押贷款服务。大力发展绿色信贷、绿色融资担保、绿色债券、绿色保险等绿色金融，支持创建国家绿色金融改革创新试验区，培育长三角绿色金融发展高地。构建数字金融新生态，支持苏州开展央行法定数字货币试点工作,支持苏州(相城)建设国家级数字金融产业集聚区,推动互联网金融规范有序发展。提升江苏省综合金融服务平台服务能力,推动普惠金融增量、扩面、提质、降本,大力发展农业保险,完善金融服务有效支持实体经济、小微企业和个体工商户的体制机制。依托中国(江苏)自贸试验区扩大金融开放,引进更多专业化、有特色的外资金融机构和新型金融组织。优化金融生态环境,规范金融市场秩序,加强地方金融监管与金融风险监测预警,守住不发生系统性风险底线。到 2025 年,全省金融服务实体经济能力显著增强,形成有效支撑高质量发展的融资服务体系。

4. 现代物流。全面推进物流高质量发展,大力发展专业化物流、跨境物流、冷链物流、电商物流、航空物流、应急物流等物流业,积极发展供应链物流、快捷物流、精益物流等物流新业态新模式,推动发展无人配送、分时配送、共同配送等先进物流组织方式,推进多式联运等运输方式,提升物流数智化、绿色化、国际化水平,加快构建现代物流体系,打造现代物流强省。全面构建物流枢纽网络,建设国家物流枢纽,加快南京、苏锡常、徐州都市圈物流一体化发展,推进陆港型、港口型、空港型、生产服务型、商贸服务型国家物流枢纽承载城市建设,加强沿海港口和沿海通道建设,打造对接重点中心城市、融入区域经济循环的物流通道。推进物流降本增效综合改革试点,推动物流园区智慧化改造,建设全国智慧物流发展示范区。加快建设现代商贸流通体系,推进城乡高效配送专项行动和物流标准化工作,构建面向长三角城市群的共同配送体系,打造全球性商贸物流节点。加快发展跨境物流,提升中欧班列运输质效,提高国际快件处理能力,培育壮大一批服务优质、竞争有序的国际物流主体。到 2025 年,社会物流总费用与 GDP 的比率降至 12% 左右。

5. 商务服务。大力发展法律服务、评估检测、会计审计、税务服务、咨询评估、会展经济、楼宇经济等商务服务业,提升商务服务专业化、规模化、国际化水平。健全安全生产社会化服务体系,规范发展安全工程设计与监理、检测与认证、评估与评价等传统安全服务,积极发展安全管理与技术咨询、安全服务与产品交易电子商务、教育培训与体验等安全服务,重点发展智慧安全云服务,研发一批具有国际先进水平的安全与应急领域的产品和科技服务平台。培育一批具有国际影响力的商务服务机构,建设一批国际一流商务服务集聚区。鼓励有实力的会计师事务所、律师事务所参与国际行业标准制订。健全商务咨询服务的职业评价制度和信用管理体系。加快发展会展经济,积极引入国内外知名会展、大型会议、高端论坛,进一步提升江苏发展大会、世界物联网博览会、世界智能制造大会、全球苏商大会、东亚企业家太湖论坛等影响力,打造一批全国有影响力的综合性会展业发展平台,建设一批功能强、服务好、国际化水平高的会展中心城市。积极发展楼宇经济,优化总部经济发展布局,增强总部经济发展能级,全域联动促进总部经济集聚发展。到 2025 年,努力打造全国商务服务最好、商务成本最低、商务环境最优的省份。

6. 现代商贸。落实扩大内需战略,加速传统商贸转型升级,促进传统商贸企业向供应链管理服务转变,积极发展体验经济、首店经济、首发经济、夜间经济、无接触交易、直播带货、免税经济等新模式,促进消费国际化特色化。大力发展新零售,提高体验式情景商业业态比例,推动零售业向体验复合型转变,支持智慧零售、跨界零售、无人零售、绿色零售等新业态、新模式发展。加速电子商务发展,创新拓展 C2M 等电子商务新模式,积极引导商贸服务企业数字化转型,全面促进线上线下消费融合发展,推进建立网上"江苏消费名品城"。发展壮大商圈商街经济,建设高品质步行街和放心消费示范街区,推动中高端商贸服务业创新集聚,提升多层次差异化区域商圈的辐射功能、时尚引领功能和便民服务功能,培育打造国际消费中心城市、区域消费中心城市,加强中小型消费城市建设。大力发展社区商业,优化社区商业网点布局,完善社区便民生活服务圈。加快乡镇商贸中心建设,合理引导连锁商业品牌向中小城市延伸,强化农村消费网络建设和消费品质供给。大力发展跨境电商、保税展示销售、进口商品直销等业态,支持符合条件的航空口岸设立进境免税店,加快建设中国(苏州)等10个跨境电子商务综合试验区,打造"买全球卖全球"线上线下互动的商业贸易中心,打造一批国际性、全国性、区域性大宗商品交易平台。到2025年,培育打造南京、苏州、徐州、无锡等国际消费中心城市和扬州等区域消费中心城市。

7. 文化旅游。以旅游强省、文化强省建设为统揽,深化文化和旅游融合发展,推广"旅游+""文化+"服务业态,推动休闲度假旅游、红色旅游、乡村旅游等业态提质升级,开发文化体验旅游、研学旅游、自驾车旅居车旅游、商务会展旅游、工业旅游、康养旅游、邮轮游艇旅游等新业态产品,探索开发高铁游、长江生态游等系列品牌旅游线路和产品,积极发展海洋海岛旅游,支持发展通用航空服务,拓展旅游定制服务。壮大发展文化创意设计、新兴媒体、影视出版、动漫游戏、演艺娱乐等特色优势产业,培育发展数字创意、网络视听、网络原创出版等新兴领域,推动文化与科技融合,积极建设国家文化和科技融合示范基地、江苏国家版权贸易基地等文化产业载体。大力发展夜间经济品牌,打造一批国家级夜间文化和旅游消费集聚区。推动旅游风情小镇培育和国家级全域旅游示范区创建,建设一批富有文化底蕴的世界级旅游景区和度假区,打造一批江苏文化特色鲜明的国家级旅游休闲城市和街区,建设一批国家文化产业和旅游产业融合发展示范区,支持建设南京、苏州等一批国家文化和旅游消费示范城市。推进扬子江创意城市群、沿大运河特色文化产业带和长三角文化产业一体化发展示范区建设,打造具有广泛影响力的文化创意中心。发展面向长三角地区的休闲旅游产业,共建环太湖生态文化旅游圈。完善江苏智慧文旅平台功能,强化智慧景区建设。到2025年,打造"千年运河·水韵江苏"旅游品牌,成为国内领先的旅游强省、国际著名的旅游目的地。

(二)壮大发展成长型服务业

1. 健康服务。大力推进优质健康服务资源扩容,提升健康教育、慢病管理和残疾康复服务质量,支持社会办医疗机构合理配置大型医用设备,鼓励支持社会各类资本发展健康体检、专业护理、养生康复、心理健康和母婴照料等多样化健康服务机构。深入推进医养结合发展,推进全科医生签约服务,实施社区医养结合能力提升工程,探索面向居民家庭的签约服务,强化对医养结合服务规范化管理。积极发展中医药健康服务,促进中医养生、中医医疗、康复养老、文化旅游、信息服务以及药械研制、流通等产业融合,基本建成覆盖全生命周期、与城乡居民需求相适应的中医药健康服务体系。持续加强"智慧健康"服务建设,扩大"互联网+医疗健康"便民惠民服务覆盖面,积极培育壮大互联网医院、共享医院和医生集团等健康服务新业态。到2025年,全面建成覆盖全生命周期、结构合理的健康服务业体系,为全面推进健康中国建设打造"江苏样板"。

2. 养老服务。深度推动医养融合发展,推进养老服务综合体建设,鼓励各地探索设置"家庭养老床位"和建立养老服务"时间银行"。推动养老机构设立政务服务便利化,扩大养老服务多元投入,鼓励社会力量提供连锁化、品牌化养老服务,支持商业保险机构兴办养老服务机构及服务设施,引导境外资本在省内参与发展养老服务,享受同等政策待遇。完善社区养老服务网络,建设综合性街道社区养老服务设施(机构),推行"物业服务＋养老服务"居家社区养老模式。扎实推进农村养老服务供给,开展农村养老服务提升计划,建立村医参与健康养老服务激励机制。提高智慧养老服务水平,鼓励运用新一代信息技术,开发形式多样的智慧养老服务应用,共创智慧健康养老示范基地、产品和服务在江苏省先行先试。加快推动苏州、南通区域养老一体化首批试点,共同探索建立养老共建对接合作机制。到 2025 年,全面打造居家社区机构相协调、医养康养相结合的"全国一流、江苏特色"现代养老服务体系。

3. 教育培训。积极发展学前教育,加快建设以公办园和普惠性民办园为主体的学前教育公共服务体系,促进幼儿教育培训均衡、健康、安全发展。全面推动校外培训机构规范化发展,加大对教育培训机构质量监督监测力度。推动高等教育内涵式发展,重点支持创建更多一流大学、一流学科和一流专业,鼓励国外一流高校在省内开展中外合作办学或开设研究院。重点强化数字经济、金融服务、现代物流、科技服务、现代商贸等重点服务业领域各类人才培训服务供给。加快形成现代职业教育体系和终身职业培训体系,全面推行企业新型学徒制,创新职业人才培养模式,探索中国特色学徒制,继续实施中职领航计划和高水平高职院校建设计划。完善职业技能教育培训体系和完善职业认定体系,支持外商投资设立非学制类职业教育培训机构。加快教育培训信息化建设,实施中小学教师信息技术应用能力提升工程 2.0,发展远程教育培训,探索线上线下相结合的新型培训方式。到 2025 年,将我省打造成为具有影响力和辐射力的教育培训高地。

4. 家庭服务。大力发展家政服务、社区服务、病患陪护、家庭日用品配送等综合性基础家庭服务,积极培育家庭理财、家庭营养师、高级管家、家庭医生等高端家庭服务。加快搬家速运、社区零售、电商配送等家庭服务信息化、智能化提升,构建一站式全过程服务到家网络。实施"服务到家"计划,打造社区和农村便民服务示范点。加快健全育幼服务体系,发展多种形式的婴幼儿照护服务,支持社会力量兴办托育服务机构,加快实现"幼有所育"。大力推动房地产中介、物业管理、车辆保养维修等服务规范化、标准化发展,加快推进物业管理与家庭服务融合发展。鼓励发展共享型家政服务员平台,拓宽家政服务供需渠道。加快发展农村地区家庭服务业,鼓励在乡村建立综合性服务网点。推动新一代信息技术与家庭服务融合发展,推广"微生活""云社区"等新兴服务模式。提升家庭服务职业化水平,实施家庭服务经营管理人才和职业人才培训计划,加快省级家庭服务职业培训示范基地建设,制定省级家庭服务职业培训示范基地标准。到 2025 年,形成更好满足人民群众日益增长的多层次多样化需要的家庭服务体系。

5. 体育服务。大力促进体教、体医、体旅融合发展,发展体育旅游、体育康复、体育培训、体育传媒等特色业态和服务新模式。推动健身休闲、场馆服务等体育服务业提质增效,重点布局水上、山地户外、冰雪、航空、马拉松、自行车、击剑、马术和电子竞技等引领性强的时尚运动项目产业。持续推进赛事推广、活动策划、体育赞助、票务、体育保险等多种中介服务发展。打造"赛事江苏"体育品牌,举办"一带一路""沿大运河""环太湖"等系列品牌赛事活动。支持省市体育产业集团做大做强,培育一批领军体育企业和"专精特新"小巨人体育企业。推动体育消费支付产品创新,鼓励体育金融消费品开发。支持南京、苏州、常州建设国家体育消费试点城市,积极争创国家全民运动健身模范市(县)。到 2025 年,创建一批国家体育消费试点城市,在体育休闲方向培育一批体育特色产业鲜明的省级特色小镇。

6. 人力资源服务。鼓励支持发展人才培训、高级人才寻访、测评、人力资源服务外包和管理咨询等新兴业态。加快建设专业化、国际化人力资源服务机构,培育具有示范引领作用、具有较高知名度的人力资源龙头企业,积极培育一批人力资本服务骨干企业和服务品牌。深入实施"互联网＋"人力资源服务行动,鼓励支持人力资源服务企业运用互联网技术探索开展跨界服务模式。加快建设人力资源服务产业园区,支持苏北地区加快人力资源服务产业园建设。加强省市级人力资源市场和全省网上人力资源市场建设,构建一批人力资源市场公关服务枢纽型基地和人力资源服务产业创新发展平台。常态化推动省人力资源服务业领军人才培养计划实施,组织实施"英才名匠"产业人才培训项目。稳步推进人力资源市场对外开放,建立支持省内人力资源服务企业"走出去"的服务平台。打造一批"全国人力资源诚信服务"示范机构。到 2025 年,实现人力资源服务业高质量发展走在全国前列。

7. 节能环保服务。围绕实现碳达峰和碳中和目标,积极发展绿色低碳管理服务产业,建设绿色低碳技术咨询服务体系,探索创新合同降碳管理、低碳整体解决方案等服务模式。重点发展生态保护和节能减排工程咨询、能源审计、清洁生产审核和节能审计等第三方节能环保服务,推广多种形式的合同能源管理模式,发展环境服务总承包。持续在污水处理、除尘脱硫脱硝、工业废气处理、工业固体废弃物处理、有机废物处理、生活垃圾处理和自动连续监测设施维护、环境监测等领域推进专业化、市场化、社会化运营服务。支持专业化公司提供个性化再制造服务。支持优势企业进行兼并重组,培育江苏省大型节能环保龙头企业,加强节能环保自主品牌建设,新增一批环保服务集聚区。积极建设一批企业主导、高校和科研院所参与的节能环保技术创新联盟及信息交流平台。大力推动公共机构、大型公共建筑及重点用能单位优先采用合同能源管理方式实施改造,培育打造一批示范项目。到 2025 年,节能环保服务业实现集约化、规范化、智能化发展,为美丽江苏建设提供高质量节能环保服务。

（三）突破发展先导型服务业

1. 大数据服务。围绕建设数字经济强省,加速数据资源化、资产化、资本化进程,重点突破数据采集、数据存储与管理、数据挖掘与分析、大数据可视化、大数据治理、大数据安全与隐私保护等部分领域关键核心技术,形成技术先进、生态完备的技术产品体系。推进"上云用数赋智"行动,发展工业、农业大数据应用服务体系,建设重点行业数据库,持续开展大数据应用试点示范。推进大数据在智慧医疗、智慧教育、智慧城管、智慧公安、智慧交通、智慧环保等公共服务领域的运用。稳妥发展区块链产业,构建技术成熟、自主安全可控的区块链平台,支持苏州争创全国区块链发展示范区。建立政务数据资源开放目录,加快开通网上数据开放试点服务。加快大数据地方标准的研制与推广,打通大数据产业发展标准通道。搭建基于区块链等技术的数据安全共享与开发平台、数据资源交易平台,探索建设数据交易中心,启动数据资本化试点。优化数据中心总体布局,支持无锡、昆山国家级超算中心建设,在中国(江苏)自由贸易试验区探索离岸数据中心试点,支持长江以北地区因地制宜建设绿色、高能效大数据中心。到 2025 年,建设全国一体化大数据中心体系长三角枢纽节点,构建全国数字经济创新发展新高地。

2. 工业互联网应用服务。深入实施工业互联网创新工程和"5G＋工业互联网"融合发展工程,推动工业领域"5G＋工业互联网"先试先用,打造典型工业应用场景。积极培育工业互联网技术应用创新中心和认证测试中心,支持无锡打造物联网创新促进中心。建设行业领先的工业互联网平台和工业互联网标杆工厂,支持苏州设立国家工业互联网大数据中心江苏分中心,推动规上企业工业互联网应用全面覆盖。鼓励领军型跨行业平台企业加快整合和开放,全面提升工业互联网平台企业的大数据资源掌控能力、技术支撑能力和价值挖掘能力,打造行业标杆。到 2025 年,努力建成创新驱动、应用引领、生态活跃的全国工业互联网应用服务领先地区。

3. 人工智能服务。聚焦人工智能基础理论、原创算法、高端芯片和生态系统等产业薄弱环节,推进人工智能开发框架、算法库、工具集等研发突破,加强计算机视觉、智能语音处理、生物特征识别、自然语言理解、智能决策控制以及新型人机交互等关键技术的研发和产业化。积极培育智能汽车系统、智能家居系统、智能新零售、智能服务机器人等人工智能创新产品和服务,提速发展无锡国家级车联网(智能网联汽车)先导区,推进苏州打造长三角智能驾驶产业示范区。加快发展人工智能平台,重点支持南京新港人工智能产业公共技术服务平台、南京人工智能产业技术研究院、江苏中科院智能科学技术应用研究院、苏州工业大数据众智平台等一批服务平台。建立人工智能重点企业培育库,重点培育一批具有全球竞争力的人工智能龙头企业和"独角兽"企业。构建人工智能产品和服务评估体系,鼓励企业积极参与国家标准和规范制定。到 2025 年,江苏新一代人工智能产业规模和总体竞争力处于国内第一方阵,成为全国人工智能产业创新发展的引领区和应用示范的先行区。

4. 全产业链工业设计。完善现代工业设计体系,针对高端制造、智能制造、服务型制造建立"设计+"价值提升体系,逐步实现工业产品功能、结构、外观、流程等全产业链工业设计集聚发展。推动先进制造业集群龙头骨干企业牵头,分行业、分类别建设工业设计公共服务平台。推动龙头骨干企业创建省级以上工业设计研究院,努力实现省级工业设计研究院在先进制造业集群全覆盖。推进"工业设计进千企"行动,支持企业建设高水平的工业设计中心,加大工业设计重点龙头骨干企业培育力度。推动建设一批工业设计园区和集聚区。支持工业设计企业发展成为集设计、品牌打造、产品营销于一体的整体解决方案提供商。到 2025 年,建成 20 家国家级工业设计中心或国家级工业设计研究院,打造江苏"名园、名院、名企、名人"工业设计品牌。

5. 现代供应链管理。优化供应链产品流、信息流、资金流管理,推进大宗物资集中采购、智慧物流管理、购销双方信息互动以及供应链金融服务等供应链管理服务智能化、集成化发展,拓展产品质量追溯、知识产权服务、虚拟生产、报关报检等各类专业化供应链业务。推广运用区块链技术溯源,创新数字化供应链管理模式,推进网络化协同制造。支持核心企业建立协同综合服务平台,引导传统流通企业向供应链服务企业转型,扶持培育一批具有较强竞争力和服务辐射力的供应链管理企业,显著提升供应链一体化服务水平。

四、重点任务

重点推进空间格局优化、制造服务创新、服务消费升级、市场主体培育、协同融合发展、集聚示范提升、品牌标准引领、对外开放合作、服务综合改革等九大任务,以现代服务业"331"工程为突破口,全面增强全省现代服务业综合实力,大力推进全省现代服务业高质量发展。

> **专栏6　现代服务业"331"工程**
>
> 　　现代服务业"331"工程指现代服务业高质量发展领军企业培育、现代服务业高质量发展集聚示范及两业融合发展标杆引领等三大工程,"十四五"时期,培育省级现代服务业高质量发展领军企业300家、省级现代服务业高质量发展集聚示范区300家、省级两业融合发展标杆引领典型100家。

（一）优化空间发展格局

　　主动服务"一带一路"建设、长江经济带发展战略,深度融入长三角区域一体化发展战略,结合江苏经济空间格局和城市群空间形态,鼓励各地区因地制宜、错位发展、良性互动,加快构建面上辐射、线上联通、点上集聚的"三核、四带、多极"的现代服务业高质量发展空间格局。

　　提升三大服务业核心城市发展能级。以建成社会主义现代化国际大都市为目标,提升南京、苏州、徐州服务业产业能级和国际化水平,支持南京、苏州、徐州创建国家级服务经济中心,支持南京、苏州打造生产性服务业标杆城市。南京放大南京都市圈辐射带动能力,以软件信息、金融科技、文化旅游、教育培训等重点,推进生产性服务业高价值融合,高标准打造全国服务业数字化转型引领城市;苏州加强与上海大都市圈功能对接,以信息技术服务、研发设计、人力资源服务等为主导,建设与上海服务功能互补的全国服务经济高质量开放创新引领区;徐州放大淮海经济区中心城市优势,以现代物流、金融服务为特色,建设淮海经济区金融服务中心、国家物流枢纽承载城市。

　　释放服务业发展的集聚极化效应,逐步推动服务要素由核心城市向周边延伸,引导资源要素向区域服务经济中心优化配置。统筹推进区域服务经济中心建设,加强对区域服务经济中心空间分类指导,促进区域服务经济中心特色化发展,提升区域服务中心能级。

> **专栏7　区域服务经济中心发展重点**
>
> 　　无锡。重点推动金融服务、科技服务、现代物流等服务业高端发展,提升文化旅游、健康养老等生活性服务业,打造全国全链条科技服务业发展高地、全国智慧物流创新发展示范基地、具有国际影响力的物联网金融创新示范区。
>
> 　　常州。大力发展以产业金融、现代物流、检验检测、软件及工业设计为主导的生产性服务业,推动文旅休闲、健康养老、家政幼托、教育培训等生活性服务业提质扩容,打造高质量旅游明星城市、高质量工业智造明星城、长三角区域交通枢纽。
>
> 　　南通。重点发展现代物流,信息与软件服务、科技创新、现代商贸、文化旅游、金融服务等服务业态,全方位对接上海,打造长三角区域科技合作典范、长三角重要现代物流业集群、长三角新兴旅游目的地、长三角区域金融创新服务基地。
>
> 　　连云港。推动现代物流、休闲旅游、科技服务、创意设计、跨境电商、服务贸易、现代金融等现代服务业重点领域发展,建设面向"一带一路"国家(地区)的国际文化旅游消费城市、国际物流合作基地。
>
> 　　淮安。重点聚焦生态文旅、现代物流和现代商贸三大主导服务业,积极培育发展科技服务、现代商务、现代金融等现代服务业,合理布局大数据服务、工业互联网应用、工业设计、现代供应链管理等新兴业态,打造承接南京现代服务业的先行区,建设长三角北部现代服务业发展新高地。

盐城。做优做强生态旅游、现代康养、汽车服务、大数据服务、节能环保服务五大特色产业,壮大发展设计咨询、科技服务、金融商务、现代物流等六大成长产业,高质量发展现代商贸、文化产业、家庭服务、体育休闲等四大幸福产业,重点打造长三角北翼现代服务业发展高地。

扬州。大力发展以科技服务、软件和信息服务、现代物流、文化旅游等为核心的现代服务业,重点打造S353康养产业带,建设长三角区域有竞争力的产业科创名城、享誉国内外的文化旅游名城、全国有影响的生态宜居名城。

镇江。重点发展现代物流、科技服务、信息服务等生产性服务业,积极培育服务外包、创意设计、检验检测、节能环保、电子商务等新兴业态,推动以文化旅游、健康服务、商贸服务为主导的生活性服务业品质提升,主动对接上海,打造长三角物流信息中心、长三角现代服务业特色高地。

泰州。大力发展现代物流、现代金融、信息服务、科技服务、文化创意等生产性服务业,提升高端商贸、文化旅游、智慧生活服务品质,打造长三角旅游一体化重要节点城市、区域性金融集聚发展中心、长三角区域性商业中心城市、长三角特色区域消费中心。

宿迁。大力发展现代物流、电子商务、现代金融、科技服务、信息服务五大生产性服务业,提升发展现代商贸、现代旅游、健康养老、教育培训等生活性服务业,打造苏北现代服务业发展新引擎。

推动四大服务业发展带联动发展。发挥江海河湖经济地理独特优势,立足产业转型升级需求提升区域综合服务功能,推动服务业提质增效,聚力打造沿江、沿海、沿河、沿湖四大服务业发展带。沿江地区制造服务带,以科技创新为引擎大力发展生产性服务业,健全制造业供应链服务体系,打造制造服务业高质量发展示范区。沿海地区海洋服务带,积极发展高附加值海洋特色服务业,构建具有国际竞争力的海洋服务体系,打造我国沿海地区业态高端、特色鲜明的长三角国际海港物流走廊、海洋经济特色区。沿河地区文旅服务带,依托大运河"黄金水道"和人文生态优势,推动文旅融合发展,系统建设全景式大运河江苏段文化带,打造中国大运河最繁华、最精彩、最美丽的"江苏名片"。沿湖地区科创服务带,集聚高端科创资源,建设沿湖风景与活力共融的科创商务多元功能空间,推动环太湖产业科创走廊建设,打造"八百里太湖"科创高地、创新湖区。

强化国家级载体示范引领。依托国家级载体,适应服务业创新发展趋势,促进产业跨界融合、协同互动,打造业态高端复合、产业特色鲜明、配套功能完善的服务业高质量发展极。南京江北新区,充分发挥双区叠加优势,重点发展科技研发、检验检测、知识产权、商务会展、服务贸易等服务业态,高标准建设自主创新策源地和区域发展增长极。自贸试验区(南京、苏州、连云港),在"自贸试验区+"基础上全面升级服务业扩大开放,积极发展科技创新、跨境金融、服务贸易、法律服务、国际咨询等服务业,打造全国服务业开放新高地。徐连淮物流"金三角"枢纽组团,发挥徐州淮海国际陆港、连云港国际枢纽海港、淮安航空货运枢纽的多式联运优势,推动枢纽经济发展,建成加速苏北崛起、联动苏鲁豫皖、辐射中西部的物流枢纽引擎。通州湾江海联动开发示范区,全力推进通州湾江苏新出海口建设,主动承接上海产业转移,积极发展航运物流、商务服务、现代供应链、服务贸易等业态,建成国家重要出海门户。国家东中西区域合作示范区,强化对新亚欧大陆桥沿线地区的服务和支撑作用,加快推进现代物流、商务、科技服务等现代服务业态,建成服务中西部地区对外开放的重要门户。昆山深化两岸产业合作试验区,放大昆山对台沿沪独特优势,促进两岸在服务业发展中加强交流合作,深化两岸融合发展,吸引更多台企台商加快融入新发展格局。

（二）推进制造服务创新

坚定实施创新驱动发展核心战略,加快服务业创新发展,以高质量的服务供给引领制造业转型升级和高质量发展,推动产业链与创新链精准对接、深度融合,加快推动制造服务业高质量发展。

推动制造服务业高质量发展。大力实施生产性服务业十年倍增计划,深入实施专业服务提质增效行动。聚焦重点领域和关键环节,提升面向制造业的社会化、专业化、综合服务能力,推进制造业数字化、网络化、智能化转型,带动制造业流程再造、模式创新、质态提升。培育壮大制造服务业主体,支持企业和专业机构提供质量管理、控制、评价等服务,发展面向制造业的研发、制造、交付、维护等产品全生命周期管理,鼓励专业服务机构积极参与制造业品牌建设和市场推广,加快培育一批集战略咨询、管理优化、解决方案创新、数字能力建设于一体的综合性服务平台,支持建设生产性服务业公共服务平台。支持制造业企业为产业链上下游企业提供研发设计、创业孵化、计量测试、检验检测等社会化、专业化服务。制定重点行业领域数字化转型路线图。到2025年,形成一批特色鲜明、优势突出的制造服务业集聚区和示范企业。

加快创新链和产业链深度融合。实施产业强链三年行动计划,着力培育"大数据＋"、5G、人工智能、工业互联网、车联网、信息技术应用创新、工业软件等重点服务业产业链,完善服务业供应链管理、企业流程再造和精益服务。突出龙头带动,加快产业链优势服务业企业和专业配套企业集群协同发展,加强供应链协同、创新能力对接、数据资源流通,形成合作共赢生态体系。争取更多"国字号"平台落户江苏,推动长三角科技创新资源和平台共建共用共享。

（三）促进服务消费升级

顺应消费升级和产业升级趋势,切实增强消费对经济增长的基础性作用,提高供给质量,引领消费需求,促进经济高质量发展,不断满足人民群众对美好生活的需要。

增加服务有效供给。鼓励各类市场主体创新服务业态和商业模式,不断拓展新型消费场景,优化服务供给,开发新型服务。进一步放宽文化、旅游、体育、健康、养老、家政、教育培训等服务消费领域市场准入。推进幸福产业培育工程。合理引导连锁商业品牌向中小城市延伸,扩大消费品质供给。提高农村消费供给能力,实施"互联网＋"农产品出村进城工程,畅通农产品和消费品双向流通渠道。

扩大服务消费需求。实施国内消费振兴计划和海外消费回流计划,适应消费结构升级新需要,深度开发人民群众从衣食住行到身心健康、从出生到终老各个阶段各个环节的服务新消费。深挖网络消费、绿色消费、智能消费、时尚消费等新型消费潜力,释放汽车消费潜力,提振家电等大宗商品消费,进一步扩大和升级信息消费,积极培育文旅网络消费、定制消费、体验消费等消费新热点,吸引健康体检、文化创意等高端服务消费回流。着力挖掘农村电子商务和旅游消费潜力。落实带薪休假制度,扩大节假日消费。打造中高端服务消费载体,支持建设新型消费体验中心。大力开展江苏省"品质生活·苏新消费"系列促进活动,支持各地打造消费促进品牌。引导培育健康的消费习惯。

提升服务质量水平。开展消费品牌培育专项行动,支持老字号企业技术、服务、文化和经营创新发展,加强老字号原址保护,推动老字号企业"三进三促"。打造商贸流通服务品牌,培育商贸流通领域品牌企业、品牌产品、品牌展会。强化消费信用体系建设，加快建设覆盖线上线下的重要产品追溯体系。深入开展网络市场监管专项行动和流通消费领域价格监管。严厉打击销售侵权假冒商品、发布虚假违法广告等违法行为。优化质量发展环境，强化质量责任意识，完善服务质量治理体系和顾客满意度测评体系。

（四）创新培育市场主体

突出市场导向，强化现代服务业企业分类指导，注重现代服务业企业培大育强，全面提升现代服务业市场主体创新力、影响力和竞争力，增强服务经济发展活力。

强化龙头骨干企业引领作用。支持有实力的现代服务业企业实施跨行业、跨区域、跨所有制兼并重组，鼓励开展国际化经营，打造一批在国际资源配置中占主导地位的世界级现代服务业企业。支持龙头骨干服务业企业向规模集团化、服务专业化、功能体系化发展，打造一批连锁型、平台型现代服务业企业集团。实施现代服务业高质量发展领军企业培育工程，引导领军企业加强产业链整合和价值链延伸，增强领军企业创新引领力和辐射带动力。到 2025 年，培育形成现代服务业高质量发展领军企业 300 家。

专栏8　现代服务业高质量发展领军企业培育工程

为增强现代服务业企业核心竞争力，加快现代服务业企业转型升级步伐，突出龙头型、链主型企业，兼顾成长型、创新型企业，围绕科技服务、现代金融、现代物流、信息技术服务、商务服务、节能环保服务、人力资源服务、健康养老、文化旅游、家庭服务等重点领域，遴选一批创新能力强、引领作用大、发展潜力好的现代服务业企业，建立健全省市共同培育机制，集中资源力量，加大在创新平台建设、高端人才引进、标准品牌创建、重点项目建设等方面的支持力度，打造一批拥有自主知识产权和自主品牌，具有全国竞争力和国际影响力的江苏现代服务业高质量发展领军企业，形成强大的引领示范和带动效应，推动全省现代服务业高质量发展。

激发中小微企业发展活力。在细分领域培育一批"专精特新"小巨人、单项冠军、独角兽、瞪羚企业。围绕技术创新、业态创新、品牌创新等方面，完善中小微企业孵化体系和创新服务体系。鼓励大型企业及专业服务机构建设面向中小微企业的云服务平台。鼓励中小微企业运用网络信息技术和现代经营管理理念，开发服务新产品，培植服务新业态。拓宽现代服务业中小微企业融资渠道，支持符合条件的高成长性中小微服务业企业上市。

大力培育总部企业。完善总部企业发展服务体系，积极引进跨国公司总部及地区总部和国内大企业集团总部。引导企业加强研发中心、运营中心、结算中心、销售中心、客服中心等建设，提升市场化、国际化、资本化运营能力，打造生产服务、销售管理、决策运营、科技研发等功能性总部。扶持综合实力强的本土企业进一步做大做强，培育一批优势本土总部企业。积极在新一代信息技术、生物医药、智能制造、新材料、新能源等先进制造业领域和现代金融、现代物流、商务服务、科技服务等现代服务业领域，形成一批关联带动力强、发展层次高、品牌影响力大的本土总部企业。

（五）加速协同融合发展

紧跟全球产业融合发展新趋势，加快推进服务业数字化发展，推进先进制造业和现代服务业相融相长、耦合共生,促进服务业内部融合发展,拓展服务业新领域、新功能,加快形成服务业发展新动能、新增长点。

加快推进服务业数字化发展。实施数字经济核心产业加速行动计划。推进生产性服务业数字化发展,拓展数字技术应用场景,深化行业应用,推动智能物流、智慧交通、数字金融等领域发展。推进生活性服务业数字化升级,聚焦文旅、健康、养老、商贸、教育等领域,促进线上线下资源的有效整合和利用,发展体验式消费、个性需求定制服务等新业态。大力发展数字生活、数字娱乐、数字体育、数字教育、数字文博、数字创意等新兴业态,丰富移动支付、无人零售、场地短租等新模式,积极发展在线医疗、在线旅游、在线教育、在线交通、线上办公、直播电商等在线经济。

推动先进制造业和现代服务业深度融合发展。积极推进两业融合发展标杆引领工程,推动制造业企业向附加值高的服务环节延伸、服务业企业向制造领域拓展。发展服务型制造,鼓励企业从产品制造商向系统解决方案提供商转变,支持开展总集成总承包、定制化服务、全生命周期管理等模式,支持创建国家级服务型制造示范城市、企业、项目、平台。推动服务向制造拓展,鼓励服务企业发挥数据、技术、渠道、创意等要素优势,通过个性定制、委托制造、品牌授权等方式向制造环节拓展,实现服务产品化发展。鼓励先进制造业集群、产业链龙头骨干企业创建两业深度融合知名企业品牌和区域品牌,牵头组建跨行业、跨区域的两业融合发展产业联盟。开展先进制造业与现代服务业深度融合发展试点示范,打造面向主要产业集群的两业融合发展服务平台,打造一批两业深度融合的优势产业链条、标杆企业、新型产业集群、融合示范载体。到 2025 年,培育形成省级两业融合发展标杆引领典型 100 家。

专栏 9　两业融合发展标杆引领工程

先进制造业和现代服务业融合是顺应新一轮科技革命和产业变革,增强制造业核心竞争力、培育现代产业体系,实现高质量发展的重要途径,通过鼓励创新、加强合作、以点带面、深化业务关联、链条延伸、技术渗透,探索新业态、新模式、新路径,推动先进制造业和现代服务业相融相长、耦合共生。重点围绕和依托新型电力(新能源)装备、工程机械、物联网等省级先进制造业集群以及部分服务业制造化领域,着力构建产业链双向互动耦合机制,增强生产性服务业对先进制造业的引领和支撑作用,新增一批两业融合龙头骨干企业、产业集群、集聚区域。

促进服务业与农业融合发展。大力发展乡村旅游、健康养老、文化创意、农村电商等服务业态。提高农业产学研合作水平,强化农业科技创新成果的转化,以科技创新促进农业发展。大力发展"互联网＋农业",支持"苏农云"建设,鼓励应用移动互联网、物联网、大数据、云计算等技术提供农产品质量安全监测、农业生产经营决策、农民技术培训等各类服务。引导农业生产向生产、服务一体化转型,探索建立农业社会化服务综合平台,大力发展农村金融、涉农物流、农产品质量安全监管、农村劳动力培训、农机租赁等为农服务产业。

加强服务业内部融合发展。深入运用"互联网＋""文化＋""生态＋""金融＋""健康＋""旅游＋"等新理念新手段,推进服务业内部渗透融合,重点推动信息服务与传统服务业、科技服务与金融服务、健康养老与医疗卫生、文化与旅游、物流运输与快递服务等领域互通融合发展,促进服务业优化升级。凸显文化引领作用,提升技术研发、品牌设计、商务咨询、市场营销等服务产业的文化内涵,推动区域传统特色文化、民俗风情注入旅游休闲、健康养老、体育健身等产业,提升服务业附加值。

（六）提升集聚示范效能

加快推动现有服务业集聚区提档升级，培育现代服务业高质量发展集聚示范区，打造业态高端复合、产业特色鲜明、配套功能完善的各类服务业集聚发展载体，提升集聚区对区域经济的支撑力和带动力。

推动集聚区提档升级。按照"优进劣出、滚动发展、形成特色"总体要求，坚持高端化、高新化、融合化、集聚化发展方向，进一步完善公共服务平台支撑能力，创新运营管理模式。加强集聚区联合布局、协同创新，畅通信息共享和资源优化配置渠道。加大集聚区重点项目布局、科技资源导入、高端人才引进、政策制度试点等支持力度，将集聚区打造成要素吸附能力强、辐射支撑作用显著、带动示范作用明显的现代服务业创新发展、集聚发展的主要载体。到 2025 年，全省培育形成省级现代服务业高质量发展集聚示范区 300 家。

分类引导多种类型集聚区特色发展。注重因地制宜，强化集聚区发展的分类指导和引导，增强集聚区发展特色和优势。充分发挥现代服务业集聚区集聚和带动作用，以提高现代服务业集约化发展水平、促进产业深度融合发展、推动产业转型升级为目的，按照企业集中、产业集聚、资源集约、发展集群、功能集成的要求，引导各类集聚区围绕产业链培育创新链、立足创新链打造价值链。合理布局现代服务业集聚区，提高集聚区集聚化、专业化、国际化发展水平，打造成为具有区域竞争力和影响力的现代服务业高质量发展的重要空间支撑。

专栏10　现代服务业高质量发展集聚示范工程

围绕总部经济、制造服务业、两业融合、现代物流、现代商贸、商贸服务、文旅文创、健康养老等重点方向和领域，加强分类指导，强化公共服务功能配套，打造一批具有独特优势和影响力的现代服务业高质量发展集聚示范区。

总部集聚区。结合各地产业体系与城市综合服务能力，全城联动促进总部经济集聚发展。

制造服务业集聚区。积极推动研发设计、检验检测、节能环保、信息技术等面向制造业的生产性服务业企业集聚，形成一批特色鲜明、优势突出的制造服务业集聚区。

两业融合集聚区。以工业园区和"区中区"、"园中园"为重点，以推动两业深度融合为目的，大力培育两业融合集聚区。

现代物流集聚区。以现代物流企业为主体，以物流园区（中心、基地）等为主要形态，依托重要交通枢纽、多式联运信息服务平台等支撑条件，发展现代物流集聚区，积极申报国家级示范物流园区。

现代商贸集聚区。以大宗特色产品批发市场、进出口商品交易中心、国际商贸城、商贸综合体等为载体，培育完善新模式新业态和新功能，发展现代商贸集聚区。

商务服务集聚区。立足城市经济发展，以金融、信息、会展、咨询、广告、中介等活动为主体，以商务楼宇、展示中心等为载体，发展商务服务集聚区。

文旅文创集聚区。以文化旅游、主题消费、时尚创意、文化传媒等活动为主体，加快打造激发创意灵感、激发消费潜力、集聚文旅产业的文旅文创集聚区。

健康养老集聚区。立足推进医养结合，推动养老服务高质量发展，打造一批具有养老养生、医疗保健、休闲旅游等功能的健康养老集聚区。

（七）强化品牌标准引领

健全现代服务业质量标准体系，创新服务品牌培育模式，营造良好的品牌标准化发展环境，积极推进服务标准化、规范化和品牌化，构建与国际接轨的服务标准体系。

健全服务业标准体系。围绕提高现代服务业标准化、国际化发展水平，推进实施"标准化＋"行动，提升产品和服务的地方标准。重点推动金融科技、智慧物流、商务服务、软件信息服务、知识产权等生产性服务业领域标准体系建设。鼓励服务业企业采用国际标准，支持服务业企业参与国际、国家、行业标准制定，加强地方（团体）标准研制和推广。突出工业互联网、智慧城市、服务贸易等重点领域，积极推进国家级、省级服务业标准化示范项目，建设一批服务业标准化试点示范单位，分类推进服务业重点领域标准研制工作，逐步建立与国际接轨的现代服务业标准体系。支持开展面向新兴服务业态的服务模式、服务技术与服务市场等标准的制定、实施与推广。开展服务标准、服务认证示范。到 2025 年，培育省级服务业标准化试点项目 100 个。

加强江苏服务品牌培育。支持行业协会、第三方机构和地方政府开展服务品牌培育和塑造工作，树立行业标杆和服务典范，构建形成具有江苏特色的品牌培育和价值评价机制，推进品牌区域化、国际化发展。引导企业开展自主品牌建设，重点培育现代金融、现代物流、科技服务、商务服务、大数据、知识产权等服务业品牌，形成一批在全国乃至全球范围内有影响力的江苏服务品牌企业和江苏服务区域品牌。鼓励服务业企业收购、兼并、参股国际品牌，推动国内外著名商业品牌在江苏集聚。开展"江苏精品"品牌认证工作，到 2025 年，培育"江苏精品"品牌 100 个左右。

健全服务质量管理体系。在服务业领域加大力度推广质量管理体系和新版质量管理方法，开展现代服务业重点行业质量监测。开展物流、金融、商贸流通、知识产权及售后服务等领域质量提升活动。加快交通运输、金融、信息、商务、健康养老、教育、旅游、体育、节能环保等领域认证认可制度的建立和实施，推动开展专业服务质量认证。推进"安全、诚信、优质"服务创建活动，探索建立服务业企业质量信用等级核定机制、产业行业地方标准制定。充分挖掘质量认证市场，鼓励第三方开展服务，提升质量认证供给水平。

专栏 11　服务标准化品牌化提质工程

建设服务标准。完善商贸旅游、社区服务、特业服务、健康服务、养老服务、休闲娱乐、教育培训、体育健身、家政服务、保安服务等传统服务领域标准，加快电子商务、供应链管理、节能环保、知识产权服务、商务服务、检测认证服务、婴幼儿托育服务、信息技术服务等新兴服务领域标准研制。

塑造服务品牌。选择产业基础良好、市场化程度较高的行业，率先组织培育一批具有国际竞争力的中国服务品牌和具有地方特色的区域服务品牌。研究建立服务品牌培育和评价标准体系，引导服务业企业树立品牌意识，加强服务品牌保护力度。开展中国服务品牌宣传、推广活动，推动中国服务走出去。

（八）扩大对外开放合作

以"一带一路"交汇点建设为总揽，积极探索从商品和要素流动型开放向规则等制度型开放拓展，在更深层次、更宽领域，以更大力度推进全方位高水平服务业开放，在全国率先建成服务业开放强省。

大力发展服务贸易。全面深化南京、苏州服务贸易创新发展试点,深入探索服务贸易创新发展体制机制,切实提升江苏服务贸易国际化、专业化水平。发展壮大技术贸易、文化贸易等服务贸易,大力发展信息服务、中医药服务、知识产权服务等新兴服务贸易。发展高附加值服务外包,积极发展并推广众包、云外包、平台分包等服务外包新业态、新模式。持续打造"苏新服务·智惠全球"等境内外、线上线下相结合的自主展会平台,扩大"江苏服务"国际影响力。推进服务贸易数字化,实施数字贸易提升计划,积极参与数字经济国际规则制定,争取跨境数据流动开放,鼓励跨境电商平台向全球数字化贸易平台升级。

深入推进服务领域对外开放。严格落实"非禁即入",全面实行外商投资准入前国民待遇加负面清单管理制度。积极争取新一轮服务业扩大开放综合试点,率先在现代金融、科技服务、医疗教育、商贸物流等领域先行先试,支持设立外商独资或中外合资金融机构。探索扩大新兴服务业双向开放,完善跨境交付、境外消费、自然人移动等模式下服务贸易市场准入制度,逐步放宽或取消限制措施。提升服务业利用外资质量与水平,引导外资投向高端服务业和新兴服务业领域,鼓励外资进入建筑设计、商贸物流、咨询服务、研发设计、节能环保、环境服务等领域,不断延伸外资企业服务链。完善国际商务服务体系,健全企业涉外专业服务体系。

打造服务业全方位开放新格局。创新全球服务资源配置方式,支持服务企业以跨国并购、绿地投资、联合投资等多元方式,高效配置全球人才、技术、品牌等核心资源。加快境外投资公共服务平台建设,增强境外投资环境、投资项目评估等服务功能。融入和服务长三角区域一体化发展,以苏州和南通为主体主动承接上海服务业溢出效应,强化与浙江、安徽服务业发展的分工协作、错位互补。优化区域开放布局,重点推进"南京片区+苏州片区+连云港片区"的中国(江苏)自由贸易试验区建设,建成一批服务业对外开放的强支点。引导外资更多投向苏中、苏北等地区,助力区域服务业均衡发展。

(九)深入推进综合改革

强化改革和服务意识,持续深化服务业综合改革,加速形成充满活力、富有效率的最优服务业营商环境,为服务业发展提供强大动力和制度保障。

持续深化服务业综合改革。聚焦制约现代服务业发展的难点、堵点和痛点问题,积极推进服务业综合改革,进一步完善体制机制和政策环境,形成一批可复制可推广的经验做法,推动全省服务业改革创新发展。加快推进科技、教育、医疗、文化、体育等事业单位改革。放大南京、徐州等国家服务业综合改革试点城市的改革效应,积极争取新一轮国家服务业综合改革试点。在市场准入、发展新模式、服务新体系等方面开展新一轮省级服务业综合改革试点,力求在营造法治化营商环境、优化要素资源配置、深化跨界融合发展、引导服务业集聚发展、促进服务贸易自由化、推进服务政策精准化等方面取得新突破。

> **专栏12 服务业综合改革试点工程**
>
> 为破除阻碍服务业发展的体制机制约束和政策障碍,突出试点和示范效应,围绕政府集成创新、一张蓝图规划、营商环境优化、标准质量提升、要素资源配置等重点,探索服务业转型发展、集聚

发展、融合发展、创新发展的新路径,在服务业专项人才培养、服务业专项资金引导、服务业多元化监管、服务业项目审批、企业全过程帮扶等具体领域形成可复制可推广的经验做法,综合遴选形成20家左右新一轮服务业综合改革试点区域,加大省级服务业发展专项资金支持力度,促进要素资源和政策措施向试点区域聚焦,为全省服务业创新发展寻求新的支撑、释放新的动力,推动现代服务业向更高效更优质方向发展。

全面深化服务业"放管服"改革。建立公开透明的审批程序,不断优化审批流程,做好行政权力事项标准化和办事指南标准化工作,着力推进"照后减证"和简化审批,不断扩大告知承诺和即办件范围。取消互联网融合发展等领域不合理的经营限制条件。建立健全市场退出机制,畅通市场主体退出渠道,推进简易注销登记改革。推动事前审批转向事中事后监管,探索运用"负面清单+事中事后监管""标准规范+事中事后监管""告知承诺+事中事后监管"等管理方式取代行政审批的管理方式。对服务业新业态新模式采用包容审慎的监管方式。创新市场监管机制,完善在线监管,提升全过程监管,构建多元化监管方式。

完善诚信高效的市场竞争秩序。加快清理妨碍统一市场和公平竞争的政策措施,促进统一开放、竞争有序的服务市场体系建设。深入实施市场准入负面清单制度,放宽公共服务业、新兴服务业的市场准入限制,培育一批优质专业服务企业。吸引民间资本投向服务业领域,在规定范围内给予民间资本最大的政策扶持,有序支持采用股份制、PPP等模式,推进民间资本参与服务业创新发展。加强社会信用体系建设,建立健全守信联合激励机制。优化升级公共信用信息系统,深入开展公共信用综合评价、行业信用评价和市场信用评价。创新小微企业征信服务模式,支持苏州高标准建设小微企业数字征信试验区。

五、保障措施

强化政策统筹协调和组织领导、体制机制、重点推进、要素资源等保障,充分发挥对全省现代服务业发展的引领作用,建立健全保障规划实施的长效机制。

(一)组织实施

加大组织协调力度。建立健全现代服务业发展统筹协调机制,充分发挥省服务业发展领导小组及领导小组办公室组织领导作用,研究制定江苏现代服务业发展重大战略和政策,统筹解决现代服务业跨区域、跨领域和跨部门重大问题,协调推进现代服务业重大项目建设。建立完善重大事项统一汇报制度,在全省范围内建立健全各部门产业融合联动发展机制等协调会商机制。推动各市政府成立相应协调推进机构,健全统分结合的现代服务业工作机制。

加强任务实施管理。明确规划在现代服务业发展中的战略引领地位,按年度将主要目标和重大事项分解落实到具体部门,充分考虑地方产业特色和区域差异,细化传导落实,切实保障现代服务业规划的贯彻执行。积极引导各市围绕规划,编制相应服务业发展规划。

发挥行业组织作用。加大政府对社会组织的培育扶持力度,鼓励发展国际性、区域性行业组织和新兴服务业行业组织。推进现代服务业领域的行业协会、商会等社会组织提升规范化管理水平。

支持服务业行业联合会、协会等社会组织参与现代服务业发展与管理。

（二）体制创新

深化管理体制机制改革创新。加快转变以行政审批为主的政府管理模式，精简明确审批事项和准入限制，提升服务业运行效率。建立健全容错纠错机制，鼓励在营商环境建设和监管模式创新等方面先行先试。整合建设现代服务业专项领域大数据云，构建现代服务业省、市两级一体化共享交换平台体系，推进国家、省、市现代服务业数据共享。

建立健全统计评估考核机制。健全服务业统计调查制度，建立健全生产性、生活性服务业统计分类，完善统计分类标准和指标体系，逐步形成年度信息发布机制。加大对重点行业、重点示范区、示范企业监测评估，完善不同发展阶段、不同细分领域、不同地区进行分类考核制度。组织开展规划年度动态监测、中期评估和总结评估工作。完善服务业发展绩效考核评价体系，创新绩效考核和奖惩机制，探索建立第三方考核评价制度。

营造公平诚信的市场环境。建立健全市场主体信用记录，以信用数据为基础，示范推广全过程信用管理模式。构建跨地区、跨部门、跨领域守信、失信奖惩机制。制定信用修复政策，引导失信企业纠正失信行为。培育发展具有较高市场公信力的省级征信机构。

（三）项目推动

谋划一批重点项目。围绕服务业重点产业领域和新业态、新模式、新增长点，积极谋划和培育储备一批服务业重点领域优质项目，每年确定 150 个服务业重点项目予以推进实施，年度新增服务业投资 1000 亿元左右，加强项目储备和分类指导，突出规模性、先进性和区域性，重点支持转方式、促转型、重创新、补短板项目。

切实保障重点项目推进。强化项目带动，科学编制项目清单，对列入清单的省服务业重点项目，推动各设区市发展改革部门，依法合规予以协调指导和服务推进。健全各设区市发展改革部门工作机制，推动重点项目及时落地见效。有序实施项目滚动管理，完善监督检查，建立健全服务业重点项目情况报送、协调调度等工作机制，加强重点项目信息上报工作落实，将重点项目完成情况纳入年度服务业重点考核范围。

（四）要素保障

优化财政支持方式。贯彻落实国家支持现代服务业创新发展的各项税收优惠政策，持续优化使用股权投资、融资增信、贷款贴息、项目补助和政策奖励等多种方式组合，缓解中小企业"融资难、融资贵"问题。重点支持符合现代服务业发展趋势、代表产业发展前沿或引领产业创新的现代服务业项目。

创新金融支持方式。充分运用好现代服务业发展专项资金，积极吸引各类社会资金进入现代服务业领域。鼓励企业通过发行股票、信用债、项目融资、股权置换以及资产重组等多种方式筹措资金，积极利用知识产权质押、信用保险保单质押、商业保理、资产证券化产品（ABS）等市场化方式融资。大力推广"苏服贷""苏信贷""苏贸贷"等金融产品，探索提供"互联网＋金融服务和信贷"创新产品。

优化土地资源配置。修订完善符合现代服务业创新发展需求的投资强度和用地标准,对符合条件的现代服务业重大事项、集聚区和领军企业优先安排用地计划。鼓励采取低效用地再开发、盘活存量土地、对知识密集型服务业实行年租制和"先租赁后出让"等方式支持服务业发展。

强化服务业人才支撑。加大力度引进培育符合现代服务业重点发展方向的人才和团队,探索设立服务业人才特别贡献奖。放大各类现代服务业论坛、培训班、创新创业沙龙等人才培养组织影响力,招引储备一批现代服务业高层次人才和领军人才。完善以知识资本化为核心的激励机制,通过技术入股、管理入股、股票期权等多种分配方式,吸引集聚现代服务业高端人才。建立更加科学合理的人才评价体系,放宽学历、学位等条件限制,注重实践经验和贡献程度。加大现代服务业高端人才在住房、配偶就业、子女教育等方面政策支持力度,积极营造良好的人才发展环境。

二、江苏省政府印发关于积极应对疫情影响助力企业纾困解难保障经济加快恢复若干政策措施的通知

苏政发〔2021〕56 号

各市、县(市、区)人民政府,省各委办厅局,省各直属单位:

现将《关于积极应对疫情影响助力企业纾困解难保障经济加快恢复的若干政策措施》印发给你们,请认真贯彻落实。

江苏省人民政府
2021 年 9 月 6 日

关于积极应对疫情影响助力企业纾困解难保障经济加快恢复的若干政策措施

为深入贯彻落实习近平总书记关于统筹疫情防控和经济社会发展的重要指示精神,全面落实党中央、国务院各项决策部署和省委、省政府工作要求,在毫不松懈巩固疫情防控成果、落实常态化疫情防控要求的基础上,聚焦疫情对当前全省经济运行带来的冲击和影响,加大对受疫情影响较大区域、行业的企业帮扶力度,努力把疫情影响降至最低,保障经济循环畅通、加快恢复,奋力完成全年经济社会发展目标任务,制定政策措施如下:

一、加大财税政策扶持

1. 对南京地区受疫情影响的住宿餐饮、文体娱乐、交通运输、旅游等行业纳税人以及增值税小规模纳税人,免征 2021 年第三季度的房产税、城镇土地使用税;对扬州地区受疫情影响的住宿餐饮、文体娱乐、交通运输、旅游等行业纳税人以及增值税小规模纳税人,免征 2021 年第三、第四季度的房产税、城镇土地使用税。对因受疫情影响不能按期办理纳税申报的纳税人,准予延期申报;对确有困难而不能按期缴纳税款的纳税人,依法准予延期缴纳税款。(省财政厅、省税务局按职责分工负责)

2. 对承租国有经营性房产的服务业小微企业和个体工商户,可以减免 1—3 个月房租,具体减免标准由各级财政部门会同国资监管部门结合疫情影响程度研究确定,省级单位在执行省有关政策的基础上,应按属地政策给予房租减免。对租用其他经营用房的,支持地方研究制定鼓励业主(房东)减免租户租金的奖励办法。(省财政厅、省国资委按职责分工负责)

二、强化金融信贷支持

3. 新增 30 亿元再贷款再贴现额度,专项支持金融机构对南京、扬州地区受疫情影响的民营企业和小微企业的贷款投放。对南京、扬州地区受疫情影响严重的小微企业,在 2021 年 8 月 1 日至 10 月 31 日之间(扬州截止到 12 月 31 日)向银行申请并取得的新增流动资金贷款,地方政府可给予贷款贴息或鼓励金融机构给予优惠利率支持。(人民银行南京分行、江苏银保监局、省地方金融监管局、省财政厅按职责分工负责)

4. 对受疫情影响较重地区的批发零售、住宿餐饮、物流运输、文化旅游以及农产品生产加工等行业,不得盲目抽贷、断贷、压贷,鼓励金融机构开展贷款展期业务和无还本续贷业务,在符合条件的情况下做到应延尽延。(人民银行南京分行、江苏银保监局、省地方金融监管局按职责分工负责)

5. 省内各银行机构对小微企业新增贷款规模稳步增长,其中国有大型银行普惠小微企业贷款增速不低于 30%。扩大贷款市场报价利率(LPR)定价基准的运用,力争 2021 年普惠小微企业贷款综合融资成本稳中有降。(人民银行南京分行、江苏银保监局按职责分工负责)

6. 鼓励各地小微企业转贷基金提供短期过桥转贷资金服务,省级财政按转贷业务新发生额的一定比例给予风险补偿,重点面向南京、扬州地区受疫情影响较重、符合国家融资担保基金准入标准、合作银行愿意续贷的中小企业,解决企业到期还款资金不足的问题,帮助企业渡过难关。(省财政厅、省地方金融监管局、人民银行南京分行、江苏银保监局、省信用再担保公司按职责分工负责)

7. 对重点行业领域、重点涉疫地区中小微企业保持较低担保和再担保费率,政府性融资担保机构平均担保费率不高于 1%。对符合国家融资担保基金准入标准的"三农"、小微、"双创"等主体在疫情期间的担保项目,支持担保机构在原有基础上适当下调担保费。针对南京和扬州地区 2021 年第三季度与省信用再担保公司合作的比例再担保业务,定向降低再担保费率。对受疫情影响严重、到期还款困难的小微企业支持展期、续保。(江苏银保监局、省地方金融监管局、省信用再担保公司按职责分工负责)

8. 发挥省普惠金融发展风险补偿基金政策功能,设立苏服贷、苏科贷、苏农贷、小微贷等基金支持的转型贷款产品,切实降低现代服务业和"三农"等产业领域中小微企业融资成本,对发生的风险损失可由风险补偿基金优先予以代偿。(省财政厅、省发展改革委按职责分工负责)

9. 完善省旅游产业发展基金运行机制,加大对文旅市场主体融资支持力度。免除南京、扬州地区在贷项目 2021 年下半年利息,免除其他设区市在贷项目 2021 年第三季度利息。(省文化和旅游厅、省财政厅按职责分工负责)

三、切实减轻企业负担

10. 继续落实国家阶段性降低失业保险、工伤保险费率政策,实施期限延长至 2022 年 4 月 30 日。省级失业保险调剂金对扬州等受疫情影响较大地区给予倾斜支持。(省人力资源社会保障厅、省财政厅、省税务局按职责分工负责)

11. 允许受疫情影响严重的南京、扬州地区实施阶段性降低参保单位职工基本医疗保险费率

政策。（省医保局、省卫生健康委、省财政厅、省税务局按职责分工负责）

12. 疫情防控期间，允许企业申请延期办理职工参保登记和"五险一金"等缴费业务。受疫情影响生产经营困难暂时无力缴纳的企业，可申请缓缴养老保险、失业保险、工伤保险费和住房公积金，缓缴期最长 6 个月，缓缴期间免收滞纳金，不影响企业信用和职工个人权益记录。加强涉企收费监管，推动各项降费政策有效落实。（省人力资源社会保障厅、省卫生健康委、省医保局、省住房城乡建设厅、省财政厅、省发展改革委、省工业和信息化厅、省市场监管局、省税务局按职责分工负责）

13. 实施电价扶持政策，对受疫情影响较重的南京、扬州地区，自 7 月 1 日起至全域转为低风险后次月末，实行欠费不停电和延长缴费期等措施；对用电企业实施支持性两部制电价政策，将"基本电费计收方式选定后在 3 个月内保持不变"调整为按月选择基本电费结算方式，将"电力用户暂停用电容量少于十五天的，暂停期间基本电费照收"调整为按实际暂停用电天数减免用电企业基本电费。（省发展改革委、省电力公司按职责分工负责）

14. 对南京、扬州地区直接服务疫情防控的医疗等场所新建、扩建用电需求，自 7 月 1 日起至全域转为低风险后次月末，免收高可靠性供电费。为低压小微企业新装、增容用电实施"三零"（零上门、零审批、零投资）服务，全面支持小微企业复工复产、提升产能。（省发展改革委、省电力公司按职责分工负责）

15. 在发生突发疫情等紧急情况时，确保医疗机构先救治、后收费，医保基金先预付、后结算。健全重大疫情医疗救治医保支付政策，完善异地就医直接结算制度，确保患者不因费用问题影响就医。鼓励各地对集中隔离场所设施改造、运营费用、医废处置给予适当支持。（省卫生健康委、省医保局、省发展改革委、省文化和旅游厅、省财政厅按职责分工负责）

四、帮助企业稳定用工

16. 对不裁员或少裁员的企业，继续按规定实施普惠性失业保险稳岗返还政策，对上年度失业保险基金滚存结余备付期限在 1 年以上的统筹地区符合条件的大型企业，返还企业及其职工上年度实际缴纳失业保险费的 30%；对符合条件的中小微企业，返还比例为 60%。将中小微企业失业保险稳岗返还政策裁员率标准放宽到不高于上年度全国城镇调查失业率控制目标，对参保职工 30 人（含）以下的企业，裁员率放宽至不超过企业职工总数的 20%。（省人力资源社会保障厅、省财政厅按职责分工负责）

17. 支持受疫情影响较重的行业企业开展以工代训和线上培训，可以按规定延长以工代训实施期限至 2021 年 12 月底。鼓励各地加大企业职工职业技能培训力度，对开展职业技能培训且符合政策要求的按规定给予职业培训补贴。（省人力资源社会保障厅、省财政厅按职责分工负责）

18. 支持受疫情影响导致生产任务不均衡的企业申请实行综合计算工时工作制度，企业实行特殊工时的批复时效在疫情防控期间到期的，原批复有效期可顺延至疫情防控措施结束。（省人力资源社会保障厅负责）

五、加大企业信用服务力度

19. 引导金融机构重点推进疫情防控相关小微企业首贷、信用贷的增量扩面,进一步推进"信易贷"工作。对疫情期间出现的失信行为进行审慎认定,确因疫情不可抗力导致的,不计入失信记录。在收到企业信用修复、异议申请1个工作日内完成本级审核,助力企业重塑信用。(省发展改革委、省地方金融监管局、江苏银保监局、人民银行南京分行、省财政厅按职责分工负责)

20. 引导企业诚信守法经营,疫情期间对申请移出异常名录的生产、经营疫情防控相关物资的企业,履行相关义务、申请材料齐全的,可简化流程、尽快移出。对因受疫情影响暂时失联的企业,可以暂不列入经营异常名录。对涉及生产许可证的复产转产企业产品,如具备生产条件但暂不能提交相应材料的,由企业承诺在相应时限内补充相关材料后当场给予办结。(省市场监管局负责)

六、保障企业物流通道畅通

21. 全力保障物流通道循环畅通,严格落实应急运输专用通道政策,保障应急物资、医疗物资、生活物资、能源物资以及复工企业必要的生产物资优先便捷通行,提高物流效率。对持有应急物资专用通行证,承担特殊运输任务及空载返程车辆,提供免费停车服务。(省交通运输厅、省公安厅、省发展改革委、省住房城乡建设厅、省卫生健康委按职责分工负责)

七、加强重要民生商品稳价保供

22. 安排省级价格调节专项资金500万元,支持扬州重要民生商品保供稳价。组织省级储备猪肉定向投放扬州市,适当下调投放价格,价差部分由省级财政补贴。(省发展改革委、省农业农村厅、省商务厅、省市场监管局、省粮食和储备局、省财政厅按职责分工负责)

23. 对保障全省尤其是受疫情影响较重区域群众生活必需品供应的商贸流通企业,安排省级商务发展资金3000万元给予专项支持,其中分别给予南京、扬州市保障群众生活必需品供应的商贸流通企业1000万元、1500万元。对南京、扬州地区承担粮油、蔬菜、猪肉等重要民生商品保供任务的企业,在收储、加工、销售过程中,因服务抗疫需要临时增加的改造投入、运行费用等,适当给予补助。(省商务厅、省发展改革委、省粮食和储备局、省财政厅按职责分工负责)

八、扩大消费和投资需求

24. 在严格落实疫情防控措施的前提下,围绕大宗消费、餐饮消费、新型消费、品牌消费、农村消费等重点领域,适时组织消费促进活动,对促流通扩消费成效明显的商贸流通企业给予专项支持。(省商务厅负责)

25. 鼓励文化和旅游企业降低、减免服务价格,适度减免重点景区门票价格,顺延公园年票有效使用期限。鼓励受疫情影响较大的地区发放餐饮、娱乐、体育、旅游等消费券。(省发展改革委、

省文化和旅游厅、省财政厅按职责分工负责)

26. 对受疫情影响较重地区的重大项目建设,加大支持力度,提高审批效率,帮助协调解决存在的困难问题。发挥好各类专项资金作用,在中央预算内资金、地方政府专项债券、战略性新兴产业、现代服务业发展等资金申报和项目安排上,优先支持受疫情影响较重南京、扬州地区符合条件的项目。(省发展改革委、省财政厅、省住房城乡建设厅按职责分工负责)

九、切实强化安全生产监管

27. 突出高危行业领域重点企业,强化线上巡查、推行数字监管,加强调度频次和巡查力度,加强安全生产大数据动态分析研判。紧盯危化品、矿山、钢铁、粉尘涉爆、深井铸造、有限空间作业等重点行业领域,主动靠前、认真分析研究企业在疫情防控条件下可能遇到的问题,从生产工艺、设备设施、作业环境等方面,为企业提供精准安全技术指导,确保企业安全风险管控到位、隐患整改闭环到位。(省应急厅负责)

十、持续提升便利服务水平

28. 进一步提升企业通关效率,支持企业综合运用汇总征税、关税保证保险等作业模式快速通关。大力推进"网上核查""企业自查认可模式"等非介入式核查,对于时效性较强的风险类核查作业,优先采用互联网远程核查和企业材料报送等不见面核查方式。对于受疫情影响未在海关规定期限内办理保税监管场所延期、变更手续的,在企业提交说明材料后受理相关申请并依法办理。(南京海关负责)

29. 及时为受疫情影响而难以按时履行国际贸易合同的企业出具不可抗力事实证明书,努力减少企业损失。开通法律咨询热线,"在线调解"化解经贸纠纷和争议,为企业咨询解答疫情导致的迟延履行责任、不可抗力抗辩和国际贸易纠纷解决的各种商事法律问题。(省贸促会负责)

30. 深化"不见面审批"改革,推进"互联网+政务服务",推行网上办、掌上办、预约办、帮代办、一次办等多种办理方式,畅通 PC 端、移动端、自助端等多种办理渠道。加快建设"苏企通"平台,系统梳理发布惠企政策清单。加强"一企来"企业服务热线建设,及时解决企业合理诉求。(省政务办负责)

以上政策措施自印发之日起实施,未特别注明时限的,有效期至 2021 年底。省政府办公厅将适时就政策措施落实情况开展督促检查。

三、关于有效应对疫情新变化新冲击进一步助企纾困的政策措施

（苏政办发〔2022〕25 号）

各市、县（市、区）人民政府，省各委办厅局，省各直属单位：

《关于有效应对疫情新变化新冲击进一步助企纾困的政策措施》已经省人民政府同意，现印发给你们，请认真贯彻实施。

江苏省人民政府办公厅

2022 年 4 月 17 日

（此件公开发布）

2022 年 2 月，经省委同意，省政府制定出台《关于进一步帮助市场主体纾困解难着力稳定经济增长的若干政策措施》（"苏政 40 条"），对帮助市场主体纾困解难、稳定经济增长产生了积极成效。根据省委、省政府主要领导批示要求，为深入贯彻《国务院办公厅关于进一步加大对中小企业纾困帮扶力度的通知》（国办发〔2021〕45 号）精神，在全面落实"苏政 40 条"基础上，有效应对疫情新变化新冲击，进一步帮助企业纾困解难，着力稳住全省经济基本盘，现提出如下政策措施。

1. 落实增值税小规模纳税人、小型微利企业和个体工商户减征"六税两费"政策，对增值税小规模纳税人、小型微利企业和个体工商户，按照税额的 50% 减征资源税、城市维护建设税、房产税、城镇土地使用税、印花税（不含证券交易印花税）、耕地占用税和教育费附加、地方教育附加，实施期限自 2022 年 1 月 1 日至 2024 年 12 月 31 日。〔责任单位：省财政厅、省税务局，各市、县（市、区）人民政府。以下政策措施均需各市、县（市、区）人民政府落实，不再单独列出〕

2. 省财政有关专项资金对参与疫情防控为生产生活物资提供保障的物流企业、重点农产品批发市场给予定额补助。支持市县建立 10—15 天市场供应量的成品粮油储备，省财政对按计划落实的市县给予定额补贴。（责任单位：省财政厅、省发展改革委、省卫生健康委、省交通运输厅、省农业农村厅、省商务厅、省粮食和储备局）

3. 省财政有关专项资金支持各地对住宿餐饮、批发零售、文化旅游（含电影和新闻出版）、交通运输及物流、建筑、物业服务等行业企业防疫物资、消杀服务等支出，各地各部门按照企业实际运营规模给予适当补贴。（责任单位：省财政厅、省商务厅、省文化和旅游厅、省住房城乡建设厅、省交通运输厅、省电影局、省新闻出版局）

4. 将供销社、工会、人防等对外出租的房屋全部纳入国有房屋租金减免范围，参照省财政厅、省国资委、省机关管理局关于减免 2022 年国有房屋租金操作实施细则（苏财资〔2022〕26 号），对承租单位进行租金减免。（责任单位：省总工会、省供销社、省人防办）

5. 减半收取餐饮住宿业的电梯、锅炉、压力容器定期检验和监督检验费用，实施期限自 2022 年 4 月 1 日至 2022 年 12 月 31 日。（责任单位：省财政厅、省发展改革委、省市场监管局）

6. 按现行标准的 80％ 收取水土保持补偿费、药品再注册费、医疗器械产品变更注册和延续注册费,对水资源费省级部分减按 80％ 收取,将防空地下室易地建设费标准下调 20％,实施期限自 2022 年 4 月 1 日至 2022 年 12 月 31 日。(责任单位:省财政厅、省发展改革委、省水利厅、省人防办、省药监局、省税务局)

7. 对餐饮、零售、旅游、民航、公路水路铁路运输行业,实施阶段性暂缓缴纳养老保险费,具体待国家政策出台后实施。继续实施阶段性缓缴失业和工伤保险费政策,范围扩大至餐饮、零售、旅游、民航、公路水路铁路运输 5 个行业。(责任单位:省人力资源社会保障厅、省财政厅、省税务局)

8. 符合条件的地区,2022 年底前继续向参保失业人员发放失业补助金。鼓励有条件的地区将 4％ 的失业保险基金结余用于职业技能培训,并向受疫情影响、暂时无法正常经营的中小微企业发放一次性留工培训补助。(责任单位:省人力资源社会保障厅、省财政厅)

9. 对受疫情影响的市场主体欠费不停水、不停电、不停气,经申请审核通过后减免在此期间产生的欠费违约金。(责任单位:省住房城乡建设厅、省市场监管局、省电力公司)

10. 为 10 千伏及以下中小微企业全面建设外线电气工程,无需用户投资外线。全省用户报装容量 200 千瓦及以下可采用低压接入,降低用户内部电气投入。(责任单位:省电力公司)

11. 各银行机构应单列普惠型小微企业信贷计划,实现全省普惠型小微企业贷款增速和户数"两增"、2022 年新发放普惠型小微企业贷款利率较上年有所下降。做好延期还本付息政策接续和贷款期限管理,进一步推广随借随还模式,加大续贷政策落实力度。鼓励银行推出抗疫贷、复工贷等线上化、纯信用金融产品,开设因疫情受困企业融资绿色通道,支持金融机构将企业信用作为信贷投放重要参考因素。(责任单位:人民银行南京分行、江苏银保监局、省财政厅、省发展改革委)

12. 支持银行机构将再贷款利率下调和 LPR 下调传导至贷款利率,优化内部 FTP 定价,合理降低受疫情影响中小微企业贷款利率。支持银行机构、支付机构推出特色减费让利举措,健全支付服务减费让利专项工作机制,促进企业综合融资成本稳中有降。对受疫情影响较大的企业贷款,通过续贷、展期等方式纾困解难,不因疫情因素下调贷款风险分类。鼓励金融机构与交通物流、餐饮、零售、文化旅游(含电影)、会展等行业主管部门信息共享,运用中小微企业和个体工商户的交易流水、经营用房租赁以及有关信用信息等数据,发放更多信用贷款。(责任单位:人民银行南京分行、江苏银保监局、省地方金融监管局、省商务厅、省交通运输厅、省文化和旅游厅、省电影局)

13. 支持地方法人金融机构对受疫情影响的"三农"、小微企业和民营企业提供更多优惠利率贷款。支持银行机构对受疫情影响较大的餐饮、零售、文化旅游(含电影)等行业企业,加大票据融资支持力度,简化优化贴现手续,降低贴现利率。鼓励地方金融组织对暂遇困难无还款能力的企业,适当予以延期或减免相关费用。对发放普惠小微贷款较好的地方法人金融机构,按普惠小微贷款余额增量的 1％ 给予激励资金。(责任单位:人民银行南京分行、江苏银保监局、省地方金融监管局)

14. 扩大小微贷、苏服贷、苏农贷、苏科贷、苏信贷等融资规模,降低融资利率,重点投放信用贷、首贷,符合条件的最高可给予不良贷款金额 80％ 的风险补偿。(责任单位:省财政厅、省地方金融监管局、人民银行南京分行、江苏银保监局、省发展改革委、省农业农村厅、省科技厅、省工业和信息化厅)

15. 制定落实轻微违法免罚、首次违法免罚、一般违法行为从轻减轻处罚等事项清单,对初创型企业加强行政指导和服务，探索实行"包容期"管理。对疫情期间出现的失信行为进行审慎认定，确因疫情不可抗力导致的，不记入失信记录。组织信用服务机构协助失信企业开展信用修复，健全严重失信主体名单退出机制。（责任单位：省市场监管局、省农业农村厅、省交通运输厅、省文化和旅游厅、省应急厅、省生态环境厅、省住房城乡建设厅、省司法厅、省发展改革委、人民银行南京分行）

16. 中央财政下达的 2020 年度出租车油价补贴资金中涨价补贴的 60%，由各市县统筹用于出租车行业疫情防控和稳定发展。各地可将 2015—2020 年出租车油补退坡资金结余部分用于支持出租车行业疫情防控（含防疫物资配备、驾驶员核酸检测、车辆消杀等）、巡游车和网约车融合、出租车行业设备更新等方面。鼓励保险公司延长对受疫情影响的交通物流企业车辆保险期限。对交通物流企业及从业人员的车辆按揭贷款，受疫情影响偿还有困难的，鼓励金融机构给予延期偿还贷款本息。（责任单位：省交通运输厅、省发展改革委、省财政厅、江苏银保监局）

17. 鼓励有条件的地区发放餐饮消费券。鼓励有条件的地区对中高风险地区、封控区、管控区等因疫情防控暂停营业的餐饮业中小微企业和个体工商户，在具备条件时恢复营业的，给予一次性复市复业补贴。（责任单位：省商务厅、省市场监管局、省财政厅）

18. 减半收取广告业、娱乐业企业 2022 年文化事业建设费。鼓励各级宣传文化发展资金、文化产业引导资金对电影重大项目建设给予帮扶。省级电影专项资金安排 1000 万元，对符合条件的电影企业提供贷款贴息、担保费补贴和风险补偿。鼓励金融机构围绕电影全产业链开发特色化金融产品，省级层面推出"苏影保 2.0"电影金融产品，对符合条件的电影企业提供信用贷款。支持各地区对因疫情管控暂停营业的电影院，在具备条件时恢复营业的，给予一次性复工复业补贴。（责任单位：省委宣传部、省电影局、人民银行南京分行、江苏银保监局、省财政厅、省税务局）

19. 制定实施消费者在中标企业线下商场购买绿色节能家电等商品享受补贴等促消费政策措施。（责任单位：省商务厅、省发展改革委、省财政厅）

20. 对符合条件的旅行社，旅游服务质量保证金暂退比例由 80% 提高至 100%。鼓励各级机关、企事业单位及社会团体进行公务活动和群团活动时，委托旅行社代理安排交通、住宿、餐饮、会务等事项，预付款比例不低于 50%。加大旅游产业发展基金对小微文旅企业支持力度，2022 年投放的新项目不低于 30%。（责任单位：省文化和旅游厅、省总工会、省委省级机关工委、省妇联、团省委、省财政厅）

21. 对 2022 年度已筹备完成却因受疫情影响而在 15 日内终止的商业性展会，展览面积在 5000—20000 平方米和 20000 平方米以上，经所在设区市商务（展会）主管部门确认，省商务发展专项资金分别给予 10 万元和 20 万元补贴。（责任单位：省商务厅、省财政厅）

22. 依托长三角区域产业链供应链协作机制，全面梳理重点企业需求清单，保障核心零部件和主要原材料供应，保持产业链供应链稳定畅通。着力做好疫情期间江苏支援上海运输保障工作，在通行证"统一格式、全国互认、办理便捷"的基础上，落实点对点运输和全过程闭环管理要求，通过提前申报、货到放行、抵点直装等措施简化申报单证，最大限度减少货车滞留时间，全力支持上海抗疫，全力保障上海供给，助力上海打赢疫情防控战。（责任单位：省交通运输厅、省公安厅、省商务厅、省发展改革委、省工业和信息化厅、省农业农村厅、省粮食和储备局）

全面贯彻国家出台的相关支持政策，同类政策标准不一致的，按照从高不重复原则支持市场主体。各地各部门要抓紧制定实施细则,明确政策适用范围、享受条件和申报流程,明确办事指南、办理方式和办理时限,积极推行网申捷享、免申即享、代办直达等便利化措施,切实提升政策措施的知晓度、获取政策的便利度和企业的获得感。省政府办公厅将适时就政策贯彻落实情况开展督促检查。本政策措施自发布之日起实施,除已有明确期限规定外,有效期截至 2022 年 12 月 31 日。

四、江苏省政府印发关于进一步帮助市场主体纾困解难着力稳定经济增长若干政策措施的通知

（苏政发〔2022〕1号）

各市、县（市、区）人民政府，省各委办厅局，省各直属单位：

现将《关于进一步帮助市场主体纾困解难着力稳定经济增长的若干政策措施》印发你们，请认真贯彻落实。

江苏省人民政府

2022年2月26日

（此件公开发布）

关于进一步帮助市场主体纾困解难着力稳定经济增长的若干政策措施

为深入贯彻习近平总书记重要讲话精神，认真落实中央经济工作会议决策和省委经济工作会议部署，坚持稳字当头、稳中求进，进一步帮助市场主体纾困解难，提振信心、稳定预期，着力稳定经济增长，现提出如下政策措施。

一、加大财税支持力度

1. 省相关部门统筹现有专项资金，对生产经营暂时面临困难但产品有市场、项目有前景、技术有竞争力的中小微企业，以及劳动力密集、社会效益高的民生领域服务型中小微企业给予专项资金支持。鼓励各市、县（市、区）参照省级做法，设立或统筹安排中小微企业纾困资金，加大对中小微企业的纾困帮扶。〔责任单位：省工业和信息化厅、省财政厅等有关部门，各市、县（市、区）人民政府。以下政策措施均需各市、县（市、区）人民政府落实，不再单独列出〕

2. 省财政安排12亿元专项资金对工业企业"智改数转"项目给予贷款贴息和有效投入奖补。依托"e企云"等平台，加快建设中小企业"智改数转"云服务平台。制定"上云用平台"产品目录，每年重点培育1000家星级上云企业。（责任单位：省工业和信息化厅、省财政厅）

3. 认真落实月销售额15万元以下的小规模纳税人，公交和长途客运、轮客渡、出租车等公共交通运输服务免征增值税政策。免征符合条件的科技企业孵化器、大学科技园和众创空间孵化服务增值税，对其自用及提供给在孵对象使用的房产、土地免征房产税和城镇土地使用税。继续放宽初创科技型企业认定标准，凡符合条件的创投企业和天使投资个人对其投资的，按投资额一定比例抵扣应纳税所得额。对符合条件的从事污染防治的第三方企业减按15％的税率征收企业所得税。

（责任单位：省税务局、省财政厅、省科技厅）

4. 免征农产品批发市场、农贸市场房产税和城镇土地使用税。免征城市公交场站等运营用地城镇土地使用税。对承担商品储备政策性业务的企业自用房产、土地免征房产税和城镇土地使用税。对受疫情影响严重的住宿餐饮、文体娱乐、交通运输、旅游、零售、仓储等行业纳税人和增值税小规模纳税人，暂免征收 2022 年房产税、城镇土地使用税。其他行业纳税人生产经营确有困难的，可申请减免房产税、城镇土地使用税。（责任单位：省税务局、省财政厅）

5. 符合条件的困难企业，经批准可继续缓缴养老、失业和工伤三项社会保险费，缓缴期最长 6 个月；对上年度失业保险基金滚存结余备付期限在 1 年以上的统筹地区，受疫情影响较大的旅游企业阶段性实施缓缴失业保险、工伤保险费政策，期限不超过 1 年，缓缴期间免收滞纳金，不影响企业信用和职工个人权益记录。根据国家部署，继续实施国家阶段性降低失业保险、工伤保险费率政策。继续开展职业技能培训，按规定落实培训补贴政策。对受疫情影响较重的中小微企业，可按规定申请降低住房公积金缴存比例或缓缴。（责任单位：省人力资源社会保障厅、省财政厅、省发展改革委、省市场监管局、省税务局）

6. 实施失业保险援企稳岗"护航行动"，对上年度失业保险基金滚存结余备付期限在 1 年以上的统筹地区，对不裁员、少裁员的企业继续实施普惠性失业保险稳岗返还政策，其中 2022 年度中小微企业返还比例从 60% 最高提至 90%。小微企业招用高校毕业生，按规定给予社保补贴和培训补贴。（责任单位：省人力资源社会保障厅、省财政厅）

7. 对灵活就业人员参加职工基本医疗保险的，缴费比例在各设区市职工基本医疗保险用人单位缴费率（不含生育保险缴费率）和个人缴费率之和基础上，降低 1 个百分点。（责任单位：省医保局、省财政厅、省税务局）

8. 加快资金执行进度，做到早分配、早使用、早见效，力争 2022 年上半年涉企专项资金分配下达进度达到 70%。加快出口退税进度，把办理正常出口退税的平均时间压缩至 5 个工作日以内。（责任单位：省财政厅、省税务局等有关部门）

二、继续强化金融支持

9. 用好用足我省新增 450 亿元再贷款额度，鼓励符合条件的地方法人银行积极申请再贷款，加大对中小微企业和个体工商户的支持力度。稳步扩大小微贷、苏科贷、苏信贷、苏农贷、苏服贷等融资规模，重点投放信用贷、首贷，2022 年力争带动优惠利率贷款投放规模超过 1000 亿元。支持金融机构向符合条件的小微外贸企业提供物流方面的普惠型金融支持。（责任单位：人民银行南京分行、江苏银保监局、省发展改革委、省科技厅、省农业农村厅、省工业和信息化厅、省财政厅）

10. 鼓励金融机构单列小微企业信贷计划，对普惠型小微企业贷款实行优惠利率。鼓励融资担保机构对受疫情影响的中小微企业保持较低担保和再担保费率，逐步将政府性融资担保机构平均担保费率降至 1% 以下。对符合国家融资担保基金准入标准的"三农""小微""双创"等在疫情期间的担保项目，支持融资担保机构在原有基础上适当下调担保费。（责任单位：人民银行南京分行、江苏银保监局、省地方金融监管局、省财政厅、省工业和信息化厅）

11. 优化产业链上下游企业金融服务，推动应收账款融资增量扩面，鼓励省属大型国有企业支持民营企业、中小微企业实行应收账款票据化。支持发行小微企业增信集合债券。支持金融机构发行小微企业专项金融债券。(责任单位:人民银行南京分行、江苏银保监局、省国资委、省发展改革委)

12. 引导金融机构通过调整绩效考核办法、优化授信尽职免责机制、提高不良容忍度等措施,设立更多面向中小微企业和个体工商户的贷款产品,以优惠利率提供贷款支持。加快落地新创设的普惠型小微贷款支持工具,对普惠型小微贷款投放较好的金融机构,按贷款余额增量的1%给予资金奖励。完善无还本续贷和应急转贷机制,支持银行机构向中小微企业发放循环授信、随借随还的贷款。督促金融机构落实不盲目抽贷、断贷、压贷等政策要求,采取多种措施防控、缓释、化解相关风险。(责任单位:江苏银保监局、人民银行南京分行、省地方金融监管局、省工业和信息化厅)

13. 发挥省综合金融服务平台和省级企业征信服务平台作用,提升普惠金融服务能力。出台加强信用信息共享应用促进中小微企业融资行动计划。鼓励银行机构加大对新市民安居创业、未取得工商营业执照但取得其他有效经营活动证明的个体经营者等市场主体的金融支持。积极开展政银对接活动,主动向银行机构提供中小微企业和个体工商户有效融资需求。(责任单位:省地方金融监管局、省发展改革委、人民银行南京分行、江苏银保监局等有关部门)

三、加大清费减负力度

14. 2022 年被列为疫情中高风险的地区,对承租国有企业(包括全资、控股和实际控制企业)和行政事业单位国有房屋的服务业小微企业和个体工商户,减免 6 个月租金,其他地区减免 3 个月。鼓励各金融机构对减免租金的出租人给予基于房屋租金收入的优惠利率质押贷款等支持。(责任单位:省财政厅、省国资委、省机关管理局、人民银行南京分行)

15. 对符合《中小企业划型标准规定》(工信部联企业〔2011〕300 号)的小微企业,继续全额返还工会经费。(责任单位:省总工会)

16. 鼓励电信运营企业积极设计并推广适合中小微企业经营发展的产品和应用,现阶段对旅游、文化娱乐等生活性服务业中小微企业免费提供 3 个月的云视讯、移动办公、云主机、云财税等服务。(责任单位:省通信管理局)

17. 机关、事业单位从中小企业采购货物、工程、服务,应当自货物、工程、服务交付之日起 30日内交付款项,最长不得超过 60 日。机关、事业单位和大型企业不得强制中小企业接受商业汇票等非现金支付方式,不得滥用商业汇票变相占用中小企业资金。大型企业应在年度报告中向社会公布逾期未支付的中小企业款项。(责任单位:省工业和信息化厅、省国资委、省财政厅)

18. 持续排查处理机关、事业单位和大型企业拒绝或迟延支付中小企业款项,对已过建设期仍未验收的工程项目应加快验收,对达到单项竣工、具备交付使用条件的项目要及时竣工验收、交付使用。(责任单位:省工业和信息化厅、省国资委、省住房城乡建设厅、省财政厅)

四、加大对重点行业恢复发展的支持

19. 在抓好常态化疫情防控的前提下,加强分区分级精细化管理,促进餐饮业恢复发展。低风险地区原则上不得限制餐饮堂食;中风险地区根据疫情防控需要暂停大厅堂食的,大力推广自提、外卖、无接触配送方式。鼓励各地帮助餐饮业市场主体购买停业险。支持餐饮商户有效延长营业时间,完善夜间交通线路,经公安、城市管理等部门评估后,放开夜间非高峰期占道停车,打造具有"烟火气"的消费氛围。(责任单位:省商务厅、省公安厅、省住房城乡建设厅、省市场监管局、省卫生健康委)

20. 从省级文化和旅游发展专项资金中调剂安排 8500 万元,重点支持旅行社、旅游景区等文旅市场主体恢复发展、创新发展。提前开展年度省级文旅产业发展类项目申报评审,及早下达 9000 万元项目资金。下调 2022 年度省级旅游产业发展基金利率 1 个百分点,安排 1000 万元对基金贷款项目利息给予补贴。继续按 80% 比例暂退旅游服务质量保证金。鼓励酒店、景区、民宿、旅行社、文娱企业等开展各种促销活动,顺延公园年票有效使用期限。(责任单位:省文化和旅游厅、省财政厅)

21. 鼓励各地文化和旅游部门与工会加强合作,将符合条件的民宿、乡村产业集聚区、特色(风情)小镇、红色旅游景区等纳入疗休养活动范围,开发形式多样、内容丰富和符合政策的路线和产品。鼓励党政机关、国有企事业单位在财政支出定额范围内,按程序委托旅行社、酒店等企业承办培训、会议活动,委托餐饮企业提供用餐供配服务。(责任单位:省文化和旅游厅、省总工会、省财政厅)

22. 对每月通行次数在 30 次(含)以上的 ETC 公路客运班线客车,给予通行费八五折优惠。延续实施"运政苏通卡"货运车辆通行费八五折优惠政策。对进出南京港、连云港港、太仓港的集装箱运输车辆及中欧班列集装箱主要装车点和集货点的运输车辆,继续在全省所有高速公路、普通公路收费站全免车辆通行费。(责任单位:省交通运输厅、省发展改革委、省财政厅、江苏交通控股公司)

23. 支持客运枢纽向城市综合体转型,统筹枢纽地上地下空间复合利用,打造城市综合体。在保证交通基本服务功能的前提下,适度拓展车辆租赁、旅游集散、邮政快递、商务会展、贸易金融、文化休闲、购物餐饮等功能,促进交通与关联消费产业集聚发展。(责任单位:省交通运输厅、省商务厅、省文化和旅游厅)

24. 加大以保险、保函替代现金缴纳保证金的推进力度。在充分尊重企业自主选择权的前提下,推动建筑等领域保证金保函全覆盖。创新旅行社旅游服务质量保证金缴纳方式,探索开展保险替代现金或银行保函缴纳保证金试点工作。(责任单位:省住房城乡建设厅、省文化和旅游厅、江苏银保监局)

25. 组织举办"苏新消费"四季系列主题购物节,推出各层级千场促消费活动,安排省级商务发展资金给予专项支持。鼓励有条件的地方以发放现金补贴、免费开放场馆设施等方式,引导消费需求释放,扩大商贸、餐饮企业销售。支持各地开展新能源汽车下乡,鼓励地方开展绿色智能家电下乡,通过企业让利、降低首付比例等方式,促进农村居民消费。(责任单位:省商务厅、省财政厅、省工业和信息化厅)

五、加强外贸企业帮扶

26. 支持外贸企业通过线上线下展会开拓国际市场,通过省级商务发展专项资金对中小微企业参展费用予以支持。上半年组织举办 3＋60 场"江苏优品·畅行全球"线上展会和对接会,全年组织举办 40 场"苏新服务·智惠全球"线上对接会。(责任单位:省商务厅、省财政厅、省贸促会)

27. 鼓励各港口企业加强与大型国际班轮公司以及国内航运骨干企业合作,与班轮公司签订长约合同,加快调整优化运输结构,构建高质量物流网络。(责任单位:省交通运输厅、省财政厅、省商务厅、省港口集团)

28. 对完成技术改造的加工贸易企业,省级相关专项资金对符合条件的技改项目予以扶持。鼓励金融机构为加工贸易企业提供无抵押优惠利率贷款,对内销加工贸易货物的企业,暂免征收内销缓税利息。帮助企业出口转内销,引导外贸企业与大型电商平台合作,拓展国内市场销售渠道。(责任单位:省工业和信息化厅、人民银行南京分行、南京海关、省商务厅、省财政厅)

29. 安排省级商务发展资金用于出口信用保险保费扶持,继续实施小微外贸企业平台统保政策,鼓励支持出口信用保险机构加大对外贸企业承保力度。在依法合规、风险可控前提下,优化出口信保承保和理赔条件,加大对中小微外贸企业、出运前订单被取消风险等的保障力度。对资金周转确有困难的企业,实行保费分期缴纳的便利措施。(责任单位:省商务厅、省财政厅、江苏银保监局、中国出口信用保险公司江苏省分公司)

30. 广泛开展 RCEP 优惠政策宣传辅导,为企业及时提供签发 RCEP 等自贸协定项下优惠原产地证书、货物暂准进口通关(ATA)单证册、国际商事证明书和代办领事认证等服务。(责任单位:省商务厅、省贸促会)

六、着力缓解价格上涨压力

31. 强化大宗商品价格监测预警,严厉打击串通涨价、资本炒作、价格欺诈等违法违规行为。推动行业协会、大型企业搭建重点行业产业链供需对接平台,加强原材料保供对接服务,帮助中小微企业应对采购、销售、仓储等经营风险。(责任单位:省发展改革委、省工业和信息化厅、省市场监管局)

32. 推动期货公司深化市场主体风险管理服务,探索基差贸易、仓单服务、合作套保等模式,提供个性化风险管理服务,鼓励各地对企业运用期货套期保值工具应对原材料价格大幅波动风险给予补贴。(责任单位:江苏证监局、省财政厅)

七、加强政府采购支持

33. 综合运用履约保证金保险、小微企业报价 10％扣除等政策,支持中小微企业参与政府采购。完善升级"苏采云"信息化系统,实现政府采购全流程电子化操作,全面取消政府采购投标保证金,完善预付款制度,缩短政府采购合同签订时间。推动"政采贷"扩面增量,全面开展"政采贷"线上融资,向中标、成交供应商提供无抵押、无担保的信用融资。(责任单位:省财政厅、省工业和信息化厅)

八、持续优化提升服务

34. 在不改变土地出让合同约定前提下，对符合条件的工业企业高标准厂房，可以根据企业申请分幢办理不动产权证书。（责任单位：省自然资源厅）

35. 放宽"住改商"政策，简化办理流程。各地根据城市规划和管理需要，划定区域禁止开展特定经营活动的，须制定禁设区域目录并向社会公布，目录以外不得限制经营。对销售农副产品、日常生活用品或者个人利用自身技能从事依法无须取得许可的便民劳务活动的个体经营者，予以豁免登记。（责任单位：省自然资源厅、省市场监管局）

36. 推行电水气暖业务联合办理，建立公共设施联合办理机制，推动在市、县综合性政务服务大厅、电水气暖等营业窗口和省一体化政务服务平台提供联合申请服务，一次性完成电水气暖现场查勘、验收、开通等服务。（责任单位：省住房城乡建设厅、省电力公司、省政务办）

37. 实施包容审慎监管，推行柔性执法，对个体工商户轻微违法行为，不涉及食品药品安全、安全生产、生态环境保护等重点领域，对社会危害不大的，依法不予处罚或从轻、减轻处罚；被处以罚款但确有经济困难的，可申请暂缓或分期缴纳。健全"双随机、一公开"监管机制，提升事中事后监管效能。（责任单位：省市场监管局、省药监局、省应急厅、省生态环境厅）

38. 持续完善"万所联万会"工作机制，指导法律服务产业园、法律服务中心制定法律服务清单，加强中小微企业普惠性法律服务。组建法律服务团，汇聚律师、公证、人民调解、仲裁等法律服务资源，免费为个体工商户提供咨询、调解等法律服务，指导个体工商户化解合同履约、劳动用工等方面法律纠纷。（责任单位：省司法厅）

39. 大力推广"苏企通"平台应用，精准推送和快速办理惠企政策。建立健全惠企政策直达机制，方便企业一次申报、全程网办、快速办理。推进涉企审批减环节、减材料、减时限、减费用，按照"免申即享""网申捷享""代办直达"等方式，除有特殊要求的资金外，实现财政奖补、减税降费等快速审核、快速拨付、便捷享受。（责任单位：省政务办、省发展改革委、省科技厅、省财政厅、省工业和信息化厅、省住房城乡建设厅、省市场监管局、省商务厅、省税务局）

40. 压紧压实地方党政领导责任、部门监管责任和企业主体责任，持续深化提升安全生产专项整治三年行动，加强重点行业领域风险评估和监测预警，坚决防范遏制重特大事故发生，不断提升本质安全水平。（责任单位：省应急厅）

以上政策措施自印发之日起实施，未特别注明时限的，有效期至 2022 年底。如国家出台同类政策，原则上按"取高不重复"原则执行。各地各部门要抓紧制定具体实施细则，推动各项政策措施落地见效。省政府办公厅将适时就政策措施贯彻落实情况开展督促检查。

五、关于加快推动制造服务业高质量发展的意见

发改产业〔2021〕372号

各省、自治区、直辖市及计划单列市,新疆生产建设兵团有关部门:

制造服务业是面向制造业的生产性服务业,是提升制造业产品竞争力和综合实力、促进制造业转型升级和高质量发展的重要支撑。当前,我国制造服务业供给质量不高,专业化、社会化程度不够,引领制造业价值链攀升的作用不明显,与建设现代化经济体系、实现经济高质量发展的要求还存在差距。为加快推动制造服务业高质量发展,现提出以下意见。

一、总体要求

(一)指导思想。以习近平新时代中国特色社会主义思想为指导,全面贯彻党的十九大和十九届二中、三中、四中、五中全会精神,坚定不移贯彻新发展理念,以推动高质量发展为主题,以深化供给侧结构性改革为主线,充分发挥市场在资源配置中的决定性作用,更好发挥政府作用,聚焦重点领域和关键环节,培育壮大服务主体,加快提升面向制造业的专业化、社会化、综合性服务能力,提高制造业产业链整体质量和水平,以高质量供给适应引领创造新需求,为加快建设现代化经济体系,加快构建以国内大循环为主体、国内国际双循环相互促进的新发展格局提供有力支撑。

(二)发展目标。力争到2025年,制造服务业在提升制造业质量效益、创新能力、资源配置效率等方面的作用显著增强,对制造业高质量发展的支撑和引领作用更加突出。重点领域制造服务业专业化、标准化、品牌化、数字化、国际化发展水平明显提升,形成一批特色鲜明、优势突出的制造服务业集聚区和示范企业。

二、制造服务业发展方向

聚焦重点环节和领域,从6个方面加快推动制造服务业发展,以高质量的服务供给引领制造业转型升级和品质提升。

(三)提升制造业创新能力。发展研究开发、技术转移、创业孵化、知识产权、科技咨询等科技服务业,加强关键核心技术攻关,加速科技成果转化,夯实产学研协同创新基础,推动产业链与创新链精准对接、深度融合,提升制造业技术创新能力,提高制造业产业基础高级化、产业链供应链现代化水平。提升商务咨询专业化、数字化水平,助力制造业企业树立战略思维、创新管理模式、优化治理结构,推动提高经营效益。加快工业设计创新发展,提升制造业设计能力和水平,推动中国制造向中国创造转变。(科技部、工业和信息化部、发展改革委、商务部、知识产权局按职责分工负责)

（四）优化制造业供给质量。支持企业和专业机构提供质量管理、控制、评价等服务，扩大制造业优质产品和服务供给，提升供给体系对需求的适配性。加快检验检测认证服务业市场化、国际化、专业化、集约化、规范化改革和发展，提高服务水平和公信力，推进国家检验检测认证公共服务平台建设，推动提升制造业产品和服务质量。加强国家计量基准标准和标准物质建设，提升计量测试能力水平，优化计量测试服务业市场供给。发展面向制造业的研发、制造、交付、维护等产品全生命周期管理，实现制造业链条延伸和价值增值。鼓励专业服务机构积极参与制造业品牌建设和市场推广，加强品牌和营销管理服务，提升制造业品牌效应和市场竞争力。（市场监管总局、商务部、科技部、工业和信息化部、发展改革委按职责分工负责）

（五）提高制造业生产效率。利用 5G、大数据、云计算、人工智能、区块链等新一代信息技术，大力发展智能制造，实现供需精准高效匹配，促进制造业发展模式和企业形态根本性变革。加快发展工业软件、工业互联网，培育共享制造、共享设计和共享数据平台，推动制造业实现资源高效利用和价值共享。发展现代物流服务体系，促进信息资源融合共享，推动实现采购、生产、流通等上下游环节信息实时采集、互联互通，提高生产制造和物流一体化运作水平。（工业和信息化部、发展改革委、交通运输部、商务部按职责分工负责）

（六）支撑制造业绿色发展。强化节能环保服务对制造业绿色发展的支撑作用，推进合同能源管理、节能诊断、节能评估、节能技术改造咨询服务、节能环保融资、第三方监测、环境污染第三方治理、环境综合治理托管服务等模式，推动节能环保服务由单一、短时效的技术服务，向咨询、管理、投融资等多领域、全周期的综合服务延伸拓展。发展回收与利用服务，完善再生资源回收利用体系，畅通汽车、纺织、家电等产品生产、消费、回收、处理、再利用全链条，实现产品经济价值和社会价值最大化。（生态环境部、工业和信息化部、商务部、发展改革委按职责分工负责）

（七）增强制造业发展活力。更好发挥资本市场的作用，充分利用多元化金融工具，不断创新服务模式，为制造业发展提供更高质量、更有效率的金融服务。发展人力资源管理服务，提升人才管理能力和水平，优化人才激励机制，推动稳定制造业就业，助力实现共同富裕。加大数据资源开发、开放和共享力度，促进知识、信息、数据等新生产要素合理流动、有效集聚和利用，促进制造业数字化转型。（证监会、银保监会、人民银行、人力资源社会保障部、网信办、发展改革委按职责分工负责）

（八）推动制造业供应链创新应用。健全制造业供应链服务体系，稳步推进制造业智慧供应链体系，创新网络和服务平台建设，推动制造业供应链向产业服务供应链转型。支持制造业企业发挥自身供应链优势赋能上下游企业，促进各环节高效衔接和全流程协同。巩固制造业供应链核心环节竞争力，补足制造业供应链短板。推动感知技术在制造业供应链关键节点的应用，推进重点行业供应链体系智能化，逐步实现供应链可视化。建立制造业供应链评价体系，逐步形成重要资源和产品全球供应链风险预警系统，完善全球供应链风险预警机制，提升我国制造业供应链全球影响力和竞争力。（工业和信息化部、商务部按职责分工负责）

三、加快制造服务业发展专项行动

以专项行动和重点工程为抓手，统筹谋划、重点突破，实现制造业与制造服务业耦合共生、相融相长。

（九）制造服务业主体培育行动。围绕制造业共性服务需求，加快培育一批集战略咨询、管理优化、解决方案创新、数字能力建设于一体的综合性服务平台。支持制造业企业按照市场化原则，剥离非核心服务，为产业链上下游企业提供研发设计、创业孵化、计量测试、检验检测等社会化、专业化服务。鼓励制造服务业企业按照市场化原则开展并购重组，实现集约化和品牌化发展。培育一批制造服务业新型产业服务平台或社会组织，鼓励其开展协同研发、资源共享和成果推广应用等活动。（发展改革委、工业和信息化部、国资委按职责分工负责）

（十）融合发展试点示范行动。深入推进先进制造业和现代服务业融合发展试点，培育服务衍生制造、供应链管理、总集成总承包等新业态新模式，探索原材料、消费品、装备制造等重点行业领域与服务业融合发展新路径。进一步健全要素配置、市场监管、统计监测等方面工作机制，打造一批深度融合型企业和平台。遴选培育一批服务型制造示范企业、平台、项目和城市，推动服务型制造理念得到普遍认可、服务型制造主要模式深入发展。（发展改革委、工业和信息化部、统计局按职责分工负责）

（十一）中国制造品牌培育行动。完善国家质量基础设施，加强标准、计量、专利等体系和能力建设，深入开展质量提升行动。充分调动企业作为品牌建设主体的主观能动性，建立以质量为基础的品牌发展战略，不断优化产品和服务供给，促进制造业企业提升质量管理水平。持续办好中国品牌日活动，讲好中国品牌故事，宣传推介国货精品，在全社会进一步传播品牌发展理念，增强品牌发展意识，凝聚品牌发展共识。（市场监管总局、工业和信息化部、发展改革委、商务部、知识产权局按职责分工负责）

（十二）制造业智能转型行动。制定重点行业领域数字化转型路线图。抓紧研制两化融合成熟度、供应链数字化等亟需标准，加快工业设备和企业上云用云步伐。实施中小企业数字化赋能专项行动，集聚一批面向制造业中小企业的数字化服务商。推进"5G＋工业互联网"512工程，打造5个内网建设改造公共服务平台，遴选10个重点行业，挖掘20个典型应用场景。在冶金、石化、汽车、家电等重点领域遴选一批实施成效突出、复制推广价值大的智能制造标杆工厂，加快制定分行业智能制造实施路线图，修订完善国家智能制造标准体系。开展联网制造企业网络安全能力贯标行动，遴选一批贯标示范企业。（工业和信息化部、发展改革委、市场监管总局按职责分工负责）

（十三）制造业研发设计能力提升行动。推动新型研发机构健康有序发展，支持科技企业与高校、科研机构合作建立技术研发中心、产业研究院、中试基地等新型研发机构，盘活并整合创新资源，推动产学研协同创新。大力推进系统设计、绿色设计和创意设计的理念与方法普及，开展高端装备制造业及传统优势产业等领域重点设计突破工程，培育一批国家级和省级工业设计研究平台，突出设计创新创意园区对经济社会发展的综合拉动效应，探索建立以创新为核心的设计赋能机制，推动制造业设计能力全面提升。（科技部、工业和信息化部、发展改革委按职责分工负责）

（十四）制造业绿色化改造行动。开展绿色产业示范基地建设，搭建绿色发展促进平台，培育一批具有自主知识产权和专业化服务能力的市场主体，推动提高钢铁、石化、化工、有色、建材、纺织、造纸、皮革等行业绿色化水平。积极打造家电销售和废旧家电回收处理产业链，探索实施家电企业生产者责任延伸目标制度，研究开展废弃电器电子产品拆解企业资源环境绩效评价，促进家电更新消费。（发展改革委、工业和信息化部、生态环境部按职责分工负责）

（十五）制造业供应链创新发展行动。探索实施制造业供应链竞争力提升工程，逐步完善战略性新兴产业供应链关键配套体系，巩固制造业供应链核心环节竞争力。开展制造业供应链协同性、安全性、稳定性、竞争力等综合评估，研究绘制基于国内国际产业循环的制造业重点行业供应链全景图。鼓励企业积极参与全球供应链网络，建立重要资源和产品全球供应链风险预警系统。研究国家制造业供应链安全计划，建立全球供应链风险预警评价指标体系。（工业和信息化部、商务部按职责分工负责）

（十六）制造服务业标准体系建设行动。深入开展信息技术、科创服务、金融服务、服务外包、售后服务、人力资源服务、现代物流、现代供应链、设施管理等服务领域标准化建设行动，推动制造服务业标准体系逐步完善。持续完善工业互联网标识解析体系、网络互联、边缘计算、数据规范体系和工业 APP 等共性标准，支持涉及安全健康环保的技术要求制定强制性国家标准。（市场监管总局、发展改革委、工业和信息化部、商务部、人民银行等部门按职责分工负责）

（十七）制造业计量能力提升行动。构建国家现代先进测量体系，加快国家产业计量测试中心和联盟建设，培育计量测试等高技术制造服务业，聚焦制造业"测不了、测不准"难题，加强计量测试技术研究和应用，加大专用计量测试装备研发和仪器仪表研制，提升制造业整体测量能力和水平，赋能制造业产业创新和高质量发展。（市场监管总局、发展改革委、工业和信息化部、科技部按职责分工负责）

四、保障措施

（十八）强化组织保障。充分发挥服务业发展部际联席会议制度作用，加强统筹协调和工作指导。各地区、各有关部门要强化主体责任，形成合力，细化实化工作任务和完成时限，建立高效协同的工作推进机制，确保制造服务业发展取得实效。（发展改革委牵头负责）

（十九）优化发展环境。持续放宽市场准入，进一步破除隐性壁垒。支持从制造企业剥离的制造服务业企业按规定申请认定为高新技术企业和技术先进型服务企业。鼓励制造服务业企业积极承接离岸和在岸服务外包业务。（发展改革委、科技部、商务部按职责分工负责）

（二十）扩大开放合作。推动服务业新一轮高水平对外开放，积极引进全球优质服务资源，鼓励研发设计、节能环保、环境服务等知识技术密集型服务进口。积极推动我国技术质量标准和规范走出去，持续完善检验检测和认证认可国际合作交流体系，加快推进与重点出口市场认证证书和检验结果互认。以"一带一路"建设为重点，鼓励供应链管理、咨询、法律、会计等专业服务与制造业协同走出去，增强全球服务市场资源配置能力。（发展改革委、商务部、市场监管总局、司法部、财政部按职责分工负责）

（二十一）加强用地保障。各地可根据实际情况，以"先存量、后增量"的原则，在国土空间规划中明确用地结构和产业用地指标。在符合国土空间规划和用途管制的前提下，推动不同产业用地类型合理转换，探索增加混合产业用地供给，鼓励各地探索创新产业用地模式，适应制造服务业发展。（自然资源部牵头负责）

（二十二）强化人才支撑。加快制造服务领域创新型、应用型、复合型人才培养培训，充实壮大高水平制造服务业人才队伍。紧跟制造服务业发展趋势和市场需求，深化新工科建设，调整优化院校专业结构,加强校企合作,探索中国特色学徒制,推动产教深度融合。总结推广学历证书＋若干职业技能等级证书("1＋X"证书)制度试点经验。完善技能人才评价制度,推动人才评价与使用紧密结合,打破身份、学历等限制,贯通制造服务业人才职业发展通道。进一步落实高层次人才引进政策,加大引进海外制造服务业高层次人才、领军型创业创新团队。(人力资源社会保障部、教育部、发展改革委按职责分工负责)

(二十三)拓宽融资渠道。引导金融机构在依法合规、风险可控的前提下,加大对制造服务业企业的融资支持力度,支持符合条件的制造服务业企业开展债券融资,有效扩大知识产权、合同能源管理未来收益权等无形资产质押融资规模,创新发展供应链金融,逐步发展大型设备、公用设施、生产线等领域的设备租赁和融资租赁服务,开发适合制造服务业特点的金融产品,鼓励创投机构加大对制造服务业的资本投入。支持符合条件的制造服务业企业到主板、创业板及境外资本市场上市融资。(人民银行、银保监会、发展改革委、证监会按职责分工负责)

(二十四)构建协同发展生态。加强区域协作,增强产业布局协同性,实现功能互补、错位发展,形成一体化发展的制造服务业生态圈。支持制造服务业集聚发展,完善配套功能,优化集聚生态。依托龙头企业构建产业链增值服务的生态系统,推动上下游企业开展协同采购、协同制造、协同物流,促进大中小企业专业化分工协作,构建创新协同、产能共享、供应链互通的生态链。(发展改革委、工业和信息化部按职责分工负责)

国家发展改革委　教育部　科技部　工业和信息化部　司法部　人力资源社会保障部自然资源部　生态环境部　交通运输部　商务部　人民银行　市场监管总局　银保监会

2021年3月16日

六、关于推动生活性服务业补短板上水平提高人民生活品质若干意见的通知

国办函〔2021〕103号

各省、自治区、直辖市人民政府，国务院各部委、各直属机构：

国家发展改革委《关于推动生活性服务业补短板上水平提高人民生活品质的若干意见》已经国务院同意，现转发给你们，请认真贯彻落实。

国务院办公厅

2021年10月13日

（此件公开发布）

关于推动生活性服务业补短板上水平提高人民生活品质的若干意见

国家发展改革委

近年来，我国生活性服务业蓬勃发展，对优化经济结构、扩大国内需求、促进居民就业、保障改善民生发挥了重要作用，但也存在有效供给不足、便利共享不够、质量标准不高、人才支撑不强、营商环境不优、政策落地不到位等问题。为推动生活性服务业补短板、上水平，提高人民生活品质，更好满足人民群众日益增长的美好生活需要，现提出以下意见。

一、加强公益性基础性服务供给

（一）强化基本公共服务保障。加强城乡教育、公共卫生、基本医疗、文化体育等领域基本公共服务能力建设。认真落实并动态调整国家基本公共服务标准，确保项目全覆盖、质量全达标。以服务半径和服务人口为依据做好基本公共服务设施规划建设。探索建立公共服务短板状况第三方监测评价机制。

（二）扩大普惠性生活服务供给。在"一老一小"等供需矛盾突出的领域，通过政府购买服务、公建民营、民办公助等方式引入社会力量发展质量有保障、价格可承受的普惠性生活服务。加强普惠性生活服务机构（网点）建设，纳入新建、改建居住区公共服务配套设施规划予以统筹。加强省级统筹，推动县市因地制宜制定社区普惠性生活服务机构（网点）认定支持具体办法，实行统一标识、统一挂牌，开展社会信用承诺。

（三）大力发展社区便民服务。推动公共服务机构、便民服务设施、商业服务网点辐射所有城乡社区，推进社区物业延伸发展基础性、嵌入式服务。推动大城市加快发展老年助餐、居家照护服务，力争五年内逐步覆盖80％以上社区。支持城市利用社会力量发展托育服务设施。推动构建一

刻钟便民生活圈,统筹城市生活服务网点建设改造,扩大网点规模,完善网点布局、业态结构和服务功能。探索社区服务设施"一点多用",提升一站式便民服务能力。探索建立社区生活服务"好差评"评价机制和质量认证机制。

二、加快补齐服务场地设施短板

(四)推动社区基础服务设施达标。结合推进城镇老旧小区改造和城市居住社区建设补短板,建设社区综合服务设施,统筹设置幼儿园、托育点、养老服务设施、卫生服务中心(站)、微型消防站、体育健身设施、家政服务点、维修点、便利店、菜店、食堂以及公共阅读和双创空间等。开展社区基础服务设施面积条件达标监测评价。

(五)完善老年人、儿童和残疾人服务设施。推进城乡公共服务设施和公共空间适老化、适儿化改造。在提供数字化智能化服务的同时,保留必要的传统服务方式。建设社区老年教育教学点,推进老年人居家适老化改造。开展儿童友好城市示范,加强校外活动场所、社区儿童之家建设,发展家庭托育点。加快无障碍环境建设和困难重度残疾人家庭无障碍改造,开展康复辅助器具社区租赁。

(六)强化服务设施建设运营保障。各地补建社区"一老一小"、公共卫生、全民健身等服务设施,可依法依规适当放宽用地和容积率限制。在确保安全规范前提下,提供社区群众急需服务的市场主体可租赁普通住宅设置服务网点。推进存量建筑盘活利用,支持大城市疏解腾退资源优先改造用于社区服务。推广政府无偿或低价提供场地设施、市场主体微利运营模式,降低普惠性生活服务成本。

三、加强服务标准品牌质量建设

(七)加快构建行业性标杆化服务标准。支持以企业为主体、行业组织为依托,在养老、育幼、家政、物业服务等领域开展服务业标准化试点,推出一批标杆化服务标准。加强生活性服务业质量监测评价和通报工作,推广分领域质量认证。推动各地开展生活性服务业"领跑者"企业建设,以养老、育幼、体育、家政、社区服务为重点,培育一批诚信经营、优质服务的示范性企业。

(八)创建生活性服务业品牌。推动各地在养老、育幼、文化、旅游、体育、家政等领域培育若干特色鲜明的服务品牌。深入实施商标品牌战略,健全以产品、企业、区域品牌为支撑的品牌体系。引导各地多形式多渠道加强优质服务品牌推介。

四、强化高质量人力资源支撑

(九)完善产教融合人才培养模式。支持生活性服务业企业深化产教融合,联合高等学校和职业学校共同开发课程标准、共建共享实习实训基地、联合开展师资培训,符合条件的优先纳入产教融合型企业建设培育库。加快养老、育幼、家政等相关专业紧缺人才培养,允许符合条件的企业在岗职工以工学交替等方式接受高等职业教育。加强本科层次人才培养,支持护理、康复、家政、育幼等相关专业高职毕业生提升学历。到2025年,力争全国护理、康复、家政、育幼等生活性服务业相关专业本科在校生规模比 2020 年增加 10 万人。

（十）开展大规模职业技能培训。强化生活服务技能培训，推进落实农村转移就业劳动力、下岗失业人员和转岗职工、残疾人等重点群体培训补贴政策，对符合条件的人员按规定落实培训期间生活费补贴。在人口大省、大市、大县打造一批高质量劳动力培训基地。逐年扩大生活性服务业职业技能培训规模。

（十一）畅通从业人员职业发展通道。推动养老、育幼、家政、体育健身企业员工制转型，对符合条件的员工制企业吸纳就业困难人员及高校毕业生就业的，按规定给予社保补贴。做好从业人员职业技能、工作年限与技能人才支持政策和积分落户政策的衔接。关心关爱从业人员，保障合法权益，宣传激励优秀典型。

五、推动服务数字化赋能

（十二）加快线上线下融合发展。加快推动生活服务市场主体特别是小微企业和个体工商户"上云用数赋智"，完善电子商务公共服务体系，引导电子商务平台企业依法依规为市场主体提供信息、营销、配送、供应链等一站式、一体化服务。引导各类市场主体积极拓展在线技能培训、数字健康、数字文化场馆、虚拟景区、虚拟养老院、在线健身、智慧社区等新型服务应用。加强线上线下融合互动，通过预约服务、无接触服务、沉浸式体验等扩大优质服务覆盖面。

（十三）推动服务数据开放共享。在保障数据安全和保护个人隐私前提下，分领域制定生活服务数据开放共享标准和目录清单，优先推进旅游、体育、家政等领域公共数据开放。面向市场主体和从业人员，分领域探索建设服务质量用户评价分享平台，降低服务供需信息不对称，实现服务精准供给。引导支持各地加强政企合作，建设面向生活性服务业重点应用场景的数字化、智能化基础设施，打造城市社区智慧生活支撑平台。

六、培育强大市场激活消费需求

（十四）因地制宜优化生活性服务业功能布局。推动东部地区积极培育生活性服务业领域新兴产业集群，率先实现品质化多样化升级。支持中西部和东北地区补齐生活服务短板，健全城乡服务对接机制，推进公共教育服务优质均衡发展，完善区域医疗中心布局，加快发展文化、旅游、体育服务。支持欠发达地区和农村地区发展"生态旅游＋"等服务，培育乡村文化产业，提升吸纳脱贫人口特别是易地搬迁群众就业能力。

（十五）推进服务业态融合创新。在生活性服务业各领域，纵深推动大众创业万众创新。创新医养结合模式，健全医疗与养老机构深度合作、相互延伸机制。促进"体育＋健康"服务发展，构建体医融合的疾病管理和健康服务模式。推进文化、体育、休闲与旅游深度融合，推动红色旅游、工业旅游、乡村旅游、健康旅游等业态高质量发展。促进"服务＋制造"融合创新，加强物联网、人工智能、大数据、虚拟现实等在健康、养老、育幼、文化、旅游、体育等领域应用，发展健康设备、活动装备、健身器材、文创产品、康复辅助器械设计制造，实现服务需求和产品创新相互促进。

（十六）促进城市生活服务品质提升。开展高品质生活城市建设行动，推动地方人民政府制定生活性服务业发展整体解决方案，支持有条件的城市发起设立美好生活城市联盟。支持大城市建设业态丰富、品牌汇集、环境舒适、特色鲜明、辐射带动能力强的生活性服务业消费集聚区，推动中小城市提高生活服务消费承载力。支持各地推出一批有代表性的服务场景和示范项目，加强城市特色商业街区、旅游休闲街区和商圈建设，集成文化娱乐、旅游休闲、体育健身、餐饮住宿、生活便利服务，打造综合服务载体。

（十七）激活县乡生活服务消费。加快贯通县乡村三级电子商务服务体系和快递物流配送体系，大力推进电商、快递进农村。建设农村生活服务网络，推进便民服务企业在县城建设服务综合体，在乡镇设置服务门店，在行政村设置服务网点。经常性开展医疗问诊、文化、电影、体育等下乡活动。

（十八）开展生活服务消费促进行动。推动各地区有针对性地推出一批务实管用的促消费措施，地方人民政府促消费相关投入优先考虑支持群众急需的生活服务领域。深化工会送温暖活动，切实做好职工福利和生活保障，广泛开展职工生活服务项目，为职工提供健康管理、养老育幼、心理疏导、文化体育等专业服务。

七、打造市场化法治化国际化营商环境

（十九）提升政务服务便利化水平。健全卫生健康、养老、育幼、文化、旅游、体育、家政等服务机构设立指引，明确办理环节和时限并向社会公布。简化普惠性生活服务企业审批程序，鼓励连锁化运营，推广实施"一照多址"注册登记。

（二十）积极有序扩大对外开放。完善外商投资准入前国民待遇加负面清单管理制度。有序推进教育、医疗、文化等领域相关业务开放。支持粤港澳大湾区、海南自由贸易港、自由贸易试验区依法简化审批流程，更大力度吸引和利用外资。探索引入境外家政职业培训机构落户海南。

（二十一）完善监督检查机制。制定实施重点领域监管清单，梳理现场检查事项并向社会公开，大力推行远程监管、移动监管、预警防控等非现场监管。依托"信用中国"网站、国家企业信用信息公示系统等加强生活性服务业企业信用信息公开，及时公示行政许可、行政处罚、抽查检查结果等信息，加快构建以信用为基础的新型监管机制。

（二十二）加强权益保障。依法保护各类市场主体产权和合法权益，严格规范公正文明执法。维护公平竞争市场秩序，严厉打击不正当竞争行为。促进平台经济规范健康发展，从严治理滥用垄断地位、价格歧视、贩卖个人信息等违法行为。开展民生领域案件查办"铁拳"行动，从严查处群众反映强烈的预付消费"跑路坑民"、虚假广告宣传、非法集资等案件。

八、完善支持政策

（二十三）加强财税和投资支持。地方各级人民政府要强化投入保障，统筹各类资源支持生活性服务业发展。各地安排的相关资金要优先用于支持普惠性生活服务。落实支持生活性服务业发展的税收政策。发挥中央预算内投资的引导和撬动作用，加强教育、医疗卫生、文化、旅游、社会服务、"一老一小"等设施建设，积极支持城镇老旧小区改造配套公共服务设施建设。对价格普惠且具

有一定收益的公共服务设施项目,符合条件的纳入地方政府专项债券支持范围。

(二十四)加大金融支持力度。积极运用再贷款再贴现等工具支持包括生活性服务业企业在内的涉农领域、小微企业、民营企业发展。引导商业银行扩大信用贷款、增加首贷户,推广"信易贷",使资金更多流向小微企业、个体工商户。鼓励保险机构开展生活性服务业保险产品和服务创新。

(二十五)完善价格和用地等支持政策。注重与政府综合投入水平衔接配套,合理制定基础性公共服务价格标准。充分考虑当地群众可承受度以及相关机构运营成本,加强对普惠性生活服务的价格指导。经县级以上地方人民政府批准,对利用存量建筑兴办国家支持产业、行业提供普惠性生活服务的,可享受 5 年内不改变用地主体和规划条件的过渡期支持政策。对建筑面积 300 平方米以下或总投资 30 万元以下的社区服务设施,县级以上地方人民政府可因地制宜优化办理消防验收备案手续。

(二十六)增强市场主体抗风险能力。健全重大疫情、灾难、事故等应急救助机制,对提供群众急需普惠性生活服务的市场主体特别是小微企业,及时建立绿色通道,强化应急物资供应保障,落实租金减免、运营补贴、税费减免、融资服务等必要帮扶措施。鼓励发展适应疫情常态化防控要求的生活性服务业新业态。

九、加强组织实施

(二十七)健全工作统筹协调机制。国家发展改革委会同有关部门开展高品质生活城市建设行动,各部门按照职责分工组织实施相关建设行动,抓好相关领域和行业支持生活性服务业发展工作,完善行业政策、标准和规范。

(二十八)压实地方主体责任。县级以上地方人民政府要切实履行主体责任,因地制宜、因城施策编制生活性服务业发展行动方案,研究制定具体措施。省级人民政府要探索将生活性服务业发展纳入市县绩效考核范围,确保各项任务落实落地。

(二十九)加强统计监测评价。完善生活性服务业统计分类标准,探索逐步建立统计监测制度,建立常态化运行监测机制和多方参与评价机制,逐步形成信息定期发布制度。

(三十)强化舆论宣传引导。各地区、各部门要广泛宣传动员,加强舆论引导,做好政策解读,主动回应社会关切,及时推广新做法新经验新机制,为生活性服务业发展营造良好氛围。

数据篇

一、全国人口及地区生产总值（2021 年）

地 区	年末常住人口（万人）	年末城镇人口比重（％）	地区生产总值（亿元）	第一产业	第二产业	第三产业	人均地区生产总值（元）
全　国	141260	64.7	1143670	83086	450904	609680	80976
北　京	2189	87.5	40269.55	111.34	7268.60	32889.61	183980
天　津	1373	84.9	15695.05	225.41	5854.27	9615.37	113732
河　北	7448	61.1	40391.27	4030.34	16364.22	19996.71	54172
山　西	3480	63.4	22590.16	1286.87	11213.13	10090.16	64821
内蒙古	2400	68.2	20514.19	2225.23	9374.19	8914.77	85422
辽　宁	4229	72.8	27584.08	2461.76	10875.23	14247.09	65026
吉　林	2375	63.4	13235.52	1553.84	4768.28	6913.40	55450
黑龙江	3125	65.7	14879.19	3462.97	3975.29	7440.93	47266
上　海	2489	89.3	43214.85	99.97	11449.32	31665.56	173630
江　苏	8505	73.9	116364.20	4722.42	51775.39	59866.39	137039
浙　江	6540	72.7	73515.76	2209.09	31188.57	40118.10	113032
安　徽	6113	59.4	42959.18	3360.59	17613.19	21985.39	70321
福　建	4187	69.7	48810.36	2897.74	22866.32	23046.30	116939
江　西	4517	61.5	29619.67	2334.29	13183.21	14102.17	65560
山　东	10170	63.9	83095.90	6029.03	33187.16	43879.71	81727
河　南	9883	56.5	58887.41	5620.82	24331.65	28934.93	59410
湖　北	5830	64.1	50012.94	4661.67	18952.90	26398.37	86416
湖　南	6622	59.7	46063.09	4322.92	18126.09	23614.08	69440
广　东	12684	74.6	124369.67	5003.66	50219.19	69146.82	98285
广　西	5037	55.1	24740.86	4015.51	8187.90	12537.45	49206
海　南	1020	61.0	6475.20	1254.44	1238.80	3981.96	63707
重　庆	3212	70.3	27894.02	1922.03	11184.94	14787.05	86879
四　川	8372	57.8	53850.79	5661.86	19901.38	28287.55	64326
贵　州	3852	54.3	19586.42	2730.92	6984.70	9870.80	50808
云　南	4690	51.1	27146.76	3870.17	9589.37	13687.22	57686
西　藏	366	36.6	2080.17	164.12	757.28	1158.77	56831
陕　西	3954	63.6	29800.98	2409.39	13802.52	13589.07	75360
甘　肃	2490	53.3	10243.31	1364.72	3466.56	5412.02	41046
青　海	594	61.0	3346.63	352.65	1332.61	1661.37	56398
宁　夏	725	66.0	4522.31	364.48	2021.55	2136.28	62549
新　疆	2589	57.3	15983.65	2356.06	5967.36	7660.23	61725

注：本表 2020 年人口数据为第七次全国人口普查时点（2020 年 11 月 1 日零时）数。

资料来源：《江苏统计年鉴 2022》

二、全国各地区生产总值构成及增速（2021 年）

地　区	地区生产总值构成（%）	第一产业	第二产业	第三产业	地区生产总值比上年增长（%）
全　国	**100.0**	**7.3**	**39.4**	**53.3**	**8.1**
北　京	100.0	0.3	18.0	81.7	8.5
天　津	100.0	1.4	37.3	61.3	6.6
河　北	100.0	10.0	40.5	49.5	6.5
山　西	100.0	5.7	49.6	44.7	9.1
内蒙古	100.0	10.8	45.7	43.5	6.3
辽　宁	100.0	8.9	39.4	51.6	5.8
吉　林	100.0	11.7	36.0	52.2	6.6
黑龙江	100.0	23.3	26.7	50.0	6.1
上　海	100.0	0.2	26.5	73.3	8.1
江　苏	**100.0**	**4.1**	**44.5**	**51.4**	**8.6**
浙　江	100.0	3.0	42.4	54.6	8.5
安　徽	100.0	7.8	41.0	51.2	8.3
福　建	100.0	5.9	46.8	47.2	8.0
江　西	100.0	7.9	44.5	47.6	8.8
山　东	100.0	7.3	39.9	52.8	8.3
河　南	100.0	9.5	41.3	49.1	6.3
湖　北	100.0	9.3	37.9	52.8	12.9
湖　南	100.0	9.4	39.4	51.3	7.7
广　东	100.0	4.0	40.4	55.6	8.0
广　西	100.0	16.2	33.1	50.7	7.5
海　南	100.0	19.4	19.1	61.5	11.2
重　庆	100.0	6.9	40.1	53.0	8.3
四　川	100.0	10.5	37.0	52.5	8.2
贵　州	100.0	13.9	35.7	50.4	8.1
云　南	100.0	14.3	35.3	50.4	7.3
西　藏	100.0	7.9	36.4	55.7	6.7
陕　西	100.0	8.1	46.3	45.6	6.5
甘　肃	100.0	13.3	33.8	52.8	6.9
青　海	100.0	10.5	39.8	49.6	5.7
宁　夏	100.0	8.1	44.7	47.2	6.7
新　疆	100.0	14.7	37.3	47.9	7.0

资料来源：《江苏统计年鉴 2022》

三、国内外贸易（2021 年）

地　区	社会消费品零售总额（亿元）	进出口总额（亿美元）	出口	进口
全　国	**440823**	**60515**	**33640**	**26875**
北　京	14867.74	4710.20	946.40	3763.80
天　津	3769.78	1325.70	599.70	726.00
河　北	13509.87	838.10	469.00	369.20
山　西	7747.26	345.10	211.40	133.70
内蒙古	5060.31	191.20	74.10	117.20
辽　宁	9783.95	1194.80	512.50	682.30
吉　林	4216.63	232.40	54.70	177.70
黑龙江	5542.89	308.80	69.30	239.50
上　海	18079.25	6286.00	2433.10	3852.90
江　苏	**42702.65**	**8068.70**	**5035.40**	**3033.30**
浙　江	29210.54	6410.90	4661.20	1749.70
安　徽	21471.16	1071.00	633.80	437.10
福　建	20373.11	2855.00	1674.10	1180.90
江　西	12206.69	770.80	568.20	202.50
山　东	33714.55	4536.30	2722.30	1813.90
河　南	24381.70	1271.00	778.10	492.90
湖　北	21561.37	831.40	543.10	288.30
湖　南	18596.85	927.10	652.40	274.80
广　东	44187.71	12795.50	7819.10	4976.40
广　西	8538.50	917.00	454.50	462.50
海　南	2497.62	228.70	51.50	177.20
重　庆	13967.67	1238.30	800.10	438.30
四　川	24133.21	1473.20	884.10	589.10
贵　州	8904.27	101.30	75.40	25.90
云　南	10731.80	486.60	273.50	213.10
西　藏	810.34	6.20	3.50	2.70
陕　西	10250.50	736.40	397.30	339.20
甘　肃	4037.11	75.90	15.00	60.90
青　海	947.84	4.80	2.60	2.20
宁　夏	1335.12	33.20	27.10	6.10
新　疆	3584.62	243.00	197.10	45.90

资料来源：《江苏统计年鉴 2022》

四、江苏省分市地区生产总值构成（2015—2021）

本表按当年价格计算，单位：%

地区	第一产业增加值						
	2015 年	2016 年	2017 年	2018 年	2019 年	2020 年	2021 年
按地区分							
南京市	2.3	2.3	2.2	2.1	2.0	2.0	1.9
无锡市	1.4	1.4	1.3	1.1	1.0	1.0	0.9
徐州市	11.1	10.4	10.0	9.7	9.7	9.9	9.2
常州市	2.8	2.7	2.4	2.3	2.1	2.1	1.9
苏州市	1.5	1.4	1.3	1.2	1.0	1.0	0.8
南通市	5.5	5.1	4.8	4.7	4.6	4.6	4.4
连云港市	12.3	11.9	11.3	11.5	11.6	11.8	10.7
淮安市	11.2	10.5	10.2	10.0	10.1	10.2	9.3
盐城市	12.4	11.7	11.1	11.0	11.0	11.2	11.1
扬州市	6.4	5.7	5.3	5.1	5.0	5.1	4.7
镇江市	4.3	4.0	3.8	3.7	3.4	3.6	3.3
泰州市	6.3	6.2	6.0	6.0	5.7	5.8	5.3
宿迁市	11.5	11.1	10.7	10.9	10.5	10.4	9.5
按区域分							
苏　南	2.1	2.0	1.9	1.7	1.6	1.6	1.4
苏　中	5.9	5.5	5.2	5.1	5.0	5.0	4.7
苏　北	11.6	11.1	10.5	10.5	10.4	10.6	9.9

地区	第二产业增加值						
	2015 年	2016 年	2017 年	2018 年	2019 年	2020 年	2021 年
按地区分							
南京市	39.7	38.6	37.4	36.6	35.9	35.0	36.1
无锡市	47.5	47.4	47.1	47.4	47.3	46.4	47.9
徐州市	43.3	42.2	41.4	40.3	40.2	40.0	41.6
常州市	49.7	48.1	48.1	47.6	47.7	46.3	47.7
苏州市	50.1	48.1	48.3	48.8	47.4	46.5	47.9
南通市	50.9	49.5	49.5	49.2	49.0	47.4	48.6
连云港市	45.1	44.8	44.9	43.4	43.2	41.9	43.6
淮安市	43.0	42.3	42.3	42.1	41.3	40.2	41.5
盐城市	44.3	43.4	42.8	42.9	41.1	39.6	40.6

地区	第二产业增加值						
	2015 年	2016 年	2017 年	2018 年	2019 年	2020 年	2021 年
扬州市	49.5	49.9	48.7	47.8	47.0	45.8	47.9
镇江市	49.5	48.5	48.7	48.4	47.9	47.0	48.7
泰州市	51.9	50.0	49.7	50.2	48.9	47.7	48.4
宿迁市	45.5	45.6	44.8	43.5	42.7	41.8	43.4
按区域分							
苏　南	47.0	45.7	45.4	45.4	44.6	43.6	45.0
苏　中	50.7	49.7	49.3	49.1	48.4	47.0	48.4
苏　北	44.0	43.3	42.9	42.1	41.4	40.4	41.9

地区	第三产业增加值						
	2015 年	2016 年	2017 年	2018 年	2019 年	2020 年	2021 年
按地区分							
南京市	57.9	59.1	60.4	61.2	62.1	63.0	62.0
无锡市	51.1	51.2	51.6	51.5	51.7	52.6	51.2
徐州市	45.7	47.4	48.6	50.1	50.1	50.1	49.2
常州市	47.6	49.3	49.5	50.1	50.2	51.6	50.4
苏州市	48.4	50.4	50.3	50.0	51.6	52.5	51.3
南通市	43.6	45.4	45.7	46.1	46.5	48.0	47.0
连云港市	42.7	43.3	43.9	45.1	45.2	46.3	45.7
淮安市	45.9	47.2	47.5	47.9	48.6	49.6	49.2
盐城市	43.3	44.8	46.1	46.1	47.9	49.2	48.3
扬州市	44.1	44.5	46.0	47.0	47.9	49.1	47.4
镇江市	46.2	47.5	47.5	47.9	48.6	49.4	48.0
泰州市	41.8	43.8	44.4	43.7	45.3	46.5	46.3
宿迁市	43.0	43.3	44.4	45.7	46.8	47.8	47.1
按区域分							
苏　南	51.0	52.3	52.7	52.9	53.8	54.8	53.6
苏　中	43.3	44.7	45.5	45.8	46.6	48.0	46.9
苏　北	44.3	45.6	46.6	47.4	48.2	49.0	48.2

资料来源:《江苏统计年鉴 2022》

五、江苏省按地区分就业人数（2020—2021）

单位：万人

地区	2020 年				2021 年			
	就业人数	第一产业	第二产业	第三产业	就业人数	第一产业	第二产业	第三产业
全 省	4893.0	675.2	1942.5	2275.3	4862.9	629.7	1956.9	2276.3
按地区分								
南京市	484.4	37.6	150.3	296.5	485.1	36.2	152.3	296.6
无锡市	418.8	13.7	206.1	199.0	418.7	13.0	206.6	199.1
徐州市	482.1	95.0	166.5	220.6	475.2	87.0	167.6	220.6
常州市	300.5	26.9	132.6	141.0	300.4	25.3	134.1	141.1
苏州市	747.8	19.2	384.2	344.4	748.8	18.1	386.1	344.6
南通市	486.2	71.9	204.2	210.1	481.9	66.3	205.5	210.2
连云港市	253.0	70.0	77.4	105.6	249.4	65.7	78.1	105.7
淮安市	268.9	70.4	85.2	113.3	265.4	66.2	85.9	113.4
盐城市	418.0	85.4	152.6	179.9	413.0	79.2	153.9	180.0
扬州市	272.3	41.1	103.2	128.0	270.8	38.4	104.3	128.1
镇江市	199.4	19.7	79.3	100.4	198.7	18.4	80.0	100.4
泰州市	278.6	50.0	107.6	121.0	275.6	46.1	108.5	121.0
宿迁市	283.2	74.3	93.2	115.6	279.8	70.0	94.1	115.7
按区域分								
苏 南	2150.9	117.1	952.6	1081.2	2151.7	110.9	959.1	1081.8
苏 中	1037.1	163.1	414.9	459.1	1028.3	150.8	418.3	459.2
苏 北	1705.1	395.1	575.0	735.0	1682.8	368.0	579.5	735.3

资料来源:《江苏统计年鉴 2022》

六、分市财政收支（2021年）

指 标	南京市	无锡市	徐州市	常州市	苏州市	南通市	连云港市
一般公共预算收入	1729.52	1200.50	537.31	688.11	2510.00	710.18	274.81
税收收入	1473.31	983.87	429.20	569.67	2166.66	572.90	218.02
增值税	514.65	416.71	188.89	234.26	929.53	223.97	83.89
企业所得税	339.71	186.40	54.05	104.23	406.96	103.65	40.11
个人所得税	109.11	62.73	21.49	32.59	125.17	24.77	10.87
城市维护建设税	96.80	62.13	38.02	33.92	115.26	30.34	12.35
房产税	58.86	48.70	13.24	27.97	115.98	29.67	7.22
土地增值税	141.76	59.43	36.28	31.95	205.07	41.35	18.67
耕地占用税	4.29	1.74	2.61	2.24	6.87	3.23	1.24
契税	152.09	100.29	46.42	65.27	179.61	77.53	25.00
其他各项税收	56.06	45.73	28.21	37.23	82.21	38.38	18.68
非税收入	256.20	216.63	108.11	118.43	343.34	137.28	56.78
专项收入	86.05	50.59	33.25	28.27	97.73	29.99	11.59
行政事业性收费收入	50.46	31.77	23.48	24.03	42.16	25.11	13.55
罚没收入	21.58	17.59	25.13	16.25	29.28	21.62	8.01
国有资源（资产）有偿使用收入	74.78	98.82	20.60	44.10	143.92	49.00	15.86
其他各项收入	23.34	17.87	5.66	5.79	30.26	11.56	7.77
上划中央收入	1609.49	817.54	460.36	455.27	1782.18	435.48	184.84
增值税	508.34	416.77	190.58	234.29	929.74	224.66	85.61
消费税	397.12	19.27	154.80	13.70	33.78	14.14	21.97
企业所得税	540.36	287.40	82.74	158.39	630.90	159.52	60.96
个人所得税	163.67	94.10	32.24	48.89	187.75	37.16	16.30
一般公共预算支出	1817.88	1357.79	1004.40	771.89	2583.70	1122.22	534.18
一般公共服务	151.20	114.86	89.85	73.60	221.19	121.91	54.83
公共安全	123.16	83.80	63.03	47.33	176.33	63.30	28.40
教育	322.68	216.89	210.62	136.06	419.19	189.74	99.06
科学技术	108.26	64.55	25.12	33.86	236.87	50.33	8.54
文化体育与传媒	35.36	17.11	18.49	10.33	48.86	18.82	10.50
社会保障和就业	223.88	149.45	131.05	111.38	259.97	184.02	73.52
医疗卫生	150.29	96.63	91.48	65.21	173.11	120.76	48.78
节能环保	51.47	45.65	17.10	21.00	76.37	17.49	11.90
城乡社区事务	220.76	265.91	126.79	95.80	444.81	92.21	54.34
农林水事务	95.35	51.50	104.81	40.59	131.96	84.45	54.99
交通运输	69.23	38.71	29.59	24.14	89.37	29.42	23.99
资源勘探电力信息等事务	49.06	72.10	21.84	21.87	76.92	30.64	7.67
其他各项支出	217.20	140.64	74.62	90.73	228.77	119.14	57.67

续表

指标	淮安市	盐城市	扬州市	镇江市	泰州市	宿迁市
一般公共预算收入	297.02	451.01	344.07	327.59	420.29	267.82
税收收入	238.38	339.21	274.57	256.05	316.96	232.36
增值税	99.75	137.30	117.70	113.92	137.61	95.92
企业所得税	29.50	45.21	43.99	39.21	55.20	43.18
个人所得税	10.81	14.10	10.84	12.18	12.74	8.94
城市维护建设税	21.86	18.89	17.87	16.04	20.15	15.18
房产税	9.35	17.94	11.98	12.55	12.59	7.35
土地增值税	17.79	28.61	20.82	16.00	20.47	17.75
耕地占用税	3.26	5.40	2.62	2.97	2.91	1.80
契税	31.00	45.01	32.57	27.24	35.72	30.55
其他各项税收	15.06	26.76	16.18	15.95	19.57	11.70
非税收入	58.64	111.79	69.50	71.54	103.33	35.46
专项收入	18.23	17.67	15.55	14.89	21.64	13.90
行政事业性收费收入	15.45	14.32	13.18	14.27	15.34	6.75
罚没收入	11.21	37.27	11.88	15.56	15.37	8.18
国有资源（资产）有偿使用收入	10.11	33.53	16.60	16.91	35.55	6.09
其他各项收入	3.63	9.00	12.29	9.90	15.43	0.54
上划中央收入	277.11	243.30	217.36	199.51	277.39	218.63
增值税	100.58	138.35	118.12	114.06	137.61	96.50
消费税	115.07	14.11	15.54	7.20	36.38	43.19
企业所得税	45.25	69.68	67.45	59.97	84.30	65.53
个人所得税	16.21	21.15	16.26	18.28	19.10	13.42
一般公共预算支出	612.91	1053.17	684.83	542.95	667.90	584.48
一般公共服务	64.65	95.61	79.97	48.74	69.96	47.79
公共安全	33.95	58.97	44.03	32.24	36.34	28.89
教育	94.86	151.80	116.21	84.34	86.16	103.78
科学技术	12.13	27.25	14.73	14.33	15.87	17.58
文化体育与传媒	12.41	20.22	14.77	9.91	12.22	12.41
社会保障和就业	92.00	172.50	87.24	65.41	104.65	73.96
医疗卫生	60.39	113.95	56.18	37.92	64.32	56.28
节能环保	9.03	13.51	17.14	13.93	9.55	13.68
城乡社区事务	50.76	90.24	75.03	98.42	91.73	47.94
农林水事务	58.61	121.56	58.48	36.65	57.37	75.06
交通运输	21.26	39.99	32.52	21.28	20.03	24.99
资源勘探电力信息等事务	29.72	42.76	18.81	10.72	16.40	28.95
其他各项支出	73.12	104.81	69.72	69.07	83.31	53.18

资料来源：《江苏统计年鉴 2022》

七、按登记注册类型分固定资产投资比上年增长情况

单位：%

类别	投资额		#工业投资	
	2020 年	2021 年	2020 年	2021 年
总　计	−4.0	7.6	−5.2	12.1
内资企业	−5.7	8.6	−8.0	14.3
国有企业	−1.4	2.1	12.8	−26.3
集体企业	−25.0	−23.6	21.5	−26.6
股份合作企业	−3.7	−4.0	6.0	−39.5
联营企业	27.4	−7.0	−17.8	−29.2
国有联营	−51.5	−15.0	−100.0	
集体联营	658.7	255.1	416.5	−76.6
国有与集体联营	1182.4	−87.9	64.5	17.4
其他联营企业	−14.7	−35.0	−21.3	−27.3
有限责任公司	−2.6	8.1	−10.4	5.1
国有独资公司	5.4	26.2	46.4	11.3
其他有限责任公司	−6.0	−0.6	−16.7	3.9
股份有限公司	27.2	−0.3	28.3	2.9
私营企业	−9.6	14.0	−9.5	18.5
其他企业	0.2	−44.4	−24.4	48.9
港、澳、台商投资企业	21.8	9.8	26.9	11.1
合资经营企业	42.8	−11.8	63.9	−11.5
合作经营企业	−24.9	197.0	−41.1	194.2
独资企业	7.8	23.9	4.0	28.2
股份有限公司	0.1	82.3	−5.2	86.9
其他港澳台商投资	98.6	174.1	86.3	176.4
外商投资企业	5.8	−9.0	5.5	−7.9
合资经营企业	18.7	−51.6	17.7	−52.7
合作经营企业	273.2	−10.3	188.6	−37.6
独资企业	−7.0	32.0	−6.0	35.4
股份有限公司	−16.8	261.7	−34.0	384.4
其他外商投资	168.7	68.0	163.8	42.0
个体经营	6.2	−48.9	−90.4	787.7
个体户	5.9	−52.2	−90.4	756.7

续表

类别	投资额		♯工业投资	
	2020 年	2021 年	2020 年	2021 年
个人合伙	3633.3	1114.3		
按地区分				
南 京 市	6.0	8.0	11.0	13.5
无 锡 市	10.2	−1.9	13.3	−9.9
徐 州 市	−0.2	11.3	13.4	17.4
常 州 市	−8.5	9.5	−19.8	21.1
苏 州 市	13.5	9.4	27.4	5.0
南 通 市	−4.3	10.4	6.9	16.2
连云港市	−3.0	12.0	3.0	11.6
淮 安 市	−41.2	3.6	−46.2	12.8
盐 城 市	−11.8	0.7	−22.5	5.1
扬 州 市	−8.5	1.3	−31.4	16.4
镇 江 市	5.5	12.1	11.0	22.2
泰 州 市	−7.0	17.9	−5.5	24.8
宿 迁 市	−3.6	7.7	−7.4	20.7

注:本表不含房地产开发投资。
资料来源:《江苏统计年鉴 2022》

八、按行业分外商直接投资（2021 年）

行 业	新设外商投资企业数（家）	实际使用外资金额（亿美元）
总计	4237	288.53
农、林、牧、渔业	18	1.36
采矿业	0	0.06
制造业	852	90.93
农副食品加工业	6	0.98
食品制造业	16	1.31
酒、饮料和精制茶制造业	3	0.21
纺织业	22	0.49
纺织服装、服饰业	21	0.90
皮革、毛皮、羽毛及其制品和制鞋业	5	0.61
木材加工和木、竹、藤、棕、草制品业	3	0.10
家具制造业	8	0.47
造纸和纸制品业	0	1.13
印刷和记录媒介复制业	4	0.04
文教、工美、体育和娱乐用品制造业	12	1.07
石油、煤炭及其他燃料加工业	0	0.29
化学原料和化学制品制造业	16	4.67
医药制造业	43	4.01
化学纤维制造业	2	1.21
橡胶和塑料制品业	24	1.44
非金属矿物制品业	31	5.61
黑色金属冶炼和压延加工业	0	0.00
有色金属冶炼和压延加工业	1	1.53
金属制品业	48	5.96
通用设备制造业	105	4.66
专用设备制造业	161	13.46
汽车制造业	46	5.81
铁路、船舶、航空航天及其他运输设备制造业	16	2.23
电气机械和器材制造业	99	11.88
计算机、通信和其他电子设备制造业	108	19.42
仪器仪表制造业	26	0.65
其他制造业	12	0.74
废弃资源综合利用业	1	0.04
金属制品、机械和设备修理业	13	0.02

续表

行　业	新设外商投资企业数（家）	实际使用外资金额（亿美元）
电力、热力、燃气及水生产和供应业	61	4.48
建筑业	90	9.69
批发和零售业	722	26.21
交通运输、仓储和邮政业	41	7.04
住宿和餐饮业	48	0.99
信息传输、软件和信息技术服务业	297	10.55
金融业	43	5.15
房地产业	174	57.20
租赁和商务服务业	597	30.57
科学研究和技术服务业	1160	41.67
水利、环境和公共设施管理业	7	1.90
居民服务、修理和其他服务业	23	0.54
教育	18	0.02
卫生和社会工作	7	0.16
文化、体育和娱乐业	72	0.0216
公共管理、社会保障和社会组织	1	0.00

资料来源：《江苏统计年鉴 2022》

九、分市交通运输基本情况（2021 年）

指　标	南京市	无锡市	徐州市	常州市	苏州市	南通市	连云港市
运输线路							
公路通车里程（公里）	9746	7803	15859	8499	11558	17520	12203
♯等级公路里程	9746	7803	15859	8499	11558	17520	12203
♯高速公路	538	326	464	356	620	482	355
一级公路	1232	1160	1343	1129	1924	2138	873
二级公路	1060	1833	1593	1513	4226	1878	1925
内河航道里程（公里）	644	1578	909	1080	2786	3522	1103
公路桥梁（座）	2101	4159	4895	3333	9453	8505	3004
公路桥梁长度（米）	237477	288361	251238	260532	611895	414510	218708
客运量							
公路（万人）	5608	6393	3519	1862	14304	2044	1646
水运（万人）	42	199		158	480	208	
民用航空（万人）	1761	713	261	292		253	123
货运量							
公路（万吨）	24419	19925	31424	11558	27426	12295	13089
水运（万吨）	18975	3257	4317	5140	763	8771	3210
民用航空（吨）	359139	163395	8156	20116		53022	8416
机动车拥有量（万辆）	305.10	245.36	206.75	165.96	478.35	227.87	105.16
♯机动汽车拥有量	293.18	231.06	183.20	160.09	470.94	204.57	88.18
♯载客汽车	273.08	217.51	160.97	150.00	445.33	191.25	74.52
载货汽车	18.42	12.74	20.93	9.51	23.96	12.54	12.07
♯营运汽车（含公交出租车辆）	11.97	7.94	14.56	5.20	12.33	6.09	8.12
♯私人汽车	222.64	189.46	169.08	132.91	390.94	182.44	80.61
全社会船舶拥有量（万艘）	0.110	0.121	0.304	0.144	0.027	0.123	0.102
机动船	0.103	0.121	0.151	0.144	0.027	0.122	0.099
驳船	0.007	0.000	0.153		0.000	0.001	0.004
港口货物吞吐量（万吨）	27101	41066	4674	14254	74258	34116	27454
♯外贸	3211	6700		1206	17162	5382	13919

指标 A34:G61	淮安市	盐城市	扬州市	镇江市	泰州市	宿迁市
运输线路						
公路通车里程（公里）	13616	22082	9688	6874	10094	12494
♯等级公路里程	13616	22082	9688	6874	10094	12494
♯高速公路	400	395	308	210	323	246
一级公路	767	1830	663	985	1285	709

续表

指标 A34:G61	淮安市	盐城市	扬州市	镇江市	泰州市	宿迁市
二级公路	1673	2834	1521	892	1335	1879
内河航道里程(公里)	1402	4346	2169	597	2550	870
公路桥梁(座)	3729	15828	4190	1340	7235	3584
公路桥梁长度(米)	213834	523372	216279	121693	338275	189115
客运量						
公路(万人)	1761	2949	667	1661	1070	303
水运(万人)	7		12	624	409	
民用航空(万人)	140	175	222			
货运量						
公路(万吨)	5893	12601	5717	6283	5533	10547
水运(万吨)	5848	9432	10856	1094	25033	1535
民用航空(吨)	19637	10088	10688			
机动车拥有量(万辆)	83.54	145.75	103.19	80.81	105.84	106.26
♯机动汽车拥有量	76.00	123.92	92.42	72.27	94.15	89.41
♯载客汽车	68.64	111.19	84.84	67.73	87.54	77.58
载货汽车	6.95	11.99	7.07	4.21	6.20	11.42
♯营运汽车(含公交出租车辆)	4.47	6.42	3.81	2.50	3.50	6.42
♯私人汽车	69.01	111.53	80.91	62.32	83.27	83.70
全社会船舶拥有量(万艘)	0.269	0.578	0.193	0.025	0.708	0.135
机动船	0.262	0.540	0.189	0.024	0.707	0.095
驳船	0.007	0.037	0.004	0.001	0.001	0.040
港口货物吞吐量(万吨)	7373	15819	10572	24664	37625	1860
♯外贸		3030	1269	4892	2726	1

资料来源:《江苏统计年鉴 2022》

十、限额以上批发和零售业基本情况（2021 年）

项目	法人企业数（个）	产业活动单位数（个）	从业人员（人）
总计	37750	32692	1103667
＃国有控股	1277	4432	108558
批发业	25414	4895	583070
＃国有控股	922	1122	65680
按登记注册类型分			
内资企业	24681	4208	508931
国有企业	300	243	18589
集体企业	26	10	400
股份合作企业	9	1	271
联营企业	3		51
国有联营企业	1		20
集体联营企业	1		29
国有与集体联营企业			
其他联营企业	1		2
有限责任公司	1525	896	89797
国有独资公司	147	50	6419
其他有限责任公司	1378	846	83378
股份有限公司	154	354	26323
私营企业	22414	2700	366632
私营独资企业	370	18	3955
私营合伙企业	21		329
私营有限责任公司	21883	2620	355543
私营股份有限公司	140	62	6805
其他企业	250	4	6868
港、澳、台商投资企业	319	444	27085
合资经营企业	44	4	3495
合作经营企业			
独资经营企业	264	406	21442
港、澳、台商投资股份有限公司	7	34	2089
其他港澳台投资	4		59
外商投资企业	414	243	47054
合资经营企业	78	36	3445
合作经营企业	4		52
外资企业	324	135	42284

项目	法人企业数（个）	产业活动单位数（个）	从业人员（人）
外商投资股份有限公司	5	72	1225
其他外商投资	3		48
按行业分			
农、林、牧、渔产品批发	829	201	24376
食品、饮料及烟草制品批发	1627	656	77934
纺织、服装及家庭用品批发	2985	838	124921
文化、体育用品及器材批发	774	272	21333
医药及医疗器材批发	962	611	73436
矿产品、建材及化工产品批发	13413	1469	153441
机械设备、五金产品及电子产品批发	3898	738	90705
贸易经纪与代理	190	9	2940
其他批发业	736	101	13984
零售业	12336	27797	520597
♯国有控股	355	3310	42878
按登记注册类型分			
内资企业	12040	24920	437735
国有企业	67	283	3874
集体企业	82	88	1623
股份合作企业	24	7	652
联营企业	9	7	78
国有联营企业	4	5	35
集体联营企业	3	2	14
国有与集体联营企业			
其他联营企业	2		29
有限责任公司	844	4788	79488
国有独资公司	34	253	2703
其他有限责任公司	810	4535	76785
股份有限公司	117	682	15640
私营企业	10665	19039	332480
私营独资企业	646	237	8555
私营合伙企业	60	7	608
私营有限责任公司	9894	18714	317599
私营股份有限公司	65	81	5718
其他企业	232	26	3900

项目	法人企业数(个)	产业活动单位数(个)	从业人员(人)
港、澳、台商投资企业	173	610	53401
合资经营企业	35	54	4410
合作经营企业			
独资经营企业	129	405	43548
港、澳、台商投资股份有限公司	7	128	4670
其他港澳台投资	2	23	773
外商投资企业	123	2267	29461
合资经营企业	27	1144	14214
合作经营企业	2		240
外资企业	88	738	14460
外商投资股份有限公司	5	383	527
其他外商投资	1	2	20
按行业分			
综合零售	810	4367	142510
食品、饮料及烟草制品专门零售	1405	3761	38356
纺织、服装及日用品专门零售	827	840	31816
文化、体育用品及器材专门零售	1081	596	28519
医药及医疗器材专门零售	499	12725	56323
汽车、摩托车、燃料及零配件专门零售	3504	3398	127904
家用电器及电子产品专门零售	1332	1325	36587
五金、家具及室内装饰材料专门零售	978	98	14785
货摊、无店铺及其他零售业	1900	687	43797
按零售业态分			
有店铺零售	10294	27475	475605
食杂店	86	61	2388
便利店	143	1715	9873
折扣店	21	7	380
超市	382	1714	34429
大型超市	169	896	73692
仓储会员店	17	17	1397
百货店	438	364	31506
专业店	5477	18900	186497
专卖店	3027	3656	122473
家具建材商店	195	29	4078

项目	法人企业数（个）	产业活动单位数（个）	从业人员（人）
购物中心	53	38	3313
厂家直销中心	286	78	5579
无店铺零售	2042	322	44992
电视购物	4	2	710
邮购	8	0	914
网上商店	1475	248	32750
自动售货亭	5	8	249
电话购物	7	0	417
其他	543	64	9952
在总计中：			
南京市	5155	8036	245304
无锡市	5723	3785	151159
徐州市	3321	2222	71917
常州市	3664	2614	84442
苏州市	5277	6326	215749
南通市	3656	2001	74425
连云港市	1229	663	37501
淮安市	1155	1187	33622
盐城市	1816	960	40065
扬州市	2460	1227	49466
镇江市	944	1051	24986
泰州市	2492	1778	48633
宿迁市	858	842	26398

注：产业活动单位数包括本省限额上批零住餐法人所属的全部（包括在外省的）产业活动单位和其他行业的限额以上批零产业活动单位。营业面积、从业人数为法人在地口径。

资料来源：《江苏统计年鉴 2022》

十一、主要城市贸易、外经（2021 年）

城市	社会消品零售总额（亿元）	进出口总额（亿元）	出口	进口	实际使用外资（亿美元）	星级饭店数（个）
南京市区	7899.41	6366.80	3989.90	2376.90	50.14	60
无锡市区	2012.63	4883.95	2962.81	1921.14	25.21	13
徐州市区	1861.12	735.76	606.45	129.31	15.93	11
常州市区	2522.37	2904.50	2105.10	799.40	24.79	21
苏州市区	4880.88	12996.34	7507.48	5488.86	38.75	29
南通市区	2028.19	1961.28	1419.22	542.07	17.92	16
连云港市区	754.78	851.97	317.54	534.42	5.70	6
淮安市区	1290.44	308.28	208.17	100.11	8.10	14
盐城市区	1198.80	736.57	371.61	364.96	8.30	8
扬州市区	1001.75	736.64	554.47	182.17	11.84	19
镇江市区	654.42	497.40	299.40	198.00	3.67	3
泰州市区	714.66	532.51	371.77	160.74	8.25	6
宿迁市区	742.56	260.52	217.75	42.77	6.30	5

资料来源:《江苏统计年鉴 2022》

十二、县(市)社会消费品零售总额(2021 年)

位次	县(市)名称	绝对数(亿元)	位次	县(市)名称	绝对数(亿元)
1	昆山市	1625.68	21	兴化市	295.27
2	常熟市	1214.22	22	阜宁县	278.53
3	张家港市	800.06	23	滨海县	276.29
4	江阴市	704.84	24	射阳县	274.27
5	宜兴市	588.62	25	东海县	268.39
6	沛县	563.40	26	靖江市	243.16
7	如皋市	532.55	27	建湖县	231.35
8	睢宁县	517.52	28	涟水县	224.73
9	太仓市	510.47	29	高邮市	185.20
10	启东市	482.57	30	泗洪县	183.59
11	如东县	477.80	31	盱眙县	181.34
12	海安市	414.38	32	句容市	177.85
13	邳州市	408.70	33	泗阳县	177.81
14	溧阳市	388.98	34	宝应县	170.46
15	新沂市	368.33	35	扬中市	156.49
16	丹阳市	358.07	36	金湖县	131.74
17	沭阳县	356.41	37	响水县	124.20
18	泰兴市	323.85	38	仪征市	123.51
19	丰县	318.95	39	灌南县	99.00
20	东台市	300.90	40	灌云县	81.14

资料来源:《江苏统计年鉴 2022》

附录:主要统计指标解释

国内生产总值(GDP) 指一个国家所有常住单位在一定时期内生产活动的最终成果。国内生产总值有三种表现形态,即价值形态、收入形态和产品形态。从价值形态看,它是所有常住单位在一定时期内生产的全部货物和服务价值超过同期中间投入的全部非固定资产货物和服务价值的差额,即所有常住单位的增加值之和;从收入形态看,它是所有常住单位在一定时期内创造并分配给常住单位和非常住单位的初次收入分配之和;从产品形态看,它是所有常住单位在一定时期内最终使用的货物和服务价值与货物和服务净出口价值之和。在实际核算中,国内生产总值有三种计算方法,即生产法、收入法和支出法。三种方法分别从不同的方面反映国内生产总值及其构成。对于地区,GDP中文名称为"地区生产总值"。

货物和服务净出口 指货物和服务出口减货物和服务进口的差额。出口包括常住单位向非常住单位出售或无偿转让的各种货物和服务的价值;进口包括常住单位从非常住单位购买或无偿得到的各种货物和服务的价值。由于服务活动的提供与使用同时发生,因此服务的进出口业务并不发生出入境现象,一般把常住单位从国外得到的服务作为进口,非常住单位从本国得到的服务作为出口。货物的出口和进口都按离岸价格计算。

居民消费 指常住住户对货物和服务的全部最终消费支出。居民消费按市场价格计算,即按居民支付的购买者价格计算。购买者价格是购买者取得货物所支付的价格,包括购买者支付的运输和商业费用。居民消费除了直接以货币形式购买货物和服务的消费之外,还包括以其他方式获得的货物和服务的消费支出,即所谓的虚拟消费支出。居民虚拟消费支出包括以下几种类型:单位以实物报酬及实物转移的形式提供给劳动者的货物和服务;住户生产并由本住户消费了的货物和服务,其中的服务仅指住户的自有住房服务;金融机构提供的金融媒介服务;保险公司提供的保险服务。

政府消费 指政府部门为全社会提供公共服务的消费支出和免费或以较低价格向住户提供的货物和服务的净支出。前者等于政府服务的产出价值减去政府单位所获得的经营收入的价值,政府服务的产出价值等于它的经常性业务支出加上固定资产折旧;后者等于政府部门免费或以较低价格向住户提供的货物和服务的市场价值减去向住户收取的价值。

就业人员 指从事一定社会劳动并取得劳动报酬或经营收入的人员,包括在岗职工、再就业的离退休人员、私营业主、个体户主、私营和个体就业人员、乡镇企业就业人员、农村就业人员、其他就业人员(包括民办教师、宗教职业者、现役军人等)。这一指标反映了一定时期内全部劳动力资源的实际利用情况,是研究我国基本国情国力的重要指标。

单位就业人员 指在各类法人单位工作,并由单位支付劳动报酬的人员,包括在岗职工和其他就业人员。在岗职工 指在本单位工作且与本单位签订劳动合同,并由单位支付各项工资和社会保险、住房公积金的人员,以及上述人员中由于学习、病伤、产假等原因暂未工作仍由单位支付工资的人员。其他就业人员 指在本单位工作,不能归到在岗职工、劳务派遣人员中的人员。此类人员是实际参加本单位生产或工作并从本单位取得劳动报酬的人员。具体包括:非全日制人员、聘用的正式离退休人员、兼职人员和第二职业者等,以及在本单位中工作的外籍和港澳台方人员。

城镇私营和个体就业人员 城镇私营就业人员指在工商管理部门注册登记,其经营地址设在县城关镇(含城关镇)以上的私营企业就业人员;包括私营企业投资者和雇工。城镇个体就业人员指在工商管理部门注册登记,并持有城镇户口或在城镇长期居住,经批准从事个体工商经营的就业人员;包括个体经营者和在个体工商户劳动的家庭帮工和雇工。

平均工资 指在报告期内单位发放工资的人均水平。计算公式为:

$$平均工资＝报告期工资总额/报告期平均人数$$

在岗职工平均工资指数 指报告期在岗职工平均工资与基期在岗职工平均工资的比率,是反映不同时期在岗职工货币工资水平变动情况的相对数。计算公式为:

$$在岗职工平均工资指数＝报告期平均工资/基期平均工资×100\%$$

居民消费价格指数 是反映一定时期内城乡居民所购买的生活消费品价格和服务项目价格变动趋势和程度的相对数,是对城市居民消费价格指数和农村居民消费价格指数进行综合汇总计算的结果。通过该指数可以观察和分析消费品的零售价格和服务价格变动对城乡居民实际生活费支出的影响程度。

可支配收入 指调查户在调查期内获得的、可用于最终消费支出和储蓄的总和,即调查户可以用来自由支配的收入。可支配收入既包括现金,也包括实物收入。按照收入的来源,可支配收入包含四项:工资性收入、经营净收入、财产净收入和转移净收入。计算公式为:

$$可支配收入＝工资性收入＋经营净收入＋财产净收入＋转移净收入$$

固定资产投资 是以货币表现的建造和购置固定资产活动的工作量,它是反映固定资产投资规模、速度、比例关系和使用方向的综合性指标。全社会固定资产投资按登记注册类型可分为国有、集体、个体、联营、股份制、外商、港澳台商、其他等。全社会固定资产投资总额分为城镇项目投资、农村建设项目投资和房地产开发投资三个部分。

新增固定资产 指通过投资活动所形成的新的固定资产价值,包括已经建成投入生产或交付使用的工程价值和达到固定资产标准的设备、工具、器具的价值及有关应摊入的费用。它是以价值形式表示的固定资产投资成果的综合性指标,可以综合反映不同时期、不同部门、不同地区的固定资产投资成果。

财政收入 指国家财政参与社会产品分配所取得的收入,是实现国家职能的财力保证。按我省口径,财政总收入为公共财政预算收入、基金收入和上划中央四税之和。

财政支出 国家财政将筹集起来的资金进行分配使用,以满足经济建设和各项事业的需要。

进出口总额 海关进出口总额指实际进出我国国境的货物总金额。包括对外贸易实际进出口货物,来料加工装配进出口货物,国家间、联合国及国际组织无偿援助物资和赠送品,华侨、港澳台同胞和外籍华人捐赠品,租赁期满归承租人所有的租赁货物,进料加工进出口货物,边境地方贸易及边境地区小额贸易进出口货物(边民互市贸易除外),中外合资企业、中外合作经营企业、外商独资经营企业进出口货物和公用物品,到、离岸价格在规定限额以上的进出口货样和广告品(无商业价值、无使用价值和免费提供出口的除外),从保税仓库提取在中国境内销售的进口货物,以及其他进出口货物。进出口总额用以观察一个国家在对外贸易方面的总规模。我国规定出口货物按离岸价格统计,进口货物按到岸价格统计。

实际使用外资　指外国企业和经济组织或个人(包括华侨、港澳台胞以及我国在境外注册的企业)按我国有关政策、法规,用现汇、实物、技术等在我国境内开办外商独资企业、与我国境内的企业或经济组织共同举办中外合资经营企业、合作经营企业或合作开发资源的投资(包括外商投资收益的再投资)。

对外承包工程　指各对外承包公司以招标议标承包方式承揽的下列业务:① 承包国外工程建设项目,② 承包我国对外经援项目,③ 承包我国驻外机构的工程建设项目,④ 承包我国境内利用外资进行建设的工程项目,⑤ 与外国承包公司合营或联合承包工程项目时我国公司分包部分,⑥ 对外承包兼营的房屋开发业务。对外承包工程的营业额是以货币表现的本期内完成的对外承包工程的工作量,包括以前年度签订的合同和本年度新签订的合同在报告期内完成的工作量。

对外劳务合作　指以收取工资的形式向业主或承包商提供技术和劳动服务的活动。我国对外承包公司在境外开办的合营企业,中国公司同时又提供劳务的,其劳务部分也纳入劳务合作统计。劳务合作营业额按报告期内向雇主提交的结算数(包括工资、加班费和奖金等)统计。

铁路营业里程　又称营业长度(包括正式营业和临时营业里程),指办理客货运输业务的铁路正线总长度。凡是全线或部分建成双线及以上的线路,以第一线的实际长度计算;复线、站线、段管线、岔线和特殊用途线以及不计算运费的联络线都不计算营业里程。铁路营业里程是反映铁路运输业基础设施发展水平的重要指标,也是计算客货周转量、运输密度和机车车辆运用效率等指标的基础资料。

货(客)运量　指在一定时期内,各种运输工具实际运送的货物(旅客)数量。它是反映运输业为国民经济和人民生活服务的数量指标,也是制定和检查运输生产计划、研究运输发展规模和速度的重要指标。货运按吨计算,客运按人计算。货物不论运输距离长短、货物类别,均按实际重量统计。旅客不论行程远近或票价多少,均按一人一次客运量统计;半价票、小孩票也按一人统计。

货物(旅客)周转量　指在一定时期内,由各种运输工具运送的货物(旅客)数量与其相应运输距离的乘积之总和。它是反映运输业生产总成果的重要指标,也是编制和检查运输生产计划,计算运输效率、劳动生产率以及核算运输单位成本的主要基础资料。计算货物周转量通常按发出站与到达站之间的最短距离,也就是计费距离计算。计算公式为:

$$货物(旅客)周转量 = \sum 货物(旅客)运输量 \times 运输距离$$

沿海主要港口货物吞吐量　指经水运进出沿海主要港区范围,并经过装卸的货物数量,包括邮件及办理托运手续的行李、包裹以及补给运输船舶的燃、物料和淡水。货物吞吐量按货物流向分为进口、出口吞吐量,按货物交流性质分为外贸货物吞吐量和国内贸易货物吞吐量。货物吞吐量的货类构成及其流向,是衡量港口生产能力大小的重要指标。

邮电业务总量　指以价值量形式表现的邮电通信企业为社会提供各类邮电通信服务的总数量。邮电业务量按专业分类包括函件、包件、汇票、报刊发行、邮政快件、特快专递、邮政储蓄、集邮、公众电报、用户电报、传真、长途电话、出租电路、无线寻呼、移动电话、分组交换数据通信、出租代维等。计算方法为各类产品乘以相应的平均单价(不变价)之和,再加上出租电路和设备、代用户维护电话交换机和线路等的服务收入。它综合反映了一定时期邮电业务发展的总成果,是研究邮电业务量构成和发展趋势的重要指标。计算公式为:

$$邮电业务总量 = \sum (各类邮电业务量 \times 不变单价) + 出租代维及其他业务收入$$

移动电话用户 是指通过移动电话交换机进入移动电话网、占用移动电话号码的电话用户。用户数量以报告期末在移动电话营业部门实际办理登记手续进入移动电话网的户数进行计算,一部移动电话统计为一户。

电话用户 指接入国家公众固定电话网,并按固定电话业务进行经营管理的电话用户。1997年以前,电话用户分为市内电话用户和农村电话用户。"市内电话用户"是指接入县城及县以上城市的电话网上的电话用户;"农村电话用户"是指接入县邮电局农话台及县以下农村电话交换点,以县城为中心(除市话用户外)联通县、乡(镇)、行政村、村民小组的用户。从1997年起,电话用户数分组调整为以用户所在区域划分为"城市电话用户"和"乡村电话用户",与过去的按市内电话和农村电话划分方法不同。而电话用户总数、电话机总部数统计范围不变。

批发和零售业商品购、销、存总额 指各种登记注册类型的批发和零售企业、产业活动单位、个体经营者以本单位为总体的商品购进、销售、库存总额。

商品购进总额 指从本单位以外的单位和个人购进(包括从境外直接进口)作为转卖或加工后转卖的商品总额。

商品销售总额 指对本单位以外的单位和个人出售(包括对境外直接出口)本单位经营的商品总额(含增值税)。

商品批发额 指商品零售额以外的一切商品销售额。包括售给生产经营单位用于生产或经营用的商品销售额;售给批发和零售业、餐饮业用于转卖或加工后转卖的商品销售额;直接向国(境)外出口和委托外贸部门代理出口的商品销售额。

商品零售额 指售给城乡居民用于生活消费、售给社会集团用公款购买用作非生产、非经营使用的商品销售额。

商品库存总额 指报告期末各种登记注册类型的批发和零售业企业、产业活动单位、个体经营者已取得所有权的商品。

商品交易市场 指有固定场所、设施,有若干经营者入场实行集中、公开交易各类实物商品的市场。

商品交易市场成交额 指商品交易市场内所有经营者所实现的商品销售金额。商品交易市场包括消费品市场和生产资料市场。

旅游者人数

(1)入境国际旅游者人数:指来中国参观、访问、旅行、探亲、访友、休养、考察、参加会议和从事经济、科技、文化、教育、宗教等活动的外国人、华侨、港澳同胞和台湾同胞的人数。不包括外国在我国的常驻机构,如使领馆、通讯社、企业办事处的工作人员;来我国常住的外国专家、留学生以及在岸逗留不过夜人员。

(2)出境居民人数:指大陆居民因公务活动或私人事务短期出境的人数。公务活动出境居民人数包括在国际交通工具上的中国服务员工,因私出境居民人数不包括在国际交通工具上的中国服务员工。

（3）国内旅游者人数:指我国大陆居民和在我国常住 1 年以上的外国人、华侨、港澳台同胞离开常住地在境内其他地方的旅游设施内至少停留一夜,最长不超过 6 个月的人数。

国际旅游(外汇)收入　指入境旅游的外国人、华侨、港澳同胞和台湾同胞在中国大陆旅游过程中发生的一切旅游支出,对于国家来说就是国际旅游(外汇)收入。

科技活动人员　指直接从事科技活动、以及专门从事科技活动管理和为科技活动提供直接服务的人员。累计从事科技活动的实际工作时间占全年制度工作时间 10％及以上的人员。（1）直接从事科技活动的人员包括:在独立核算的科学研究与技术开发机构、高等学校、各类企业及其他事业单位内设的研究室、实验室、技术开发中心及中试车间(基地)等机构中从事科技活动的研究人员、工程技术人员、技术工人及其他人员;虽不在上述机构工作,但编入科技活动项目(课题)组的人员;科技信息与文献机构中的专业技术人员;从事论文设计的研究生等。（2）专门从事科技活动管理和为科技活动提供直接服务的人员包括:独立核算的科学研究与技术开发机构、科技信息与文献机构、高等学校、各类企业及其他事业单位主管科技工作的负责人,专门从事科技活动的计划、行政、人事、财务、物资供应、设备维护、图书资料管理等工作的各类人员,但不包括保卫、医疗保健人员、司机、食堂人员、茶炉工、水暖工、清洁工等为科技活动提供间接服务的人员。

研究与试验发展（R&D）　指在科学技术领域,为增加知识总量,以及运用这些知识去创造新的应用而进行的系统的创造性的活动,包括基础研究、应用研究、试验发展三类活动。

基础研究　指为了获得关于现象和可观察事实的基本原理的新知识(揭示客观事物的本质、运动规律,获得新发现、新学说)而进行的实验性或理论性研究,它不以任何专门或特定的应用或使用为目的。其成果以科学论文和科学著作为主要形式。

应用研究　指为获得新知识而进行的创造性研究,主要针对某一特定的目的或目标。应用研究是为了确定基础研究成果可能的用途,或是为达到预定的目标探索应采取的新方法(原理性)或新途径。其成果形式以科学论文、专著、原理性模型或发明专利为主。

试验发展　指利用从基础研究、应用研究和实际经验所获得的现有知识,为产生新的产品、材料和装置,建立新的工艺、系统和服务,以及对已产生和建立的上述各项作实质性的改进而进行的系统性工作。其成果形式主要是专利、专有技术、具有新产品基本特征的产品原型或具有新装置基本特征的原始样机等。在社会科学领域,试验发展是指把通过基础研究、应用研究获得的知识转变成可以实施的计划(包括为进行检验和评估实施示范项目)的过程。人文科学领域没有对应的试验发展活动。

研究与试验发展人员　指参与研究与试验发展项目研究、管理和辅助工作的人员,包括项目(课题)组人员,企业科技行政管理人员和直接为项目(课题)活动提供服务的辅助人员。

专业技术人员　指从事专业技术工作和专业技术管理工作的人员,即企事业单位中已经聘任专业技术职务从事专业技术工作和专业技术管理工作的人员,以及未聘任专业技术职务,现在专业技术岗位上工作的人员。包括工程技术人员,农业技术人员,科学研究人员,卫生技术人员,教学人员,经济人员,会计人员,统计人员,翻译人员,图书资料、档案、文博人员,新闻出版人员,律师、公证人员,广播电视播音人员,工艺美术人员,体育人员,艺术人员及企业政治思想工作人员,共十七个专业技术职务类别。

科技活动经费筹集 指从各种渠道筹集到的计划用于科技活动的经费,包括政府资金、企业资金、事业单位资金、金融机构贷款、国外资金和其他资金等。

政府资金 指从各级政府部门获得的计划用于科技活动的经费,包括科学事业费、科技三项费、科研基建费、科学基金、教育等部门事业费中计划用于科技活动的经费以及政府部门预算外资金中计划用于科技活动的经费等。

企业资金 指从自有资金中提取或接受其他企业委托的、科研院所和高校等事业单位接受企业委托获得的,计划用于科研和技术开发的经费。不包括来自政府、金融机构及国外的计划用于科技活动的资金。

金融机构贷款 指从各类金融机构获得的用于科技活动的贷款。

科技活动经费内部支出 指报告年内用于科技活动的实际支出包括劳务费、科研业务费、科研管理费,非基建投资购建的固定资产、科研基建支出以及其他用于科技活动的支出。不包括生产性活动支出、归还贷款支出及转拨外单位支出。

劳务费 指以货币或实物形式直接或间接支付给从事科技活动人员的劳动报酬及各种费用。包括各种形式的工资、津贴、奖金、福利、离退休人员费用、人民助学金等。

固定资产购建费 指报告年内使用非基建投资购建的固定资产和用于科研基建投资的实际支出额,即固定资产实际支出和科研基建投资实际完成额之和。固定资产是指长期使用而不改变原有实物形态的主要物资设备、图书资料、实验材料和标本以及其他设备和家具、房屋、建筑物。

新产品 指采用新技术原理、新设计构思研制、生产的全新产品,或在结构、材质、工艺等某一方面比原有产品有明显改进,从而显著提高了产品性能或扩大了使用功能的产品。既包括政府有关部门认定并在有效期内的新产品,也包括企业自行研制开发,未经政府有关部门认定,从投产之日起一年之内的新产品。

专利 是专利权的简称,是对发明人的发明创造经审查合格后,由专利局依据专利法授予发明人和设计人对该项发明创造享有的专有权。包括发明、实用新型和外观设计。

发明 指对产品、方法或者其改进所提出的新的技术方案。

实用新型 指对产品的形状、构造或者其结合所提出的适于实用的新的技术方案。

外观设计 指对产品的形状、图案、色彩或者其结合所作出的富有美感并适于工业上应用的新设计。

普通高等学校 指按照国家规定的设置标准和审批程序批准举办,通过国家统一招生考试,招收高中毕业生为主要培养对象,实施高等学历教育的全日制大学、独立设置的学院和高等专科学校、高等职业学校和其他机构。